安徽省高等学校"十三五"省级规划教材
普通高校国际经济与贸易应用型本科系列规划教材

商务谈判
理论、实务与艺术

主编 潘锦云 汪春成

中国科学技术大学出版社

内 容 简 介

商务谈判是我国与国外企业之间跨文化交流的主要方式之一，通过谈判达成共识，实现多赢和创造新价值已成为企业间的共识，因此，商务谈判理论在实践中应用越来越广泛。本书分4部分13章，系统介绍了商务谈判活动及其规律。全书在编写过程中注重互动式教学内容设计并配备了翔实的案例和知识应用训练，旨在开拓学生视野，提高学生理论联系实际的能力。本书适合高等院校国际贸易、商务英语等专业本科生使用，也可作为高等院校经济管理类专业学生的通用教材和辅导书，以及在职人员学习商务谈判理论、实务与艺术的参考用书。

图书在版编目(CIP)数据

商务谈判：理论、实务与艺术/潘锦云，汪春成主编. —合肥：中国科学技术大学出版社，2021.2

ISBN 978-7-312-04991-0

Ⅰ.商⋯　Ⅱ.①潘⋯　②汪⋯　Ⅲ.商务谈判—高等学校—教材　Ⅳ.F715.4

中国版本图书馆 CIP 数据核字(2020)第 115594 号

商务谈判：理论、实务与艺术
SHANGWU TANPAN：LILUN、SHIWU YU YISHU

出版	中国科学技术大学出版社 安徽省合肥市金寨路96号，230026 http://press.ustc.edu.cn https://zgkxjsdxcbs.tmall.com
印刷	合肥华苑印刷包装有限公司
发行	中国科学技术大学出版社
经销	全国新华书店
开本	787 mm×1092 mm　1/16
印张	15.5
字数	397 千
版次	2021年2月第1版
印次	2021年2月第1次印刷
定价	45.00 元

总　　序

随着经济全球化和科技革命的发展,国际服务贸易、跨境电商、跨国并购等贸易投资方式不断升级,多边主义受到冲击,国际金融市场震荡,全球贸易投资规则正面临重大变革。党的十九大报告提出"拓展对外贸易,培育贸易新业态、新模式,推进贸易强国建设""大幅度放宽市场准入,扩大服务业对外开放"。全球经济贸易和中国对外经济贸易的新发展对当前高校国际经济与贸易专业建设提出了新要求。

教材建设是高校专业建设的重要组成部分,更是一流专业建设和专业综合改革的落脚点与抓手。高校国际经济与贸易专业教材体系的改革和实践,要将教材建设与专业师资队伍建设、课程建设、实践教学建设等相融合,充分利用现代信息技术手段,建立微课、慕课等在线教学平台,逐步建设电子教材和纸质教材共享资源平台,实现多层次、连续性专业教材体系建设。要创新教材呈现方式和话语体系,实现理论体系向教材体系转化、教材体系向教学体系转化、知识体系向价值体系转化,使教材更加体现科学性、前沿性,进一步增强教材的针对性和实效性。

安徽省国际经济与贸易专业建设年会已连续举办七届,会议讨论内容涉及国际经济与贸易专业人才培养方案修订、专业综合教学改革、特色专业建设、前沿学术问题、教材建设等方面。年会分别由安徽省内高校相关院系承办,为安徽省国际经济与贸易专业的教学科研团队提供了一个良好的交流平台,同时展示了安徽省高校国际经济与贸易专业教学团队团结、合作的精神风貌。基于多年来安徽省国际经济与贸易专业建设研讨会成果,中国科学技术大学出版社陆续出版了国际经济与贸易专业系列教材。该系列教材自发行以来,受到国际经济与贸易专业教师和学生的好评。

本套规划教材是2017年安徽省高等学校省级质量工程项目"国际经济与贸易专业应用型本科系列教材"(2017ghjc120)建设成果,项目负责人为安徽财经大学冯德连教授。其中部分教材入选2018年安徽省高等学校省级质量工程一流教材建设项目。

本套规划教材有以下特点:

(1) 政治性和新颖性。深入学习领会习近平新时代中国特色社会主义思想和十九大报告精神,将新的研究成果带进课堂、融入教材。在原教材的基础上增加新时代中国特色社会主义经济的新思想、新观念、新趋势,增加国际经济与贸易学科和产业创新的新内容和新案例,突出新时代国际经济与贸易专业发展的新特色。力求准确阐述本学科先进理论与概念,充分吸收国内外前沿研究成果。

(2) 实践性和启发性。结合国际经济与贸易专业实践特点和专业人才培养要求,增加实践教学的内容比重,确保理论知识在专业实践中的应用。浓缩理论精华,突出理论、实践、创新三方面教学任务的相互协调,实现知识传授、能力训练和智慧启迪。充分发挥学生主动性,加强课堂师生的互动性,在课堂中让学生的主体性体现出来。贯彻素质教育思想,着力培养学生的学习能力、实践能力和创新能力。

(3) 系统性。突出系列教材之间的有机协调。遵循国际经济与贸易发展的逻辑规律,并以之协调系列教材中各本教材之间的关系。各教材内容既相对独立又具有连贯性,彼此互为补充。

(4) 规范性。编写体例上进一步完善和统一。各章都编写了"学习目的与要求"。每章节相关知识点关联之处设计"分析案例",使学生在轻松有趣的学习中,加深对相关知识、数据、实例和理论的理解和掌握。各章后设计有"思考题""思考案例""应用训练",检验学生学习效果。

(5) 数字性。纸质教材与数字资源相结合,提供丰富的教学资源。本套教材通过二维码关联丰富的数字资源,为学生提供丰富的学习材料,同时为教师提供教学课件等教学资源。

本套规划教材整合安徽省各高校国际经济与贸易专业教学实践、教学改革的经验,是安徽各高校国际经济与贸易专业教师合作的成果。我们期望,该套规划教材能够帮助国际经济与贸易专业的老师和学生更好地开展教学和学习,并期待他们提出意见和建议,以便我们持续修订和改进。

冯德连

教育部高等学校经济与贸易类专业教学指导委员会委员

安徽财经大学副校长,二级教授,博士生导师

2019 年 8 月

前　言

　　商务谈判是一门综合性课程，融多学科、多领域知识于一体，不仅具有系统的理论性，还具有较强的实践应用性。从广义上来说，谈判是无处不在、无时不在的重要社会活动之一。作为一门沟通的艺术，谈判易受主客观、时空、软硬实力等诸多因素的影响，因此，谈判充满了不确定性。商务谈判是因商业利益需要而开展的一种特殊形式的谈判活动，在现代社会经济生活中具有无可替代的地位与作用。由于商务谈判的类型和涉及的具体内容迥异，谈判各方的目标、风格及策略等也就千差万别。因此，掌握商务谈判的规则和流程是灵活运用商务谈判策略与技巧的前提和基础。改革开放以来，特别是加入世界贸易组织（WTO）以后，我国企业对谈判理论尤其是国际商务谈判理论的认识不断深化发展，从最初的知之甚少到逐渐熟悉、了解和掌握。进入21世纪，随着国内外经贸活动与日俱增，商务谈判成为我国与国外企业之间跨文化交流的主要方式之一，商务谈判理论也在实践中得到广泛应用，通过谈判消除分歧、达成共识，实现多赢和创造新价值已成为国内外企业之间的共识。

　　理论从实践中来，实践又丰富理论研究的内容。我国市场经济发展取得了巨大成就，丰富的经济实践活动不仅要求我国学界要加强对商务谈判的理论和实践的研究与创新，而且要让更多专业人员学好商务谈判这门重要的课程。目前，商务谈判已成为经管类专业、涉外商务类专业学生的必修课程，商务相关从业人员也在学习这门课程中受益匪浅。

　　本教材详尽系统地阐述了商务谈判活动及其规律。与一般的商务谈判教材相比较，本教材主要特色与创新体现在以下三个方面：

　　一是教材结构安排科学新颖。全书分为商务谈判基础理论、商务谈判实务、商务谈判艺术和国际商务谈判四篇。其中理论部分内容逻辑清晰、深入浅出；实践案例部分选例得当、有的放矢、丰富实用，既有经典的谈判案例，又增加了最新的谈判实录，理论紧密结合实践，知识性与易读性二者兼备。每章配有结构图、学习目标、案例及拓展应用等材料，信息丰富、知识点明确，注重全方位提高学习者的知识技能。

　　二是突出学习者应用能力培养。教材各章节严格遵循教育部商务谈判课程教学大纲的要求，教材体系与内容突出了"学生为中心、产出为导向"等原则，以培养学生的应用能力、综合知识掌握能力为主线的教育特色。着重强化学习者对商务谈判策略、方法和技巧的学习,突出技能训练,以培养具有应用能力与复合技能的商务谈判专业人才为目的,旨在帮助学生认识国际谈判实务,了解谈判理论基础,熟练掌握谈判技能。

三是体现实用可操作性。本教材编写风格通俗易懂、生动有趣,系统介绍了商务谈判的具体内容与策略技巧。教材紧扣当下国际谈判热点,兼顾谈判中的各个重要环节,再现实际商务谈判场景。力求让复杂问题简单化、科学理论形象化、实际操作具体化。编者系统地将学习、探究、实训、拓展有机结合,使学习者既可以学习实用知识,又可以提升实践操作能力,学以致用,解决谈判中的实际问题。

本书是安徽省高等院校"十三五"省级规划教材,由潘锦云、汪春成担任主编,负责全书大纲拟定、组织安排、删改与定稿等工作;李裕鸿、盛榕、李翠梅担任副主编。参加本书编写的工作人员(以章节为序)和具体分工如下:

李裕鸿(安庆师范大学)、潘锦云(安庆师范大学)编写第一、二、三章;

丁然(铜陵学院)编写第四章;

盛榕(铜陵学院)编写第五、六章;

葛晨冉(铜陵学院)编写第七、八章;

汪春成(铜陵学院)编写第九章;

琚马力(皖西学院)编写第十章;

王旋(安徽外国语学院)编写第十一章;

郭美荣(安徽外国语学院)编写第十二章;

李翠梅(安徽外国语学院)编写第十三章。

本书为安徽省级MOOC项目(2018mooc466)阶段性成果。在本书编写过程中,为了精益求精,参考了许多国内外专家的相关著作和文献,谨于此深表谢意,本书的出版也得到了中国科学技术大学出版社的鼎力支持和热情帮助,在此我们表示由衷的感谢!

由于时间仓促,作者水平有限,书中难免有疏漏或不当之处,恳请各位专家和广大读者批评指正,以便日臻完善。

编　者

2020年11月

目　　录

总序 ·· (i)

前言 ·· (iii)

第一篇　商务谈判基础理论

第一章　谈判概述 ·· (2)
　第一节　谈判的概念 ·· (4)
　第二节　冲突与谈判 ·· (7)
　第三节　利益差异与谈判 ·· (11)
　第四节　谈判的分类 ·· (12)

第二章　商务谈判概述 ··· (18)
　第一节　认识商务谈判 ··· (19)
　第二节　商务谈判的基本原则 ·· (31)
　第三节　商务谈判的评价标准 ·· (35)

第三章　国际商务谈判概述 ··· (39)
　第一节　国际商务谈判概念 ··· (40)
　第二节　国际商务谈判的程序与管理 ·· (44)

第二篇　商务谈判实务

第四章　商务谈判的准备 ·· (52)
　第一节　信息准备 ·· (53)
　第二节　人员准备 ·· (58)
　第三节　方案准备 ·· (63)
　第四节　模拟谈判 ·· (68)

第五章　商务谈判的开局 ·· (73)
　第一节　商务谈判开局概述 ··· (74)
　第二节　商务谈判开局气氛的营造 ·· (80)
　第三节　商务谈判的开局目标 ·· (86)

第六章　商务谈判的磋商 （91）
第一节　磋商阶段与报价 （92）
第二节　磋商阶段的讨价还价 （98）
第三节　磋商阶段的让步 （104）

第七章　商务谈判的成交 （111）
第一节　商务谈判成交阶段的心理与行为分析 （112）
第二节　商务谈判的成交促成 （117）
第三节　商务谈判成交阶段的策略运用 （125）

第八章　商务谈判的签约 （131）
第一节　商务合同的签订 （132）
第二节　商务合同的审核与担保 （138）
第三节　商务合同的履行与纠纷处理 （142）

第三篇　商务谈判艺术

第九章　商务谈判的语言技巧 （150）
第一节　商务谈判的语言技巧概述 （151）
第二节　商务谈判有声语言表达技巧 （156）
第三节　商务谈判中的无声语言技巧 （164）

第十章　商务谈判的僵局处理 （170）
第一节　商务谈判僵局的产生 （171）
第二节　避免商务谈判僵局的发生 （175）
第三节　处理商务谈判僵局的技巧 （185）

第四篇　国际商务谈判

第十一章　国际商务谈判中的文化差异 （192）
第一节　文化与文化差异 （193）
第二节　文化差异对国际商务谈判的影响 （200）

第十二章　国际商务谈判的风险管理 （207）
第一节　国际商务谈判风险概述 （208）
第二节　国际商务谈判中的风险分析 （209）
第三节　国际商务谈判风险的预见与控制 （213）

第十三章　国际商务谈判经典案例 （220）

参考文献 （236）

第一篇
商务谈判基础理论

谈判有广义与狭义之分。广义的谈判不仅包含正式场合下的谈判,一切协商、交涉、商量、磋商等,都可以看作谈判。狭义的谈判仅仅是指正式场合下的谈判。

要给谈判下一个准确的定义,并不是件容易的事情,因为谈判的内容极其广泛,人们很难用一两句话准确、充分地表达谈判的全部内涵。

谈判是参与谈判的各方相互沟通、相互交流的互动过程。沟通的目的是使原本存在意见分歧的双方解决存在的问题,形成一个一致的意见,或为此做出相应的安排;参与谈判的各方之间存在相互依赖的关系,即双方之间虽然存在利益的冲突,但彼此只有通过对方才能使自身的利益得以实现。因此,谈判是一个既矛盾又统一的结合体;谈判双方之间既有各自不同的利益,又有共同的利益。

商务谈判是谈判中的一种类别,区别于生活谈判和政治谈判,它发生在商业场合以及以商务交易为目的的其他场合,主要存在于国内国际的商品、资金和劳务的供应者与需求者之间,他们为了各自的经济利益进行洽谈,通过反复调整双方最初提出的条件,消除相互间存在的分歧,最终达成一项各方都满意的协议。

随着社会进步和市场经济的繁荣,企业、消费者以及政府等组织间开展的商务谈判,已经成为出现次数最多、涉及面最广、参与人员最多的一种谈判类别,政府除了是政治谈判的参与方外,也可以成为商务谈判的参与方,只要谈判主题是关于商业交易或者其他商业主题,而非政治目的,那么即使是各国政府之间进行的谈判,也属于商务谈判。

国际商务谈判就是谈判参与各方跨越了国界的商务谈判,是国内商务谈判在国际领域的延伸和发展。

如今,谈判已是政治、经济和生活中常用的解决冲突的方式之一,特别是在人们发现武力也不能解决冲突的时候,谈判就成了冲突双方的必然选择。那么,理解谈判为什么会发生,了解什么是谈判,以及谈判中双方的利益分配等,是当代大学生在大学期间必须要掌握的知识。学习商务谈判,了解谈判的概念、动机,以理解谈判的内涵、技巧就成了本书的主要内容。

第一章 谈判概述

本章结构图

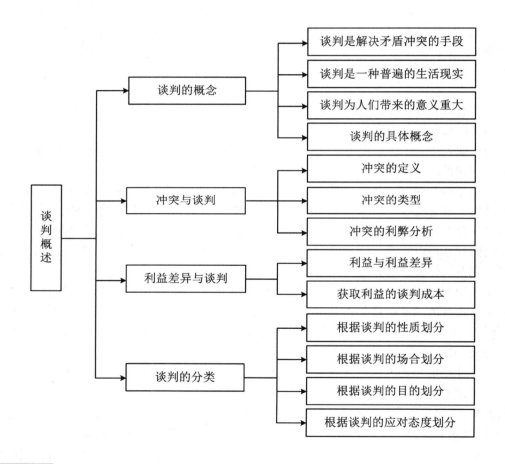

学习目标

理解谈判为什么会发生,了解什么是谈判以及谈判中双方的利益分配等,学习商务谈判,了解谈判的概念、动机以理解谈判的内涵、技巧。

导入案例

张先生的困境

张先生夫妻俩都在上海市某中学教书,他们有一个儿子,刚大学毕业,正在办理出国留学手续。

张老师家不算富裕,一家人挤在两间小平房内。张老师的妻子早就盼着有朝一日能搬到新房去住,享受一下现代化的住房条件。为此夫妻俩去周围的商品房销售处咨询过几次,得知一套两居室的房子最便宜也要40万元人民币,而他们现在只有12万元的存款,支付买房的首付款虽是够了,但是其余的房款得从银行贷款。如果每个月还款2000元,他们退休之前可以还清全部贷款。

张老师本人对房子的热情远不如他的妻子。他认为孩子工作后他们夫妻俩现在住的房子也够了,况且平房有平房的好处,比如出入方便、邻里关系密切、更有人情味等。更重要的是,他自己一直有一个未偿的心愿,那就是拥有一辆自己的汽车,因为他从小就喜欢旅游,希望有一天能走遍祖国的大好河山,体验当地的风土人情。这几十年,他们一直在为工作、孩子忙碌奔波,没时间享受生活。如果自己有一辆汽车,他就可以带着妻子利用假期周游全国,实现儿时梦想。他打算找机会和妻子、儿子好好谈谈,但他心里清楚,想要说服妻子不是一件容易的事。

与妻子的谈话还未进行,儿子却告诉张老师,虽然他拿到了美国某大学的全额奖学金,但美国大使馆仍拒绝给他去美国的签证,而且由于"9·11"恐怖事件的影响,以后也很难拿到去美国的签证。朋友们建议他改去英国,因为只要交足学费,拿到去英国的签证一般没问题。他了解了一下去英国的费用,1年大约需要20万元人民币,但是如果学习用功努力,1年便可以完成硕士课程。可是他刚刚毕业,没有任何积蓄。他打算先求助于父母,待他完成学业、有所积蓄时再将钱还给父母。

张老师听到儿子的打算后感到十分为难,因为他很清楚,如果把这笔钱用来资助儿子留学,那么无论是买房还是买车都只能作罢,起码三五年内不可能再考虑此事。这12万元究竟该如何使用?张老师认为需要与妻子和儿子认真商谈一下。

在这个案例中,问题焦点是张家仅有12万元存款,三个人的想法各不相同,产生了各自不同利益的冲突。张老师一家遇到的问题具有广泛的代表性,它说明了一个根本性的问题,那就是资源的短缺性。资源的短缺是导致矛盾发生的根本原因之一。该如何解决这三种不同想法所带来的冲突和矛盾,张老师想到了和妻子、儿子认真地商谈,这种做法实际上就是谈判,它是人们解决利益冲突首要的也是最后的选择。如何利用谈判解决矛盾冲突是本书所要研究的课题。

第一节　谈判的概念

一、谈判是解决矛盾冲突的手段

人类生活在一个资源有限的世界里，但是人类的欲望却是无限的，无限制的使用资源使得资源短缺现象随处可见，有时甚至给人类的生存带来危机。例如，为人类提供能源的资源，如石油、天然气、煤炭等经过上百年的不断采掘和利用，已经向人类亮起了红灯。又如，以往人们认为淡水是取之不尽、用之不竭的资源，然而随着人口的不断增长、工业化进程的加快以及水资源分布的不均，淡水资源已经成为地球上不少地区如中东地区最为短缺的资源，水成为许多政治冲突和军事冲突发生的直接导火索。资源的短缺性所带来的矛盾和冲突也处处存在于我们的日常生活中。例如，我们每个人每天只有24小时，应如何分配这24小时常常令许多人头疼。对于学生来说，如果多花时间学习就意味着少休息；对于企业家来说，如果多出差就意味着少与家人团聚；对于科研工作者来说，如果多工作就得放弃娱乐和休息。我们可以支配的收入也是有限的。一个刚参加工作的大学毕业生如果一个月的生活预算是1800元，那么他必须做出周密的计划才能使收支相抵。

从本质上讲，人类不断增长的、无限的物质需求，导致人类与有限的短缺的自然资源之间的冲突不断。每一个国家都希望自己拥有广袤的土地、丰富的资源和富庶的人民，每一个人也都希望自己拥有更多的财富和更好的生活条件。正是为了解决自然资源的短缺性和人类不断增长的需求这一有限和无限之间的矛盾，以达到利用有限资源更好地为人类服务的目的，人类发展了经济学以解决"生产什么、怎样生产和为谁生产"这样一些基本的问题。自然资源的短缺和人类欲望的无限还导致人类之间为争夺有限资源而产生的冲突不断。中东地区由于水资源引发的冲突仅仅是无数此类冲突中的一个典型事例。除了国家之间的对抗外，各种团体之间、企业之间和个人之间无数的矛盾冲突都源于对有限资源的争夺。当然，除经济原因引发的冲突外，还有其他各种各样的原因引发的冲突，包括政治、社会、宗教、文化和种族等事由。然而由经济原因导致的冲突却是最根本和最频繁的。人类就是生活在这样一个充满矛盾、冲突和对抗的世界里。

既然矛盾与冲突不可避免，那么如何解决矛盾与冲突便成为一个永恒的话题，成为国家、组织和个人普遍关心的问题。纵观人类发展的历史，人们解决冲突的方法总体来说不外乎两种，即武力方式与和平方式。然而用武力方式解决冲突所带来的灾难性后果是有目共睹的。不但使许多国家国土沦丧、生灵涂炭，还造成了巨大的财产损失，特别是第二次世界大战，它给全人类无论是发动战争者还是被动卷入战争中的国家，都带来了毁灭性的打击。各国政府和人民经过这场世界大战和其他大大小小的武装冲突后都深刻地认识到，和平解决冲突，也就是通过谈判的方式解决冲突，无疑是更好的选择。正是基于这样的认识，从第二次世界大战结束后的20世纪后半叶开始，和平与发展逐渐成为世界发展的主旋律。如今，经济全球化的浪潮正日益将世界各国各地区连成相互依赖、你中有我、我中有你的整体。在这样的背景下，谈判被越来越多地应用于国际事务特别是商业往来活动中，成为解决冲突的主要手段。

二、谈判是一种普遍的生活现实

由于谈判一词多用于政治、军事、外交和商务等重要事务中,久而久之人们便产生了一种误解,认为谈判只是职业政治家、外交家和商务界人士专门从事的事务。事实上,谈判适用于人们日常生活中的一切冲突、矛盾和不同意见与观点的交锋。正如罗杰·费希尔和威廉·尤利所说的"无论你喜欢与否,你都是一个谈判者。谈判是一种生活现实。"你与妻子商量假期去哪旅游,与上司谈你的晋升问题,与某个陌生人谈购买房子的价格,或是双方的律师为一起车祸在法庭上辩论,几家公司为开发深海石油商谈建立合资企业的问题,各国的首脑为限制核武器问题进行激烈的争论,这些都是谈判。可见,谈判不仅是职业谈判手善于利用的工具,也是每个普通人为解决工作和生活中的问题而经常采用的手段。人们生来不同,但是社会的发展又往往要求人们达成一致,这就需要采用谈判的方式来解决人们的不同点。人们之间的许多交往都是谈判活动,每个人都自觉或不自觉地进行着谈判。谈判的确已经深入我们生活的各个角落。而且,每个人都越来越希望参与和自己有关的决策,越来越少的人愿意接受由他人独断做出的决定。人们日常生活中主动或被动参与的谈判,不仅在内容上是多种多样的,在形式上也是多种多样的。它们既可能是双边谈判,也可能是多边谈判,既可能是一系列谈判中的一部分,也可能是一次独立的谈判,既可能是围绕着某一简单问题进行的谈判,也可能是围绕若干复杂问题展开的谈判。谈判作为人类生活中的普遍活动源远流长,可以说是与人类共始终的。古代社会的部落相争、君位禅让、皇权世袭、两国修好和民间纠纷等都离不开谈判活动。在现代社会,随着经济全球化的蔓延,商务活动迅速增加,越来越多的问题需要通过谈判的方式来解决,因此不少国家处理冲突和参与谈判的机构和从业人员在不断增加。谈判正在逐渐成长为一个新兴的行业,并已作为一门学科走进了大学的课堂,对谈判基本原理的理解和对谈判策略的学习运用已成为许多专业尤其是商业院校各专业的必修课。

三、谈判为人们带来的意义重大

人们参与各种各样的谈判是因为谈判是一个不可回避的社会现实,"它已经被视为一个包罗万象的体系,可以用来解决有关人类存在的一些棘手的问题——人际关系、企业间的关系和政府间的关系。"[①]对于每个人来说,他既是自然人又是社会人。每个人都要与其他人打交道,包括家人、朋友、同事、领导以及竞争对手等。与他人进行谈判是施展个人才能的机会。有些人正是因为把握住了谈判提供的机会而一举成功,在事业发展的道路上迈出了一大步。在我们的日常生活中,一次充分体现谈判艺术的谈话可以使我们的家庭充满和谐气氛并增进彼此情感,而一次针锋相对、互不相让的争吵则可能导致一个家庭走向分裂。谈判不仅仅是达成大笔交易或解决冲突的特殊技巧,更是成功人士的一种生活方式。正如意大利外交家丹尼尔·瓦勒很早以前谈到外交时所讲的那样,谈判就是"让别人接受你所选择的方式的艺术"。成功的人士是让人们说"是"的专家。

著名未来学家约翰·奈斯比特在其所著的《2000年大趋势》一书中曾说过:随着世界的变化,谈判正逐步变成决策制定的主要形式。对于企业来说,谈判作为一种决策形式,其过

---

① 尼尔伦伯格.谈判的艺术[M].曹景行,陆延,译.上海:上海翻译出版公司,1986:86-87.

程和结果都直接关系到谈判当事人各自的利益能否得到满足,关系到决策双方的未来关系,以及有关各方在未来相当长的时期内的活动环境。成功的商务谈判能够使企业降低成本、增加销售、融洽关系,帮助企业化解重大危机。而不成功的谈判则可能使企业失去供给保障、辛苦开拓来的市场、合作伙伴和有利的商机。谈判不仅能在短期内给企业带来成功或失败的戏剧性结果,还可以决定国与国之间的命运、现在与未来关系的建设与发展,甚至会影响到整个世界经济和政治关系的健康发展。例如,中国与美国、美国与日本、美国与欧盟之间多次发生的贸易争端如果导致贸易战爆发,必将极大损害相关国家的经济,并会波及世界其他国家。

谈判随处可见、时时发生,它的意义十分重大,因为谈判的结果直接影响我们的生活质量、事业前景、企业发展和国家关系。正是由于谈判涉及的领域广泛,在各国政治、经济活动中起着不可替代的重要作用,因此我们有必要深入研究谈判因何发生,应怎样进行谈判,以及谈判的内在规律。

四、谈判的具体概念

尽管中国自古就有诸多著名的谈判家和脍炙人口的谈判案例,但是"谈判"一词却在中国古代浩渺的典籍中隐而不现。与谈判一词含义最为接近的词汇是"游说",意即解释、解说、告诉等,更有说服他人接受或采纳自己意见的意思。对现代意义上的谈判一词的解释有几种说法,其中有代表性的如尼尔伦伯格认为"人们为了改变相互关系而交换观点,或为某种目的企求取得一致并进行磋商即是谈判。"[①]虽说对谈判一词的定义没有统一说法,但它们都包含这样一些基本成分,即谈判是双方为解决冲突而进行沟通的过程,目的是使双方达成一项协议、解决一个问题或做出某种安排;谈判是从对方那里获取利益的基本方式;谈判是在双方拥有共同利益和冲突利益的情况下,为达成一项协议进行的相互间的交谈。上述概括包含了如下几个要点:

(1) 谈判是参与谈判的各方相互沟通、相互交流的互动过程。沟通的目的是使原本存在意见分歧的双方解决存在的问题,形成一个一致意见,或为此做出相应安排。

(2) 参与谈判的各方之间存在相互依赖的关系,即双方之间虽然存在利益冲突,但彼此只有通过对方才能使自身的利益得以实现。因此,谈判是一个既矛盾又统一的结合体。在我们生活里最常见的商品买卖活动中,买方和卖方各自有不同的利益。卖方希望以尽可能高的价格成交,而买方则相反。尽管双方的利益存在着冲突,但是为了各自利益的实现——买方通过成交获得商品的使用价值,而卖方通过卖出商品获得经济效益,买卖双方都会十分明智地做出一些让步,并最终达成交易。

(3) 谈判双方之间既有各自不同的利益——这是谈判发生的原因,同时又有共同的利益。如果谈判双方之间只存在不同的利益,那么双方就缺少了谈判所需的共同基础和出发点,而如果只存在相同的利益,则谈判就没有必要发生了。在旷日持久的巴以中东和谈中,巴勒斯坦和以色列之间在领土问题、耶路撒冷地位问题和犹太人居住点问题上存在着严重的对抗,其矛盾似乎无法调和。然而巴以之所以还能够坐到谈判桌前,关键原因就在于双方之间还存在着共同的利益,那就是两国的人民希望得到和平。

---

① 尼尔伦伯格. 谈判的艺术[M]. 曹景行,陆延,译. 上海:上海翻译出版公司,1986:56.

虽然从定义上说具有以上特征的活动都可称作谈判,但是并非所有谈判都属于真正意义上的谈判。真正意义上的谈判应当至少符合以下三点要求:

(1) 谈判是"给"与"取"兼而有之的过程。谈判协议应当是在双方共同让步的基础上达成的条约,谈判中的给予与获取是共同的,单方面的让步和妥协不是真正意义上的谈判。

(2) 谈判双方既有冲突又有合作。双方利益的冲突导致谈判的发生,然而如果没有谈判双方的合作,谈判就不可能顺利地进行并取得满意的结果。

(3) 谈判双方的地位和权利平等。由于政治、经济、体制、自然条件、社会条件、管理经验、财务状况、人才条件、生产能力等方方面面的因素的作用,参与谈判各方的实力有着或大或小的差异,这是客观事实。然而尽管实力不同,双方的谈判地位和权利却是相等的。这种公平性的一个体现,是实力较弱的一方有权否决它认为不公平的决议。如果没有这种权利,实力较强的一方就有可能利用有利形势将自己的意志强加于较弱一方,从而取得对自己有利的谈判结果。当然,对谈判结果的不同意见应当在签署协议前以公开明确的方式表达。

第二节 冲突与谈判

人类生活在一个充满矛盾和变化的世界中。人们在经济、政治、文化、宗教和生活等方面的不同观点和行为导致程度不一、性质不同的冲突不断发生。正是因为有冲突的存在,才有了谈判。所以说冲突是导致谈判发生的主要诱因,解决冲突是谈判的主要目的。为了更好地理解谈判的实质,有必要就冲突的含义、冲突的本质以及冲突所带来的正反两方面影响作一探讨。

一、冲突的定义

冲突又被称作对抗、争执。冲突发生在两个或更多的既有不同利益又有共同利益的相互依赖的当事人之间,冲突会削弱双方获取利益的能力。有关冲突的定义还有三点需要补充:

(1) 冲突的当事人是相互依赖的,也就是说冲突的各方之间由于利益原因存在着某种关系,这种关系将各方连成利益相关的整体。显然,各方可能有各种各样的利益差异,但是有差异并不等于就会有冲突。只有当一方利益的实现对另一方的利益造成影响时才会产生冲突。如果彼此不存在利益上的联系,也就不会有冲突的发生。

(2) 冲突的当事人之间既存在着不同利益,又存在着共同利益。这听起来似乎矛盾,然而,如果冲突双方只有不同利益而不具有共同利益,则谈判就失去了根基而无法进行。事实上,任何冲突产生的同时也酝酿着共同的利益,这才使谈判成为解决冲突的一个自然程序。

(3) 冲突各方为实现自己的利益必然要想方设法做出积极的努力。然而,双方为获取各自利益所作的努力,同时也会起到阻止对方实现其利益的效果,结果将降低双方获利的能力,减少双方实际获取的利益。这也就是为什么坚持冲突和对抗只能导致两败俱伤的道理。在为解决冲突而进行的谈判中,如果一方一味地坚持寸土不让的立场,不愿做丝毫让步,就无法达到化解冲突的目的。只有本着"给"与"取"的态度去牺牲自己的部分利益,才会促使谈判达成和解的协议。

二、冲突的类型

冲突的存在是一种客观现实。既然冲突是不可避免的,我们就应当对冲突有一个系统的认识,以便于更好地解决冲突。有鉴于此,我们首先将冲突按照其发生的原因作一分类。

(一)按社会生活的主要方面进行分类

1. 经济冲突

经济冲突是指由于各方为获取经济利益而引发的各种矛盾和冲突。此类冲突小到为购买一件衣服的价格而起的争执,大到为上亿美元的投资而发生的矛盾。经济冲突不仅发生在贸易和金融投资领域,还发生在生产和服务领域,或是与宏观经济领域相关的政府的经济调控政策方面。例如,美、日两国与中国就人民币的汇率问题发生的争执就涉及政府的宏观经济调控政策问题。美、日两国认为人民币存在币值低估的问题,因此要求中国政府提高人民币的汇率。然而中国政府坚决不同意,认为保持人民币币值稳定不仅是为了满足中国经济发展的需要,更是为了世界经济发展的稳定。

2. 政治冲突

政治冲突是指政府、政党、社会团体和个人在从事与国家内政和国际关系相关的活动中发生的矛盾冲突。政治冲突往往与经济冲突相关联,并对经济冲突产生重要影响。美国在2003年发动的对伊拉克的军事行动是政治冲突加剧的结果。但是在美国对伊拉克的军事行动的背后又有着深层次的经济动因,那就是美国意欲控制中东石油,因为石油在目前的世界经济发展中仍然起着举足轻重的作用。

3. 宗教冲突

宗教冲突往往是由于不同宗教派别对于宗教思想、观点和行为等有不同意见而产生的。在世界发展历史上,有许多冲突源自宗教矛盾,如印度国内的印度教与伊斯兰教之间的冲突,以及中东地区穆斯林什叶派和逊尼派之间的冲突等都属于宗教冲突。

4. 文化冲突

文化冲突是指由于不同的文化习惯、行为和思想所产生的矛盾冲突。人们生活在不同的国度和不同的文化背景下,受各自文化的熏陶形成了许多截然不同的生活习惯、习俗、思想观念和行为准则。在彼此的交往中,如果不了解对方的文化背景和习俗,那么会极易产生各种矛盾和冲突。

5. 军事冲突

军事冲突是指包括动用军队和武力在内的冲突。军事冲突往往是经济、政治、宗教和文化等冲突的结果,是冲突进一步升级的表现。

(二)按冲突性质进行分类

1. 利益冲突

利益冲突是指由于双方为实际利益的竞争或因感受到存在的竞争关系而引发的冲突。

2. 结构性冲突

导致此类冲突发生的原因在于双方对资源的控制的不均等,所有权及对所有权分配的不均等,对力量和权利分配的不平等,以及时间限制、地理环境和其他物质因素的影响等。

3. 价值冲突

价值冲突是指谈判双方由于对思想和行为的评价标准存在差异,或在不同的生活方式、价值观念和宗教信仰等方面存在差异,进而导致的冲突。

4. 关系冲突

关系冲突是指双方由于关系紧张而带来的冲突。造成双方关系紧张的原因主要有情绪的表达方式过于强烈,彼此间存在误解或理解方式僵化,双方缺乏沟通或沟通方式不当,自身存在的一些不良行为等。

5. 数据冲突

数据冲突是指由于缺乏有效的和正确的数据信息而造成的冲突。此外,对于相同数据的解释差异、认识不同和对数据的评估程序不同也是造成数据冲突的原因。

从以上对冲突类型的分析中可以看出,冲突存在于社会生活的各个方面,各种原因都可能诱发冲突。

三、冲突的利弊分析

在讨论到冲突对我们生活的影响和对人类社会发展的影响时,人们的态度大相径庭,褒贬不一。一般来说,人们普遍认为冲突给人类带来的是灾难和痛苦。持此观点的人们经常会列举出武装冲突造成的生命和财产损失,政治和宗教冲突造成的国家和人民之间的不和,商务冲突造成的企业倒闭、工人失业,夫妻冲突带来的家庭不和与分裂等,以此来说明冲突的弊端。但也有一些人认为冲突对人类具有积极意义。持此观点的人士指出,冲突可以激发发明创造,促进社会进步和人类的发展。例如,第二次世界大战中发明的用于制造核武器的核反应堆现在被广泛地用于民用发电,极大地弥补了不可再生能源的缺乏,战争中发明的电子计算机现已成为信息革命中的主角,成为信息产业的支柱等。当然,还有一些人认为冲突既有正面影响又有负面影响。客观地说,冲突像其他任何事物一样具有两面性,即它既有有害的一面,又有有利的一面。下面我们以两分法的方式来考虑在谈判中冲突可能会带来的利与弊。表1.1从信息沟通、创造性、双方关系和谈判结局四个方面讨论了冲突在谈判中表现出的正反两方面的特性。

表1.1 冲突与谈判之间正、反两方面的特性[①]

四个方面	相关内容	正面特性	反面特性
信息沟通	利益	揭开	掩盖
	事件	澄清	混淆
创造性	学习	促进	阻碍
	创新	激发	抑制

---

① 白远.国际商务谈判[M].北京:中国人民大学出版社,2019:10.

续表

四个方面	相关内容	正面特性	反面特性
双方关系	紧张	缓和	升级
	满意	增加	下降
谈判结局	获利	高	低
	局面	控制	激化

在谈判过程中，双方在信息沟通方面所涉及的内容包括彼此的利益和与各自利益相关的具体事件。双方的冲突表现在是否向对方提供必要的信息，以使对方明确自己的利益所在。因为在谈判中人们往往掩盖自己的真实意图，以期达到明修栈道、暗度陈仓的目的。然而如果谈判双方都掩盖自己的真实意图，将重要事件和无关紧要事件混为一谈，故意混淆视听，那么谈判双方就都很难判断事情的真伪，谈判的进程必然变得十分艰难，最后难免以失败告终。反之，如果谈判双方抱着开诚布公的态度，向对方提供必要的信息，说明各自的利益所在，使谈判内容围绕着与双方利益密切相关的事件展开，则谈判便可朝着成功的方向发展。

谈判的过程也应当是双方彼此学习、促进创新的过程。双方可以通过信息、人员和技术等各方面的交流获得新的知识和灵感，从而激发创造热情，推动革新和发明的产生。然而双方在利益上存在的冲突也可能导致彼此在信息交流、人员交流、技术交流等方面设置障碍、互相封锁，使彼此的学习和交流无法进行，阻碍了革新和创造的产生。

由于冲突的存在，在谈判过程中双方的关系可能朝着紧张和恶化的方向发展，也有可能朝着改善的方向发展。如果冲突不能很好地化解，反而越演越烈，双方的关系紧张到唇枪舌剑、剑拔弩张的地步，则不仅可能导致谈判失败，还可能使冲突升级，酿成更为严重的冲突。但中国有句俗话说"不打不相识"，说的是一个矛盾转化的过程，即通过成功的谈判也可以化干戈为玉帛，变对手为朋友。

由此可以看出，冲突既可以带来有利于谈判的正效应，同时也可能带来不利于谈判的负效应。事实上冲突本身是一种不利于和平与发展的因素，解决冲突的关键在于处于冲突中的各方如何控制、掌握矛盾与冲突，使其最大限度地向有利方向转化。如果有利因素能够得到最大程度的发扬，不利因素得到最大程度的抑制，则冲突这件坏事便能朝着促进人类和平与进步的方向转化。谈判的过程是解决冲突的过程。如果冲突得到有效控制则双方都可从中获利，而获利的大小取决于冲突化解和转化的程度。

如何控制和管理冲突既是一个理论问题也是一个实践问题，通过学习可以学会如何成功地处理不同意见，排除各种障碍，掌握面对不同类型挑战的谈判策略，获得处理紧张局面和压力的方法。在处理冲突的过程中，谈判者要学会分析冲突的性质及其发生的根源，了解双方陷入冲突的程度、各种冲突间的联系、冲突已经产生的影响、冲突进一步发展的可能性，决定针对不同性质的冲突所应采取的不同策略等。谈判者还应当认识到冲突的价值，也就是冲突能够为双方带来的正效应。例如，某生产厂商与供应商之间就原材料的供给进行谈判。双方都希望能通过谈判获得尽可能大的利益。为谋求利益的最大化，降低成本支出，生产商在希望获得的原材料质量稳定的同时，还希望在保证生产需要的前提下，尽可能减少原材料库存的成本。而原材料供应商则希望在销路稳定的前提下，尽可能缩短己方库存的时间。双方在对库存的要求方面存在着利益冲突。但是如果仔细分析双方的冲突所在便可以看到,双方的冲突不但可以化解,还可以通过谈判,将冲突转化为正效应。比如引入"零库存"的管理方法,就可以使利益冲突的双方成为长期的合作伙伴,通过对各自生产计划的合理安排,来扩大双方的利益。

第三节 利益差异与谈判

冲突的发生就其本源而言,是由于不同主体之间的利益差异。不同的人群或企业分属于不同的利益主体,甲的利益满足不等于乙的利益满足。不仅如此,甲以自己的方式满足某些利益的过程还可能损害到乙的既有利益或潜在利益。因此,相互间的冲突就不可避免。如果说谈判是由于冲突而引发的,那么冲突的产生则是由于存在着利益得失的对抗。一方利益的获得可能是以牺牲对方利益为代价实现的,由此就产生了双方的矛盾、冲突与对抗。因此,对冲突和谈判的理解应当建立在对利益及如何获取利益的理解上。

一、利益与利益差异

人们在生活和工作中有着多种多样的利益追求。古人云:"天下熙熙,皆为利来;天下攘攘,皆为利往。"争名于朝,争利于市,这种争利现象,可以说是人类的基本活动。对利益最简单的解释就是"好处""需求"或"益处"。利益可以是对自己有益的人、金钱、物质、环境等,也可以是非物质的和抽象的事物,例如企业的信誉、名声、形象等。利益可以是短期的,也可以是长期的,可以是现实的,也可以是潜在的,可以是目前利益,也可以是长远利益,或者是谈判者所表达的潜在愿望和具体事件。当利益冲突的各方为从对方那里获取自己的利益而从事谈判活动时,都要面对一个问题,那就是利益的得与失。利益得失指的是通过谈判可以获取的利益或者会失去的利益,以及可以引发或者避免的成本。评判利益的得与失必须考虑谈判者所处的现状,并与可以选择的其他方案相比较才能确定。综上所述,可以从以下四方面做进一步解释:

(1) 谈判各方通过谈判或者得到期望的利益,或者失去期望的利益。因此谈判对于双方来说是涉及双方利害关系的活动,即只有当谈判关系到双方的切身利益时,人们才会积极地投入其中。

(2) 世界上没有免费的午餐,谈判桌上也是如此。谈判双方若想通过谈判获取各自利益,就必须有所付出。付出成本的大小取决于谈判技巧,以及谈判双方如何应对谈判和如何处理各自的利益得失。

(3) 谈判开始时事态的发展现状是双方衡量利益得失的一个标准。例如,就某一项产品的价格进行谈判时,当时市场的供需情况就是一个参照指标。在此基础上双方提出各自的方案并通过谈判确定是保持现状还是改变现状,是选择方案 A 还是选择方案 B,或者另有选择。

(4) 谈判者的利益既包括目前利益也包括长远利益和潜在愿望。谈判者有时必须在目前利益和长远利益之间做出抉择,以确定是牺牲目前利益以满足长远利益,还是以目前利益为重而不顾长远利益。

二、获取利益的谈判成本

商务谈判虽以获取经济利益为核心,但不等于说通过谈判获取了最大的现实的经济利益就是成功的谈判,这里还存在着一个对利益获取的价值评判问题。谈判无论成功与否,都要付出代价,即所谓的成本。衡量谈判成本的高低,既需要考虑为获取己方的利益而向对方提供的直接利益的多少、所冒风险的大小,还需要考虑进行谈判所需要支付的时间成本和直接的货币成本,包括人力、物力等。例如,一家原材料供应商与它的一个最主要的购货商洽谈供给合同时,市场供给形势发生了一些变化,原来供不应求的局面不复存在,取而代之的是供大于求的局面。面对新的市场情况,供给方如果还希望与它的最大买主签订合同就不得不在价格、合同期限、供应条件等方面做出让步。而对于买方来说,如果要保证自己生产产品的质量,就必须有一个稳定的原材料供应商及时、保质保量地提供所需要的原材料。为此买方即便在有利的市场条件下,也可能在运输、保险甚至合同期限上作一些让步。另外,企业经营活动对谈判时间的长短也有一定要求。谈判时间拖得越长,对一些谈判方来说付出的成本就越大,因为有些经营活动只有在特定的时间内才可能取得较为理想的效果。时间的流逝很可能使一个原本极有价值的商业机会变得一文不值。

机会成本也是谈判成本中的构成部分。这里所说的机会成本包括,面对谈判各方提供的各种选择方案时选择 A 方案而不选择 B 方案所要付出的代价,或者面对几个潜在的合作对象时,选择某一合作伙伴作为谈判对象就可能失去与另一些企业合作的机会。所有这些机会损失都构成企业与某一对象谈判合作谋取一定利益的机会成本。

第四节　谈判的分类

依据不同的划分标准,谈判可以分为多种类别,在此简单列举几种:分配型谈判和融合型谈判;生活谈判、商务谈判和政治谈判;交易型谈判和纠纷型谈判;强硬式谈判、温和式谈判和原则式谈判。

一、根据谈判的性质划分

1. 分配型谈判

分配型谈判也称"零和谈判",在这种谈判中,通常只涉及一项单独的分配争议,这种谈判就像是双方在抢占"一块仅有的蛋糕",谈判的一方必须牺牲另一方才能独享蛋糕。日常生活中的讨价还价就是最典型的分配型谈判,商品的原价为双方抢占的蛋糕,老板降价的幅度就是顾客抢占的蛋糕,也是老板分出去的蛋糕。

在分配型谈判中,双方倾向于凭借自己拥有的实力大小来争取利益,并且谈判者心中有很强的输赢意识:非赢即输,这就像拔河比赛一样,对方赢一寸你就输一寸,在讨价还价中也是这样,对方让步 100 元,你就多赚了 100 元。因此,在分配型谈判中双方倾向于持强硬态度。对此,谈判者应有心理准备。

2. 融合型谈判

融合型谈判主要有两种，一是互补型融合谈判，二是共通型融合谈判。互补型融合谈判指的是各方的利益点互补或者错位，这样双方就可以获得互不冲突的利益，例如在一场谈判中，存在价格、支付、售后和保险等多个议题，一方看重的主要是价格，另一方看重的主要是售后，那么，双方都可以在自己看重的议题上获取利益，而在另外的议题上给予让步。共通型融合谈判指的是双方的利益有互通和交集，不像两个人分一块蛋糕，一方多意味着另一方会少，它更像是两个人齐心协力把蛋糕做到最大，这样不管怎么分两个人都能分到比原来更多的蛋糕，满意度也会更高，因此，在共通型融合谈判中，谈判各方会抱有一种合作的态度，先有合作意识再有输赢意识。

有时候，分配型谈判可以转化为融合型谈判，比如顾客与老板就一幅画讨价还价时，如果两个人的谈判只考虑这幅画的价格，就是分配型谈判，现在两个人做出一个约定，如果老板把这幅画以更低的价格卖给顾客，顾客就帮老板把剩余的三幅画销售出去，那么这就是两个人共同把蛋糕做大，把第三方、第四方甚至更多方贡献的蛋糕加进来，那么两个人都可以分到比原来更大的蛋糕，这就是融合型谈判。

分配型谈判只局限于现有的利益，而融合型谈判能把潜在和未来的利益考虑进来，为双方都增加利益分配额度，并且两者之间多数是可以转化的，当分配型谈判遇到僵局互不相让时，就要想办法把它转变为融合型谈判，从而在互相让步的同时又能得到更多收益，这种转化也可以看作一种谈判策略。

二、根据谈判的场合划分

1. 生活谈判

当赫布科恩说出"生活是一张大的谈判桌，不管你喜不喜欢都已经身处其中"这句话时，其实就是在告诉我们生活中时刻存在着谈判，你与家人、朋友、同事、店主等各类人物之间，在日常生活事务接触中，由于意见不统一而引发的协商行为就叫作"生活谈判"。在生活谈判中，你仅仅代表你自己，与你的企业、职场角色无关，你的角色往往指代的是家庭角色或社交角色，即你只是一个父亲、丈夫、朋友、顾客等，而不是一个总经理、客服专员或销售员。

比如家人跟你商量今天下午谁去接小孩放学，如果你立马同意自己去接小孩，那么谈判就不存在，但是当家人提出某些要求作为自己去接小孩的条件，而你不同意又无法直接拒绝时，你会用"可以，不过"或"不行，除非"这样的句式说出让你同意的条件，接着你们会开始一场关于"条件"的讨论，这个时候谈判就发生了。

2. 商务谈判

商务谈判是指经济交往各方为了寻求和达到自身的经济利益目标，彼此进行交流、阐述意愿、磋商协议、协调关系并设法达成一致意见的行为过程。在商务谈判中，双方谈判的核心目标就是追求利益最大化，买方所追求的利益是以最小的代价获得最优质的产品或服务，而卖方所追求的利益是以最合理的价格卖出自己的产品或服务，不过，在商务谈判中需要注意的是，谈判双方往往会因为太关注价格而忽略了合同中其他条款与价格的联系，比如成交数量、交货期限、运输方式、投保方潜在需求量、付款方式、保修索赔期限等，所以商务谈判人员追求的最核心利益可能体现为最低价格,也可能是其他方面的要求。

当同事和你商量明天谁上夜班,而你们由于私人原因都不愿意上夜班时,属于生活谈判,如果你代表企业去和供应商谈判采购条件,或者你作为上级与下属进行工作项目上的沟通时,则属于商务谈判,这也是本书中我们对商务谈判这一范畴的界定。

3. 政治谈判

政治谈判是政府、政党、社会团体之间就内政及国际关系等方面的问题,为确定各自利益,改善相互关系,协调行为尺度而进行的谈判,例如国家之间关于建立外交关系,解决边界纠纷,政党之间为争取执政权力和合法地位等问题而进行的谈判等。

政治谈判涉及的是法统、主权、治权、领土及政治相关事务的谈判。具体而言,它涉及法统的认定(确定)、主权、治权、领土调整或重新认定的问题,涉及象征法统、主权、治权的统治关系、统治区域及旗帜、服式等政治符号的改变,涉及象征法统、主权、治权、政治、外交及军事的政策与行为的改变,涉及两个各自拥有法统、主权、领土、政治符号的政治实体间的政治关系的改变,新政治关系的建立。

政治谈判发生在各个政治组织中,各方因为权力、政党关系和政治合作事项进行洽谈,简单说就是政治场合中的谈判,参与方是各个政治组织,包括国家、党派、国家联盟、城市综合体等具有行政管理职能的各类组织。多方谈判最常发生在政治谈判中,即多边谈判。政治谈判往往谈判主题重大、影响面广、涉及利益多、持续时间长,因此政治谈判可以看作最有难度的谈判类型。

三、根据谈判的目的划分

1. 交易型谈判

在日常生活中,交易型谈判比较普遍,指的是谈判双方为了达成某项交易需要建立某种法律关系而进行的谈判,一般表现为原材料、生产设备的购买或出售等。谈判主体进行谈判的终极目标都是达成交易,因此双方都十分关注彼此的利益,买卖双方凡是为了达成自己的目标而需建立某种交易关系时就必须要进行谈判。当然,谈判除了可以达成交易外,还需能够保持双方长远的合作关系。

2. 纠纷型谈判

纠纷型谈判是指谈判主体为了解决纠纷或者冲突而进行的谈判。纠纷型谈判以纠纷的存在为前提,例如机动车驾驶者因发生机动车交通事故的赔偿问题而进行谈判,则是以交通事故的发生为前提。与交易型谈判不同的是,纠纷型谈判是针对已发生的纠纷事实如何处理进行谈判。

交易型谈判与纠纷型谈判存在很多不同之处。首先,纠纷型谈判,谈判双方更加关心双方拥有的权利,而交易型谈判,谈判双方则更注重利益,包括眼前利益和长远利益,但是在交易未达成之前不存在任何支配这桩交易的"权利";其次,交易型谈判和纠纷型谈判的方式和内容也存在显著差别,在达成交易型谈判中,双方当事人有更多机会去探讨双方的利益和选择,所以谈判更倾向于以非正式、理性、友好的方式进行,纠纷型谈判则是因为纠纷或冲突的产生而不得不进行的,所以采取的方式一般更正式并且不太友好,谈话的内容多围绕着解决纠纷。

交易型谈判与纠纷型谈判虽然存在以上区别,但是两者之间却又不是完全独立的,很多情境下,也存在交叉和相互影响的关系,体现为交易型谈判会赋予谈判方某些权利,这些权利会成为纠纷型谈判主体谈判的条件,随着纠纷型谈判的进行,双方会为了解决纠纷而达成交易,此时纠纷型谈判便转化成了交易型谈判,这也是谈判机制具有两面性的体现。

四、根据谈判的应对态度划分

根据谈判时的应对态度,可将谈判分为强硬式谈判、温和式谈判和原则式谈判,这三种谈判类型的具体区别见表1.2。

表1.2 强硬式谈判、温和式谈判和原则式谈判①

	强硬式谈判	温和式谈判	原则式谈判
关系	对方是对手	对方是朋友	对方能解决问题
目标	战胜对手	达成共识	有效愉悦地取得明智的结果
如何让步	要求对方让步作为维持双方关系的条件	为了友谊做出让步	把人和事分开
对待人和事的态度	对人和事采取强硬态度	对人和事采取温和态度	对人温和,对事强硬
信任	不信任对方	信任对方	谈判与信任无关
立场	固守立场不动摇	容易改变立场	着眼于利益,而不是立场
如何分割利益	威胁对方	给予对方实惠	探讨共同利益
底线	掩饰自己的底线	亮出底牌	避免谈底线
矛盾的解决方式	把对方的单方面优惠作为达成协议的条件	为了达成协议,愿意承担单方面损失	为共同利益创造选择方案
解决方案的选择	寻找自己可以接受的,单方面解决方案	寻找对方可以接受的,单方面解决方案	寻找多种解决方案,以后再做决定
原则	以坚守自己的立场为目的	以达成共识为目的	坚持使用客观标准
意志力	试图在意志的较量中取胜	避免意志的较量	争取基于客观标准而非主观意志的结果
面对压力	给对方施加压力	迫于压力而妥协	坚持并欢迎理性方法,只认道理,不屈服于压力

1. 强硬式谈判

强硬式谈判将对方看作对手,不信任对方,认为谈判是一场非赢即输的意志较量,自己固守立场,期待对方单方面做出让步,以自己最为满意的方式成交,态度强悍冷漠甚至还会

---

① 李晓娜,周原,周言姣.商务谈判实务[M].山东:山东大学出版社,2018:11.

威胁对方,给对方施加各种压力以取得谈判胜利,这种谈判风格也许可以得到一次胜利,但是会以失去合作伙伴、未来的合作机会和潜在利益为代价。

如果双方均是强硬式谈判风格,那么在谈判出现冲突与僵局时,双方会互不让步,坚持立场,甚至向对方发难施压,指责批判对方。在这种谈判中,因双方均不懂得尊重对方,不注重双方共同利益的构建,往往很难实现谈判的初衷,可能只有在谈判难以进行下去时才迫不得已地做出极少的松动和让步。在双方都采取这种态度的情况下,必然导致双方的关系紧张,增加谈判的时间和成本,降低谈判的效率,即使某一方屈服于对方而被迫让步,签订协议,其内心的不满是必然的。因为在这场谈判中,他的需求没能得到应有的满足,会导致他在以后合同履行中的消极行为,而且由于这种谈判不注意尊重对方的需要,不注意双方利益的共同点,也很难达成理想的协议。

2. 温和式谈判

温和式谈判将对方看作朋友,信任对方,认为谈判应该更侧重于维持友谊,而非榨取利益,愿意为了达成和解单方面承担损失,很容易改变最初的立场去迎合对方,会尽量避免争执和较量,愿意主动做出让步,给予对方实惠,不管对人还是对事都很温和友好,谈判结束后一般都会与对方建立良好的关系,也可以达成一项协议,但并非最佳协议。温和式谈判强调谈判者为顺利实现谈判目的,秉承友好、温和的态度,避免与对方产生冲突,强调建立互相信任、互相让步的良好氛围,以便为将来进一步合作打下良好的基础。这是一种避免冲突,试图建立长久信任关系的谈判方式。但是在实践中,这种类型的谈判并不普遍,一般存在于双方建立长期合作关系的意图都十分强烈,或是已经有定期业务往来的情况下,在家庭内部和朋友之间的商讨中往往采取这种方式,由于双方力求做到宽容大度,会主动让步,因此可以节省谈判时间,并且双方都较为轻松。

如果谈判双方都是温和型的,那么达成协议不是难事,而且双方可能都会满意,但是如果温和型遇到强硬型的,那么最终结果会走向不公平,形势会偏向强硬者,如果强硬者步步紧逼,而温和者却一让再让,只会导致严重的损失。

3. 原则式谈判

原则式谈判是由"哈佛大学谈判项目"团队研究出来的一种刚柔并济的谈判方式,这种谈判方式更加尊重客观事实,尽可能让双方都觉得自己赢了,主要有四个基本要素:

(1) 把人和事分开。对人温和,对事强硬(客观理智)。

(2) 着眼于利益,而非立场。关注共同利益,摒弃矛盾,双方一起并肩作战。

(3) 创造性的解决方案。发挥创造力,想出各种可能的方案。

(4) 坚持使用客观标准。谈判以公平合理的客观标准为依据,而非偏袒某一方。强硬式谈判和温和式谈判被称作"立场式谈判",与立场式谈判相反,原则式谈判注重双方利益、互惠互利和公平客观,只要双方都遵守这一谈判原则,通常会带来更加令人满意的谈判结果,更加可能实现"双赢",它可以使你在一系列问题中逐渐与对方达成共识,而不是死守最初的立场,做意志上的较量,把人和事分开才会真正心平气和地与对方共同寻找解决问题的方法,而最终往往是既解决了问题,又获得了友谊,一举两得,也就是实现了最好的结果。

◆ **内容提要**

在我们生活的世界里,存在着各种各样的矛盾冲突。引发这些矛盾冲突的原因有经济、政治、外交、宗教和文化等,其中由经济原因引发的矛盾是最根本和最普遍的。人类在解决矛盾冲突时所使用的方法基本上可归纳为两大类,军事手段与和平手段,而和平手段即是谈判。事实上谈判已被人类应用于生活中大大小小的各种事务和场合中,谈判是一种生活现实。导致谈判发生的原因在于生活中存在各种各样的不同观点和意见,也就是矛盾和冲突,而对于冲突这个普遍的社会现象人们历来褒贬不一。冲突不仅仅会带来负面影响,也可以带来正面影响,关键问题在于如何管理和引导冲突,使其向着有利于人类社会进步与发展的方向转化。如果说冲突导致谈判发生,那么造成冲突发生的根本原因就在于人们利益的差异。有了利益的差异就有了不同的意见、矛盾和冲突,因而也就有了谈判的发生。谈判的过程是一个"给"与"取"并存的过程,即谈判双方为了获取自己的利益必须付出一定的成本,包括时间、人力、物力以及机会成本,其中机会成本是指选择 A 方案放弃 B 方案所要付出的代价,或者选择甲而不选择乙为合作方所不得不付出的代价等。

◆**关键词**

冲突　谈判　谈判的种类

◆**复习思考题**

1. 利益冲突与谈判之间的关系是什么?
2. 除了武力与谈判之外,你可以提出解决冲突的其他办法吗?
3. 在日常生活中你经常扮演谈判者的角色吗?你能列举一个你参与过的谈判事例吗?

◆**思考案例**

克莱斯勒公司错失进入中国汽车市场良机

美国克莱斯勒公司本来可以率先敲开中国这个世界上人口最多而人均轿车占有率最低的国家的市场大门,只是由于一念之差,其与这一机遇失之交臂,反而成全了德国大众公司。当 20 世纪 80 年代中期中国轿车工业刚刚起步时,国际汽车业巨头们感兴趣的是在中国卖车,而不是与中国合作生产汽车。中国一汽的决策层当时打算从克莱斯勒公司购买一条该公司即将淘汰的道奇轿车装配线。克莱斯勒公司得知这一消息后,认定中国的合作对象非他莫属了。因此当中国一汽代表赴美谈判时,克莱斯勒公司突然把这条旧生产线的价格提高到 1800 万美元。而中国代表的还价只有 100 万美元,连美方要价的零头都不到。中方代表直言不讳地指出"这是一条要拆掉的旧线,如果我们不买,它的价值等于零,我方买了对我有利,对你们更有利。因此,我们决不会出更高的价格来买这条旧生产线。"中方代表还暗示,中方已经派代表团与德国大众公司进行同类的谈判。然而克莱斯勒公司太自信了,把中国人传递的信息当成耳旁风,拒绝做出让步。当克莱斯勒公司得知中国一汽选择了德国大众公司作为合作伙伴后,破天荒地提出把道奇生产线的报价降到 1 美元,希望能挽回谈判。但已为时晚矣,中国一汽和德国大众公司合作生产奥迪轿车的意向书已进行到了签字的阶段。德国大众公司在与中国的合作中获得了丰厚的回报。中德合资的轿车企业占有了中国市场的较大份额。

请结合案例,思考制定谈判策略时应考虑的内容。

第二章　商务谈判概述

本章结构图

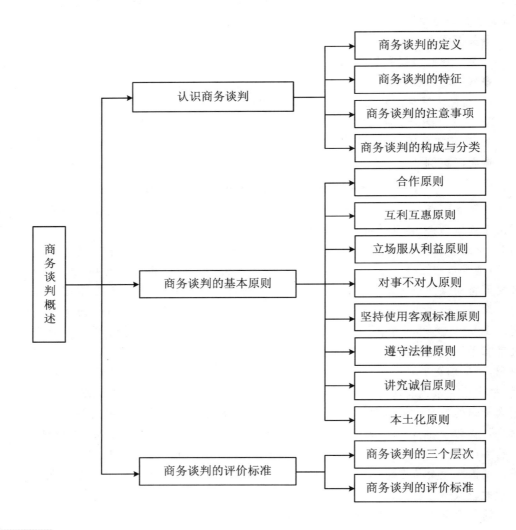

学习目标

　　谈判的基本原则是谈判的指导思想和基本准则，它决定了谈判者在谈判中采用什么谈判策略和谈判技巧，以及怎样运用这些策略和技巧；评价标准可以帮助谈判者对谈判过程和结果进行评价，提高谈判能力，促使谈判成功，提高商务活动效率。在确定评价标准之前，我们可以先确定谈判所处的层次。确定层次可以让谈判者把握谈判的要点、目标和结果。所以,理解商务谈判的内涵,了解商务谈判的基本原则,掌握商务谈判的评价标准就成了本章学习的主要内容。

导入案例

NBA 球员交易谈判

火箭与湖人、魔术的三方交易谈判仍没完全破裂,这意味着拜纳姆加盟休斯敦的可能性仍然存在,火箭即将得到林书豪,而总经理莫雷则希望在休赛季引进一名全明星中锋,霍华德无疑是火箭的第一目标,但火箭与魔术的谈判一直没有实质性的进展,莫雷在谈判中显现出了足够的诚意,愿意送出到期合同、未来选秀权、潜力球员,甚至还愿意吃下特科格鲁、贾森·理查德森、杜洪等人的垃圾合同,但魔术总经理亨尼根却始终没有表态,有消息称奥兰多人有可能到10月份时再正式考虑送走"魔兽"。

魔术的态度令火箭方面有些郁闷,但莫雷也无可奈何,只能耐心地继续坚持和对方保持联系。值得一提的是,霍华德本人至今仍没有改变想法,他对长期效力火箭没有太大的兴趣。纳什加盟湖人后,霍华德对去紫金军团打球的态度发生了微妙的变化。

所以,湖人也重启了与魔术的谈判。由于魔术对拜纳姆的膝伤隐患心存忌惮,所以湖人只能引入第三方球队来帮助他们追逐霍华德。湖人总经理库普切克表示,球队希望尽快续约拜纳姆,美国业界分析认为,这有可能是湖人方面放出的烟幕弹,如果湖人选择续约拜纳姆,那等于他们放弃了对霍华德的争夺。

火箭曾与湖人、魔术进行了讨论,但由于分歧太大,谈判早早结束。据费根透露,火箭又重启了与湖人和魔术的三方交易,如果能得到拜纳姆,那对于火箭来说,无疑也是个不错的结果。火箭在今年夏天已先后失去了戴伦姆波特和坎比两名中锋,目前亟须引进一名优质中锋,莫雷想尽快确定下赛季的首发中锋名单,如果魔术管理层在霍华德交易问题上坚持持久战思想,那很可能会错过与火箭直接交易的机会。

(案例来源:《曝火箭重启三方交易谈判 拜纳姆有望联手林书豪》,2012 年 7 月 18 日,http://sports.souhu.com/20120718/n348416329.shtml)

要了解本案中 NBA 球员交易的谈判类型,首先要弄清楚谈判包括哪些类型,其次要了解这类谈判具有哪些特征,然后明确其中哪些特征是所有类型的谈判都具备的,哪些特征是只有这类谈判才具备的。

第一节 认识商务谈判

一、商务谈判的定义

商务谈判是谈判的其中一种类别,区别于生活谈判和政治谈判,它发生在商业场合以及以商务交易为目的的其他场合,主要存在于国内国际的商品、资金和劳务的供应者与需求者之间,他们为了各自的经济利益进行洽谈,通过反复调整双方最初提出的条件,消除相互间存在的分歧,最终达成一项各方都满意的协议,这个过程即为商务谈判。

随着社会进步和市场经济的繁荣,企业、消费者以及政府等组织间开展的商务谈判,已经成为出现次数最多、涉及面最广、参与人员最多的一种谈判类别,政府除了是政治谈判的参与方外,也可以成为商务谈判的参与方,只要谈判主题是关于商业交易或者其他商业主题,而非政治目的,那么即使是各国政府之间进行的谈判,也属于商务谈判。

二、商务谈判的特征

商务谈判属于谈判的一种,因此具备谈判的三个因素:有两个以上的参与方,各方需共同商讨利益分配,始于矛盾,归于一致。除此之外,商务谈判还具备一些独有的特征。

1. 商务谈判参与方代表的是其所属的组织,而非个人

商务谈判表面上是一些个体的行为,但这些个体代表的是其背后的组织,这个组织就是商务谈判发生的根基,谈判人员的立场、提出的条件和争取的利益都是以其所属组织为背景来考量的,所以看上去谈判是个人和团队行为,但实际上他们的立场是整个组织的立场,他们提出的条件是对组织有利的条件,他们争取的利益是整个组织的利益,谈判人员仅仅是这个组织的执行代表而已。

例如当一位女士为自己的家庭购买生活用品时,她代表的是自己或自己的家庭,所以与商贩的讨价还价属于生活中的谈判。如果这位女士在一家公司任职客户经理,那么她与客户进行讨价还价和商讨交易条款时,她代表的是公司或销售部门,这个过程就是商务谈判。

如果个人的企业属于个体工商户或个人独资企业这两种法律形态,那么其所属的组织与个人看上去是同一人,但个人代表的还是个体企业这一"组织"的利益。

2. 商务谈判各方的需要是多样的

谈判者及其所代表的组织的需要和利益是多层次、多方面的,关键是谈判者要善于发现自身和对方的真正需要。

首先,人的需要是分层次的,谈判各方的需要当然也是多层次的,不能以偏概全,例如在商务谈判中,不能认为金钱是对方的唯一需要。

其次,当谈判者是作为组织的代表参加谈判时,其需要也往往包括两个方面,即组织的需要和谈判者本人的需要。例如谈判者除了要实现组织赋予他的谈判目标之外,还可能希望通过谈判显示自己的地位、权力、才华,得到别人的承认和尊敬。

再次,谈判者的需要还可以区分为眼前的需要和长远的需要,比如买卖双方的销售谈判,国与国之间的边界谈判,除了要解决销售价格、边界划分之外,可能还希望借助此次成功的谈判建立双方更长期的合作关系,或把对方变为长期的客户,或维持两国的友好合作,在谈判中,有时为了长远利益上的需要,谈判者愿意在眼前的利益上做出某些适当让步。所以,在谈判中,不能简单地认为经济利益是唯一目的,经济利益之外的情感、权力、自尊、私利等也需要谈判者去挖掘,发现了对方真实全面的利益追求,就等于摸到了对方的命脉。

3. 商务谈判既要获取经济利益又要维系长远关系

商务谈判是一种特殊类别的谈判,这种谈判的重点之一就是各方争取的是经济利益,即商品或劳务价格、经营收入、市场份额、销售量、GDP、保险条款等,而非谁应该承担更多家务,谁应该决定旅游目的地和怎样教育小孩等的生活利益。

除了在谈判中争取更多的经济利益外,与各个参与方维系良好的合作关系、建立信任、

增强感情也是谈判的重要目标,一次性争取到更多的利益不能看作谈判的成功,长期争取到适当的利益才算谈判的成功,只有与谈判各方建立长期和良好的合作关系才能够争取到长久的利益。例如厂商既要把商品卖个好价钱,也要把经销商发展成为长期客户。作为谈判人员,我们应当克服各种困难和采取多种谈判技巧来兼具实现经济利益和维持良好关系。

4. 商务谈判是理性与感性兼具的沟通过程

参加谈判的各方在谈判中必须首先陈述自己的观点,通过互换观点,各方寻找出他们之间的共同点,并以这些共同点作为基础,然后就各方的不同点不断地讨价还价,最后达成一致意见。因此在谈判中,各方观点的差异和互换是一个先决的条件,这种立场和观点就是,谈判者及其组织纯理性的利益追求。

另外,谈判也是各方感情互动的过程。谈判各方都是活生生的人,而人又是一个感情动物。因此谈判中的感情互动是一个现实原则。这种感情互动,表现在谈判中各方对各自人格的尊重,对展现礼貌态度,期待建立友好关系的向往。

谈判各方可以追求自己的利益,但有一点必须注意,要充分尊重对方的人格,态度要礼貌友好,如果违反这一点,常常可以使一个唾手可得的成功转眼之间就失去了。这种感情互动,也表现在谈判过程中各方对自己情绪的控制,如果对方情绪激动,而你却能保持冷静,并且仍然彬彬有礼,常常能使对方迅速冷静下来;还表现在即使谈判破裂,大家也可做朋友的大将风度上,在这种时候切忌将自己沮丧的情绪流露出来,因为以后也许还有机会与对方进行合作。

5. 商务谈判的结果是双方签订合同

商务谈判的结果是达成双方均可接受的具有法律效力的合同或协议(一般为书面形式)。商务谈判主要是通过交谈和交往来实现的,谈判过程中的承诺都是口头上的,虽然商业以诚信为本,多数人会依照约定来践诺,但是最能有效减少摩擦和冲突的方式却是书面合同,《中华人民共和国民法通则》第85条写明,"合同是当事人之间设立、变更、终止民事关系的协议,依法成立的合同受法律保护"。合同作为一种民事法律行为,是当事人协商一致的产物,是两个以上意思表示相一致的协议,法律难以保护口头承诺,而依照法律签订的合同是受法律保护的,合同当事人的权利和义务只要是在法律范围之内的就可以得到保障。相反,如果有违反合同的行为,违反方需承担法律责任,给予受损失方相应的补偿,执行应受的惩罚。因此,合同作为谈判最终的结果,尤其是书面文件形式的合同,有保护和督促谈判各方依照合同践行承诺的作用,这是任何口头约定都无法取代的。

三、商务谈判的注意事项

1. 关注己方的核心利益

在谈判中,我们更关注的是综合利益,其包括很多方面,如销量、利润、安全、快速、完善、舒适、便捷等,金钱只是获利的片面表现,实际的谈判议题中不同对手会有不同的深层次利益,能不能成功谈判取决于双方的深层次利益能否得到满足。

谈判者追求的权益是由两个部分组成的,一部分是当前的、显现的、实在的物质权益,如价格、支付方式、交货期限等,另一部分是未来的、潜在的、虚拟的关系权益,如信用、双方合作的关系、未来获利的可能性等,关系权益不等于物质权益,但却可能在未来转换成物质权益。

2. 切忌贪心

谈判的目的是实现各方利益目标,达成这一目的只能通过让步来实现,对一方来讲最完美的结果也许是以另外一方做出极大牺牲为代价的。在这种情况下,很有可能会在后续履约时出现变数,或是失去一位有可能成为长久合作者的伙伴。其一,由于己方的自私和强硬,会引起对方的不满,没有人愿意与太利己的人合作,当对方再次寻找交易伙伴时,己方便不是其最佳选择;其二,在实际履约时,外界条件产生变数使得本来就少的利润更加无利可图时,有些企业也许会从合同条款中的漏洞找补利益,而大多数时候,对方利用的这些漏洞会损害己方的利益。

3. 发掘行为背后的动机

每个人的行为都是由心理反应支配的,我们可以从谈判对手的行为中推测出对方对己方的真实看法,判断其立场的真假,甚至发掘对手的底线,而这些都不是靠从对方嘴里听到的,只有深谙心理学的人员才可以识别。所以谈判高手一定是合格的心理学家,能够观察言行和推理隐藏的动机。

4. 从聆听中获取信息

首先,聆听是重要的沟通技能,也是良好的专业素养,通过仔细聆听可以展现合作的诚意,营造良好的交谈气氛,双方可以心平气和地交流,如果把时间都用来争抢说话,那么交谈只会陷入一个怪圈,没有人听他人的表达,双方的交谈只会越表达越无效。

其次,收集与谈判相关的信息尤其重要,因为这些信息甚至可以决定一场谈判的结果,所以谈判人员需要花费很多心思来收集各类信息,可以说谁掌握的真实情报更多,谁就会握有更大的主动权,当然胜算也就更大。

最后,聆听不代表没有表达的机会,相反,注重倾听对方,双方就可以获得均等的发言机会,使发言更加有效,沟通也更加简单。

5. 始终保持冷静

当你坐在谈判桌前,一定希望自己表现得非常专业、沉稳。保持冷静就是一个通用法则,因此你要做一名冷静的专家,掩饰激动的情绪和失落的心情,即使压力很大,也要保持镇定,让自己始终处于理智的状态,这样才有机会控制甚至扭转局势。如果你表现出惊慌失措、思绪混乱,对手一定会借题发挥或趁机占便宜,并且从心里蔑视你,不管从哪一方面来讲,这都是不利于谈判的。

四、商务谈判的构成与分类

(一)国际商务谈判的构成

国际商务谈判作为一项复杂而严密的商务活动,是由不同的构成要素相互作用的过程,谈判人员只有从整体上系统地认识谈判的各项构成要素,才能从全局把握谈判的主动权,使己方在谈判的进程中做到有的放矢、攻防有度、进退自如,从而达到谈判的预期目的。谈判的构成要素主要包括谈判主体、谈判客体、谈判信息、谈判时间和谈判地点五大基本要素。

1. 谈判主体

谈判主体是指参与谈判的当事人。谈判主体可以是自然人,也可以是经组合而成的一个团体。国际商务谈判的构成主体是非常广泛的。在商务谈判中,谈判主体是主要因素,具有主观能动性和创造性,在谈判中起着至关重要的作用。严格地说,谈判主体可划分为关系主体和行为主体。

(1) 关系主体。谈判的关系主体是指有资格参加谈判并能承担谈判后果的国家、组织、自然人,以及能够在谈判或履约中享有权利和承担义务的各种实体。关系主体的主要特征是:① 必须是谈判关系的构成者;② 必须具有谈判资格和行为能力;③ 必须能够直接承担谈判后果。

(2) 行为主体。谈判的行为主体是指通过自己的行为完成谈判任务的人。行为主体的主要特征是:①行为主体必须是有行为能力的自然人、国家、经济组织或法人实体,非自然人不能成为行为主体;②行为主体受关系主体委托参与谈判时,必须正确反映关系主体的意愿,并在关系主体授权的范围内行事。谈判的关系主体与行为主体有时是合一的,有时是分离的。只有当谈判的关系主体是自然人又亲自参加谈判时,两者才是合一的。关系主体对谈判的后果承担主要责任,而行为主体只出席谈判活动,并不承担谈判责任。从两者的区别上,可以看出两者在谈判中的地位和所负责任是不同的,因此对谈判者进行资格审定和甄别非常重要。

(3) 谈判主体的资格审定。谈判之前对对方主体资格的审定是避免谈判利益损失的重要前提。如果谈判主体不合格,即使签订了谈判协议也可能是废纸一张,甚至还会造成惨重损失。

分析案例 2-1

内地某公司(以下简称"甲方")与境外某城建有限公司(以下简称"乙方")经过若干轮谈判,于 2015 年 5 月 18 日正式签约,由乙方负责某酒楼的建筑工程。合同规定:该工程总建筑面积 1140 平方米,预算总造价为 1247 万元。按甲方建筑工程设计图纸施工,质量规格要符合在 8 级震区使用的条件。同年 9 月 25 日第一期工程完工,甲方验收时,发现已完工部分的质量不合格,于是就工程质量问题与乙方发生严重争执,随后甲方被迫向当地法院起诉。当地法院受理此案后,经过境外某律师行的协助,对乙方的资信作了调查,结果发现:乙方确实是在境外注册的有限公司,但它的注册资金仅有 2000 元外币。根据法律规定,有限责任公司承担责任的能力仅限于它的注册资本。这就意味着,即使甲方胜诉,无论乙方给甲方造成多大损失,乙方赔偿的最高限额仅限于 2000 元外币。甲方得知该详情后,不得不放弃赔偿要求,转而要求解除合同。最后,法院依照甲方的要求,以被告的权利能力和行为能力不足为由,终止了合同,甲方只追回了已付给乙方的全部定金,其他损失只有自己承担。我们从这个案例中可以看到,甲方受损的根本原因在于谈判前没有查清乙方的关系主体资格,尽管合同中对工程造价、质量条款均做出了规定,也不能避免己方的损失。

(资料来源:黄卫平,丁凯,宋洋. 国际商务谈判[M]. 北京:中国人民大学出版社,2016.)

由上述案例可知,在谈判前把握主体关系是很重要的。主体资格的审定包括对关系主体和行为主体的确定。对谈判关系主体的审定应注意:谈判关系主体必须是以自己的名称参加谈判并能够承担谈判责任。例如,是否有法人资格,以及与法人资格相应的签约、履约能力;注册公司的详细情况;公司的诚信程度等。对谈判行为主体的审定应注意:谈判前必须核实谈判行为主体是否有权参加谈判,并且能够通过自己的行为很好地完成谈判任务。

行为主体的谈判行为必须严格控制在谈判的关系主体所授权的范围内,不得超越。

谈判的关系主体在选择、委托行为主体时,要选择能够反映关系主体意志,并能保证在关系主体所授权范围内严格执行命令且品行良好、诚实可靠的行为主体。在审查对方的主体资格时,可以通过直接或间接的途径了解对方,如要求对方提供具有谈判资格的有关资料、证件,例如自然人的身份证、护照等;资信和代理权方面的证件。在与外方合资的谈判中,则需要对方提供各种设备、技术等证明,并对外方的履约能力进行调查。

2. 谈判客体

谈判客体就是谈判议题,是指在谈判中双方要协商解决的问题,也是谈判者利益要求的体现。谈判议题是谈判活动的中心,没有谈判议题,谈判活动就无法进行。在经济生活中,可以构成谈判议题的对象极为广泛,一切涉及利益的问题都可能成为谈判议题。然而,要真正成为商务谈判的客体,还必须具备下述三个基本条件:

(1) 共同性。商务谈判的议题必然涉及双方的利害关系,必须是谈判双方共同关心并希望得到解决的议题,否则就不能成为谈判议题。

(2) 可谈性。对谈判双方来说,谈判的时机要成熟。如果时机不成熟,即使是双方都关心并希望解决的问题,也不能坐到谈判桌前。比如两伊战争持续了十年,其间许多国家都呼吁双方不要诉诸武力而应采取和平谈判的方式解决争端,然而交战双方的代表真正坐到谈判桌前时已经耗去了十个春秋。

(3) 合法性。它表示商务谈判的议题应符合有关的法律规定。有些贸易活动是各国法律明文禁止的,如走私弹药、毒品、国家保护文物等。所以,商务谈判的议题必须在法律允许的范围内。

3. 谈判信息

信息是进行谈判决策的重要依据。离开了全面、准确、及时的信息,谈判者便无法制定谈判策略,主谈者便无法找准最佳切入点,进而难以取得谈判的成功。知己知彼是所有谈判者追求的,在谈判决策中依据的信息应该是准确的、真实的。如果信息失真,必然会导致决策失误,所以信息的获取、分析及综合构成了谈判活动的重要组成部分,对于谈判决策具有重要作用。信息的重要性体现在以下三个方面:

(1) 信息量的大小决定了谈判效率。在信息完全公开的情况下,双方会根据掌握到的全部信息商讨出一个对双方都有利的方案,因为谈判各方掌握到的信息是一样的,各方相当于透明人,所以这样就简化了或是跳过了谈判中互相试探和摸索对方底线的过程,直接商讨解决方案,甚至双方直接就可以把最优方案提出来,签字完成即可结束谈判。所以,信息量决定了谈判的效率,信息量越大,谈判效率越高,越节省时间、金钱和精力。

(2) 信息量的对比决定了各方成败。现实中的谈判过程,实际上是一个信息揭示和窥探的过程。每一方都在尽量隐藏自己的真实信息,在谈判中尽可能展示对自己有利的信息,隐瞒对自己不利的信息。如本来着急的人会假装时间很充足,本来很满意的商品却要吹毛求疵等。同时每一方也都在想尽办法去挖掘和揭露对方隐藏的信息。当信息收集接近尾声时,也就意味着谈判的最终结局将会浮出水面。所以,信息量与其真实度是决定双方谈判成败和利益获取的重要因素。

(3) 信息是制订谈判计划的基础。谈判计划书是指导谈判人员行动的纲领性文件。谈判计划制订的是否完善合理,很大程度上决定着谈判的得失成败。一份科学完善的谈判计划书必须依赖大量真实可靠的谈判信息;否则,制订谈判计划就是闭门造车,不实用也不具备指导作用。

4. 谈判时间

谈判时间是构成谈判活动的重要因素。谈判有无时间限制,会对参加谈判的人员造成不同的心理影响。如果谈判有严格的时间限制,即要求谈判必须在短时间内完成,就会给谈判人员造成很大的心理压力,并影响其谈判策略和谈判结果。我们应当在谈判中有效地利用时间原则,牢牢把握时间的主动权,控制好谈判的进程,不让对手轻易占先。另外,我们也不能轻易将己方的计划与安排泄露给对方。一旦让对方了解到己方的时间表,对方势必会根据形势故意延缓谈判的进程,使己方陷入不利境地。

5. 谈判地点

谈判地点的选择对谈判者的心理会产生影响,因此对于谈判的效果也具有一定影响。有利的地点、场所能够增强己方的谈判地位和谈判力量,相反则会影响谈判者的情绪和能力的发挥。所以,谈判者对于这一因素应当很好地加以理解和运用。谈判地点的确定一般有四种可选方案:主座、客座、主客座轮流和第三地。这四种方案各有优缺点,在具体谈判实践中如何选择要由双方协商确定。一般来说,商务谈判活动最好争取安排在己方地点进行,就像体育赛事一样,在主场举办的获胜可能性更大。因此,有经验的谈判者都会设法将对方请到己方地点热情款待,用以争取最佳的谈判结果。

(二)商务谈判的分类

1. 以谈判的内容划分

(1)商品交易谈判。商品交易谈判是指商品买卖双方就商品的买卖条件所进行的谈判,包括农副产品购销谈判和工矿产品购销谈判。农副产品购销谈判是以农副产品为谈判客体的明确当事人权利和义务关系的协商。农副产品的范围很广,包括瓜果、蔬菜、粮食、棉花、家畜等。这些商品不仅是人们生活的必需品,还是某些工业生产不可缺少的原料。所以,这方面的谈判随处可见,在我国的经济生活中占有重要地位。工矿产品购销谈判是联系产、供、销各个环节,沟通全国各个部门,活跃经济的最基本形式。工矿产品购销谈判签订合同的基本要求有:坚持按需生产,质量第一,依托市场,适销对路的原则,按照国家的法律规定和当前的方针政策进行谈判并签订合同。签订的合同必须采用书面形式,并由双方当事人的法定代表人或代理人签字,加盖单位公章或合同专用章。关于产品的技术标准问题,凡有国家标准的,按国家标准执行;没有国家标准的,按专业(部)标准执行;没有专业(部)标准的,按企业标准执行;没有上述标准或需方有特殊要求的,按双方商定的标准执行。

(2)劳务交易谈判。劳务交易谈判是劳务买卖双方就劳务提供的形式、内容、时间、劳务的价格、计算方法和劳务费的支付方式及有关买卖双方的权利、责任和义务关系所进行的谈判。劳务交易谈判的对象是非实物的,是无形的服务或劳动,劳务包括技能、知识、体力等,出售者通过自己的劳务换取金钱或其他利益,这就是劳务交易。劳务交易谈判的主要议题有:劳务的提供方式、劳务内容、劳务质量、提供期限、薪酬标准和支付方式等,这些议题与商品交易谈判有明显的区别。

(3)技术交易谈判。技术贸易谈判是指技术的接受方(即买方)与技术的转让方(即卖方)就转让技术的形式、内容、质量规定、使用范围、价格条件、支付方式及双方在转让中的一些权利、责任和义务关系问题所进行的谈判。技术作为一种贸易客体有其特殊性,比如技术的交易过程具有延伸性,技术市场价格完全由交易双方自由议定等,因此技术贸易谈判不仅有别于一般的货物买卖谈判,与劳务买卖谈判相比,也存在一定的差异。

(4) 客户服务谈判。广义的客户服务包括售前服务、售中服务和售后服务。售前服务主要包括受理客户咨询,售中服务主要是推销和促销商品,售后服务主要是退换货、维修保养和技术支持等,前两种客户服务主要涉及销售员与客户的沟通,后一种主要涉及客户服务专员与客户的交流,当销售员或客服专员与客户的想法或意见出现矛盾时,客户服务谈判就发生了。

(5) 投资谈判。投资就是把一定的资本(包括货币形态的资本,所有权形态的资本,物质形态的资本和智能形态的资本等),投入和运用于某一项以盈利为目的的事业。所谓的投资谈判,是指谈判双方就双方共同参与或涉及双方关系的某项投资活动所要涉及的有关投资的目的、投资的方向、投资的形式、投资的内容与条件、投资项目的经营与管理以及投资者在投资活动中的权利、义务、责任和相互之间的关系所进行的谈判。投资谈判的双方可以是企业与投资所在地的政府部门,此时谈判的主要内容是政府优惠政策等;也可以是投资人和创业者两方就投资方式、投资额、股权和管理权分配等进行的谈判。

(6) 融资谈判。融资指货币资金的持有者和需求者之间,直接或间接地进行资金融通的活动,企业要发展、扩张,就必须依靠融资,也有部分公司要还债时,也会选择融资,因此融资至少有两方,一方是资金出借者,另一方是资金借入者。资金之所以会被借入和借出,主要是借入成本或借出利益的驱使,资金出借者希望最大化借出利益,资金借入者希望最小化借入成本,双反共同商讨资金借入或借出条件就是融资谈判。该类谈判的主要议题有融资数额、融资方式、归还方式和违约责任等。

2. 以谈判参与方的数量划分

(1) 双边谈判。参与谈判的组织只有两个利益主体,例如 A 企业并购 B 企业的谈判,谈判的议题和利益只与 A 和 B 两家企业相关,与他人无关,正式谈判时也只有两家公司的谈判代表出面参与。

(2) 多边谈判。参与谈判的组织为三个以上(包括三个)的利益主体,例如 A 企业和 C 企业一起收购 B 企业的谈判,谈判的议题和利益与 A、B、C 三家企业相关,那么正式谈判时,需要三方谈判代表出面,这就是多边谈判。多边谈判无疑增加了谈判的困难程度,国际政治中的多边谈判比较普遍。

通常一项谈判中有两个谈判方,当然在某些情况下也完全可以多于两方,比如政府为阻止罢工而参与到工会与资方的谈判之中,或者两个以上的国家共同谈判一项多边条约,等等,但无论参与谈判的是双方还是多方,参与谈判各方都必然存在着特定的利益关系。一般而言,双边谈判的利益关系比较明确、具体,彼此之间的协调比较容易。相比之下,多边谈判的利益关系则较为复杂,各方之间不易达成一致意见,协议的形成往往十分困难。比如在建立中外合资企业的谈判中,如果中方是一家企业,而外方也是一家企业,彼此的关系就比较容易协调;如果中方有几家企业,外方也有几家企业,谈判的难度将明显增大,因为不论是中方几家企业还是外方几家企业之间都存在利益上的矛盾,互相要进行协商,求得一致,在此基础上,中外双方企业之间才能进行合资谈判。在谈判过程中,中外双方都应该不断调整自己的需要,做出一定程度的让步,而无论是中方或者外方做出让步,都会涉及中方各企业或外方各企业之间的利益,因而中方企业之间及外方企业之间又必须通过不断协商,求得彼此的协调一致,而最终形成的协议也必须兼顾到每个谈判方的利益,使参与谈判的各个企业都能得到相应的利益和满足。

3. 以谈判人员数量划分

(1)"一对一"谈判。小项目的商务谈判往往是"一对一"式的。出席谈判的各方虽均为一人,但并不意味着谈判者不需要做准备。"一对一"谈判往往是最困难的一种谈判类型,因为双方谈判者只能各自为战,得不到助手的及时帮助。因此,在安排参加这类谈判的人员时,一定要选择有主见、决断力判断力强、善于单兵作战的人参加,性格脆弱、优柔寡断的人是不能胜任的。谈判人员多、规模大的谈判,有时根据需要,也可在首席代表之间安排"一对一"谈判,磋商某些关键问题或微妙敏感问题。

(2)小组谈判。小组谈判是一种常见的谈判类型。一般较大谈判项目的情况比较复杂,所以各方会有几个人同时参加谈判,组员之间相互分工协作,取长补短,各尽所能,可以大大缩短谈判时间,提高谈判效率。

(3)大型谈判。国家级、省(市)级或重大项目的谈判,都必须采用大型谈判这种类型。由于关系重大,有的会影响国家的国际声望,有的可能关系到国计民生,还有的将直接影响到地方乃至国家的经济发展速度、外汇平衡等,所以在谈判全过程中,必须准备充分,计划周详,不允许存在丝毫破绽,半点含糊。为此,必须为谈判团队配备阵容强大的、拥有各种高级专家的顾问团或咨询团、智囊团。这种类型的谈判程序严密,时间较长,通常分成若干层次和阶段进行。

4. 以议题的谈判顺序划分

(1)纵向谈判。纵向谈判是将谈判涉及的所有问题确定下来,然后逐个讨论,解决一个问题,再谈下一个问题,直到所有问题都谈完。例如一项产品交易谈判,双方确定出价格、质量、运输、保险、索赔等几项主要内容后,开始就价格进行磋商,如果价格无法确定,就不谈其他条款,只有价格谈妥之后,才依次讨论其他问题。

纵向谈判方式的优点是:程序明确,把复杂问题简单化,每次只谈一个问题,讨论详尽,解决彻底,避免多头牵制、议而不决的弊病,适用于原则性谈判。

纵向谈判方式的缺点是:议程确定过于死板,不利于双方的沟通与交流,讨论问题时难以相互通融,当某一问题陷于僵局后,不利于其他问题的解决,不能充分发挥谈判人员的想象力和创造力去灵活变通地处理谈判中的问题。

(2)横向谈判。在确定谈判所涉及的主要问题后,开始逐个讨论预先确定的问题,在某一问题上出现矛盾或分歧时,就把这一问题放在后面,讨论其他问题,如此周而复始地讨论下去,直到所有内容都谈妥为止。例如在融资谈判中,谈判内容涉及货币、金额、利息率、贷款期限、担保、还款以及宽限期等问题,如果双方在贷款期限上不能达成一致意见,就可以把这一问题先搁置,讨论其他问题,当其他问题解决后再讨论这个问题。

横向谈判方式的优点是:议程灵活、方法多样,不过分拘泥于议程所确定的谈判内容,只要有利于双方的沟通与交流,可以采取任何形式,多项议题同时讨论,有利于寻找变通的解决办法,有利于谈判人员更好地发挥创造力、想象力,更好地运用谈判策略和谈判技巧。

横向谈判方式的缺点是:加剧双方的讨价还价,容易形成谈判双方要求对方做出对等让步的局面,容易使谈判人员纠缠在枝节问题上,而忽略了主要问题。

在商务谈判中,采用哪一种谈判形式主要是根据谈判的内容、复杂程度以及谈判的规模来确定。一般来讲,大型谈判大都采用横向谈判的形式,而规模较小、业务简单,特别是双方已有过合作历史的谈判,则可采用纵向谈判的方式,三方以上的多边谈判也多采用纵向谈判方式。采取何种谈判方式并不是绝对不变的,当双方发现原有的谈判方式不能使双方有效地解决和处理谈判中的问题与分歧时,也可以改变谈判方式,采取双方认可的形式。

5. 以谈判的场地划分

(1) 主场谈判。正式谈判的场所在己方公司所在地的谈判叫主场谈判。在选择谈判地点时,应尽量争取主场谈判,把对方邀至己方的事务所等主场进行谈判,可谓好处多多,其一,主场谈判可以减少己方谈判的组织和沟通等各项成本;其二,谈判地是自己习惯的场地,要比去完全陌生的场所更放松,完全陌生的会议室会给自己造成超乎意料的精神压力,而在己方的主场进行谈判,可以从战术上对环境做好掌控,例如会议室的选定,谈判时的桌椅摆放,房间的明暗和温度等;其三,上司就在旁边方便商量,在谈判出现意外状况时,也最容易采取补救措施,此外也便于听取公司专家的建议。

不过,主场谈判也有一定缺点。如在己方主场招待对方,除了谈判本身之外,还有许多琐碎的工作需要操心,例如会议室的布置,用餐,住宿,人员接送等;再如,谈判时既然旁边有可以商量的上司,对方就可能要求己方当场做出决断或让步,若是在对方主场遇到这种情况,完全可以说"这件事得跟公司领导商量才能决定"。

(2) 客场谈判。正式谈判的场所在对方公司所在地的谈判叫客场谈判。客场谈判不具有主场谈判的优势,会增加谈判的成本和付出,出现意外状况时,很难立刻采取应对措施,在谈判时间上也处于劣势。此外,在对方的主场进行谈判,由于身处陌生环境,易给己方造成巨大的精神压力。

不过,客场谈判也有优点,可以把权力有限作为对己方有利的借口,方便说"这件事得跟公司领导商量才能决定",即一般来讲,在对方主场进行谈判,便于使用拖延战术。此外,离开自家公司,还能避免自家员工进入会议室询问日常业务打断谈判思路的状况。

当谈判一方主动去找另一方进行谈判时,谈判双方的地位就出现了不对等的情况。为客的一方因身处陌生且不受自己掌握或支配的环境,在心理上总是处于劣势或弱势;而为主的一方则恰恰相反。也就是说,客方从一开始就处于防御的态势,而主方则比较放松,回旋余地很大,也就占据了主动的态势。

由此可见,不同的谈判环境可以给我们带来不同的谈判结果,所以,在实际谈判中我们应尽可能地为自己赢得有利的谈判环境,这可以使我们的工作事半功倍。如果客户来访一定要尽量安排在自己单位或私人空间来接待;而我们需要上门与客户谈判的时候,应尽量避免到客户的地盘上去谈;如果是出差时邀请对方,应邀请对方到自己住的酒店或到酒楼、茶社去谈。如果实在避免不了去对方地盘,那就要在去之前做好功课,调整好心态,始终坚信自己的能力,拿出气势来。

(3) 主客座轮流谈判。主客座轮流谈判是一种在商务交易中谈判地点互易的谈判。谈判可能开始在卖方,继续谈判在买方,结束在卖方或是买方。主客座轮流谈判的出现,说明交易不寻常,可能是大宗商品买卖,也可能是成套项目的买卖。这些复杂谈判拖的时间比较长,应注意以下两个方面的问题:

首先,确定阶段利益目标,争取不同阶段的最佳谈判效益。主客场轮流谈判说明交易很复杂,每次更换谈判地必定有新的理由和目标。谈判人员在利用有利条件或寻找、创造有利条件时,应围绕阶段利益目标的实现可能性来考虑。就如下棋,要看几步,在"让"与"争"、成功与失败中掌握分寸和时机。没有阶段利益目标就不能称为优秀谈判者。针对阶段利益目标的谈判是以"循序渐进，磋商解决"的方式为基础的，是以"生意人的钱袋扎得紧"为座右铭的。

其次，坚持主谈人的连贯性，换座不换帅。在谈判交易中易人尤其是易主谈人是不利于谈判的，但在实际中，这种情况仍经常发生。由于公司调整、人员变动、时间安排等客观原因，或是出于谈判策略的考虑，如主谈人的上级认为其谈判结果不好或表现不够出色，为了下一阶段的利益目标而易帅。无论属于哪种情况，易帅都会在主客座轮流谈判中带来不利影响，给对方带来损失和不快。而新的主谈人也不可能完全达到原定目标，因为谈判已经展开，原来的基础条件已定，过去的许多言论已有记载，对方不会因你易帅而改变立场。易帅是否可以争取到比以前更好的结果，也不尽然。避免主帅更迭的最好方法，是在主客场轮流谈判中配备好主帅和副帅，有两个主谈人就可以应付各种可能出现的情况，以确保谈判的连贯性。

（4）中立地谈判。为了解决由于主客场谈判造成的优劣势差异，很多组织更愿意采取中立地谈判方式，中立地既不是己方公司所在地，也不是对方公司所在地，而是第三个地点，这个地点对于双方来说都是客场，这就是中立地谈判。

谈判地点也可以选在宾馆等中立场所，这样一来，前面所说的偏向某一方的优缺点就都不存在了。不过，双方需要事先对中立场所的选定、布置等事项进行确认，而这种确认本身也可以说是一种谈判。2002年10月底举行的第十二次日朝邦交正常化谈判，就选择了马来西亚吉隆坡市内的某宾馆作为会场，之所以定在马来西亚，是因为对于朝鲜和日本而言，马来西亚在外交上都是非同盟国，立场最为中立，在外交或政治谈判时，谈判地点的中立性尤其重要。

总体来看，不同的谈判地点使谈判双方具有不同的身份，并由此导致了双方在谈判行为上的某些差别。如果某项谈判在某一方所在地进行，该方就是东道主，他在资料的获取、谈判时间与谈判场所的安排等各方面都将拥有一定的便利条件，就能较为有效地为该项谈判配置所需的各项资源，控制谈判的进程；而对于另一方来说，他是以宾客的身份前往谈判地，其行为往往较多地受到东道主一方的影响，尤其是在对谈判所在地的社会文化环境缺乏了解的情况下，面临的困难就更大了。当然，谈判双方有时不必完全囿于身份的差异，可以采取灵活的策略和技巧来引导谈判行为的发展，但身份差异所造成的双方在谈判环境条件上的差别，毕竟是客观存在的，为了消除可能出现的不利影响，一些重要的商务谈判往往选择在中立地进行。

6. 以谈判双方接触和沟通的方式划分

（1）书面谈判。书面谈判是指谈判双方不直接见面，而是通过信函、电报等书面方式进行商谈。书面谈判在双方互不谋面的情况下即可进行，借助于书面语言互相沟通，谋求彼此的协调一致。

书面谈判的好处在于：在表明己方的谈判立场时，显得更为坚定有力，郑重其事，在向对方表示拒绝时，要比口头形式方便易行，特别是在双方人员建立了良好的人际关系的情况下，通过书面形式既直接表明了本方的态度，又避免了口头拒绝时可能出现的尴尬场面，同时也给对方提供了冷静分析问题、寻找应对策略的机会；在费用支出上，书面谈判也比口头谈判节省得多。其缺点在于：不利于双方谈判人员的相互了解，并且信函、电报、电传等所能传递的信息是有限的，谈判人员仅凭借各种文字资料，难以及时准确地对谈判中出现的各种问题做出反应,因而谈判的成功率较低。

(2) 口头谈判。口头谈判是双方的谈判人员在一起,直接进行口头的交谈协商。口头谈判既可以是面对面的交流沟通,也可以是利用现代通信工具,例如电话和视频等。

口头谈判的优点主要是便于双方谈判人员交流思想感情,在谈判过程中,双方谈判人员之间保持着经常性的接触,双方不仅频繁地就有关谈判的各个事项进行磋商,而且彼此之间的沟通往往会超出谈判的范畴,在谈判以外的某些问题上取得一致认识,进而使谈判过程融入情感因素,不难发现,在某些商务谈判中,有些交易条件的妥协让步完全是出于感情上的原因。此外,面对面的口头谈判,有助于双方对谈判行为的发展变化做出准确的判断,谈判人员不仅可以透过对方的言谈分析,把握其动机和目的,还可以通过直接观察对方的面部表情、姿态动作了解其意图,并借以审查对方的为人及交易的诚信程度,避免做出对己方不利的决策。但是,口头谈判也有其明显的不足,在一般情况下,双方都不易保持谈判立场的不可动摇性,难以拒绝对方提出的让步要求。

一般来说,书面谈判适用于那些交易条件比较规范、明确,谈判双方彼此了解的谈判,对一些内容比较复杂,交易条件多变,而双方又缺乏必要了解的谈判,则适宜采用口头谈判。随着交换方式的变革及现代通信业的发展,电话谈判和视频谈判已经逐渐发展起来,使得口头谈判更加便利和高效,也拓宽了口头谈判的范畴。

7. 以商务活动的范围划分

(1) 国内商务谈判。国内商务谈判的参与方为同一个国家内部的自然人和法人,其交易产品及用途主要应用于国内市场。

国内商务谈判意味着双方都处于相同的文化背景中,这就避免了文化背景的差异可能对谈判产生的不利影响,由于双方语言相同、观念相近,因此谈判的主要问题在于怎样协调双方的不同利益,寻找更多的共同点,谈判人员只需依照专业知识和经验参与谈判,为本企业争取尽可能多的利益即可。

从实际情况来看,人们比较重视涉外谈判,而对国内企业之间的谈判则缺乏应有的准备,表现较为突出的问题有:一是双方不太重视合同条款的协商,条款制定得过于笼统空洞,缺少细则和实际内容;二是双方不重视合同的执行,甚至随意单方面中止合同。

(2) 国际商务谈判。国际商务谈判的参与方包括不同国家或地区的自然人和法人,交易本身是跨越了国家与国家界限的跨国贸易。

国际商务谈判也称为进出口贸易谈判或涉外谈判,不论谈判形式还是谈判内容,国际商务谈判都远比国内商务谈判要复杂得多,这是由于谈判双方人员来自不同的国家或地区,语言、信仰、生活习惯、价值观念、行为规范、道德标准乃至谈判的心理都有着极大的差别,而这些方面都是影响谈判进行的重要因素。

国际商务谈判中的一个很重要但又往往被人们忽略的问题,就是谈判双方人员的心理障碍,这是由于不同文化背景导致人们行为差异而形成的心理反射。例如在谈判中,当一方表达其立场观点时,往往担心对方不能很好地理解,而对方也可能有同感,在运用语言上选择词汇十分慎重,唯恐用词不当,有失礼节,对所应采用的策略、方法也顾虑重重,许多在其他谈判场合中从容不迫、临危不乱的谈判人员,在这类谈判中常表现出拘泥呆板、犹豫不决、瞻前顾后的反常状态。所以,在国际商务谈判中,还要注意克服谈判人员的心理障碍,要重视和加强对谈判人员的心理训练,使其具备在各种压力下的心理承受能力。

商务谈判的类型还可以从其他角度进行划分。如根据谈判内容的透明度可分为公开谈判和秘密谈判;根据谈判桌形可分为长桌谈判和圆桌谈判,前者是由两方参加的对等谈判,后者是由多方参加的对等谈判;还可按谈判时间的长短分为"马拉松式"谈判和"闪电式"谈判。总之,在谈判中可对一些传统的规定进行适当调整,以期达到双赢效果。

第二节　商务谈判的基本原则

谈判的基本原则是谈判的指导思想和基本准则,它决定了谈判者在谈判中采用何种谈判策略和谈判技巧,以及怎样运用这些策略和技巧。商务谈判的基本原则主要体现在以下八个方面。

一、合作原则

商务谈判的合作原则是指谈判双方在换位思考的基础上互相配合进行谈判,力争达成双赢的谈判协议。我们知道,商务谈判是企业进行经营活动和参与市场竞争的重要手段,但是参与谈判的各方都是合作者,而非竞争者,更不是敌对者。

首先,谈判是为了满足需要、建立和改善关系,是一个协调行为的过程,这就要求参与谈判的双方进行合作与配合。如果没有双方的提议、谅解与让步,就不会达成最终协议,双方的需要都不能得到满足,合作关系也无法建立。

其次,如果把谈判纯粹看作一场比赛或一场战斗,非要论个输赢,那么双方都会站在各自的立场上,把对方看作敌人,并千方百计地压倒、击败对方,以达到自己单方面赢的目的。这样做的最终结果往往是谈判破裂。即使签订了协议,也会出现这种情况,达到目的的一方成了赢家,心情舒畅,做出重大牺牲或让步的另一方成了输家,郁愤难平。因此这一协议缺乏牢固的基础,自认为失败的一方会寻找各种理由和机会,延缓合同的履行以挽回自己的损失,其结果往往是两败俱伤。

谈判是一种合作。在谈判中,最重要的是应明确双方不是对手而是朋友,是合作伙伴。只有在这一指导思想下,谈判者才能本着合作的态度,消除达成协议的各种障碍,并认真履约。

坚持合作原则,主要应从以下几方面着手:

第一,着眼于满足双方的实际利益,建立和改善双方的合作关系。经济交往都是互利互惠的,如果谈判双方都能够充分认识到这一点,就能极大地增加谈判成功的可能性。谈判的成功会给双方带来实际的利益,建立或改善双方的关系,进而奠定长期合作的基础。

第二,坚持诚挚与坦率的态度。诚挚与坦率是做人的根本,也是谈判活动的准则。任何交易活动,不论是哪一方缺乏诚意,都很难取得理想的合作效果。在相互合作、相互信任的基础上,双方坦诚相见,将己方的观点、要求明确地摆到桌面上,求同存异,相互理解,这样会大大提高工作效率和增加相互信任。坚持合作原则,不代表排斥谈判策略与技巧的运用。合作是解决问题的态度,而策略和技巧则是解决问题的方法和手段,二者并不矛盾。

二、互利互惠原则

互利互惠原则是指谈判双方在讨价还价、激烈争辩中,重视双方的共同利益,尤其是考虑并尊重对方的利益诉求,从而在优势互补中实现自己利益的最大化。事实上,人们在同一事物上的利益不一定都是此消彼长的关系,他们很可能有不同的利益,在利益的选择上有多种途径。举个简单的例子,两人争一个橘子,最后协商把橘子一分为二。结果第一个人吃掉了分给他的一半,扔掉了橘皮;第二个人则扔掉了橘肉,留下橘皮做药。如果采用将橘皮和橘肉分为两部分的方法,则可以最大限度地实现两个人的利益。

现代谈判观点认为,在谈判中每一方都有各自的利益,但每一方利益的焦点并不是完全对立的。一项产品出口贸易谈判,卖方关心的可能是货款的一次性结算,而买方关心的则可能是产品质量是否一流。因此,谈判的一个重要原则就是协调双方的利益,提出互利性的选择。正是从这一原则出发,尼尔伦伯格把谈判称为"合作的利己主义"。

坚持互利互惠原则,应注意三点:一是提出新的选择。在多数情况下,可以设计兼顾双方利益的多种分配方案,让谈判双方进行充分的选择。为此,要打破传统的思维方式,进行创造性的思维活动。要做到这一点,既要收集大量的信息、资料作为考虑问题的依据,又要鼓励谈判组成员大胆发表个人见解,集思广益。二是寻找共同利益。从理论上讲,提出满足共同利益的方案对双方都有好处,有助于达成协议。但在实践中,当双方为各自的利益讨价还价、激烈争辩时,很可能会忽略双方的共同利益。如果双方都能从共同的利益出发,认识到双方的利益是互补的,就会形成"努力使整个馅饼变大,这样我就能多分"的共识。尽管每一次合作都存在共同利益,但共同利益大部分是潜在的,需要谈判者去挖掘,最好能用明确的语言和文字表达出来,以便谈判双方充分了解和掌握。三是协调分歧。协调分歧比较有效的方法是指出自己能接受的几种方案,问对方更喜欢哪一种。你要知道的是哪一种方案更受欢迎,而不是哪一种方案能被接受。你可以对受欢迎的方案进行再次加工,再拿出至少两个方案,征求对方的意见,看对方倾向哪一种。利益、观念、时间上的分歧都可以成为协调分歧的基础。比如,一方主要关心问题解决的形式、名望与声誉、近期的影响;而另一方主要关心问题解决的实质、结果、长期的影响。此时,不难找到可以兼顾双方利益并让双方都比较满意的方案,谈判自然也会获得成功。如果把协调分歧总结为一句话,那就是寻求对你代价低、对对方好处多的方案。而且,当你寻求的方案不被对方接受时,要努力使对方意识到,所确定的方案是双方参与的结果,包含双方的利益和努力,客观地指出履行方案给双方带来的结果,重点指出对双方的利益和关系的积极意义,促使对方回心转意,做出决策。要牢记谈判者的格言"在分歧中求生存"。

三、立场服从利益原则

立场服从利益原则是指谈判双方在处理立场与利益的关系中立足于利益,而在立场方面做出一定的让步。无论是商务谈判还是个人纠纷的解决,抑或是国家之间的外交谈判,人们均习惯在立场上讨价还价,双方各持一种立场来磋商问题,其结果是很难通过让步达成妥协,往往会使谈判破裂,不欢而散。事实上,在立场上讨价还价,既违背了立场服从利益的谈判准则,也会破坏谈判的和谐气氛,还会导致协议偏离双方本来的利益目标。而在立场服从利益的前提下,谈判者则变得灵活、机敏,只要有利于己方或双方,没有什么是不能放弃的,没有什么是不可更改的。需注意的是,不可犯原则性或道德性问题。这也说明了成功的谈判者不仅需要强硬,更需要灵活。

四、对事不对人原则

对事不对人原则是指在谈判中区分人与问题，把对谈判对方的态度和讨论问题的态度区分开来，就事论事，不因人误事。事实上，谈判时谈判者所面对的不是抽象的谈判对手，而是富于理智和情感的具体的人。凡人都有自己的个性情感和价值观，再加上不同的工作和生活背景，使谈判过程和结果在很大程度上受到人的主观因素的双重影响。一方面，人们在谈判过程中会产生互相都满意的心理，随着时间推移，自然建立一种相互信赖、理解、尊重和友好的关系，使下一轮的谈判更顺利、更有效率；另一方面，人们也会变得愤愤不平、意志消沉、谨小慎微、充满敌意或尖酸刻薄。

谈判中导致人与事相混淆的一个原因在于，谈判者不能很好地区分谈判中的人与谈判中的问题，混淆了人与事的相互关系，要么对人、对事都抱一种积极态度，要么都抱一种对抗态度。把对谈判中问题的不满意发泄到谈判者个人头上，或者把对谈判者个人的看法转嫁到对谈判议题的态度上，都不利于谈判的进行。

在谈判中，导致人与事相混淆的另一个原因是人们常常没有根据地从对方的态度中得出结论。比如在家里说"厨房里乱七八糟""房间里的摆设不太协调"可能仅仅是就事论事，但听起来却像是对主人的指责。这会导致对方个人感情上的变化，使对方为了保全个人面子，顽固坚持个人的立场，影响谈判的顺利进行。

坚持对事不对人原则，争取因人成事，避免因人误事，具体做法有：

（1）站在对方的角度考虑问题。在谈判中，当提出建议和方案时，要站在对方的角度考虑提议的可能性，理解和谅解对方的观点、看法。当对方拒不接受己方的提议，或提出己方难以接受的条件时，不可暴跳如雷、拍案而起、抱怨、指责对方，而要心平气和、不卑不亢地阐述客观情况，摆事实、讲道理，争取说服对方。

（2）让双方都参与提议和协商，利害攸关。一个由双方共同起草和协商的包含双方主要利益的建议，会使双方都认为是利于自己的，这样易于达成协议，这就是因人成事的技巧。

（3）保全面子，不伤感情。伤害感情，不给面子，会使谈判双方产生敌意，不利于达成一致协议。为此，要注意以下三点：善于并乐于认识、理解自己和对方的情感；当谈判对方处于窘困和尴尬的境地时，应给对方一个台阶下，顾及对方的面子；注意同对方多沟通，因为谈判本身就是一种交流，如果能及时、经常地面对面沟通和交流，把话摆在桌面上，就会避免和消除很多误会。

五、坚持客观标准原则

坚持使用客观标准原则是指在谈判中双方因坚持不同的标准而产生分歧时，坚持运用独立于各方意志之外的合乎情理和切实可行的标准来达成协议。这些客观标准既可能是一些惯例通则，也可能是职业标准、道德标准、科学标准等。"没有分歧就没有谈判"，谈判双方利益的冲突和分歧是客观存在、无法避免的。这些分歧如阳光下的影子，无法消除。

谈判的任务就是消除或调和彼此的分歧，达成协议。实现的方法有很多，一般是通过双方的让步或妥协来完成，但这也容易带来一些负面影响，坚持客观标准能够克服主观让步可能产生的弊病，有助于双方和睦相处，冷静客观地分析问题，有利于谈判者达成明智、公正的协议。由于协议的达成依据客观标准，双方都感到自己的利益没有受到损害，因而会积极有效地履行合同。

如果双方无法确定哪个标准是最合适的,那么比较好的做法是找一个双方均认可的公正、权威的第三方,请其确立一个解决争端的标准。这样,问题会得到比较圆满的解决。

六、遵守法律原则

遵守法律原则是指在谈判及合同签订的过程中,要遵守国家的法律、法规和政策。与法律、政策有抵触的商务谈判,即使出于谈判双方自愿并且协议一致,也是无效、不允许的。

比如《广告法》规定,广告应当真实、合法,符合社会主义精神文明要求,不得含有虚假内容,不得欺骗和误导消费者。广告公司在与厂商进行承揽广告业务的谈判时,首先要考察对方要发布的广告是否符合有关法律的规定,如果将非法广告发布出去,双方代表的法人或自然人,包括发布广告的新闻单位,都将受到法律的惩处。

随着商品经济的发展,生产者与消费者之间的交易活动将会在越来越广的范围内受到法律的保护和约束。离开经济法规,任何商务谈判都将寸步难行。

在涉外贸易谈判中,还应遵守国际法并尊重对方国家的有关法规、贸易惯例等。涉外谈判最终签署的各种文书具有法律效力,受法律保护。因此,谈判者的发言,特别是书面文字,一定要法律化。一切语言、文字应具有双方一致承认的明确的合法内涵。必要时应对用语的法定含义做出具体明确的解释,写入协议文书,以免因解释条款的分歧,导致执行过程中产生争议。按照这一原则,主谈人的重要发言,特别是协议文书,必须统一由熟悉国际经济法、国际惯例和涉外经济法规的律师进行细致的审定。

七、讲究诚信原则

讲究诚信原则是指在谈判中双方都要诚实且守信。所谓诚实,是指任何谈判都要实事求是。所谓守信,就是言必行,行必果。出尔反尔,朝令夕改,势必失信于人,破坏双方的合作,谈判也必将失败。俗话说,"诚招天下客",在商务谈判中尤其如此。诚心实意,坦率守信,这既是一条谈判原则,也是谈判成功的有效法宝。

为了在谈判中遵循这一原则,谈判者应做到:

(1) 讲信用。遵守谈判中的诺言,不出尔反尔,做到"一诺千金"。
(2) 信任对方。这是守信的基础,也是取信于人的方法。
(3) 不轻易许诺。这是守信的重要保障,轻诺寡信,必将失信于人。
(4) 以诚相待。这是取信于人的积极方法,诚实与保守商业机密并不矛盾,诚实的意义在于不欺诈。

八、本土化原则

本土化原则是指在商务谈判中要充分考虑地域、国家之间的文化差异、社会经济差异和企业之间的差异,使谈判符合所在地域、所在国家的文化风俗特点和要求。产品谈判本土化,要求产品及其品牌要反映当地市场的特点和居民的消费偏好;营销方式谈判本土化,要求在营销渠道、广告、销售等方面符合本地市场的要求;人力资源谈判本土化是最根本、最深刻的本土化,具有重要作用。在国际商务谈判中,需要谈判者熟悉对方国家的政治、经济、文化、法律、风土人情等。

第三节　商务谈判的评价标准

评价标准可以帮助谈判者对谈判过程和结果进行评价，提高谈判能力和商务活动效率，促使谈判成功。在确定评价标准之前，我们可以先确定谈判所处的层次，确定层次可以让谈判者把握谈判的要点、目标和结果。

一、商务谈判的三个层次

商务谈判一般分为三个层次，即竞争型谈判、合作型谈判和双赢型谈判。

（一）竞争型谈判

竞争型谈判是指在谈判初期谈判双方把谈判视为一种竞争活动并千方百计寻求己方的最大利益，从而达到你输我赢的效果。在现代社会，竞争越来越激烈，企业之间的竞争、同类产品之间的竞争、人才之间的竞争已经白热化。如果没有竞争能力或者竞争能力不强，就会被淘汰，这种非此即彼的情况在谈判中就是竞争型谈判。竞争型谈判旨在削弱对方评估谈判实力的信心，因此谈判者对谈判对方的最初方案做出明显的反应是极为重要的，即使谈判者对对方提出的方案非常满意，也必须找出这一方案的短板，使其降低心理预期，以达到己方最佳的谈判效果。

（二）合作型谈判

合作型谈判是指在谈判过程中双方通过一定程度的让步寻求互惠互利的合作预期，以便双方都处于比谈判开始时更好的氛围。谈判的目的在于寻求一种双方都受益的协议结果，以防止一方受益而另一方受损。要寻求双方都受益的协议，就需要双方都有合作的态度。谈判本身就是合作的过程，而不是非此即彼。尽管谈判中存在各种各样的矛盾和冲突，谈判双方还是能进行合作与交流的，为着一个共同的目标探讨相应的解决方案。如果对方的报价有利于己方，己方又希望同对方保持良好的业务关系或迅速结束谈判，做出合作型反应则是恰当的。合作型反应一般是赞许性的，要强调的是，虽然已方承认和欣赏对方实事求是的态度，但仍须进一步就一些问题进行谈判和商榷。在激烈的交锋中，维护自身的利益和需要是进一步合作的基础，但交锋也是有限度的，以不影响双方的合作关系为底线。

（三）双赢型谈判

双赢型谈判是指在谈判后期谈判双方通过挖掘潜在的共同利益，打破僵局，最终达成双方利益都得到满足的协议。也就是说，把谈判当作一个合作的过程，能和对方像伙伴一样，共同找到满足双方需要的方案，使费用更合理，风险更小。双赢型谈判强调的是，通过谈判，不仅要找到最好的方法去满足双方的需要，而且要进行责任和任务的分配，如成本、风险和利润的分配。双赢型谈判的结果是，你赢了，但我也没输。在拥有长期共同合作关系和利益的情况下，双赢型谈判无疑具有巨大的发展空间。

二、商务谈判的评价标准

商务谈判既不是一场棋赛,不要求决出胜负,也不是一场战争,不用将对方消灭或置于死地。商务谈判是一项互利的合作事业,谈判中的合作以互惠互利为前提,只有合作才能谈及互利。因此,商务谈判是否成功可用目标实现、成本降低和关系改善三个标准来衡量。

(一)目标实现标准

谈判的最终结果有没有达到预期目标,实现预期目标的程度如何,这是人们评价商务谈判是否成功的首要标准。谈判目标不仅把谈判者的需要具体化,而且是驱动谈判者行为的基本动力。由于参与谈判的各方都存在一定的利益界限,谈判目标至少应包括两个层次的内容,即努力争取的最高目标和必须确保的最低目标。如果一味地追求最高目标,把对方逼得没有退路可能会导致谈判破裂,实现预期谈判目标的愿望就会落空。同样,如果为了达成协议而未能守住最低目标,预期的谈判目标也就无从谈起。因此,成功的商务谈判应该是既达成了某项协议,又尽可能接近己方所追求的最佳目标。

(二)成本降低标准

有谈判就会产生成本。一个成功的谈判者往往要权衡通过谈判所取得的收益与所付出的成本。如果谈判者所付出的成本超过了所取得的收益,谈判就不能说是成功的。因此,作为一个优秀的谈判者必须在收益既定的条件下想方设法降低谈判成本。谈判的成本包括三项:一是谈判桌上的成本,这是谈判的预期收益与实际收益之间的差额;二是谈判过程中的成本,即在整个谈判过程中耗费的各种资源,包括为进行谈判而耗费的人力、财力、物力、时间、精力等;三是谈判的机会成本,即由于放弃最有效地使用谈判所占用的资源而造成的收益损失。在这三项成本中,人们往往比较关注第一项,而忽视另外两项。如果以巨大的代价换取微小的收益,那么这样的谈判就是不经济的。

(三)关系改善标准

谈判是谈判双方的一种交流活动,通过交流除了在价格高低、利润分配等方面达成协议,更重要的是着眼于长远利益,与对方建立一种良好的人际关系。因此,在与对方维护良好人际关系的前提下,实现谈判目的以满足自身的需要,才是成功的谈判。精明的谈判者往往不过分计较一时的得失,而是善于从战略的角度看待问题。尽管在目前的某项谈判中可能放弃了某些可以得到的利益,但维护和改善了双方的合作关系,也为未来实现己方长期利益的合作铺平了道路。总之,成功的商务谈判应该是谈判双方的需要都得到了最大程度的满足,双方的互惠合作关系有了进一步的发展,任何一方的谈判收益都远远大于成本,整个谈判是高效率的。

由于目标实现、成本降低、关系改善三者在实现途径上有差异,它们很难同时达到,因而谈判者在谈判中需要在三者之间权衡利弊得失,以争取最佳的谈判结果。

◆内容提要

随着社会进步和市场经济的繁荣,企业、消费者以及政府等组织间开展的商务谈判,已经成为出现次数最多、涉及面最广、参与人员最多的一种谈判类别,政府除了是政治谈判的参与方外,也可以是商务谈判的参与方,只要谈判主题是关于商业交易或者其他商业主题,而非政治目的的,那么即使是各国政府之间进行的谈判,也属于商务谈判。谈判的基本原则是谈判的指导思想和基本准则,它决定了谈判者在谈判中采用何种谈判策略和谈判技巧,以及怎样运用这些策略和技巧。评价标准可以帮助谈判者对谈判过程和结果进行评价,提高谈判能力和商务活动效率,促使谈判成功。在确定评价标准之前,我们可以先确定谈判所处的层次。确定层次可以让谈判者把握谈判的要点、目标和结果。

◆ 关键词

商务谈判的特征　商务谈判的种类　商务谈判的基本原则　商务谈判的层次　商务谈判的评价

◆ 复习思考题

一、简答题

1. 如何把握谈判的基本概念?
2. 商务谈判具有哪些特点?
3. 商务谈判具有哪些基本原则?
4. 遵循互利互惠原则应注意哪些方面?

二、论述题

1. 如何运用商务谈判的基本原则?
2. 试述评价商务谈判是否成功的标准。

◆ 思考案例

两天谈判,药价最大降幅93%

2021年1月14日至15日,江苏省举行首轮药品集中带量采购谈判。此次采购共有烟酰胺注射剂等11个品种,均为江苏省临床用量较大、竞争较充分且没有仿制药通过一致性评价的药品,共吸引99家企业申报。

经过两天激烈谈判,共有26家企业中选,药品价格最大降幅93%,充分竞争组(与原研药的独家组相对应)平均降幅42%,预计年节约采购资金近5亿元。

《新华日报》记者15日来到谈判现场,目击供采双方"讨价还价"全过程。

经过1月14日一天的报价谈判,20家价格降幅较大且质量安全的药品企业首轮入围。为进一步保障临床用药安全性和延续性,按照谈判规则,同组内质量安全评分最高但未中选的企业可自愿进入议价环节,满足相关条件的可增加一个中选名额。为鼓励药企更多让利患者,谈判方明确将药价降幅与采购比例挂钩。

1月15日,5位谈判专家与8家自愿进行议价的企业进行谈判。谈判不设最低价格降幅。

上午9点,谈判正式开始。第一个进行谈判的是一款治疗慢性病的药品,在同组内质量分最高,且在首轮报价中已经降价接近20%。如果想在此轮"复活",按照谈判规则必须再降20%。

谈判专家:你们的产品去年在江苏市场份额不小,占到了三成左右,已中选产品还留下了很大的市场空间。如果你们中选,今后的市场前景非常可观。

销售企业:昨晚我们一夜没睡,经和公司主要领导商讨,认为你们提出的降幅要求超出了我们的承受能力,希望能减少降幅,否则就只能放弃。

谈判专家:议价规则你也清楚,据我们了解这款产品也是贵公司的主打产品,失去江苏这个大市场对你们公司损失也不小。

销售企业：我能否出去跟老总打个电话……

（半小时后）销售企业：我们总裁说，如果在江苏降价，市场会产生连锁反应，波及其他省份，这个公司难以承受。我是企业江苏区负责人，我也希望谈成，因为谈判失败意味着我和江苏区的同事们都要离职。

谈判专家：药品耗材集中带量采购是一个大趋势，国家和各省都在做，只是这个品类我们先做了。而且我们承诺，不会将谈判价格向外公布。

销售企业：这我做不了主。能不能让老总明天来现场谈？

谈判专家：这个谈判规则不允许。

销售企业：那我再跟老总沟通一下……

下午5点，这款药品最终降价6元，达到预期目标。

一款治疗肝胆系统疾病的药品14日已经中选，在进一步议价过程中，谈判方获知兄弟省份价格仍低于江苏报价，因此也将此款药品列入第二天的议价范围。

药厂代表：该药品在其他省份的销量是江苏的很多倍，在江苏市场销量并不算大，不能与相关省份的价格作简单比较。前一天报的价格是公司能承受的最低价，如果要求再降就只能放弃江苏市场了。

谈判专家：无论是国家药品集采还是省级耗材集采目前都在密集举行，今后未中选药品的生存空间将进一步压缩。

药厂代表：江苏的采购效率我也很认同，但我在国内负责招标采购，有团队需要养活，需要有合理的利润，否则做不下去。如果接受了这个价格，意味着江苏公司需要裁员。

谈判专家：江苏有7900万参保人员，市场很大，第一次集采也有风向标意义，其他省份也很关注。你可以多考虑一下如果失去江苏市场的后果。

药厂代表：我出去跟老板再商量一下。

（一个小时后）药厂代表：老板同意在昨天报价基础上再降3个百分点。

谈判专家：把那个8分钱的零头也去掉吧？

药厂代表：8分钱我也没有权力，得向老板申请……

就这样，一点一点谈，几分钱几分钱磨，最终11个品种全部谈判成功。

此次集中带量采购由江苏省医保局牵头，省公共资源交易中心、各设区市医保局参与组织实施。省纪委监委专门派出监督人员全程参与规则制定、质量安全评价和现场谈判。

（资料来源：黄红芳．江苏首轮药品集中带量采购谈判直击：两天谈判，药价最大降幅93%[N]．新华日报，2021-1-16．）

思考：结合本章有关内容，谈谈你对政府带量采购谈判的看法。

第三章　国际商务谈判概述

本章结构图

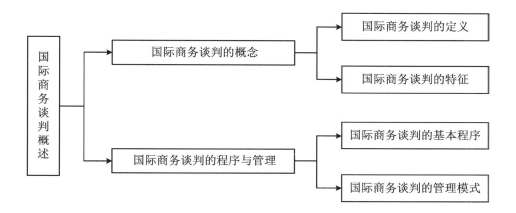

学习目标

国际商务谈判是国际货物买卖过程中必不可少的一个很重要的环节,也是签订买卖合同的必经阶段。因此,理解国际商务谈判的内涵,了解国际商务谈判的特征、构成及类型,掌握国际商务谈判的程序及管理常识就成了本章学习的主要内容。

导入案例

中国某公司与美国某公司谈判投资项目

(其间双方对原工厂的财务账目反映的原资产总值有分歧)

美方:中方财务报表上有模糊之处。

中方:美方可以核查。

美方:核查也难,因为被查的依据就不可靠。

中方:美方不应该空口讲话,应有凭据证明查账依据不可靠。

美方:所有财务证均系中方工厂所造,我无法一一核查。

中方:那贵方可以请信得过的中国机构协助核查。

美方:目前尚未找到可以信任的中国机构帮助核查。

中方:那贵方的断言只能是主观的、不令人信服的。

美方:虽然我方没有法律上的证据证明贵方账面数字不合理,但我们有经验,贵方的现有资产不值账面价值。

中方：尊敬的先生，我承认经验的宝贵，但财务数据不是经验，而事实是如果贵方诚意合作，我愿意配合贵方查账，到现场一一核对物与账。

美方：不必贵方做这么多工作，请贵方自己纠正后再谈。

中方：贵方不想讲理我方奉陪！

美方：不是我方不想讲理，而是与贵方的账没法说理。

中方：贵方是什么意思，我没听明白，什么是"不是想，而是没法"。

美方：请原谅我方的直率，我方感到贵方欲利用账面值来扩大贵方所占股份。

中方：感谢贵方终于说出了真心话，给我指明了思考方向。

美方：贵方应理解一个投资者的顾虑，尤其像我公司与贵方诚心合作的情况下，若让我们感到贵方账目有虚占股份之嫌，实在会使我方却步不前，还会产生不愉快的感觉。

中方：我理解贵方的顾虑。但在贵方心里恐惧面前，我方不能只申辩这不是"老虎账"，来说它"不吃肉"。但愿听贵方有何"安神"的要求。

美方：我通过与贵方的谈判，深感贵方代表的人品，由于账面值让人生畏，不能不请贵方考虑修改问题，或许会给贵方带来麻烦。

中方：为了合作，为了让贵方安心，我方可以考虑账面总值的问题，至于怎么做账是我方的事。如果，没理解错的话，我们双方将就中方现有资产的作价进行谈判。

美方：是的。

请思考如下问题：
1. 这是一个什么类型的谈判？
2. 中美双方在谈判中表现出的方式方法是否得当？
3. 如果你作为美方或中方代表会怎么与对方会谈？

第一节 国际商务谈判概念

一、国际商务谈判的定义

国际商务谈判（international business negotiation）是指在国际商务活动中，处于不同国家或地区的商务活动当事人为了满足一定需要，彼此通过交流、沟通、协商、妥协而达成交易目的的行为过程。简单地说，国际商务谈判就是谈判参与各方跨越了国界的商务谈判，是国内商务谈判在国际领域的延伸和发展。

综合上述不同层次或范围的谈判定义，其内涵包括如下基本点：① 谈判是以某种利益需求的满足为预期目标。② 谈判是相互独立又相互联系的双方平等对话，谋求合作，协调和改善彼此关系的交际活动。③ 谈判是各方沟通信息，交换观点，相互磋商，相互妥协，并达成共识的过程。

概括地说，我们可以把国际商务谈判理解为这样一个过程：不同国家或地区的贸易双方根据双方不同的需要，运用所获得的信息，就共同关心或感兴趣的问题进行交流、沟通、磋商，用以协调各自的经济利益、谋求妥协，从而使双方在自愿、平等、有利的条件下达成协议，最终促成交易的过程。一项谈判是否成功，就在于参加谈判的双方能否通过各种讨价还价的方式和策略,多回合相互让步,最后达成一个双方都能接受的共赢方案。

二、国际商务谈判的特征

(一)国际商务谈判的一般性特征

国际商务谈判与国内商务谈判的本质是相同的,因此具有与国内商务谈判相同的基本特征。

1. 以获得经济利益为目的,追求谈判的经济效益

在商务谈判中,谈判者比较注重谈判的经济效益。因为商务谈判本来就是一次经济活动,而经济活动本身就要讲究经济效益,这是经济活动的内在要求。与其他谈判相比,商务谈判更为注重经济效益。事实上,经济效益也是评价商务谈判成功与否的主要指标之一。

2. 以价格为核心,其他因素可折算为价格

商务谈判涉及的因素很多,谈判者的需求和利益往往通过众多的因素和方面表现出来,但价格几乎是所有商务谈判的核心内容。其原因在于,第一,价格最直接地表现出谈判双方经济利益的得失与分配。在很多情况下,谈判双方在利益上的得与失,拥有利益的多与寡都可以折算为一定的价格,并通过价格的升与降得到体现。第二,商务谈判中涉及的价格以外的因素都与价格有着密切关系,往往可将其折算成一定的价格。作为商务谈判者,了解价格是商务谈判的核心,价格在一定条件下可以与其他利益因素进行折算,这一点很重要。这就要求谈判者在谈判中,一方面坚持以价格为核心,争取自己的利益;另一方面,又不能仅仅局限于价格,要善于拓宽思路,从其他因素上争取应得的利益。因为价格因素较为敏感,所以很难获得对方的让步,而在其他因素上要求对方让步相对容易。

3. 参与双方的"合作"与"冲突"对立统一

在商务谈判中,谈判双方既存在利益上的联系,又存在利益上的分歧。利益联系使双方走到了一起,通过谈判达成对双方都有利的协议,也就是双方利益的获得是互为前提条件的,这是合作的一面。利益分歧则使双方要进行不断的讨价还价,他们都希望通过较少的让步来换取尽可能多的利益,从而导致激烈的冲突,这体现了谈判双方相互对立的一面。因此,对于谈判者来说,应提倡实行"合作的利己主义",即在保持合作的基础上追求己方利益的最大化,在使对方通过谈判有所收获的同时,使自己收获更多。

4. 双方对利益的追求受到一定利益界限约束

如前所述,经济利益是商务谈判双方共同追求的目标,双方都希望以较少的成本支出,取得最大的谈判成果。但是,任何谈判都必须满足对方的最低利益要求,否则对方就会退出谈判并导致谈判破裂,而己方到手的利益也随之丢失。利益的过度或不足都会导致谈判的破裂,所以谈判双方不能突破利益界限的约束,应在相互合作中共同争取利益的最大化,实现双赢。

如果将谈判双方在交易中可获得的总体利益用一个完整的圆来表示,那么谈判双方的利益需要及利益界限可用图 3.1 来说明。

假设谈判双方为甲、乙两方,整个圆代表总体利益。A、B 分别代表甲、乙双方在谈判中必须获得的最低利益。R 代表甲、乙双方可以通过讨价还价争取为己方所有的利益。从甲方来说,他的利益界限是 $A \leqslant X \leqslant A+R$(X 代表甲方获得的利益总量)。如果该式不能成

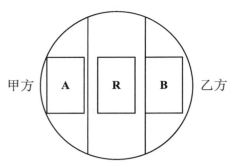

图 3.1 商务谈判利益界限

立,出现以下两种情况,都会使其中一方退出而导致谈判破裂:一是,当 X<A 时,则甲方必然退出谈判,因为甲方的最低利益得不到保证;二是,当 X>A+R 时,则乙方必然退出谈判,因为乙方的最低利益因甲方利益的延伸而得不到实现。同理,对乙方来说,他在谈判中的利益界限是 B≤Y≤B+R(Y 代表乙方获得的利益总量)。如果该式不能成立,即当 Y<B 或 Y>B+R 时,都会导致谈判破裂。了解和把握谈判的利益界限是极其重要的。在谈判中,谈判各方不仅要考虑己方的利益,还要站在对方的立场上考虑对方的利益,只有将己方利益控制在对方所能接受的临界点上(内),谈判才能成功,己方的利益才能实现。如果只注重己方的需求,而无视对方的最低需求,无限制地逼迫对方放弃自己的利益,最终会因对方退出而使自己已经争取到的利益丧失殆尽。

美国谈判协会会长尼尔伦伯格对此有这样一段极其精辟的阐述:谈判者的眼光不能盯着"再多一点",当接近临界点的时候,必须要清醒警觉,毅然决断,当止即止。

5. 商务谈判各方最终获利的大小取决于谈判各方的经济实力和谈判能力

人们在谈判前可以确定目标利益,但无法准确预计谈判的结果如何,无法根据某一规则具体计算出彼此之间最终将获得的利益。在图 3.1 中,从理论上讲,A 与 B 可以看作甲、乙双方的现存利益,如果这部分利益得不到满足,将导致谈判破裂。只有 R 是双方可以讨价还价,积极争取的。但是,R 中有多少能为甲所得,又有多少能为乙争取到,则完全取决于谈判各方的经济实力,特别是谈判能力。谈判各方的客观经济实力主要受谈判项目对各方的重要程度,谈判人员所代表的经济组织的实力,谈判时的市场状况及发展趋势等因素的影响。而谈判人员的素质和经验,谈判策略和技巧的运用能力,谈判班子成员之间的协作能力等则直接影响谈判各方谈判能力的发挥,而谈判能力的有效发挥又直接影响和决定了谈判利益的最终获得。

6. 注重合同条款的严密性与准确性

商务谈判合同体现了双方协商一致的结果,确认了双方的权利和义务,具有法律效力,因此合同条款必须准确而严密。合同条款的准确性和严密性是保证经过艰苦谈判所获得的各种利益得以实现的重要前提和依据。有的谈判者虽然在谈判中花了很大力气,也已接近谈判的胜利,但在拟定合同条款时,忽视了合同条款的完整、严密、准确、合法,其结果是被谈判对手在条款措词或表述技巧上拖入陷阱。在这种情况下,不仅会使到手的利益丢失,还会为此付出惨重代价。例如,在一份购销合同中的数量标准条款中规定"质量标准按产品的说明书",这是不严密、不准确的。因为"产品说明书"有许多种,有专门说明质量的,有专门说明使用方法的,还有专门介绍装配方法的。所以,我们要根据具体情况,明确写清具体所指。

再如，如果在合同中将产品包装质量仅写成"外观完好"，也是不准确的，因为包装质量不仅包括外观完好，还应具有一定的防震、防潮、防腐蚀等能力。如果在合同执行过程中出现纠纷，双方就会因为合同条款的不准确而各持己见，最终导致损失。因此，在商务谈判中，谈判者要高度重视合同条款的准确性和严密性。

（二）国际商务谈判的特殊性特征

国际商务谈判除了具有与国内商务谈判共有的一般性特征外，还有区别于国内商务谈判的特殊性特征。

1. 跨国性

跨国性是国际商务谈判最显著的特征，也是其他特征的基础。国际商务谈判的主体是两个或两个以上的国家或地区。由于国际商务谈判的结果会导致资产的跨国或跨地区流动，必然要涉及国际贸易、国际核算、国际保险、国际运输等一系列问题，带有明显的国际性，因此在国际商务谈判中必须以共同遵守的国际商务法为准则，以共同认可的国际惯例为准绳，一切事宜均按国际惯例或通行做法来操作。这一特征要求谈判人员要熟悉各种国际惯例，熟悉对方所在国的法律条款，熟悉国际经济组织的各种规定和国际商法。这是一般国内商务谈判不可能涉及的。

2. 政策约束性

国际商务谈判的跨国性决定了强烈的政策约束性。国际商务谈判参与各方处于不同国家或地区的政治、经济环境中，谈判双方的商务关系又是两国或两个地区之间整体经济关系的一部分，常常涉及两国或两个地区之间的政治关系和外交关系，双方所在的国家或地区政府通常会干预和影响谈判的进程与结果。所以，国际商务谈判必须严格贯彻执行国家的有关方针政策和外交政策，执行对外贸易的一系列法律和规章制度。这一特征要求国际商务谈判人员必须熟知本国或地区和对方国家或地区相关的方针政策，注意国别政策，了解和把握对外经济贸易的法律和规章制度。

3. 文化差异性

国际商务谈判的双方来自不同的国家或地区，有着不同的社会文化和政治经济背景，处于不同的地理、宗教环境中，具有不同的价值观、道德观、思维方式和行为方式，在语言表达及风俗习惯等方面也大相径庭。文化的差异性必然使国际商务谈判的难度及复杂程度远超一般的商务谈判。这一特征要求参与国际商务谈判的人员注重了解和掌握对方所在国家或地区的宗教文化、伦理道德及风俗习惯等，在谈判中努力尊重和协调好双方在文化宗教及伦理道德等各方面的差异。

4. 谈判人员必须具备高素质

国际商务谈判的上述特殊性决定了谈判的复杂性和困难性，这就要求谈判人员在知识结构、语言能力、对政策法律的理解和把握、谈判策略及技巧的运用能力、防范风险能力等各方面都具有更高的水平。谈判人员必须具备广博的知识、敏锐的思维和高超的谈判技巧，不仅在谈判桌上能因人而异、运用自如，而且在谈判前也要注意资料的准备，信息的收集，使谈判按预定方案顺利进行。

第二节　国际商务谈判的程序与管理

一、国际商务谈判的基本程序

国际商务谈判是来自不同国家或地区的双方为实现某种利益进行交易、沟通、妥协的过程,也是双方心智和实力较量的过程。谈判不仅需要使用多种策略技巧,还需要一定的时间。因此,不论何种类型的谈判都有一个持续发展的阶段,即谈判过程,而人们在谈判过程中如何有计划地安排、组织、实施谈判,就是谈判程序。由于谈判的类型、内容、复杂程度不同,所以谈判的持续时间有长有短,使得谈判的程序也有所不同。但不论何种谈判,其程序都包括三个基本环节,即谈判前的准备阶段、正式谈判阶段、谈判的善后(协议的履行)阶段。

(一)谈判前的准备阶段

谈判前的准备工作是谈判策略、战术和技巧灵活运用的基础。俗话说,不打无准备之仗。准备工作做得好,可以增强己方自信,从容应对谈判过程中出现的各种问题,掌握主动权。特别是在缺少经验的情况下,充分的准备能够弥补经验和技巧的不足。谈判的实践证明,谈判成功与否与谈判前的准备工作是否充足有着密切关系。谈判前的准备阶段是商务谈判过程的初始阶段,主要包括环境的调查,信息的准备以及谈判方案的准备。

1. 环境的调查

谈判所处的环境条件是影响谈判的重要因素,是谈判中不可缺少的成分,也是组成谈判不可忽视的重要构件。国际商务谈判是在一定的政治、经济、社会、文化、制度和某一特定的法律环境中进行的,这些社会环境因素无疑会对谈判产生直接或间接的影响。

谈判的环境因素包括谈判对手国家所有的客观因素。谈判人员必须对此进行全面系统的调研与分析评估,才能制定出相应的谈判方针与策略。英国谈判专家马什在《合同谈判手册》中对谈判环境进行了系统的分析和归类。他认为环境因素主要包括政治状况、宗教信仰、法律制度、商业习惯、社会习俗、财政金融状况、基础设施与后勤供应状况以及气候状况等。

2. 信息的准备

在国际商务谈判中,全面、准确、及时的信息是谈判的可靠助手,是选择和确定谈判对象的基础及前提,是谈判双方沟通的纽带,是制定谈判战略和策略的依据,是控制谈判过程、掌握主动权和确定报价水准的重要保证。谈判信息对谈判活动的影响是极其复杂的——可直接决定或间接影响谈判的成败。准确的信息能帮助己方在谈判中获得成功,不准确的信息则可能导致己方在谈判中被动失利。谈判信息的准备工作主要包括信息的收集,信息的整理与分类,信息的分析与使用。信息工作在谈判实践中越来越显示出其特定的作用和价值,使得谈判的各方也越来越重视信息工作。

随着自我信息保密意识的不断增强,辨别对方信息真伪等工作的难度也在不断增强,这就对从事信息工作的人员和参加谈判的人员提出了更高要求。收集信息的渠道有很多,如报纸杂志、统计资料、内部资料、电脑网络、广播媒介、驻外机构、各种会议以及广告、名片等，都构成了信息源。重点应放在收集对手信息（如对方企业的资信情况、产品状况、管理状况以及人员状况等），市场信息（如国内外市场分布情况、市场商品供求信息等），技术信息以及与政治、经济、法律环境相关的信息上。除此之外，还应当对己方的相关状况和信息有全面的了解和准确的评估。

3. 谈判方案的准备

为了有效地组织和控制贸易谈判活动，使己方在把握方向的同时又能灵活控制复杂的谈判局势，必须在谈判的准备阶段制订出一套考虑周全的谈判方案。谈判方案是指在正式谈判开始之前对谈判主题、谈判目标、谈判议程、谈判策略等预先所做的安排。谈判方案是在对信息进行全面分析、研究的基础上，根据双方的实力对比，为本次谈判制定的总体设想和具体实施步骤，也是指导谈判人员行为的纲领，在整个谈判中起着非常重要的作用。谈判方案的准备工作主要包括确定谈判主题，明确谈判目标，制定谈判策略，安排谈判议程，规定谈判期限，组建谈判团队，进行模拟谈判等。

（1）确定谈判主题。谈判主题是谈判的基本目的，也是谈判活动的中心，整个谈判活动都要围绕这个主题进行。主题应简单明了，最好能用一句话体现出来，如"与德国某公司洽谈 EF6 型机床的引进项目""以友好方式解决我方出口大葱索赔一案"。

（2）明确谈判目标。谈判目标的确定是指制订方案时对所要达到结果的设定，是谈判者对本次谈判的期望水平。谈判目标是指导贸易谈判的核心。在整个谈判过程中，从策略的选择、策略的准备、策略的实施到贸易谈判的一系列其他工作，都是以谈判目标为依据，为总体目标的实现服务的。确定的谈判目标应具有实用性、合法性，同时留有一定的弹性空间，并要注意严格保密。如果因疏忽大意泄露了己方的最低限度目标，就会使己方陷入被动。谈判目标一般分为最低目标、可接受目标和最高期望目标三个层次。最低目标是谈判者在做出让步后必须保证达到的最基本目标，是谈判成功的最低界限。可接受目标是谈判者经过对各种因素进行全面分析，科学论证后确定的目标，是谈判者期望实现的目标。最高期望目标是对谈判者最有利的理想目标，实现这一目标将最大化地满足己方的利益，也是最难实现的目标。

（3）制定谈判策略。明确谈判目标后，就要拟定实现这些目标所采取的基本途径和策略。谈判策略是指谈判者在谈判过程中，为了达到某个预定目标，人为采取的一些行动和方法。从商务谈判过程的运作看，谈判策略有很多，谈判人员要根据谈判目标确定谈判过程中可能出现的情况，事先做出选择，做到心中有数，以便在正式谈判中灵活运用各种策略。

（4）安排谈判议程。谈判议程的安排对谈判双方非常重要，谈判议程安排的本身就是一种谈判策略的运用，必须高度重视。谈判议程的长短决定了谈判效率的高低、谈判的顺利与否。谈判议程的安排要同正式谈判过程的几个进展阶段相结合，并根据每个阶段的重要性分配时间。谈判议程是双方讨论合同条款的时间安排，不能单方面决定，一般是一方提出，对方同意，或者是双方协商确定。需要指出的是，不论是己方提出议程要对方接受，还是对方提出议程要己方接受，都是各有利弊的。如果对方接受了己方的议程，会使对方陷入自卫的劣势中，己方可以充分考虑自己的要求和条件，使日程的安排有利于己方。但是，这样可能会过早暴露己方的立场、底细，对方可以根据己方的讨论要点提出异议。所以，比较好的做法是，己方可准备两种谈判议程：一种是通则议程，另一种是细则议程。通则议程是供双方在谈判中讨论采用的；细则议程是留给自己看的，不能泄露给对方。在拟定议程时，还要注意两个问题:一是它的互利性,不仅要符合己方的需要,也要兼顾对方的实际利益和习惯做法;二是它的伸缩性,日程安排不能太死板,如果一点调整的余地都没有,一旦出现问题,就会手忙脚乱、陷入被动。

(5) 规定谈判期限。谈判期限关系到谈判的效率,影响到谈判的成败,因此谈判方案的制订应对谈判期限做出规定。一般来说,谈判期限是从确定谈判对手并着手进行各种准备开始,直到谈判结束的日期。谈判期限的长短主要依据谈判双方时间的宽裕程度和正常进行谈判所需要的时间来定。

(6) 组建谈判团队。在谈判准备中对谈判团队的组成和谈判人员的分工及配合做出恰当的安排是十分重要的。一个高效、强有力的谈判团队,成员之间应该形成各种能力的互补,以使个人的能力和素质得到放大,并形成新的集体力量。谈判团队成员的选择,主要应根据谈判的具体内容,所需的知识和信息以及谈判人员的相互补充和配合来确定。

(7) 进行模拟谈判。模拟谈判是商务谈判准备工作的重要组成部分。在实践中,为了保证谈判成功,常采取模拟谈判的方法来改进和完善谈判的准备工作,检查谈判方案可能存在的漏洞。特别是对一些重要的、难度较大的谈判来说,进行模拟谈判更显必要。模拟谈判是指在正式谈判开始前组织有关人员对本场谈判进行预演的实践操练。通过模拟谈判不仅可以启发和拓宽谈判者的视野,还有可能将预演中的弱点转化为正式谈判中的强点。模拟谈判结束后,要及时进行总结。通过总结,一方面可以完善己方的谈判方案,另一方面还可以在无敌意心态的条件下,站在对方的角度进行思考,从而丰富己方在消除双方分歧方面的建设性思路,有助于寻找到解决双方所面临难题的途径。

(二) 正式谈判阶段

在谈判双方做好充分准备工作后,谈判的行为主体就可以按双方约定的时间、地点进入正式谈判阶段。正式谈判是能否达成双方协议的重要阶段。国际商务谈判从开局到签约的整个过程大体可分为开局摸底、磋商阶段、成交阶段三个环节。

1. 开局摸底

开局摸底是指一场谈判开始时,谈判各方之间的寒暄和交流以及对谈判对手的底细进行探测,为控制谈判进程奠定基础。这一阶段的重要工作是建立洽谈气氛、申明己方意图、设法探明对方意图。俗话说"良好的开端是成功的一半",因此营造一种合作、诚挚、轻松、积极解决问题的气氛,可以对谈判的进行起到积极有利的作用。当然,谈判气氛不仅受开局瞬时的影响,双方谈判之前的事先接触,洽谈中的交流等都会对谈判气氛产生影响,但谈判开局瞬时的影响最为强烈,它奠定了谈判的基础。为了创造一个有利于合作的良好气氛,谈判人员首先应做到以下两点:

第一,动作自然得体,谈吐轻松自如。由于各国、各民族文化习俗的不同,对各种动作的反应也各不相同或大相径庭。例如初次见面握手时稍微用力,有的人认为是友好的表示,会产生一种亲近感,而有的人则觉得对方是在故弄玄虚,有意谄媚,会产生厌恶之感。因此,谈判人员事先应充分了解对方的性格、背景及爱好,区别不同情况,采取适当做法。

第二,开场白的话题要适当,能引起共鸣。有人将开场白阶段称作"破冰"阶段,此阶段是良好谈判气氛形成的重要环节。此时,可谈论些轻松、非业务性的话题,如来访者的旅途经历、体育赛事、天气情况以及以往的共同经历等。这样的开场白可以使双方找到共同语言,为心理沟通做好准备,从而有利于谈判的进行。

在建立了良好的洽谈气氛后,为了摸清对方的原则和态度,双方可作开场陈述和倡议。开场陈述是指双方分别阐明自己对有关问题的观点和立场,每一方都要独立地把自己的观点作一个全面陈述,申明态度和意图,并且要给对方充分搞清己方意图的机会,然后听取对方的陈述摸清对方的意图。

在陈述己方观点时,要采取横向铺开的方法。开场陈述的内容一般包括己方对问题的理解、己方的利益和首要利益、己方要做出的让步和做出的努力、己方的立场等。对于对方的开场陈述:一要注意倾听;二要搞懂所陈述的内容;三要善于归纳,把握陈述中的关键问题。

双方分别进行陈述后,需要做出一种能够把双方引向寻求共同利益的陈述,即倡议。倡议是双方提出各种设想和解决的方案,然后在设想与符合他们商业标准的现实之间搭起一座通向成交的桥梁。

2. 磋商阶段

谈判的磋商阶段是实质性谈判阶段。这一阶段是指谈判开局之后到谈判终局之前,谈判双方就实质性事项进行沟通、协商、妥协的全过程。这是谈判的中心环节,也是谈判中最困难、最紧张的阶段。谈判的磋商阶段是趋向谈判目标实现的过程。在这一阶段,既是谈判主体间实力、智力和技术的具体较量过程,也是双方求同存异、合作、谅解、让步、妥协的过程。双方应根据对方在谈判中的行为来调整己方的谈判策略、修改谈判目标,从而逐步确立谈判协议的基本框架。

3. 成交阶段

谈判在经历了上述一系列阶段和环节后,终于进入了成交、签约阶段。谈判的成交阶段也就是正式谈判的收尾阶段。经过一番艰苦的讨价还价,谈判取得了很大的进展,双方意见渐趋一致,但也存在着最后的一些问题。在谈判的最后阶段,更需要高度重视、善始善终,稍有松懈,就可能功亏一篑、前功尽弃。为此,这一阶段必须做好如下几方面工作:

第一,适时放出成交信号。一项交易将要明确时,双方会处于一种即将取得胜利的兴奋状态,这种状态的出现往往是受一方发出成交信号所致。谈判成交(结束)的信号主要表现为:谈判者用很少的言辞阐明己方的立场;谈判者所提出的建议是完整的,绝没有不明确之处;谈判者在阐明己方立场时完全是一种最后决定的口吻,没有回旋的余地;回答对方的问题用词简短,只作肯定或否定的回答,不阐释理由。发出这些信号的一方是试图表明自己对谈判进程的态度,目的在于让对方不要犹豫不决,纠缠不休,使对方行动起来,最终达成协议。因此,把握谈判信号发出的火候很重要。

第二,做好最后一次报价。在一方发出签约意向的信号,而对方又有同感时,谈判双方都需要做最后一次报价。对于最终报价,有经验的谈判者都不会过于匆忙,也不会拖延时机。匆忙报价会被认为是一个无谓的让步,对手会认为还可以再努力争取到其他让步。而报价过晚,对已形成的局面所起的作用或影响就很小了。因此,最后一次报价通常分两步走:主要让步部分在最后期限前提出,刚好留给对方一定的思考时间;次要让步部分留在最后时刻提出,作为最后的甜头,让对方获得最后的满足。当然需要注意的是,在做出最后让步的同时,也要让对方予以相应回应,获取己方最后的收获。

第三,整理谈判记录。每一次洽谈后,最重要的事情是就双方达成共识的议题拟一份简短的报告或纪要,并向双方公布,得到双方认可,以确保已达成的共识日后不会被推翻。这份文件具有一定的法律效力,在以后的纠纷中尤为有用。在最后的阶段,双方都要检查记录,如果双方共同确定的记录正确无误,那么所记载的内容便是起草书面协议的主要依据。

第四,做最后的总结。通过最后的总结,可以明确所有谈判议题所取得的结果如何;可以明确哪些问题已达成共识,哪些问题还存在分歧。如果谈判双方针对交易条件在大局、原则上已达成共识,即使对个别问题还存在分歧,还需要做技术处理,此时也标志着谈判进入最后成交阶段。

第五,签订书面协议。谈判双方在交易达成后,一般都会签订书面协议(合同)。协议经双方签字后,就成为了约束双方的法律性文件。

(三) 谈判的善后阶段

书面协议一旦签订,就被人们认为谈判已基本圆满结束。但协议的签订只是标志着本次正式谈判暂告一个段落,而作为谈判全过程来说,并没真正结束。对双方来说,谈判成功后,还应继续做好谈判的善后工作。谈判的善后工作主要包括:谈判资料的整理归档,谈判小组进行经验教训的总结,做好履约的充分准备,努力维护双方已形成的良好关系,为可能需要进行的下次谈判做准备。

二、国际商务谈判的管理模式——PRAM 模式

对商务谈判进行有效管理,是谈判取得成功的有力保证。那么,如何对谈判活动进行管理呢?这里介绍一种谈判的 PRAM 模式。PRAM 由 plan、relationship、agreement、maintenance 这四个单词的首字母组成,分别指计划、关系、协议和维持。

1. 制订谈判计划(P)

制订谈判计划就是根据谈判前的决策分析,对己方在谈判中的具体行动做出明确的安排。谈判计划的内容包括具体的谈判目标,谈判的期限安排,谈判的议程安排,谈判的人员安排等。谈判计划的形式通常为书面形式,内容可长可短,但应当做到扼要、具体和灵活。谈判计划可以使参加谈判的人员做到心中有数、方向明确,打有准备之仗。

2. 建立关系(R)

建立关系是指在谈判各方之间建立起一种有意识形成的,使谈判双方的当事者在协商过程中都能感受到舒畅、开放、融洽的关系,这种关系有利于谈判各方达成互惠互利的谈判成果。谈判最重要的特征就是合作。谈判各方彼此间建立良好关系,是合作顺利进行的重要保证。一般来说,人们在与一个不熟悉的人进行交易时,往往会有较高的警惕性,层层设防,这使得各方在谈判中不会轻易许诺,同时要想取得有利于双方的结果也较为困难。相反,如果我们与一个已经相互了解,建立了一定程度信任关系的人进行交易,双方坦诚相待,有利于达成互惠互利的协议。

3. 达成协议(A)

达成协议就是谈判各方就谈判中各项议题取得一致意见后,以书面的形式进行表述,使谈判成果现实化。达成谈判协议标志着谈判工作暂告一段落,谈判各方对主要议题已基本达成一致。需要注意的是,谈判协议的达成并不意味着整个谈判活动的终结,它是谈判活动的下一个环节——协议履行与关系维持的开始。

4. 协议履行与关系维持(M)

在谈判中,人们最容易犯的错误之一就是一旦达成了令自己满意的协议,就认为万事大

吉,鼓掌欢呼谈判的结束,以为对方会毫不犹豫地履行他的义务和责任。事实上,协议的达成与协议的履行是两回事。协议只是以书面的形式明确了双方的利益分配,而利益的最终获取需要通过协议的履行来实现。

因此,签订协议很重要,但维持和确保协议的履行更加重要。如果协议不能切实履行,就成了废纸一张。所以,协议的履行在PRAM模式中是最重要的一环。作为一个有责任感的谈判者应当充分尊重协议的效力,并在协议签订后切实执行。同时,也要以适当、友好的方式敦促对方认真履约,确保协议得到贯彻实施。

通过努力,确保了协议能够被认真履行,保证具体的一项交易谈判可以画上一个圆满句号,但对于双方的长期合作而言,并没有完结。从长远发展的角度考虑,对于在本次交易协商中开发出来的与对方的关系,应该给予保护和维护,以利于今后的继续合作。

维护与对方关系的基本做法是保持与对方的接触和联络,主要是个人之间的接触。PRAM模式的绝妙之处,不仅在于经过四个步骤可以取得某个具体交易谈判的成功,更重要的是它为今后与对方再次成功进行交易谈判奠定了基础。因为这四个步骤相互联系,周而复始,构成了一个连续不断的循环流程。

PRAM模式提示我们:应当把谈判看成一个连续不断的过程。此次谈判的结束意味着下次谈判的开始,本次成功的谈判会使今后的交易取得成功。

◆内容提要

在诸多领域的谈判中,经济领域的谈判,特别是商务领域,在现代社会生活中扮演着越来越多的重要角色。同样,国际商务谈判更是国际商务活动不可分割的组成部分,在国际商务活动中占据相当大的比重。本章主要概述了国际商务谈判的概念与特征、构成与类型以及程序与管理。

◆关键词

国际商务谈判的概念　国际商务谈判的特征　国际商务谈判的构成　国际商务谈判的类型　国际商务谈判的程序　国际商务谈判的管理模式

◆复习思考题

1. 国际商务谈判的基本类型有哪些?
2. 国际商务谈判不同于一般商务谈判的主要特点是什么?
3. 影响国际商务谈判的环境因素有哪些?

◆思考案例

中韩丁苯橡胶交易谈判

中方某公司向韩国某公司出口丁苯橡胶已一年,第二年中方又向韩方报价,以继续供货。中方公司根据国际市场行情,将价格从前一年的成交价每吨下调了120美元。韩方感到可以接受,建议中方到韩国签约。中方人员一行二人到了汉城该公司总部,双方谈了不到20分钟,韩方说:"贵方价格太高,请贵方看看韩国市场的价格,三天以后再谈。"中方人员感到被戏弄,很生气。但人已来汉城,谈判必须进行。

中方人员通过有关协会收集到韩国海关丁苯橡胶进口统计,发现韩国从哥伦比亚、比利时、南非等国进口的量较大,从中国进口的也不少,中方公司是占份额较大的一家。在价格方面,南非最低但高于中国产品价。在韩国市场的调查中,批发和零售价均高出中方公司现有报价的30%～40%。市场价虽呈降势,但中方公司的给价是目前世界市场的最低价。为什么韩国人员还认为中方的价格高？中方人员分析，对手认为中方人员既然来了汉城，肯定急于拿合同回国，可以借此机会再压中方一手。那么韩方会不会不急于订货而找理由呢？中方人员分析，若不急于订货，何必邀请中方人员来汉城，再说韩方人员过去与中方人员打过交道，有过合同且执行顺利，对中方工作很满意，而且从这次的接待态度上看，韩方也没有不信任中方人员，双方之间气氛良好。根据上述分析，中方人员共同认为韩方意在利用中方人员出国心理压价。经过商量，中方人员决定在价格条件上做文章，总得讲态度应强硬。因为来前，对方已表示同意中方报价，不怕空手而归；其次，价格条件还要涨回市场水平（即1200美元/吨）。随后仅一天半时间，中方人员就将新的价格电话通知韩方人员："调查已结束，得到的结论是我方来汉城前的报价过低，应调整为去年成交的价位，但为了老朋友的交情，可以下调20美元，而不是120美元。请贵方研究，有结果请通知我们，如果我们不在饭店，则请留言。"韩方人员接到电话后一个小时，即回电话约中方人员到其公司会谈。韩方认为中方不应把价格往上调，中方认为这是韩方给的权利，我们按韩方要求进行了市场调查，结果应该涨价。韩方希望中方多少降些价，中方认为原报价已降到底。经过几回合的讨论，双方同意按中方来汉城前的报价成交。这样中方成功地使韩方放弃了压价的要求，按计划拿回合同。

阅读案例并思考下列问题：
1. 上述谈判属于什么类型？
2. 上述谈判有什么特征？
3. 本案例中，中方运用了什么程序和方式做出决策？
4. 韩方决策的过程和实施情况如何？

第二篇 商务谈判实务

商务谈判实务以商务谈判活动的运作流程为导向,针对商务谈判这一工作过程展开系统叙述,从商务谈判的准备开始,到商务谈判的签约完成,为商务谈判课程的学习者以及商务谈判工作的从业者提供清晰的思路和详尽的技巧。

商务谈判实务篇主要包括商务谈判的准备、商务谈判的开局、商务谈判的磋商、商务谈判的成交和商务谈判的签约五个章节。每一章节均安排有学习目标、导入案例、关键词、复习思考题、思考案例和应用训练等内容。为使读者全面了解商务谈判运作过程,灵活运用所学知识来解决实际问题,每一章节中都安排了不同类型的谈判实例,使学习者真正做到理论联系实际,并积极参与到商务谈判实务的各个环节。

作为商务谈判工作的第一步,商务谈判的准备是商务谈判过程中不容忽视的重要环节。"知己知彼,百战不殆",商务谈判者前期充足的准备工作是商务谈判成功的前提条件。商务谈判的开局对整个商务谈判过程起着至关重要的作用,它奠定了商务谈判的基调,营造了谈判工作的氛围,积极良好的开局能为后续谈判工作的开展打下良好基础。商务谈判的磋商是商务谈判的实质性阶段,商务谈判策略和技巧在磋商环节中的巧妙使用,能有效帮助商务谈判者占据谈判的优势地位,最终实现商务谈判目标。商务谈判的签约阶段涉及商务谈判双方商务合同的签订、履行和变更。对商务谈判成交与签约环节的学习,有益于学习者掌握商务谈判的成交观念和成交阶段的各项工作内容。

本篇详细介绍了商务谈判工作的整体流程,各个章节中穿插了不同类型的商务谈判实际案例,能有效帮助学习者更好掌握谈判实用技巧和策略。同时,各章节的课后实训项目旨在培养学习者商务谈判实践操作的能力,并提高学习者商务谈判解决问题的能力,促进实际商务谈判工作顺利开展。

第四章　商务谈判的准备

本章结构图

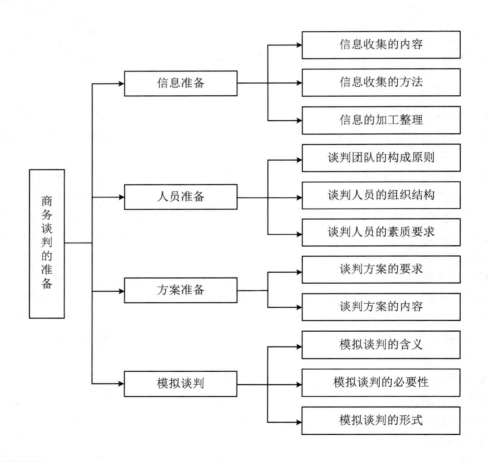

学习目标

　　掌握商务谈判信息收集的内容与方法,熟悉商务谈判人员应具备的综合素质和谈判组织的构成特点,学会拟定和执行商务谈判方案,了解模拟谈判的意义和实施方式。

导入案例

中国某公司与法国某公司技术转让费谈判

法方有一项产品技术经过5年的研制才完成,现今要转让给中方,中方应付费。中方认为法方的提议有道理,但该费用应如何计算呢?法方解释说他们每年需投入科研费200万美元,5年为1000万美元,考虑到仅转让使用权,他们计提成费,以20%的提成率计,即200万美元,仅收中方1/5的投资费,该数不贵,对中方是优惠的。

中方听后,表示研究后再谈。中方内部进行了讨论,达成如下共识:分头去搜集该公司的产品目录,调查该公司近几年来新产品的推出速度,如推出的新产品多,说明他们每年的科研投入不仅是一个产品,可能是多个产品。同时,搜集该公司近几年的年报,调查资产负债状况和损益状况。若利润率高,说明有资金投入科研开发;若利润率低,大量资金投入科研就没有可能,除非借钱进行开发。另外,若负债率不高,说明没有借钱,反之则可能借钱。此外,还请海外机构的代表查询该公司每年缴纳企业所得税的情况。纳税多,说明利润高;纳税少,说明利润偏低。

各路人员查了这几方面的信息,分析发现:
(1) 该公司每年有5种新产品推上市场。
(2) 该公司资产负债率很低,举债不高。
(3) 该公司利润率不高,每年的利润不足以支持开发费用。

结论是,法方每年的投入量是虚的,若投入量为真,该企业必须逃税漏税才有钱。在后续会谈中,中方提出上述资料和推断,请法方表态。法方还坚持其数为真实数据。中方问法方,怎么解释低负债?怎么解释低利润呢?法方无法解释低负债、低利润和高投资的关系,又不能在中方面前承认有逃税,只好放弃原价的要求。

(案例来源:段淑梅.商务谈判[M].北京:机械工业出版社,2010.)

第一节 信息准备

信息的收集和整理是商务谈判的基础环节,是否及时并充分掌握谈判相关信息直接影响着谈判的最终结果。准确和详细的信息可以确保谈判的优势,有助于谈判的成功,而错误或片面的信息会导致谈判人员处于被动局面,无法掌握谈判主动权。因此,商务谈判人员必须收集和整理相关信息资料,并在此基础上制定出切实可行的谈判战略,才能有效控制谈判进程,为取得谈判成功奠定基础。

一、信息收集的内容

(一) 市场信息

市场信息是指在一定的时间和条件下,同商品生产、交换与服务有关的各种消息和情报的统称。市场是市场信息的发源地,而市场信息是反映市场活动的消息和数据,是对市场上各种经济关系和经营活动的客观描述和真实反映。

由于市场信息瞬息万变,谈判者必须在商务谈判前对市场信息进行细致入微、面面俱到的调查,并根据市场信息的变化及时调整谈判策略。需要进行调查的市场信息主要包括市场需求情况、产品销售情况以及市场竞争情况三个方面。市场需求情况是指目标市场上该类产品的市场需求容量、需求结构、市场覆盖率、影响市场需求的因素等方面的情况。产品销售情况包括该类产品在近几年的销售量、销售价格及销售总额,该类产品的主要销售渠道和销售手段等。市场竞争情况包含竞争者数目、主要竞争厂家的生产规模、市场占有率、价格变动趋势,竞争对手采用的产品推出模式、优惠措施、售后服务等。市场信息对谈判情势以及谈判策略的应用有很强的导向作用。例如,若谈判商品市场上供不应求,则卖方处于可挑剔选择的有利地位,谈判中会最大限度地争取满足己方利益;若商品供过于求,则谈判对买方有利,卖方竞争激烈,需竭尽全力施展各种策略,争取谈判成功。

分析案例 4-1

日本生产的农业加工机器设备是国内几家企业都急需的关键性设备,中国某公司正是基于这一需求,与日商进行买卖谈判。谈判开局,按照国际惯例,卖方首先报价 1000 万日元。这一报价比实际卖价高很多,而日方以前也确实卖过这个价格,如果中方不了解谈判当时的国际行情,就会以此为谈判的基础,那么日方就可能赢得厚利。如果中方不能接受,日方也能自圆其说,有台阶可下,可谓进可攻、退可守。但是中方事前不仅摸清了该产品在国际市场上的最新价格及日方在其他国家的销售价格,还研究了日方产品的性能、质量、特点以及其他同类产品的有关情况,深知日方是在放"试探气球"。于是中方单刀直入,坚定地指出这个报价不能作为谈判的基础。同时,中方还指出日本货物运往中国与其他国家相比的运费优势及政府在外汇管制上有利于日方的新政策。最后,经过两轮谈判,中方以合理的价格拿下了这场谈判。

(案例来源:王扬眉,李爱君. 商务谈判[M]. 郑州:郑州大学出版社,2016.)

(二)谈判环境

1. 政策法规

任何谈判都必须依托于一定的政策法律环境,谈判前谈判人员应当了解和熟悉相关政策法规,避免谈判中出现不必要的分歧和误解,减少商业风险。在进行国内商务谈判时,谈判人员要做到熟知和了解我国的各项经济法规和政策制度,保证谈判活动自始至终都符合法律规范;在进行国际商务谈判时,谈判人员还要熟悉对方国家的法律制度和有关政策,比如有关国家的外交政策和对外贸易政策,有关国家的外汇和关税政策,有关的国际公约和国际惯例等。为了确保谈判在法律和政策的允许范围内成功进行,可聘请资深和业务精通的经济律师或法律顾问提供法律服务,听取意见,确保谈判顺利开展。

分析案例 4-2

中国某工程承包公司在加蓬承包了一项工程任务。当工程的主体建筑完工之后,中方由于不需要大量的劳动力,便将从当地雇佣的大批临时工解雇,谁知此举导致了被解雇工人持续 40 天的大罢工。中方不得不同当地工人举行了艰苦的谈判,被解雇的工人代表提出让中方按照当地的法律赔偿被解雇工人一大笔损失费,此时中方人员才意识到他们对加蓬的法律知之甚少。根据加蓬的劳动法,一个临时工如果持续工作一周以上而未被解雇则自动转成长期工,作为一个长期工,他有权获得足够维持两个妻子和三个孩子的工资。此外,还有交通费和失业补贴等费用。一个非熟练工人如果连续工作一个月以上则自动转成熟练工,如果连续工作三个月以上则提升为技术工人,工人的工资也应随着他们的提升而提高。而我国公司的管理人员按照国内形成的对临时工、长期工、非熟练工、熟练工以及技工的理解来处理加蓬的情况,结果为自己招来了如此大的麻烦。谈判结果可想而知,公司不得不向被解雇的工人支付了一大笔失业补贴,总数相当于已向工人支付的工资数额,而且这笔费用属于意外支出,并未包括在工程的预算中,全部损失由公司自行支付。

(案例来源:鲁小慧.商务谈判[M].北京:中国财政经济出版社,2016.)

2. 商业习惯

商业习惯是人们在商业活动中必须遵循的制度,是在社会长期的商业活动中逐渐形成的。商业习惯的形成与地理环境、历史文化、风土人情等因素息息相关,因此,不同国家和地区往往在长期的商务谈判活动中形成了各具特色的商业习惯。在谈判活动中,了解商业习惯有利于商务谈判有序开展。尤其在准备国际商务谈判前,谈判人员必须了解对方所在国家和地区的商业习惯,让对方感到舒适和尊重,增加对方的好感和信任。例如,美国人在谈判中对具体业务和合同会非常谨慎,对于合同条款问题的讨论特别详细具体,中方谈判人员可以从对方的思维模式出发,从具体条款开始谈判;日本企业则因为其独特的集体领导制,开启谈判时的话题可能与谈判主题毫不相关,谈判进程可能也会比较缓慢,初步的洽谈往往不能得到迅速答复,因此,和日本企业谈判时应保持耐心,做好参加长时间谈判的准备。

3. 社会文化

社会文化环境是指在特定社会形态下已形成的行为规范、宗教信仰、伦理道德以及风俗习惯等。任何企业都处于一定的社会文化环境中,特定的社会文化必然会影响和制约企业活动。为此,谈判人员务必不能忽视社会文化因素的影响,避免社会文化差异而导致的冲突和障碍。对社会文化环境因素的分析应主要包括宗教行为礼仪及价值取向,称呼、衣着、饮食方面的规范,时间观念的不同,赠送礼物及赠送方式的习俗,工作与娱乐和休息的关系,非语言表达方式差异等。例如不同的社会文化对眼神有不同的解释,在美国盯着说话人的眼睛表示尊敬;而在印度则是一种冒犯。如果在谈判时忽视不同国家的眼神交流方式这一细节,可能会招致无法估量的损失。

(三)谈判对手

1. 对方资信情况

要收集谈判对手信息,首先要对谈判对手的资信情况进行调查。在进行商务谈判时,由于盲目轻信对方,草率签订合同,以致吃亏受骗的现象屡有发生。有些企业急于引进或输出,仅凭熟人介绍,不进行任何资信调查,就签订数额巨大的合同,结果给企业造成了重大损失。因此,做相应的背景调查,了解公司信誉、实力和资信情况就显得尤为重要,可以减少纠纷和不必要的经济损失。对谈判对手资信情况的调查主要包括两方面内容:一是对方的合法资格;二是对方资本、信用和履约能力。

(1)对方的合法资格。法人作为独立的民事主体,具有民事权利能力和民事行为能力。作为能够独立行使法定权利和义务的经济主体,法人的成立程序必须符合法律、法规规定,依法进行设立登记。在对对方法人资格审查时,可以要求对方提供有关证件,如企业法人营业执照、法人成立的注册登记证明、法人所属资格证明等,并通过一定的方法验明其真伪。

（2）对方资本、信用和履约能力。对方具备了法律意义上的主体资格,却不一定具备很强的行为能力。因此,应调查谈判对手企业的注册资本、资产负债表、收支情况、资金情况,以及企业的经营历史、经营作风、商业信誉等,特别是对中间商更应重视这一点。例如,有的客户意愿洽谈上亿美元的投资项目,但经调查其注册资本只有几十万美元,对此类客户,应谨慎对待。对企业资本、信用和履约能力的审查可以通过会计师事务所审计的年度报告,银行、资信征询机构出具的证明等来核实。

分析案例4-3

我国某服装进出口公司（A公司）和澳洲一家著名的女装进口批发商（B公司）7年来一直保持着良好的贸易合作关系。B公司在澳洲纺织行业中具有较高的声誉,几年来与中国的贸易一直处于稳定的发展状态。由于与B公司合作时间长,已是老客户,A公司也认为其信誉良好,就对小额订单放松了监督,采用20%货前预付,余80%为货后90天付现的付款方式。结果B公司累计有60万美元没有按时支付。有些欠款拖欠已达3年之久,并以种种理由继续拖延。对于这笔欠款,A公司既想催讨以解决资金周转不灵的问题,又怕损害和这个大客户的关系。最后请了资信调查机构来核实B公司目前的经营状况和拖欠理由是否属实,结果发现B公司正全力变卖固定资产,已处于破产边缘。后经过强大的追讨攻势,A公司及时挽回了60万美元的损失。公司后来了解到,若此案晚委托追讨一个月,追回欠款的可能性几乎为零。

（案例来源：https://www.docin.com/p-2122167401.html.）

2. 对方谈判人员权限

对方谈判人员的权限与谈判能获得多少实质性的结果息息相关。不了解对方权限大小,同没有决策权的谈判对象进行谈判不仅会浪费大量时间和精力,也会错失其他的交易机会。一般来说,对方谈判人员资格越高,权限也越大;如果对方谈判人员资格较低,就需要了解和核实对方的合法身份以及是否得到授权、得到哪些授权等,以保证签订合同的合法性和有效性。审查对方当事人的权限资格,一定要严肃认真、严格把关,不可草率从事。

3. 对方目标需求

在开始谈判前,谈判方应尽力探查摸清对方的谈判目标和真正需求。了解对方谈判目标有利于己方全面充分了解谈判对手,制定精确的谈判战略和战术;摸清对方核心需求有利于己方在谈判前切实做好准备工作,根据对方的需求主动出击,提高谈判成功率。分析对方的谈判目标和真实需求主要包括了解对方追求的核心利益和附属利益,对方能接受的价格底线,对方达成交易的迫切度等。了解对方目标需求需要谈判人员不为假象所迷惑,能够透过现象分析辨别本质。了解对方目标需求之后要在谈判中充分利用于己方有利的因素,争取谈判成功。

4. 对方谈判人员其他情况

对谈判人员多方面信息的全面了解有助于更好地掌握谈判对手情况。需要掌握的对手其他关键信息包括：主谈人员的背景资料;谈判组织内部成员的履历、能力、性格特征、谈判风格、个人爱好与禁忌;谈判对手对己方的信任程度和了解程度;谈判对手对己方的评价等。对谈判对手的深入了解有利于谈判时投其所好,增加对方对己方的信任和好感,增进谈判友好气氛。

二、信息收集的方法

在商务谈判信息的收集过程中,企业需要尽可能地利用多种方法和途径,不间断收集各类信息,为制定战略和方案提供可靠依据。

(一)文案调查法

文案调查法具有间接性、便捷性和广泛性的特点,可以大量节省调查费用和缩短调查时间,谈判人员从各种文献资料和信息档案中检索出有用信息,再加以分析、研究和判断。这种方法的资料来源有很多,例如谈判对手的商品目录、广告说明书、专利资料及商品价目表,各行业协会和联合会提供的信息和有关行业情报,国内外各种博览会、展销会、交易会、订货会等促销会议以及专业性经验交流会议上所发放的文件和材料等。在调查中,文案调查法有着特殊地位,它作为信息收集的重要手段一直受到企业重视,是一种比较实用和方便的信息获取方式。

(二)实地调查法

为了获得真实有效的信息,谈判人员可以通过实地调查的方式进行收集和整理。企业准备好主要的考察内容,直接派出人员到对方地区和公司进行考察,对其办公环境、技术力量、员工素质和生产经营管理状况等进行最直观的分析和研究。此方法的优点是能够获得较为真实可靠的第一手资料,对市场环境和谈判对手有更深入的了解,并能够更有针对性地进行各种定性和定量分析,有益于扩大调查的广度和深度,在某些情况下甚至是能够获取信息的唯一方法。但它也有效率低、成本高和受限条件多等不利特点。

(三)购买法

购买法是指企业可通过购买的方式从专业的市场咨询机构和市场调查公司取得所需要的信息。企业可通过这种方式了解到对方的产品及价格策略、营销策略、竞争策略、研发策略、财务状况和人力资源状况等。市场调查公司和咨询机构拥有专业的市场调研人员,同当地的公司企业有着紧密联系。因此,当谈判方无法通过前两种调查方式获得准确有效的信息时,可借助购买法的方式借助市场调查公司及咨询机构的力量,得到大量有关谈判对手的信息资料和丰富的情报,以备企业所需。

三、信息的加工整理

在信息收集的过程中会得到来自各类渠道的大量信息,而掌握信息并不是不分主次地把所有信息简单罗列开来,而是要对所收集的信息进行认真辨别和仔细筛选,加工利用原始信息使其变为对谈判有益的重要资料。加工整理信息的目的在于:一是可以鉴别资料的可靠性和真实性。在收集信息资料的过程中,有的企业和组织为了混淆视听可能会提供比较片面甚至是虚假的信息,对谈判造成不利后果,这就需要对信息加以筛选和整理。二是在保证信息真实性和可靠性的基础上,收集到的信息要结合具体的谈判项目和议题判断其相关程度和重要程度,通过分析和整理制订出完整和详尽的谈判策略和方案。

信息的加工和整理要经过以下程序:

（1）对收集的信息进行初步筛选，剔除虚假信息、重复信息和过时信息，去粗取精。也可以请专业人员对资料进行评估，决定信息资料的取舍。

（2）对有效信息按时间、性质、目的和内容进行归纳分类，并按其重要程度进行整理，使之条理化，以备不同的谈判项目所需。

（3）对整理好的资料加以比较和分析，做出正确的判断和结论，并提出有价值的意见和建议供谈判活动参考。

（4）将相关资料妥善保存，对谈判所涉及的内容以及和双方有关的重要观点等资料应做好保密工作。

第二节 人 员 准 备

成功的商务谈判必须依靠具体的谈判人员去完成和实现。恰当的谈判团队规模、合理的谈判团队结构直接影响谈判结果。谈判团队的人选、谈判人员的素质对实现谈判团队效能最大化和提高谈判成功率有着至关重要的影响。

一、谈判团队的构成原则

组建商务谈判团队时，要综合考虑谈判人员的专业背景、工作资历、专业技能以及在谈判中所扮演的角色等。要确保谈判人员知识互补、性格互补，明确各自的角色、职责和任务。为了组建高效的谈判团队，应遵循以下几点原则：

（一）知识互补

谈判人员需要具备各自领域的专业知识，能够处理不同的问题，在知识方面取长补短，形成统一的优势。此外，他们的专业知识和商业经验也应该是相辅相成的。在所有的谈判成员中，既要有知识渊博的专家，又要有经验丰富的谈判老手，提高谈判小组的整体力量。

（二）性格互补

如果谈判团队成员能在性格上和谐互补，发挥各自优势，那么就能发挥出整个团队最大的优势。例如，外向型的成员往往是敏捷雄辩而又坚决果断的，但他们容易冲动，对问题有时缺乏深刻见解甚至经常会疏忽问题的存在；相反，内向型的人在工作中往往谨小慎微，对问题有敏锐的洞察力，善于观察和思考，坚持原则，但他们往往犹豫不决、优柔寡断、不善言辞，缺乏灵活性。如果谈判团队成员有不同的性格，在谈判中扮演不同的角色，将有助于弥补彼此的不足，协调合作。

（三）分工明确

每位谈判人员在团队中都有自己的位置，承担不同的角色，因此越位工作是禁忌。明确的分工可以提高工作效率，发挥个人优势，减少失误。在谈判前，应确定好谈判团队的负责人、主谈人和辅谈人，明确各自的职责和任务，防止出现工作推脱、责任推卸等现象。在分工明确的同时，每一位成员应该互帮互助、互相支持，为同一个谈判目标共同努力。

二、谈判人员的组织结构

（一）团队的规模

谈判团队的规模是指参与谈判的人员数量，具体规模大小通常视情况而定。谈判人员过多，易导致调配不灵、意见纷杂，影响团队高效运转；谈判人员过少，虽然容易取得一致意见，但也不能满足复杂的谈判情形需要，不容易发挥整体综合优势。一般认为，谈判小组规模应控制在八人以内，以三至四人为宜。在这种规模下，最容易统一谈判小组意见并发挥出小组各成员优势，保证较高的工作效率。但当在一些非常重要的大型国际商务谈判中，还需要有某些方面的国际问题专家，这时，谈判小组规格较高，甚至可以超过十人。在确定谈判团队规模和人员时，应具体考虑以下因素：

1. 谈判的复杂性

谈判的复杂性包括谈判项目的数量多少及其复杂程度。一般来说，谈判人员的数量应与谈判的复杂性成正比，因为谈判项目越复杂，涉及的知识和经验就越多，需要的团队成员也就越多。相反，如果谈判涉及的项目少且难度较低，则人数越少越容易取得整个组织在观点上的一致。

2. 谈判的专业性

谈判团队的阵容还可因谈判项目的内容不同而定。涉及进出口贸易的谈判通常不需要技术人员，但涉及高新技术产品和专利的贸易谈判则需要该领域的专家参与；在进行国际商务谈判时，涉及本国法律或对方国家法律的贸易，或涉及国际或区域贸易协定的贸易，必须有相关法律专家参加谈判，谈判团队的规模也相对较大。

（二）团队的人员配备

根据谈判对业务方面的要求，谈判团队应配备相应的专业人员。

1. 首席代表

负责谈判的首席代表应该由经验丰富且在企业中具有权威地位的高层管理人员担任。作为团队的核心，首席代表应具备全面的知识和能力，在整个谈判过程中发挥重要的作用。首席代表负责组建谈判团队，把握谈判进程，协调谈判团队成员意见，在紧急情况下调整谈判策略，决定谈判过程中的重要事项，并代表整个谈判团队签署双方达成的协议。

2. 商务人员

商务人员由企业销售人员、采购经理等贸易专家担任。他们应当非常熟悉贸易惯例和交易行情，具有丰富的营销与谈判经验，能够在谈判中找出双方的分歧和差距，了解对方在项目利益方面的期望指标，明确商品规格、价格、运输、保险、交货期等事宜。

3. 技术人员

技术人员由熟悉相关技术和产品标准的技术员、工程师担任，负责生产技术、产品功能、质量标准、产品验收、技术服务等问题的谈判，也为谈判项目中的价格问题提供意见和建议。

4. 财务人员

财务人员由熟悉会计和金融知识，擅长会计核算的业务人员担任，其主要职责是掌握该项谈判的财务状况，了解谈判中的价格核算、付款条件、付款方式、结算货币和汇率等问题。

5. 法律人员

法律人员由通晓经济领域各项法律法规且实战经验丰富的企业法律顾问或特约律师担任。法律人员负责确认谈判对方的合法资格，把关合同条款的有效性、完整性和公正性，维护企业权益。

6. 翻译人员

翻译人员通常由精通外语和业务熟练的专职或兼职翻译担任。翻译人员的任务是在国际商务谈判中进行文字或口头翻译，必须准确地传达谈判双方的意见和立场，在必要的时候要配合己方谈判人员执行有效的谈判策略。

7. 记录人员

记录人员通常由具有熟练文字记录能力和一定专业知识的人员担任。对于大型、高层次的商务谈判，应安排记录人员完整、准确、及时地记录整个谈判过程及各方发言，为起草协议和进一步的谈判提供依据。

除上述几类人员外，谈判团队还可安排其他专业人员，但要控制人员数量，并与谈判内容相适应，避免重复的人员设置。

（三）团队的分工合作

谈判团队人员在职责上各司其职，但也不能各自独立作战，应服从谈判团队的首席代表或主谈人的指挥与调度，互相配合，协同行动，形成一支默契高效的谈判团队。而要想谈判团队达到步调一致配合密切，就必须明确谈判的主谈人和辅谈人。主谈人是指在谈判的某一个具体阶段或者是针对众多议题中的某几个议题时的主要发言人，而辅谈人则要根据谈判形势，恰当地提出谈判建议并多角度地支持主谈人的观点。因此，根据事先分工，谈判成员都可能成为不同情况和不同阶段下的主谈人或辅谈人。

在谈判过程中，主谈人负责阐述一切重要观点和意见，而辅谈人则要支持和佐证主谈人的发言，增加主谈人说话的分量和可信程度。当主谈人受到谈判对手的反驳和攻击时，辅谈人应该从专业角度给予主谈人有力的证据支持，使主谈人尽快摆脱困境。如在进行技术条款谈判时，商务人员和法律人员应从商务和法律的角度为技术主谈人员提供论证和依据，并恰当地回答谈判对手涉及的商务和法律方面的问题，给予主谈人支持。主谈人与辅谈人之间的职责和角色不能发生越位，否则就会出现各说各话的局面，大大降低己方主谈人在对方心中的分量，易陷入被动局面。

三、谈判人员的素质要求

商务谈判作为一种以人为主体的经济活动，对谈判人员的知识储备、道德品质和思维能力都有着较高要求，谈判人员的个人素质直接关系到谈判的成功与否，是商务谈判准备过程中的决定性主观因素。总体而言，商务谈判人员应具备以下几方面的素质：

（一）知识素质

商务谈判对谈判者的知识结构有着很高的要求，广博的知识面、精通的专业知识是奠定一次成功的商务谈判的坚实基础。因此，作为一名商务谈判人员，横向上要在拓宽知识面上花精力,纵向上要在加深专业知识方面下功夫。

横向来看,商务谈判人员应具备的知识包括:国内经贸方针政策和各级政府颁布的相关法律法规;商品的生产状况、市场供求变化;商品价格水平及变化趋势;商品生产体系和质量标准;可能涉及的各类业务知识、金融知识和汇率知识等。国际商务谈判还要求谈判人员熟悉和掌握国外的相关法律知识,如贸易法、外汇管理法、关税法规、进出口管制法规以及关于质量和包装标准方面的法规等;各国各民族风土人情、文化背景、礼仪规范以及其他社会知识等。

纵向来看,谈判人员应具备的知识包括:丰富的商品知识,熟悉商品性能、特点及用途;熟悉商品市场发展潜力;谈判心理学和行为科学等。如进行国际商务谈判,谈判者最好能熟练掌握一门外语,具备直接与对方交谈的能力;了解国内外企业、公司的不同情况;熟悉不同国家谈判对手的特点和风格等。

分析案例 4-4

一位日商和我国烟台市一家食品进出口公司就一笔海产品生意进行洽谈,合同的各项条款基本上达成一致,日商提出验货后再签合同。在验货中日商提出所验货物有风干和泛油的现象,要求再取一部分检验一下。我们的业务人员由于经验不足,专业知识不牢固,不能正确解答问题的原因,而一味地对顾客讲我们的货物都是这样,没必要再验,使得顾客丧失信心,此笔生意未能成交。而同一批货物,在和另外一日商的谈判验货中,客户提出了同样的问题。经验较丰富、专业知识较好的业务人员,向日商做了耐心详细的解释,告诉日商,此批货物的风干现象是塑料封闭不严和存放时间稍长所致,出现风干的部位是在冻块的边沿,其余部分均为冰所覆盖,并不影响商品质量;泛油现象则是在商品加工、冷冻过程中,由于低温所致出现的物理现象,也不影响商品质量,如对方不相信,可以化冻检验。日商接受了我方的建议,进行了化冻检验,认为质量没有问题,于是双方愉快地签订了合同。

(案例来源:https://wenku.baidu.com/view/34a6774f6bec0975f565e2ba.html.)

(二) 心理素质

1. 自信心

自信心是商务谈判人员十分关键的心理素质。自信心是指谈判人员充分相信企业优势和自身实力,相信能够达到谈判目标的积极心理状态,是谈判者充分施展自身潜能的前提条件。在谈判过程中,自信心的获得是建立在深入细致的调研,并对对方和己方的实力及条件进行科学客观的分析和评价基础之上的。自信心不是一味地轻视对手、盲目自大,这样反而会忽视实际情况,放松警惕,甚至造成不利后果。作为谈判人员,一定要在谈判桌上展现自信的气势和积极的态度,保持昂扬的心态,快速适应谈判气氛并主导谈判顺利进行。

2. 自制力

自制力是谈判人员在谈判遇到变化时克服心理波动,控制举止行为的能力。商务谈判作为涉及经济利益的活动,无可避免会出现双方僵持、争辩的局面,谈判人员也会在心理上承受巨大的压力。如果谈判人员没有良好的自制力,无法控制自身情绪,则会导致言行欠妥、举止失当,从而给对方抓住疏忽和漏洞的机会。而合格的商务谈判人员能够在瞬息万变的谈判中保持冷静,控制自身情绪,不会因为取得暂时的胜利而沾沾自喜,也不会因为一时的受挫消极泄气,稳定从容地把握谈判局势。

3. 意志力

意志力是谈判人员能够根据谈判目的，支配调节自身行动，并克服困难实现谈判目标的能力。商务谈判如同一场没有硝烟的战争，必然会出现据理力争、各不相让的情况，以及各种冲击和挫折。此外，谈判人员除了要面对来自谈判对手的压力，还要顶住来自己方其他谈判人员的压力，这时就需要考验谈判人员的意志力。尤其是在长期谈判、大型谈判和延期谈判中，如果没有百折不挠的意志，谈判人员必然会斗志涣散，无法积极主动投入谈判。顽强的意志力可以使谈判人员能始终理智地把握谈判的正确方向，有效倾听对方的诉说，观察对方的言行举止，不会因为对方拖延时间、试图消磨己方意志而妥协。

（三）能力素质

1. 逻辑思维能力

逻辑思维能力是指正确、合理思考的能力，是一个优秀商务谈判人员所有能力的核心。谈判双方在利益方面是彼此抗衡又互相依赖的关系，谈判人员为了达到谈判目标，要在面对巨大压力的情形下，细心观察比较、综合分析并做出正确的判断推理。面对谈判对手，谈判人员要根据自身经验和已知线索，洞察对方思考模式，判断信息真伪，识破对方计谋，了解对方真实想法和意图。

2. 应变能力

商务谈判桌上千变万化，随时都可能有偶然情况发生，双方因观点对立和利益较量产生差异、出现分歧甚至形成僵局的现象屡有发生，作为谈判人员，如果不能及时化解隔阂，将会直接影响谈判的进程。瞬息万变的谈判局势要求谈判人员拥有良好的应变能力，当谈判出现矛盾时，谈判人员要保持清醒的头脑和缜密的思维，做出准确和迅速的决断，把握谈判的原则性和灵活性，审时度势、随机应变，控制谈判进程，实现谈判目标。应变能力主要包括在谈判中临危不乱的镇定能力，处理谈判意外事故的能力，根据谈判形势做出敏捷反应的能力和在谈判僵局中突出重围的能力等。

3. 表达能力

商务谈判过程中，有条不紊的叙述、论据充分的表达更能调节气氛，让对方信服进而达成共识，直接影响到谈判效果。谈判人员利用语言工具把己方的要求和信息传递给对方，语气、语调、词语的选用以及时机的选择都应十分注意，任何方面出现的瑕疵都会影响到信息传递的效果，导致谈判走向歧途。谈判语言包括书面语和口头语，谈判中以口头表达为主，谈判的最终结果以书面表达为准。谈判语言要求尽量准确、客观、严谨、清晰，注意轻重缓急和抑扬顿挫，有感染和说服力；口音标准，避免使用地方方言，以免出现歧义；在进行国际谈判时，还应有扎实的外语功底。

4. 观察能力

观察是认识的基础，思维的触角。谈判人员要善于在与谈判对手的沟通过程中悉心观察对方，保持敏锐的洞察力。人的心理想法可以通过语气、态度、动作、面部表情表现出来，谈判人员要能够通过对方的表情神态和言行举止捕捉蛛丝马迹，推断对方内心想法，判断对方真实意图，找到对己方有益的因素，在变化多端的谈判中审时度势，寻找突破口，取得优势地位。美国谈判学家尼尔伦伯格在他的《谈判艺术》一书中有这样的描述："老练的谈判家能把坐在谈判桌对面的人一眼望穿，断定他将做什么行动和为什么行动。"

第三节　方案准备

充分的信息准备和人员准备为商务谈判的成功奠定了良好基础,此外,还需拟定严谨、周全的谈判方案,以指导谈判的具体步骤和过程。谈判方案是指企业根据客观可能性,就谈判目标、谈判策略、谈判议程所做的预期安排。所有谈判人员在谈判方案的指引下,明确策略目标,规定谈判期限,划分谈判人员职责,井然有序地进行谈判行动。

一、谈判方案的要求

(一)简明

谈判方案的制订要本着简明扼要的原则,不能过于冗长。在变化多端的商务谈判中,谈判人员必须要尽可能地清晰记住谈判的主要内容和谈判方向,才能在与谈判对手交锋周旋时保持从容淡定,掌握主动权。而过于冗长的方案会增加谈判者的思想负担,难以把控谈判局势。因此,在制定商务谈判方案时,要用最简明扼要的语言,高度精练地概括方案内容,从而使每一位谈判者都能记住要点。

(二)具体

谈判方案既要简明扼要,又要完整地突出和体现谈判具体内容和具体问题。如果没有具体内容,谈判方案会显得不够明确清晰,缺乏应有的指导性。但也不能事无巨细地罗列所有谈判细节,否则会导致方案执行起来有难度,抓不住问题的关键与要点,影响谈判预定成果的实现。

(三)灵活

由于商务谈判是一项十分复杂的经济活动,谈判过程中随时可能会出现各种变化,而方案只是谈判者在谈判开始前对谈判目标、谈判策略、谈判议程等预先所做的大致安排,是主观想象或各方简单磋商的产物,不可能预见到谈判中的所有意外情况。因此,谈判方案还必须具有灵活性,能够考虑到随机因素的影响,使谈判人员能够在意料之外的情况发生时不至于束手无策。

二、谈判方案的内容

(一)明确谈判目标

谈判目标是指期望通过谈判达成的商业目标,是选择谈判策略的依据,谈判活动必须紧扣谈判目标进行。谈判目标要富有弹性,使谈判人员在谈判中有回旋余地。因此,谈判目标一般可分为三个层次:

1. 最高目标

最高目标是谈判者希望通过谈判达成的收益最大化的目标。此目标一般很难实现,因为一方利益的最大化意味着另一方利益的最小化,对最高目标的极力争取很有可能会导致谈判破裂或失败。因此,在必要时可以放弃这一目标。虽说最高谈判目标很难实现,而制定最高期望目标对谈判人员却十分必要,如将最高期望目标作为谈判开始时的报价起点,一定程度上会使己方在整个谈判中占据优势地位,把握主动权。

2. 可接受目标

可接受目标是谈判方的中间预期目标,它通常是经过对各种相关信息的综合分析,并通过科学透彻的论证和推理,考虑到各种让步后确定的。这一目标表明了谈判的不确定性。谈判中的讨价还价即是谈判双方都在争取达到可接受目标,而可接受目标的实现往往意味着谈判的成功。可接受目标是谈判人员乐于达成的、能保障适当利益的目标,谈判人员应努力争取实现,但如果因为争取可接受目标而使谈判陷入僵持局面时,也可以放弃或重新酝酿对策。

3. 最低目标

最低目标是谈判方考虑到多重因素后所核算出的一个精确值。这是谈判的最低要求,也是谈判人员必须达到的目标,没有任何退让余地,是谈判破裂的关键点。简而言之,如果不能实现最低目标,宁愿放弃合作,也不能妥协让步。一般来说,谈判目标的底线必须严格保密,是谈判人员必须守住的最后一道底线,除参与谈判的己方人员外,绝不能轻易透露给其他人。

分析案例4-5

2012年7月,广州A商贸有限公司通过对某市B有限公司的市场调查,了解到B公司的基本情况:B公司是某市最大的生产商,有平张机13台,热固轮转机3台,月总用原料量25吨左右。B公司使用原料背景:目前采用的是进口材料,单价175元/套,月采购量8吨左右,B公司领导希望能降低采购成本。对于B公司的情况,A商贸有限公司认为有机会合作,遂召集相关人员商讨,制定了谈判方案,在方案中确定其谈判目标:一是最低目标,与B公司相关部门搞好关系;二是可接受目标,拿到订单;三是最高目标,不仅要与B公司相关部门搞好关系,拿到订单,还要推荐某品牌系列材料,价格不低于150元/套。

(案例来源:吴湘频.商务谈判[M].北京:北京大学出版社,2019.)

(二)制定谈判策略

在明确谈判目标之后,就要制定实现预期目标的战略和方法。谈判不是双方简单的讨价还价,而是双方运用策略进行协商和较量的过程。谈判策略包括开局策略、报价策略、还价策略、磋商策略、让步策略、成交策略、防守策略等,要根据谈判中遇到的具体问题灵活运用谈判策略。制定谈判策略时应综合考虑以下影响因素:双方谈判实力、对方和己方的优势所在、谈判对己方的重要程度、谈判时间的长短、对方谈判人员的性格特点和谈判风格等。

(三)拟定谈判议程

谈判议程是指谈判事项的程序安排。典型的谈判议程包括谈判的时间安排、谈判的主要议题以及谈判议题的次序安排等。在实际谈判中,议程通常是由一方事先准备再经双方协商后确定,或双方共同讨论商议后再确定。谈判人员应尽可能争取主动拟定谈判议程,扬长避短,保证己方优势可以得到充分发挥。若由对方拟定谈判议程,己方有异议时也应及时提出修改。

1. 谈判时间

谈判的时间安排即确定谈判开始时间和结束时间,如果是分阶段的谈判还需明确谈判具体分为几个阶段,各个阶段的时间如何分配等。谈判人员在制订谈判方案时应对谈判时间做精确计算和恰当安排,并将以下因素考虑在内:

(1) 谈判准备的程度。一般来说,谈判应选择在己方已做好充分准备时进行,如果谈判安排得紧张仓促,谈判人员易陷入思绪混乱,难以实施各项战略,影响谈判结果。

(2) 谈判人员身体和精神状态。商务谈判是一项十分耗费体力和脑力的活动。在谈判中谈判人员需要保持高度集中的注意力,因此,应该选择在谈判人员身体和精神状态俱佳时开始谈判,避免被谈判对手疲劳轰炸。

(3) 市场形势。如果谈判安排地十分拖延,在现代变化异常迅速的谈判环境下,谈判方可能会随着时间的推移和形势的变化而失去重要机会。因此,若所谈项目和市场形势紧密相关,应及时开展谈判。

(4) 对方情况。谈判不宜安排在对对方明显不利的时间进行,要向对方展示己方的尊重和诚意。安排合理的谈判时间有利于双方建立良好的合作关系,否则会影响对方情绪,不利于长期稳定合作。

(5) 谈判议题的需要。对于议题较多的大型谈判需要安排的时间也相对多些,而对于议题较少的小型谈判则没有必要耗费太多时间,应尽可能在短时间内解决。对于谈判双方意见分歧不大、容易取得共识的议题应当分配较短的时间,防止无谓的争辩和时间的浪费;重要的、较复杂的议题或容易产生较大争执的焦点议题则应分配较多时间,以便双方有充足时间展开协商讨论。

(6) 机动时间。在进行时间安排时,要将意外情况发生的可能性考虑在内,安排适当的机动时间。当双方陷入激烈争执而难以打破僵局时,可以暂时停止谈判,利用机动时间适度安排文娱活动,增进双方了解,调整放松心情,活跃双方气氛。待重新恢复谈判时,再根据谈判形势调整思路,推动谈判继续进行。

2. 谈判议题

谈判议题是指双方在谈判中计划协商和展开讨论的各种问题。在确定谈判议题时,应首先列出与本次谈判有关的所有问题;其次,将列出的问题进行分类,以确定问题与己方的利弊关系及问题的重要程度;最后,对己方有益的问题应被重点罗列出来,以争取谈判中的主动权,而对己方不利的议题应尽量排除在外,但也要考虑到对方提出这些议题时的应对策略。

在明确谈判议题后,还应分配好各个议题的谈判顺序,以提高谈判效率。重大议题不宜放在谈判开局阶段,因为复杂的问题需要的时间也相对较多,这样可以避免在开头就形成僵局,影响双方情绪,破坏谈判气氛,导致谈判过早破裂;也不宜安排在谈判结束阶段,这样没有充足的时间磋商讨论;可以安排在谈判过半时提出,更有利于双方解决问题。而容易解决且双方没有太大分歧的议题可以安排在谈判开局阶段或结束阶段,在开始时讨论可以创造和谐友好的谈判氛围,为主要议题的谈判打好基础;在结束时讨论轻松愉快的议题会给谈判双方留下良好印象,有利于后续合作。

3. 通则议程和细则议程

通则议程是指谈判双方共同遵守的谈判日程安排,由一方提出或双方共同提出。在通则议程中,一般应确定以下内容:待讨论的核心议题,列入谈判范围的各种问题及谈判顺序安排,谈判的时间、地点、人员及接待安排,通常在协商一致后打印为正式文件,作为谈判参考,由各方共同执行。

细则议程,又称详细规则议程,是指己方参加谈判的详细安排,是指导己方人员进行谈判的指导性文件,仅供公司的高层主管和谈判人员使用,具有保密性。细则议程主要包括:谈判中的协调行动,发言策略(何时提问,提什么问题,谁来补充,谁来回答对方问题,谁来反驳对方提问,什么时候要求暂停谈判等),己方谈判时间的策略安排,特殊情况下的应对措施,谈判人员更换的预先安排,谈判对手的个人材料等。

(四)准备谈判场所

谈判场所的准备主要包括谈判地点和谈判会场两方面。

1. 选择谈判地点

一般而言,谈判地点可以简单地分为己方所在地(主场)、对方所在地(客场)和双方之外的中间地(中立场)。不同的谈判地点对谈判人员来说均有利弊。通常,谈判方会力争把谈判地点安排在己方所在地以获主场优势。但如果遭到对方强烈反对而无法争取到在己方所在地进行谈判时,也可在协商后到第三方所在地或对方所在地进行谈判。选择不同的谈判地点会在一定程度上对谈判产生不同影响。

(1)主场谈判。选择己方所在地谈判省去了旅途时间和费用,可以避免环境生疏带来的不安全感,形成较好的心理态势,也便于谈判人员汇报、咨询和请示,更有利于己方信息沟通和资源调动。

(2)客场谈判。到对方所在地谈判虽有诸多不利,但也可以深入了解考察对方情况,掌握第一手资料;且谈判人员可以排除外界干扰,全身心投入谈判中,也省去了作为东道主需要承担的安排谈判议程、招待谈判对手、布置谈判场所等各项事务;此外,在谈判陷入困境时,可找借口退出终止谈判。

(3)中立场谈判。鉴于双方都有主场谈判的想法,在选择谈判地点时双方往往会争执不下,陷入僵局。在此情况下,选择中立场谈判就会显得相对公平,谈判双方均无东道主优势,排除了地点对双方的影响,双方均可条件相当地运用策略。

2. 布置谈判场所

在一些比较正式的商务谈判中,谈判场所装饰的恰当与否在一定程度上可以反映出东道主的管理水平,是检验主方人员素质和专业程度的重要标准之一。因此,一些资深谈判代表会基于谈判场所的布置来判断对方的谈判经验和重视程度。一般来说,谈判场所宜安排在交通便利的地方,便于双方出行往来;环境幽静、舒适,避免外界打扰;房间大小适中,采光充足,灯光明亮;设施齐全,配备演示版、投影仪、电脑、功放等专门设施,供谈判人员阐释和说明问题。

此外,谈判桌的安排也是非常重要的一部分。选择何种形状的谈判桌,如何分配谈判人员座位将直接影响到谈判方的第一观感。谈判桌的选择主要有以下几种:

(1)矩形谈判桌。矩形谈判桌一般用于规模较大的商务谈判。谈判桌采取横放的方式,谈判双方相对而坐,主方谈判人员背门而坐,客方谈判人员对门而坐。或者谈判桌采取竖放的方式,谈判双方都侧对正门。根据国际上以右为上的惯例,此时主方人员在正门左侧入座,而客方在正门右侧入座。谈判人员的座位安排也是需要考量的问题之一。双方首席谈判人员都居中而坐,其他谈判人员座位的安排则要根据职务的高低,以首席谈判人员为中心,右高左低,自近而远就座,方便各方相互沟通交流。具体座位安排如图 4.1 和图 4.2 所示。

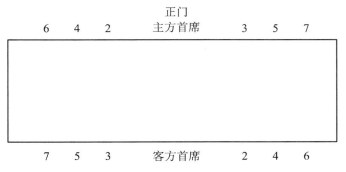

图 4.1　长方形谈判桌座次安排(横放式)

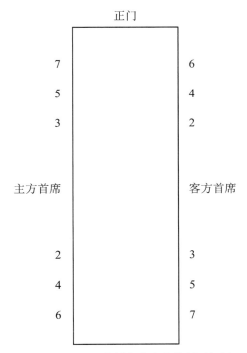

图 4.2　长方形谈判桌座次安排(竖放式)

（2）圆形谈判桌。谈判双方围桌而坐,构成一个圆圈。这种谈判桌适合规模较小,双方又彼此熟悉的谈判。这种形式会拉近谈判双方距离,创造出和谐而又轻松活泼的谈判氛围,也有利于增强双方心理上的安全感,便于谈判人员畅所欲言。双方首席谈判人员面对面而坐,其余谈判人员根据职务高低按次序落座。具体座位安排如图 4.3 所示。

最后,座位安排还要考虑谈判双方的距离问题。安排过近,会影响各方内部之间的沟通和交流,产生压迫感;安排过远,会增加双方疏离感,也影响交流效果,不利于形成轻松愉悦的谈判氛围,降低谈判效率。

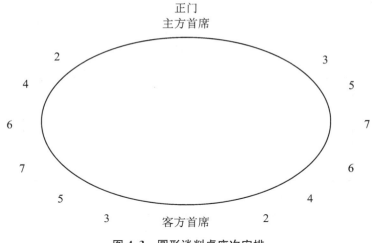

图 4.3 圆形谈判桌座次安排

第四节 模 拟 谈 判

模拟谈判是商务谈判准备工作的重要组成部分,是谈判准备工作的最后阶段。进行模拟谈判有利于谈判方掌握谈判先机,把握谈判的主动权。

一、模拟谈判的含义

模拟谈判是指在正式谈判前,谈判团队进行想象练习和模拟,根据情况的不同提出各种假设和问题,并根据演习的结果完善和修改谈判方案。面对一些重要的谈判,或者是第一次正式商务谈判,当谈判人员不太熟悉对方谈判模式和真实意图的情况下,模拟谈判就显得尤为必要。通过模拟谈判可以检验己方的谈判方案是否周全完整,并加以修改和完善;谈判人员也可借此机会增加谈判经验,提高谈判能力,做好充分准备。在模拟谈判时,要重点关注谈判方案是否完整可行以及谈判人员是否有能力处理应急状况等。

二、模拟谈判的必要性

(一)及时弥补谈判方案的不足

作为对谈判具有重要指导意义的谈判方案,是谈判人员在正式谈判前根据主观经验,对对手的立场、观点以及风格提出各种假设和臆测。尽管谈判方在此之前收集了大量资料,且对谈判各个环节都进行了全面的分析和探讨,也对谈判中可能出现的意外情况有一定的预测和评估,但这些分析判断准确与否不能等到正式谈判时再来检验。只有通过模拟谈判,在实际演练过程中检验对有关问题的各类假设,才能及时发现问题,弥补方案漏洞,并制定出相应策略,丰富己方建设性思路。通过模拟谈判氛围和情景,模拟对方在既定场合下的各种反应和表现,以及己方人员的答复和策略,可以充分调动和发挥谈判人员的主观能动性,使谈判方案更加完善和客观。

(二) 锻炼谈判人员应变能力

谈判实战经验不足的人员,尤其是初次参加谈判的人员,往往会因为技巧不够纯熟而精神又高度紧张,导致过于依赖拟订好的谈判方案,对谈判对手的有关反应和意外情况手足无措,遭到对方轻视和摆布,不利于谈判的顺利进行。而模拟谈判可以在相对放松的环境下,让谈判人员去反复扮演不同角色,改进谈判策略和技巧,检查自身在谈判计划施行过程中可能出现的偏差和疏漏,并相应写出针对性的处理措施,使己方成员在正式谈判中更加得心应手。有条件的企业可以利用摄像机记录整个模拟谈判过程,让谈判人员从中发现并改善自己在表达、应变和动作方面的不足之处,避免在正式谈判中出现失误。

(三) 从众多方案中区分出最优方案

在进行一些重要的谈判和难度较大的谈判任务之前,为了确保正式谈判时万无一失,企业往往会准备多个可行性方案。每个方案都各有利弊,通过模拟谈判的方式,结合谈判的具体内容和具体情况,企业可以对各个备选方案的优劣势加以分析和研究,进行详细、全面的评估并撰写评价报告,从中选出最优方案。

分析案例 4-6

A 企业准备和对手进行机械设备买卖的谈判。对于 A 企业而言,报价 15000~20000 元/台都有相当可观的利润。他们制订了两个谈判方案,甲方案为先报 20000 元/台,根据对方反应再慢慢往下降,底线是 15000 元/台;乙方案则为报价 15000 元/台(这也是市场上同类产品的平均价格),之后在价格问题上不再让步。企业领导斟酌再三认为,为了显示诚意,给对方留下一个良好印象,也为以后双方的长期合作打好基础,没必要在报价时掺有大量水分,因而决定选用乙方案。但是,在内部模拟谈判时却发生了意想不到的情况。虽然"对方谈判人员"已经知道这是一个比较公平合理的价格,但还是强烈要求己方人员把价格再降低一点儿,而己方已经是底线价格了,再让步其自身利润会大受影响,故不愿再调整价格,双方就此陷入僵局。在事后的总结会上,当负责谈判的领导问扮演"对手"的人员为何一定要坚持压价时,才了解到这是一种谈判心理在作怪。其实他们也知道市场上普遍就是这个价格,但总认为开始就接受己方的报价,好像明显在谈判气势上输了一筹,同时也体现不出自身的谈判能力和水平,因此,要千方百计地迫使己方降价,甚至甘愿冒谈判破裂的危险。得知这一情况后,乙方案的缺陷也就不言自明了:它忽略了对手的谈判心理状态。一般而言,对方是不肯心甘情愿接受第一次报价的,总要力争讨价还价,而己方为了显示诚意过低报价,反倒使自身没有什么回旋余地,很难满足对方的心理需求,所以,谈判易陷入僵局。最后,A 企业决定选用甲方案,这个方案的第一次报价虽然高了些,但双方肯定会讨价还价,只要企业能守住底线,在让步过程中,对方反而会有一种满足感和成就感。

(案例来源:https://wenku.baidu.com/view/fe033984e53a580216fcfe21.html.)

三、模拟谈判的形式

(一) 列表式模拟

列表式模拟是相对简单的一种模拟方式,适用于小型谈判和双方彼此熟悉的情况。列表式模拟是通过表格的形式,在表格一方列出己方人员、策略、技术、科技、实力等方面的优劣势以及对方实力和谈判目标;另一方列出己方针对这些问题的处理措施。列表式模拟的最大缺陷在于它还是以谈判人员的主观想象和猜测为主,并没有经过实际演练,不一定能起到预期的战略指导作用。

(二)会议式模拟

会议式模拟是把谈判人员和其他相关人员召集到一起,以会议的形式,各方充分自由讨论,共同想象谈判过程,畅所欲言谈判中涉及的各要素,包括己方会遇到的问题,对方可能提出的意见,己方的回应方式,采取的对策等。会议式模拟的优势在于利用了人们的竞争激励心理,能充分发挥创造力;能够相互影响,相互感染,积极思考,提出有价值的设想,形成高水平的谈判策略和谈判方法;有利于多角度、多标准地审核和评价谈判方案,不断完善内容。

(三)全景式模拟

全景式模拟适用于谈判人员准备周到、人员充足的情况。在全景式模拟谈判中,有关人员扮演成不同的角色进行实战演练。部分人员扮演谈判对手的角色,从对方的角度出发,按照预先设定的谈判顺序,与己方人员面对面交锋,演习正式谈判时对方可能会提出的问题和意见、可能涉及的内容、己方的答复策略和谈判技巧等。在模拟结束后请模拟对方的人员指出己方提出的问题和谈判策略哪些行之有效,哪些尚有改进空间。全景式模拟能够帮助谈判人员发现自身缺陷,分析对方动机和策略。

分析案例 4-7

美国有家生产成套设备的跨国公司生产了一种编为"500"型的新设备,投放市场后,销售势头看好。其原因是,说明书上写明每小时的运转速度可以达到1300转,但很多客户在实际使用中大大超过了1300转,甚至达到1800转,这样投入产出比大大提高了,所以深受客户的欢迎。在超高速运转下,大多数设备情况良好,只有少数设备出现故障。负责技术设计的副总经理琼斯主张明确规定每小时运转速度不得超过1300转,否则一旦产品普遍发生故障将对公司的声誉造成损坏,当然也会有损琼斯的事业和前途。然而,负责销售的副总经理帕克却不同意这种做法,他认为,一旦明文规定每小时运转速度不得超过1300转,必将影响销售,不利于和其他产品的竞争,何况机器的故障维修率远没有达到不可容忍的程度。双方意见相左,相持不下。当时他俩都受到总经理的青睐,谁的意见占上风,某种程度上决定将来由谁来接替总经理的位置。所以,双方决定举行内部谈判。为了达到谈判的目的,琼斯事先做了扎实的调查研究工作,不仅如此,他还进行了模拟谈判,派人扮演帕克等对手,站在帕克的立场上提出并考虑种种设想,并模拟帕克可能做出的种种反驳。通过模拟谈判,琼斯发现在己方的设想中,至少有3个方面存在问题:

(1)琼斯设想帕克感兴趣的只是向手下灌输最蛊惑人心的销售神话,这是不符合事实的。

(2)琼斯发现,他对谈判的策划都建立在这种设备运转速度超过1300转后一定会出问题上,这也是不符合事实的。

(3)在模拟谈判前,琼斯一直认为,技术设计方面的一切专门知识,非自己负责的部门莫属,帕克等人对技术一窍不通,这更成问题。

同时,琼斯通过模拟谈判,预计到帕克可能会说琼斯的技术设计部门对公司的销售业务的来龙去脉和存在的问题毫不关心、一无所知等。在模拟谈判的基础上,琼斯肯定了可行的方案和策略,对有问题的地方作了必要的修改和补充。在后来的正式谈判中,局面基本上按照琼斯的预计发展,他一直主动地控制着谈判的进程,在谈判中占有绝对的优势地位。最后,琼斯设想的方案通过了谈判,取得了圆满成功。

（案例来源：http://www.docin.com/p-569203781.html.）

◆ **内容提要**

凡事预则立,不预则废。为了使谈判活动顺利进行,前期的准备工作至关重要。商务谈判的准备工作主要包括四个方面：收集与谈判有关的信息,确定谈判人员及组织一支规模合理的谈判团队,制订谈判方案和进行模拟谈判。谈判信息是制定谈判战略的重要依据,充分掌握和运用谈判相关信息,才能为取得谈判成功奠定坚实基础;商务谈判作为一项以人为基础的活动,谈判人员的素质以及谈判组织的构建直接关系到谈判是否能取得成功;而若想驾驭商务谈判过程并把握谈判主动权,必须要进行谈判方案设计,并根据谈判方案进行模拟谈判,及时修正错误,总结经验,确保正式谈判顺利开展。

◆ **关键词**

商务谈判　信息收集　人员准备　方案设计　模拟谈判

◆ **复习思考题**

1. 商务谈判需要进行哪些准备工作？
2. 谈判信息的收集包括哪些内容？
3. 优秀的谈判人员应该具备哪些综合素质？
4. 商务谈判方案的内容有哪些？
5. 什么叫模拟谈判？

◆ **思考案例**

罗拉是妇女服饰公司销售部经理,早先是位服饰设计师。她受命在下周接待西班牙客户本·贝克,并负责进行业务谈判。上司指示不得在与客户谈判时做出任何让步,同时又要求在不让步的情况下,尽可能令客户满意。上司的这个指示听起来难以实现,但罗立还是为谈判做了精心准备,她的准备主要有下列几项：

（1）了解西班牙人的习惯,安排好下榻的宾馆,提供专门的陪伴人员和专车。她尽量按西班牙的生活方式来安排起居,使客户感到舒适。

（2）从接待规格、礼仪、谈判排场、娱乐消遣等方面让客户明白其所受的待遇是一流的。

（3）收集市场上同类产品的品质、价格与本公司产品对比,准备用事实说明本公司的产品品质与价格比是最佳的,并适当安排客户了解市场情况。

（4）摘取本公司部分成功交易的数据,让客户了解其他买主也作相同选择的原因。

（5）出示权威专家的鉴定,并由公司技术设计部提供品质保证书。如果日后有需要,保证绝对负责到底。

（6）根据有关资料,罗拉了解到本·贝克是个雄心勃勃的"正派人",他精力充沛性格外向,喜欢打棒球,且事业蒸蒸日上,正处在兴旺时期,因此他个人对成功与名声是有一定需求的。

（7）与有关媒体联系,择机发布本·贝克到来的新闻,并计划视本·贝克先生本人的意愿组织采访。

（8）邀请本·贝克出席本地棒球比赛。

讨论：罗拉为谈判做了哪些准备？这些准备是否充分？你认为还要做哪些补充？

（案例来源：田玉来.商务谈判[M].北京：人民邮电出版社，2011.）

◆ **应用训练**

海南金盘饮料公司是上市公司"金盘实业"（代码000572）的全资子公司，是一家生产"金盘"矿泉水和"天之南"纯净水的地方知名企业。

你的公司是一家生产PET材料的厂家（以下称为PET公司），公司准备派你开发海南市场，希望成为金盘饮料公司的供货商。你的公司并没有与该公司发生过业务往来，对该公司并不了解。而海南是你公司准备开拓的新市场，签下这家公司的订单对你们意义重大。

假设你的生产成本是10000元/吨，市场的平均价格是12000元/吨。你被公司任命为谈判代表，与金盘饮料公司进行谈判。如果谈判成功，你将被任命为海南区域经理。你的老板虽然让你做主，但你知道如果这一单谈不好，你很可能失去目前的升职机会，并且你的老板为人比较小气，喜欢做事后评价。所以你必须做好充分的谈判准备工作，以确保谈判成功。

任务：

1. 试问你准备收集哪些信息？
2. 如果你是PET公司的谈判负责人，试制订谈判计划，应包括：
   ① 如何组建你的谈判小组？
   ② 如何进行人员分工？
   ③ 你的谈判目标是什么？
   ④ 如何确定谈判地点？
   ⑤ 如何确定谈判进程？
   ⑥ 需要做好哪些方面的资料准备？
   ⑦ 确定你的谈判方案。

（案例来源：鲁小慧.商务谈判[M].北京：中国财政经济出版社，2016.）

第五章　商务谈判的开局

本章结构图

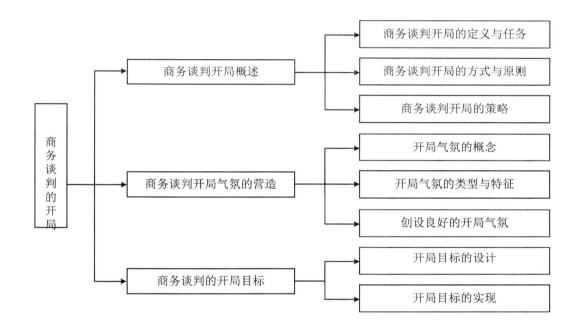

学习目标

了解商务谈判开局的定义及其作用,熟悉商务谈判开局阶段的主要方式与基本原则,认识商务谈判开局阶段气氛的不同类型与特征,分析影响营造谈判良好气氛的各项因素,具备商务谈判有效开局地位的方法策略,为后续商务谈判磋商阶段的学习打下坚实的理论基础。

导入案例

1995年美日汽车贸易谈判开局

20世纪90年代初,美国国际贸易逆差严重,高达1800亿美元。其中,占60%约660多亿美元的贸易逆差出现在对日本汽车进口贸易上。该情况导致日本汽车在美国汽三市场占有率越来越高,更让美日汽车贸易来往摩擦不断。1995年,美日两国围绕汽车贸易进行商务谈判。谈判伊始,美方谈判代表态度坚决,要求日本政府开放市场,而日方谈判代表表示日本政府从未限制美国汽车进口配额。

为了缓解谈判开局的紧张氛围,日方代表将之前日本汽车制造业协会刊登在华尔街报纸的广告进行展示,日方根据前期在美国汽车市场上的调研整理出以下事实向美方说明:①美国汽车进口享受零件无关税优惠;②美国汽车进口手续简化服务;③美国汽车展台展示不收费;④美国进口车辆经销商市场主导权大。同时,日方代表解释了美国汽车销售低迷的原因:日本国内汽油昂贵而美国出口的车型偏大油耗较高,不符合大部分日本消费者的消费需求。仅在谈判开局阶段,美方谈判代表就被日方谈判代表成功说服,支持进一步促进美日汽车自由贸易开展。

(案例来源:张炳达,满媛媛.商务谈判实务[M].上海:立信会计出版社,2007.)

第一节 商务谈判开局概述

一、商务谈判开局的定义与任务

开局阶段在商务谈判全阶段中占据重要地位,一个良好的开局有利于促进商务谈判双方达成一致、互利双赢,促进商务谈判的顺利进行。虽然,开局阶段所占用的时间较短,讨论的内容主要涉及谈判议题与相关程序,但这个阶段却很重要,良好的商务谈判开局是商务谈判成功的一半。

(一)商务谈判开局的定义

所谓开局,是指商务谈判双方首次碰面,在实质性谈判正式开始前,谈判双方互相认识寒暄问候的过程,即围绕谈判议题有针对性地试探对方的态度和意图,通过前期简单的交流预估对方的要求与期望,是商务谈判双方的摸底试探阶段,为后续商务谈判磋商阶段奠定合作基础。

(二)商务谈判开局的任务

商务谈判开局阶段的基本任务是:① 说明谈判相关问题,包括谈判目的(purpose)、谈判计划(plan)、谈判进度(pace)和谈判成员(people);② 营造良好的谈判气氛;③ 做好开场陈述表明己方立场与条件,了解对方意图与底细。

商务谈判开局的成功有利于增进双方了解、创设谈判友好氛围,进而促使双方达成一致、取得共识,有利于了解对方具体情况和谈判意图,有利于控制谈判进程以及把握谈判方向。

二、商务谈判开局的方式与原则

(一)开局的方式

在正式进行商务谈判前,谈判双方应在完成相应准备工作的基础上设想与对方人员的谈判开局方式。根据谈判双方接受方式的不同,商务谈判开局提交议题、洽谈问题的方式也相应不同,主要有以下几种:

1. 递交材料,开场陈述

该开局方式的优点是,将己方的谈判诉求与条件以书面材料形式直接呈现给对方代表,再通过开场口头陈述重申谈判交易条件并表明己方谈判态度与立场,能让对方更好更快地理解己方意图。

该开局方式的缺点是,书面材料主要以己方利益为出发点,有一定的局限性。同时,开场陈述多以原则性阐述为主而没有解决谈判的核心问题,并不能有效促成双方达成共识。

2. 书面材料

该开局方式为谈判双方仅以纸质书面材料交换意见,存在很大的局限性,通常出现在一方被谈判规则严格约束没有自主性,或者该书面材料为双方的最终谈判条件等情况下。

书面材料作为谈判开局方式,文字表达须清楚、明确、具体,不能产生不必要的歧义,务必详细表述谈判涉及的各项条款要求,力求让谈判对手一目了然。

3. 口头交易

该开局方式下谈判双方主要以口头洽谈内容为交易条件,没有提交相应的书面材料作为支持。该开局方式的优点是,谈判双方自主性较高可以随机应变抓住机会,具有一定的灵活性,有利于创设轻松良好的谈判气氛并留有一定的洽谈空间。

该开局方式的缺点在于口头交易严谨性不高,国际谈判中语言的差异也会带来一定的误解。使用该方式应注意把握重点,开门见山表明立场,此外,也要遵守谈判规则、尊重对方要求、给予充分的谈判余地。

(二)开局阶段的原则

商务谈判开局阶段的成功与否将直接影响商务谈判全程的格局与前景,因此商务谈判开局阶段谈判双方应秉承以下原则:

1. 谈判双方发言机会均等

无论用何种商务谈判开局方式,谈判双方在开局阶段都应遵循发言机会均等原则,该原则能有效避免谈判"一边倒"的现象,有利于谈判议程有效进行。

发言机会均等原则有助于谈判双方深入了解,平衡谈判过程中的倾听与洽谈时间,奠定了之后各阶段的商务洽谈基础。

2. 谈判内容简洁清楚

鉴于商务谈判双方处于谈判开局阶段,双方理应遵循谈判内容简洁清楚原则,避免谈判内容冗长无重点浪费谈判时间引起谈判对手反感。同时,礼貌性使用谈判语言能彰显专业性,赢得对方信任,对谈判的顺利进行有一定帮助。

商务谈判开局阶段时间较短,谈判双方应在有限的时间里表达关键有效的信息让对手理解领会,规避过早讨论谈判敏感议题,开局洽谈内容尽量以满足双方共同需求、表达合作意愿为主。简单明了的语言有助于后续商务谈判各个阶段的有序进行。

三、商务谈判开局的策略

商务谈判开局阶段策略与后续正式谈判息息相关,能否巧妙运用合适的商务谈判开局策略是衡量谈判人员水平高低的重要标准,作为资深的商务谈判者应根据谈判开局情况的不同,灵活运用相应的开局谈判策略达到谈判目标。

(一)商务谈判开局策略的含义

在商务谈判双方完成准备工作后进入面谈阶段称之为开局。从广义上讲,商务谈判开局策略是指谈判人员为了达到既定目标所采用的一系列方法、手段、战略、技巧等措施的统称。

狭义的商务谈判开局策略是指谈判双方为实现商务谈判全局利益,在开局谈判过程中所表现出的行为方式与行为方针,具有一定的针对性、单一性和应变性特征。

(二)商务谈判开局策略的分类

1. 协商式开局策略

商务谈判开局阶段中协商式开局策略(negotiation opening strategy),是指以"洽谈""协商"等委婉的方式获取谈判对方好感,创设谈判协商"一致"的氛围,消除紧张的谈判气氛,推动谈判更进一步发展的一种开局策略。

协商式开局策略适用性强,一般以问询的方式切入商务谈判开局,例如"你方报价与付款方式我方稍后讨论可好?",这样既可以打探对方意见也可以引导谈判对手进入既定谈判议程安排,从而增加己方谈判主动权。

分析案例 5-1

1972 年 2 月美国总统尼克松访华,中美双方将要展开一场具有重大历史意义的国际谈判。当晚,在欢迎尼克松总统一行的晚宴上,中国军乐队熟练地演奏起由周恩来总理亲自选定的《美丽的亚美利加》,尼克松总统当场表示惊讶并欢喜,他万万没想到能在他国听到如此熟悉的乐曲,这是他平生最喜爱的并且指定在他的就职典礼上演奏的家乡乐曲。敬酒时,他特地到乐队前表示感谢,此时,国宴达到了高潮,一种融洽而热烈的气氛感染了美国客人。

(案例来源:张炳达,满媛媛. 商务谈判实务[M]. 上海:立信会计出版社,2007.)

思考:欢迎尼克松总统国宴上演奏《美丽的亚美利加》的目的是什么?

协商一致性的开局策略迎合了谈判人员的心理需求,人们往往对想法一致的人产生好感,这就缩短了谈判双方的心理距离,本案例也是针对特定的谈判对手,为了更好实现谈判目标而进行的一致式谈判策略的运用。

2. 谨慎式开局策略

谨慎式开局策略(cautiously opening strategy),是指商务谈判开始阶段己方对谈判对手提出的问题先不作直接明确回答,而是给对方谈判人员留有余地、有所保留,营造神秘的谈判气氛为己方争取谈判的主动权。

谨慎式开局策略的运用应遵循商务谈判"以诚待人"的道德原则,有所保留地向谈判对手传递信息是可以的,但不能弄虚作假,否则会导致商务谈判最终失败,严重影响自身业界信誉。值得注意的是,谨慎式开局策略对于调节商务谈判气氛也有帮助,该开局策略适用于低调的自然的商务谈判气氛,可以扭转过于高调的谈判气氛。

分析案例 5-2

江西省某工艺雕刻厂原是一家濒临倒闭的小厂,经过几年的努力,发展为产值 200 多万元的规模,产品打入日本市场,战胜了其他国家在日本经营多年的厂家,被誉为"天下第一雕刻"。

有一年,日本三家株式会社的老板同一天到该厂订货。其中一家资本雄厚的大商社,要求原价包销该厂的佛坛产品。这理应说是好消息。但该厂想到,这几家原来都是经销韩国、台湾地区产品的商社,为什么争先恐后、不约而同到本厂来订货?他们查阅了日本市场的资料,得出的结论是本厂的木材质量上乘,技艺高超是吸引外商订货的主要原因。于是该厂采用了"待价而沽""欲擒故纵"的谈判策略。先不理那家大商社,而是积极抓住两家小商社求货心切的心理,把佛坛的梁、榴、柱分别与其他国家的产品做比较。在此基础上,该厂将产品当金条一样争价钱、论成色,使其价格达到理想的高度。首先与小商社拍板成交,促使那家大商社产生丢失货源的危机感。那家大商社不但更急于订货,而且想垄断货源,于是大批订货,以致订货数量超过该厂现有生产能力的好几倍。

(案例来源:张炳达,满媛媛.商务谈判实务[M].上海:立信会计出版社,2007.)

思考:该案例中某工艺雕刻厂使用了哪种开局谈判策略成功打开了交易局面?

3. 坦诚式开局策略

所谓坦诚式开局策略(sincerity opening strategy),是指与谈判对手坦诚相见,以开诚布公的态度陈述己方想法和观点,消除对方的警戒与顾虑从而打开谈判局面。

一般说来,坦诚式开局策略适用于谈判双方前期建立了长期稳定的合作基础,谈判双方之间彼此熟悉并相互了解与信任,这样的谈判双方才会免去谈判开局阶段的客套寒暄过程,节省谈判时间,同时也提高了谈判效率。

分析案例 5-3

某省一家外贸公司老板在同外商进行谈判时,发现对方在谈判过程中有强烈的戒备心理,谈判气氛一度尴尬进度缓慢,这种状态妨碍了谈判的进程。于是,外贸公司老板当机立断,站起来对对方说道:"我们公司虽然在国际上刚刚起步,但在业界声誉良好,合作者对我们有口皆碑,并且我方愿意与你方长期合作,帮助你方打开更大的市场。我们公司尽管规模不大,但是发展前景无限,愿意真诚与贵方合作。咱们谈得成也好,谈不成也好,至少你这个外来的'洋'先生可以交一个我这样的'土'朋友。"

(案例来源:张炳达,满媛媛.商务谈判实务[M].上海:立信会计出版社,2007.)

思考:案例中外贸公司老板运用了何种商务谈判开局策略?

另外,坦诚式开局策略有时也可用于谈判势力弱的一方。当一方的谈判力明显不如对方,谈判开局阶段明显实力相差悬殊时,坦率地表明己方的弱点让对方加以考虑,更表明己方对谈判的真诚,同时也表明对谈判的信心和能力。

4. 进攻式开局策略

商务谈判开局阶段的进攻式开局策略(offensive opening strategy),通常由谈判一方借以语言或行为等来显现强势的谈判姿态,从而赢得谈判开局的心理优势,得到谈判对手必要的尊重。

由于该开局策略较为强硬,因此需要商务谈判人员谨慎选用,如果在谈判开局阶段就设法显示自己的实力,容易使谈判开局就处于剑拔弩张的气氛中,这样对谈判的进一步发展极为不利。

进攻式开局策略适用于发现谈判对手在刻意制造低调气氛的情况,这种气氛对己方的讨价还价十分不利,如果不把这种气氛扭转过来,将损害己方的切实利益。进攻式开局策略可以扭转不利于己方的低调气氛,使之走向自然气氛或高调气氛。但是,进攻式开局策略也可能使谈判陷入僵局。

分析案例 5-4

日本一家著名的汽车公司在美国刚刚"登陆"时,急需找一家美国代理商来为其销售产品,以弥补他们不了解美国市场的缺陷。当日本汽车公司准备与美国的一家公司就此问题进行谈判时,日本公司的谈判代表因路上塞车迟到了。美国公司的代表紧紧抓住这件事不放,想要以此为手段获取更多的优惠条件。日本公司的代表发现无路可退,于是站起来说:"我方十分抱歉耽误了你方时间,但这绝非我方的本意,我方对美国的交通状况了解不足,所以导致了这个不愉快的结果,我希望我们不要再为这个无所谓的问题耽误宝贵的时间了,如果因为这件事怀疑到我方合作的诚意,那么,我们只好结束这次谈判。我方认为,我方所提出的优惠代理条件在美国不会找不到合作伙伴。"日本代表的一席话说得美国代理商哑口无言,美国人也不想失去这次赚钱的机会,于是谈判顺利地进行下去了。

(案例来源:张炳达,满媛媛.商务谈判实务[M].上海:立信会计出版社,2007.)

思考:日方谈判人员在商务谈判开局中的举动属于哪种开局策略?

5. 挑剔式开局策略

挑剔式开局策略(captious opening strategy),是指在谈判开局阶段一方谈判人员有针对性地指责谈判对手的某项错误,刻意营造低调的谈判气氛,打击对手的谈判步骤与信心迫使对方让步取得主导权。

分析案例 5-5

巴西某公司到美国去采购成套设备。巴西谈判小组成员因为上街购物耽误了时间,当他们到达谈判地点时,比预定时间晚了 45 分钟。美方代表对此极为不满,花了很长时间来指责巴西代表不遵守时间,没有信用,如果再这样下去,以后很多工作很难合作,浪费时间就是浪费资源、浪费金钱。对此巴西代表感到理亏,只好不停地向美方代表道歉。谈判开始以后美方似乎还对巴西代表来迟一事耿耿于怀,一时间弄得巴西代表手足无措,说话处处被动,无心与美方代表讨价还价,对美方提出的许多要求也没有静下心来认真考虑,匆匆忙忙就签订了合同。等到合同签订以后,巴西代表平静下来时才发现自己吃了大亏,上了美方的当,但为时已晚。

(案例来源:摘自张炳达,满媛媛.商务谈判实务[M].上海:立信会计出版社,2007.)

思考:美方谈判代表在开局阶段为何一度指责巴西谈判人员,你认为美方谈判人员采用了何种商务谈判开局策略?

(三)商务谈判开局策略的选用

商务谈判开局的类型与谈判内容各有不同,因此开局策略的正确选择至关重要切勿大意。基于谈判双方实力不同,谈判形势时好时坏,谈判气氛差异性等因素制约,选择合适的谈判开局策略须综合不同因素且依据谈判实际情况举一反三。综上,不同内容和类型的谈判需要有不同的开局策略与之对应,一般来说,确定恰当的开局策略需要考虑以下几个因素:

1. 谈判双方之间的关系

谈判双方之间的关系,主要以下几种:

(1)双方在过去有过业务往来,且关系很好,那么这种友好的关系应作为双方谈判的基础,在这种情况下,开局阶段的气氛应是热烈、真诚、友好和轻松愉快的。开局时,我方谈判人员在语言上应是热情洋溢的,内容上可以畅谈双方过去的友好合作关系,或两企业之间的人员交往,亦可适当称赞对方企业的进步与发展;态度上应该比较自由、放松、亲切。在结束寒暄后,可以这样将话题切入实质性谈判:"过去我们双方一直合作得很愉快,我想,这次我们仍然会合作愉快的。"

(2) 双方有过业务往来,但关系一般,那么开局的目标是要争取创造一个比较友好、和谐的气氛。但此时,我方谈判人员在语言的热情程度上要有所控制;在内容上,可以简单聊一聊双方过去的业务往来及人员交往,亦可说一说双方谈判人员在日常生活中的兴趣和爱好;在姿态上,可以随和自然。寒暄结束后,可以这样把话题切入实质性谈判:"过去我们双方一直保持着业务往来关系,我们希望通过这一次交易磋商,将我们双方关系推进到一个新的高度。"

(3) 双方过去有过一定的业务往来,但我方对对方的印象不好,那么开局阶段谈判气氛应是严肃、凝重的。我方谈判人员在开局时,语言上在注意礼貌的同时,应该比较严谨甚至可以带一点冷峻;内容上可以就过去双方的关系表示不满和遗憾,以及希望通过磋商来改变这种状况;在态度上应该充满正气,与对方保持一定距离。在寒暄结束后,可以这样将话题引入实质性谈判:"过去我们双方有过一段合作关系,但遗憾的是并不那么令人愉快,我们希望这次能成为一段令人愉快的合作。千里之行,始于足下。让我们从这里开始吧。"

(4) 过去双方人员并没有业务往来,那么第一次交往,应力争创造一个真诚、友好的气氛,以淡化和消除双方的陌生感以及由此带来的防备,为后面的实质性谈判奠定良好基础。因此,本方谈判人员在语言上,应该表现得礼貌友好,但又不失身份;内容上多以天气情况、途中见闻、个人爱好等比较轻松的话题为主,也可以就个人在公司的任职时间、负责范围、专业经历等进行一般性的询问和交谈;态度上是不卑不亢,沉稳不失热情,自信但不傲气。寒暄后,可以这样开始实质性谈判:"这笔交易是我们双方的第一次业务交往,希望它能够成为我们双方发展长期友好合作关系的一个良好开端。我们都是带着希望而来的,我想,只要我们共同努力,我们一定会带着满意而归。"

2. 谈判双方的实力

就双方的实力而言,不外乎以下三种情况:

(1) 双方谈判实力相当。为了防止一开始就强化对手的戒备心理和激起对方的对立情绪,以致影响实质性谈判,在开局阶段,仍要力求创造一个友好、轻松、和谐的气氛。本方谈判人员在语言和姿态上要做到轻松而不失严谨、礼貌而不失自信、热情而不失沉稳。

(2) 我方谈判实力明显强于对方。为了使对方能够清醒地意识到这一点,并且在谈判中不抱过高期望,从而产生威慑作用,同时,又不至于将对方吓跑,在开局阶段,在语言和姿态上,既要表现得礼貌友好,又要充分显示出本方的自信和气势。

(3) 我方谈判实力弱于对方。为了不使对方在气势上占上风,从而影响后面的实质性谈判,开局阶段,在语言和姿态上,一方面要表示出友好态度,积极合作;另一方面也要充满自信,举止沉稳,谈吐大方,使对方不至于轻视我们。

第二节　商务谈判开局气氛的营造

开局阶段商务谈判双方人员营造出的现场气氛,会潜移默化地影响谈判过程的先行状态进而制约谈判代表的心理、情绪和感官判断能力。鉴于谈判开局阶段的内容、方式和策略差异性大,谈判人员力求在开局阶段营造出良好的谈判气氛有助于谈判议程的顺利进行。

一、开局气氛的概念

开局气氛是指基于双方谈判人员在非实质性谈判阶段表现出的态度、行为等的互相作用所构建的人际洽谈氛围。具体来说,开局气氛是谈判双方在正式会谈前的"第一感觉",它的形成集合了谈判个体之间的不同情绪、姿态、动作等感官信号,谈判开局双方态度的差异性会影响谈判气氛的变化,两者相互作用、互相制约。

根据谈判经验来看,开局气氛是一个独特的变量,随着谈判人员情绪态度变化而变化,谈判者要根据谈判开局气氛的变化做出相应的战略战术上的调整。一个良好的开局气氛应是互相尊重、礼貌友好,追求合作的气氛,而不是双方冷淡严肃甚至对立紧张的气氛。自然轻松的开局气氛,不仅能增强谈判双方的合作意愿,更能彰显谈判者的修养与诚意,体现现代社会商务谈判互惠互利的谈判原则。商务谈判双方都追求一个友好的开局气氛,有利于双方的沟通和协商,对最终谈判协议的达成是很有帮助的。

二、开局气氛的类型与特征

(一)开局气氛的类型

根据商务谈判开局双方谈判人员的行为、态度、情绪及心理表现不同,按谈判气氛的高低将开局阶段的气氛从广义上区分为高调气氛、低调气氛和自然气氛。

1. 高调气氛

高调的开局气氛表现在开局阶段双方合作势头积极,双方谈判人员情绪热烈、态度友好主动,愉悦因素贯穿谈判开局阶段主导开局气氛先行状态。一般而言,谈判人员应努力争取创设高调的开局气氛,尤其当谈判一方在谈判中优势较大愿意与对方建立合作关系时,高调的谈判气氛能增强双方协商洽谈的积极性,有利己方推动谈判双方协议的达成。

开局阶段高调气氛的创设可以采用以下两种方法:

(1)感情渲染法。感情渲染法是通过某件特定事件引起对方共鸣,从而激发谈判对手的内心感情因素,让对方感同身受进而完成创设气氛的目的。

分析案例 5-6

中国一家彩电生产企业准备从日本引进一条生产线,于是与日本一家公司进行了接触。双方分别派出了一个谈判小组就此问题进行谈判。谈判当天,双方谈判代表刚刚就坐,中方的首席代表(副总经理)就站了起来对大家说:"在谈判开始之前,我有一个好消息要与大家分享。我的太太在昨天夜里为我生了一个大胖儿子!"此话一出,中方职员纷纷站起来向他道贺。日方代表于是也纷纷站起来向他道贺。整个谈判会场的气氛顿时高涨起来,谈判进行得非常顺利。中方企业以合理的价格顺利地引进了一条生产线。

(案例来源:张炳达,满媛媛.商务谈判实务[M].上海:立信会计出版社,2007.)

(2) 称赞法。顾名思义,是指开局阶段谈判一方把握住特定时机,通过亲切自然的方式来称赞对方,切勿刻意奉承,不要引起对方反感,投其所好的称赞方式可以削弱对方的心理戒备,调动对方情绪,激发对方的谈判热情,营造高调气氛。

分析案例 5-7

东南亚某家华人企业想要在当地为日本一著名电子公司做代理商。双方几次磋商均未达成协议。在最后的一次谈判中,华人企业的谈判代表发现日方代表喝茶及取放茶杯的姿势十分特别,于是他说道:"从××君(日方的谈判代表)喝茶的姿势来看,您十分精通茶道,能否为我们介绍一下?"这句话正好点中了日方代表的兴趣所在,于是他滔滔不绝地讲述起来。结果,后面的谈判进行得异常顺利,那家华人企业终于拿到了他所希望的地区代理权。

(案例来源:张炳达,满媛媛.商务谈判实务[M].上海:立信会计出版社,2007.)

2. 低调气氛

与高调气氛相反,低调的开局气氛是异常冷淡、低落和严肃的,具体表现为商务谈判双方的态度消极、情绪低落、气氛沉闷,双方谈判的合作积极性不高,谈判进程缓慢,双方要求难以达到一致。宏观上来看,低调气氛的创设方法有以下几种:

(1) 感情攻击法。这里与高调气氛感情渲染法不同,感情渲染是通过激发对手的积极情感与之回应,而感情攻击是指商务谈判一方通过诱发对方的消极情感,导致一种否定、悲观、严肃、低落的谈判开局气氛。

(2) 疲劳战术法。商务谈判一方在开局阶段针对某个问题要求对方重复进行陈述,而己方则沉默不积极表态,谈判气氛的降温会消耗对手的耐心和热情,在心理上施加压力形成低落的谈判气氛,在疲惫状态下对方的判断力会降低,利用谈判对方身体和心态上的疲惫,更容易让对方妥协让步。

(3) 指责法。在谈判开局阶段,谈判一方抓住对方的某项错误或就某个环节失误对其严加指责,这种语言性的攻击让谈判气氛瞬间低落,双方相互提防、互有成见,而对方的心理压力和消极情绪会让其在谈判中让步。

分析案例 5-8

韩国某公司到新加坡采购一套大型设备。韩方谈判小组人员因航班耽误了时间,当他们赶到谈判会场时,比预定时间晚了近半个小时。新方代表对此颇为不满,花了很长时间来指责韩方代表的这一错误,韩方代表感到很难为情,频频向新方代表道歉。谈判开始后,新方代表似乎还对韩方代表的错误耿耿于怀,一时间弄得韩方代表手足无措,无心与新方讨价还价。等到合同签订以后,韩方代表才发现自己吃了一个大亏。

(案例来源:张炳达,满媛媛.商务谈判实务[M].上海:立信会计出版社,2007.)

3. 自然气氛

自然气氛在商务谈判中最为常见,不需要刻意追求营造气氛,自然呈现,通常表现为双方人员在开局阶段情绪稳定,谈判氛围不会过于热烈也不会特别低落。当谈判双方前期了解不多时,平缓自然的开局气氛适合双方真实、有效地传递谈判信息,对双方谈判最为有利。

营造自然气氛注意以下几种方法:
(1) 尊重对方,注意自身的行为、礼仪。
(2) 以自然平和的态度询问对方问题。
(3) 多倾听多记录对方观点,切勿与对方过早就谈判条件发生争执。
(4) 难以回答的问题先行回避或转移话题。

(二) 开局气氛的特征

根据商务谈判开局气氛类型的不同,大体上开局气氛的特征主要有以下几种:

1. 平静、严肃、谨慎的谈判气氛

这种开局气氛最为常见,这是谈判双方开局阶段自然营造出来的,双方都未刻意去创设某种热烈气氛。大多数谈判开局阶段都出现该类气氛,谈判双方在谈判伊始伴有互相提防、彼此不信任的显著特征。比如,谈判双方见面很冷淡,行为、举止礼貌但无感情;双方谈判话语以简洁为主,语速、语气较为适中;双方交流过程自信平稳,态度自然、缓和放松。

这种谈判开局气氛彰显了谈判双方人员的平常心态,有利于传递真实、有效的谈判信息,能较为准确地显现谈判双方的准备情况并了解对手的有关信息。

2. 热情、主动、积极的谈判气氛

该气氛是谈判开局阶段最期望的气氛类型,表现为谈判双方态度主动,比如双方谈判准备工作充足,重视谈判的第一印象(如见面时双方的衣着正式、举止得体、互相礼让、相互寒暄问好等细节)。谈判开局过程中,双方谈判的口吻语气以轻松活跃为主,谈判话题以对方为主,考虑对方的需求为先,双方合作的积极性很高,在开局阶段抱有合作的意愿强烈。

这种谈判开局气氛多数建立在双方曾有过合作经验的基础上,彼此互相了解,有一定默契,这也有助于谈判顺利进行,表明了谈判人员的诚意和真挚。

3. 冷漠、对立、紧张的谈判气氛

此类型属于低调谈判开局气氛,其显著特征表现为谈判双方见面态度冷淡,比如双方见面互不关心,眼神高傲冷漠,谈判语气淡漠冰冷甚至语带双关企图挖苦对方等。这种气氛下双方互不信任处于对立的情绪中,导致双方戒备心重难以与对方友好交流,从而在谈判过程中很难打开局面,在谈判伊始阶段便形成剑拔弩张、水火不容的紧张局面。

这种谈判开局气氛常出现在双方利益对立,尤其发生在有贸易纠纷法院调解时谈判双方各执一词、互不退让的情形下。

4. 冗长、缓慢、松垮的谈判气氛

这种类型的谈判开局气氛也属于低调气氛之一,表现为会谈气氛松垮毫无重点,双方谈判进程缓慢没有目标,特别是部分谈判人员谈判态度不端正,仅在开局阶段便暴露其漫不经心、无所谓的谈判气氛特征。这样的消极气氛会影响谈判效率,使得谈判既定目标难以完成,无法与对方开展合作往来。

该谈判气氛的产生源于双方的共同点不多,实力对比明显,可谈性不高,很难取得谈判合作双赢的满意结果。

三、创设良好的开局气氛

积极、友好的谈判开局气氛有助于为后续的谈判阶段打下扎实基础。热情、活跃的开局气氛不仅能有效传达双方合作的意愿信息,还能舒缓谈判的紧张情绪。谈判双方都力求营造积极友好的开局气氛也反映了谈判者对于谈判的诚意和优良的文化素质。在越来越追求合作共赢商务谈判结果的当下,良好的开局气氛是双方和睦交流、顺利沟通的"润滑剂",对实现谈判目标有直接推动作用。因此,谈判人员必须根据具体的谈判形势,己方所处的位置与环境,恰当营造良好的谈判气氛,适时调节不利气氛。

(一)影响开局气氛营造的各种因素

1. 表情

表情的变化直接传达了人的不同情绪,从谈判人员的表情变化中可以猜测对方是充满信心还是警戒防备,是轻松自如还是小心谨慎等,从谈判人员的面部表情、眼神交接、举止变化、动作幅度等细节上都可观察出对方的心理情况,尤其是面部表情的变化,这些对接下来开局气氛的营造有直接影响,因此要注意这些方面,比如:① 坦率、随和、自然的面部表情会让己方显得更有自信,让对方卸下戒备;② 面无表情,会使己方魅力与信用降低;③ 面部肌肉的变化也会改变脸上的表情。此外,还要注意头部、背部和肩膀的动作变化。

眼神是反映表情最明显的因素之一,眼睛作为人类心灵的窗口,谈判人员任何微小的心理变化都会通过眼神表现出来,所以说目光的交流十分重要。谈判双方可通过观察对方眼神的变化来猜测其情绪、心态和想法。谈判专家认为商务谈判双方眼神的对接能窥探对手的内心想法,帮助己方认清谈判对手是诚意十足还是满腹狐疑,为创设合适的谈判开局气氛提供便利。

2. 气质

谈判人员身上具备的气质对个人的精神面貌有很大影响。气质是指一个人具备的稳定的个性特征,它既能表明个体的差异性又能反映出人类、种族和群体的共同心理特征。良好的气质建立在个体深厚的文化素养、文明程度、思想深度和生活态度上。一个人的态度、个性、言语、行为都能显现个人气质,在举手投足、待人接物中都反映了人的气质。

气质美与个人的品德、修养、文化水平息息相关,这种看似无形的气质美对个人修养有很大影响,谈判人员具备优良的气质更有助于营造友好的谈判开局气氛。

3. 风度

风度是指个人的内在修养、文化涵养及总体素质的外在气质显现。谈判者具备的风度彰显了其个人魅力。在谈判开局阶段,谈判人员神采奕奕的精神状态、得体大方的仪表礼节等都属于风度范畴,它是影响创设良好开局气氛的重要因素之一。优雅的风度包括以下几点特征:

(1)精神状态饱满。谈判人员在开局阶段表现出饱满的精神状态,会激发对方的谈判热情,活跃谈判的开局气氛,谈判人员精力充沛、自信满满的精神状态是其风度美的特征之一。

(2)待人态度亲切。谈判者在入场开局阶段亲切友好的态度,特别是向谈判对方表现出的真挚、坦率、诚恳态度会让开局气氛更加柔和,给对方留下良好印象,因此谦虚有礼的态度也是风度美的特征之一。

（3）性格好。所谓性格是个人行为的具体表现，是个人表现在其态度和行为举止上稳定的心理特征。性格与风度美息息相关，想要培养受欢迎的性格需要提升性格上的修养，克服性格中的缺点如骄傲、轻蔑、不成熟等，学会养成积极、认真、仔细、端庄大气的性格特征，受谈判对手欢迎、易与谈判对手相处的性格有利于创设良好的开局气氛。

（4）谈吐文雅风趣。风度美在语言方面体现在谈判者的谈吐上，侃侃而谈、头头是道、言之有理、言之有物的谈判话语会让对方舒适。文雅幽默的谈判语言是风度的"窗口"，风度优雅的谈判者不会口若悬河、喋喋不休、纸上谈兵。

（5）仪表礼节潇洒。谈判人员的内在修养还体现在其仪表礼节上。整洁干净的个人仪表，礼貌友好的行为举止会让对方乐于交流，更提升其谈判过程中的人格魅力，营造良好的谈判开局气氛。

（6）神态举止恰当。谈判人员需要管理好自身的神态和表情，即使是微小的表情动作都会传达很多非言语的信息，甚至影响开局阶段的友好气氛。恰当的表情和动作不会让谈判对手尴尬，风度优雅的谈判者会管理好自己的神态和动作，避免不必要的误会和谈判气氛的僵硬。

4. 服装

服饰的选择是打造个人形象的关键，得体的服饰不仅反映个人的审美情趣也是个人文化修养的体现。谈判人员的服装色调和整洁干净程度能从一定程度上反映其心理特征和状态。大方得体的谈判人员服饰应注意以下几点：

（1）服饰与环境、场合相适应。在谈判的正式场合，谈判人员应选择与自身年龄、职业、工作环境相契合的服饰，尤其在服装色调上应保持整体协调一致，服饰的选择还要体现其专业性和职业性的特征。

（2）服装与文化、角色相适应。服装的选择直接影响谈判人员的外在形象，决定谈判者在谈判中的角色定位。在国际性的商务谈判中，鉴于谈判双方的文化习俗、审美观点等不同，谈判人员自身服饰配色、款式的选择要合乎对方的文化习俗，避免造成不必要的误会。一般来说，干净整洁的西装搭配是商务谈判中谈判人员的标配，既不会出错也能显示其专业性。

5. 个人卫生

谈判人员个人卫生情况良好与否也影响开局气氛的创设。没有谈判对手会愿意和邋里邋遢、身上有异味、披头散发的人建立合作关系。

6. 动作

商务谈判过程中谈判双方不免会有一些手势和肢体上的接触，这些动作也会对商务谈判开局气氛产生影响。比如，开局阶段双方握手，在不同的文化背景下谈判人员对这个动作的理解是存在差异的。西方国家的谈判人员认为用右手握手而左手搭在对方肩膀上是不礼貌的行为；特别在谈判开局阶段见面寒暄时，欧美国家代表喜欢握手力度大一些表示友好，而亚洲国家代表则是握到即止，力度大反而会让对方心生反感。由此，谈判人员需要根据谈判代表的背景和文化区别对待。

7. 中性话题

在谈判开局阶段中性话题的讨论是拉近双方关系的纽带，所谓中性话题是指可以引起双方共鸣的非业务性话题,有利于创设和谐友好的谈判开局气氛。中性话题一般分为以下几种类型:① 旅行见闻,包括当地的名胜古迹、个人游览经历等;② 兴趣爱好,包括骑马、运动、音乐、艺术等个人私下的业余爱好;③ 合作回顾,有过合作基础、彼此熟悉的谈判双方,可以回顾过往的合作经历和友好往来的经验。

8. 传播媒介

自古以来,媒介的传播力量不可小觑,从过去的口耳相传、手抄传播的小范围影响到现在的印刷纸媒、电视网络等广泛、快速、大规模的覆盖,媒介的发展重写了过去仅用于沟通、传递信息的功能。现在的商务谈判更离不开媒介的传播,其形成的舆论力量很大程度上影响了谈判气氛的创设。

在现代的商务谈判环境下,谈判正式开始前,谈判者会通过报纸、网络等媒体进行有效传播。传播媒介可将己方的意图有效传递出去,媒介创设的舆论气氛还可干扰商务谈判对方的正确判断,并向对方施加一定的心理压力,从而制造有利于己方的谈判气氛,使得己方能更好控制谈判的主动权。

(二)营造良好开局气氛的有效方法

商务谈判开局气氛的营造对谈判全程有着至关重要的作用,商务谈判气氛的好坏影响和制约了谈判的进程和合作的达成。由此,任何一方若控制了开局气氛从一定程度上说便掌握了谈判先机。

那么,为了营造良好的谈判开局气氛,以下几种方法可以有效借鉴:

首先,谈判双方代表见面时以礼相待,态度诚恳友好的和对方交谈,与对方进行自然的眼神交流,在和对方接触中要表现出自信心、亲切感和可靠感,要让对方感受到诚挚和真诚,缓解谈判对手的戒备心理。谈判双方的互相信任、彼此接受有助于营造良好的谈判开局气氛。

其次,谈判双方在开局阶段可以适时地插入一些轻松、生活化的非业务性话题,比如双方都感兴趣的天气、体育、人文、旅游等共同话题,这样的生活话题可以克服谈判的紧张气氛,尤其在双方没有过合作基础彼此陌生的情形下,帮助双方更好地相互认识与了解,避免谈判开局冷场。这样类型的开场方式增加了双方的沟通,杜绝谈判开局无话可说的尴尬,有利于创设良好的开局气氛。

在某种程度上,开局阶段的寒暄也是双方互相打探消息的阶段,谈判双方在彼此讨论的过程中,通过观察对方的言语、动作、表情、姿态等可以初步判断谈判对手的态度、意图等,由此可以准备接下来的应对策略。

接着,谈判人员在开局阶段应时刻关注自身仪态,表现在服饰的搭配上,切勿太过个人主义,奇形怪状的服装会让对方产生误解,选择符合自身角色定位的服装,遵循集体的颜色、款式的协调要求,尊重谈判对手的文化习俗。一般来说,整洁干净的仪表,简单大方的服装在正式的谈判场合中不会出错,双方见面第一印象的好坏对创设良好的开局气氛是有一定影响的。

然后,谈判人员在开局阶段中要注意肢体语言的表达。双方见面时,谈判者应主动伸出右手与对方相握。握手虽然是一个相当简单的动作,却可以反映出对方的态度是强硬还是温和。不同国家对握手等肢体动作的理解是有差异的。如在西方,一个人若用右手与对方握手的同时,又把左手放在对方的肩膀上,说明此人精力过于充沛或权力欲很强,会让对方产生"这个人太精明了,我得小心一点"的想法。同时要注意,切忌做拉下领带、解开衬衫纽扣、卷起衣袖等动作,因为这将使人产生你已精疲力竭、厌烦等印象。

最后,鉴于谈判双方实力存在差距的可能性比较大,在谈判开场阶段,谈判人员应具备合作精神,平等利用表达观点的机会,接受对方在开场时提出的合理条件。如若谈判双方实力相差悬殊,也要给予对方足够的余地和合作的机会。

为了更好总结营造良好开局气氛的技巧,表 5.1 模拟了谈判开局阶段的各个步骤,全面表现了开局阶段谈判双方应注意的事项,帮助双方在开局阶段营造积极的开局气氛。

表 5.1　谈判开局阶段良好气氛模拟

谈判开局气氛营造技巧	谈判人员首次见面互相介绍彼此谈判成员	介绍方式	① 介绍陪谈人员;② 进门先介绍主谈人,落座后再介绍其他人员并交换名片
		介绍顺序	① 按职位从高到低;② 按年纪由小到大
		介绍语气	信心十足、诚意满满、精力充沛、热情友好
	谈判人员入座谈判席	入座次序	① 主谈人居中,助手及翻译位于两侧;② 陪谈人员按职位高低向两边排开
		入座距离	① 双方主谈人正面相对,不宜斜对距离较远;② 双方谈判桌距离适中,不宜空窄
		入座方位	座位朝向原则宜正面相对,便于谈判集中注意力
	谈判双方开场陈述	开场陈述的作用	① 拉近距离,回顾过往;② 增进感情,彼此了解;③ 安排议程,准备开始;④ 营造气氛,表现专业
		开场陈述的时间安排	不宜过长,浪费时间;不宜过短,过于仓促
	开局气氛		良好的开局气氛

(资料来源:丁建忠. 国际商业谈判学[M]. 北京:中信出版社,1996.)

综上,营造良好的气氛对于谈判非常重要,谈判人员应努力营造有利于己方的谈判气氛,为下一步的行动和讨论奠定基础。

第三节　商务谈判的开局目标

商务谈判开局阶段是实质性谈判的序幕,谈判双方代表在开局阶段的目标实现离不开营造良好的谈判气氛。总的来说,优质的谈判人际关系氛围对谈判开局气氛的创设起到关键性作用。

一、开局目标的设计

商务谈判开局阶段,双方谈判代表对各种各样的谈判气氛的设想、选择被认为是对谈判开局目标的设计。

（一）开局目标设计的意义

一般情况下，商务谈判双方一致视积极创设和维系融洽的商务谈判气氛为商务谈判开局目标设计的方向。然而，由于谈判双方受到各种外界主客观条件的制约，在某种程度上导致谈判各方在各自开局目标的设计上存在一定的差异性。

在商务谈判的实践过程中存在多种多样的谈判气氛和谈判环境，谈判人员需要根据不同的谈判背景选择符合己方利益的目标。因此，有针对性地结合现实谈判环境去设计开局目标有利于实现己方谈判利益，帮助己方控制谈判的主导权并最终实现谈判目标。

（二）开局目标设计的策略方法

客观上，谈判双方的经济实力、人员能力，谈判双方的要求和态度等，都将可能导致谈判各方对各自开局目标设计的差异性。比如说，若谈判双方的经济实力和谈判能力相当，各自又都抱有良好的主观愿望，态度认真坦诚，表现出求大同存小异的意向和态度，彼此都以大局为重，决心共同实现各自的差异化需要，那么创造和谐的谈判气氛就是谈判开局的目标。但是，如果双方经济实力、谈判能力悬殊，且对方企图先发制人，以强凌弱，那么作为谈判弱者的一方就应把平等对话、平等协商的谈判气氛作为谈判开局的目标。因此，为了设计符合双方共同利益的商务谈判开局目标，有以下几种策略方法：

1. 优势定位法

优势定位法是商务谈判的一方在谈判开局阶段把创造平等坦诚、互谅互让的谈判气氛作为己方的开局目标的策略方法。

采取优势定位法，其条件通常是：商务谈判双方的实力对比悬殊；双方谈判的主谈人在谈判能力上存在明显差异；我方为强方，在经济实力、政治背景、协作关系等方面占有较大优势；对方为弱方，企业实力、谈判能力较弱，且多为外来客户；双方本次交易的需求愿望不对等，对方有较急迫的利益要求；同时，在谈判开局阶段，已觉察到作为弱者的对方，对我方的态度弱而不卑，等等。

优势定位法设法营造平等坦诚、互谅互让、轻松愉快的谈判气氛，是一种理想的谈判气氛。为此，谈判人员在开局阶段要做到：

（1）在热烈友好氛围下交往，谈判的东道主应有主人风度。
（2）态度平和、诚恳、真挚，作为强者的己方不以势压人、倚强凌弱。
（3）在商谈中心议题前交流思想，双方努力适应彼此需要。
（4）建立认真的工作气氛，交谈的内容稍带事务性。

2. 均势定位法

均势定位法是商务谈判双方在谈判开局阶段把创造和谐的洽谈气氛作为双方开局目标的策略方法。

采用均势定位法，其条件通常是：商务谈判双方的经济实力相当，双方谈判的主谈人的谈判能力差别不大，双方呈均势状态；谈判双方都有良好的主观愿望，谈判的态度认真坦诚；同时，在谈判开局阶段，双方已表现出初步的求大同存小异的意向或承诺，决心适应彼此需要，坚持不让小事、枝节问题改变根本决策或破坏大局等。这些都为双方把创造和谐气氛作为开局目标打下良好基础。

均势定位法主要源于谈判双方均势状态下所存在的共同利益。一项成功的商业交易，其目标不是要置谈判对手于死地,而应是双方达成协议,取得共同胜利。交易双方都必须感到自己有所得,即使其中有一方不得不做出某些牺牲,但整体格局也应该是双方共赢。对于谈判双方存在的共同利益至少有下述几个方面:

(1) 双方都要求格局稳定,保持均势。
(2) 双方都希望达成彼此基本满意的贸易协定。
(3) 双方都期望维护良好的合作状态。
(4) 双方都期望维护良好、长期的关系。

因此,明确谈判双方的共同利益,保持谈判双方的均势状态,对采用均势定位法是至关重要的。

运用均势定位法应注意以下事项:

(1) 清醒认识并保持谈判双方的均势。均势格局是保持稳定的必要条件,没有均势就难有和谐。谈判双方实力平衡,谈判局势往往呈现稳定或相持的状态;反之,谈判双方实力失衡,谈判局势往往呈现恶化或动荡的状态。因此,在商务谈判中,必须通过双方或多方的力量牵制与制约,求得均衡之势,以避免对抗打破平衡势态,布好开局。

(2) 努力为实现利益均沾的目标创造和谐气氛。如上所述,均势定位法主要源于双方的共同利益。因此,应当把商务谈判当作一项合作的事业,双方认真权衡共同利益与各自的独立利益,为实现利益均沾的谈判目标,双方相互适应,彼此迁就,密切合作,形成和谐的谈判气氛。

(3) 提防谈判一方打破平衡,恶化谈判气氛的企图。均势下和谐谈判气氛的形成和维持是有难度的,因为谈判双方实力大体相当,任何一方都没有明显的优势,不排除其中一方企图打破均势,谋求谈判的有利态势。如果均势格局的平衡点被打破,双方的力量对比发生倾斜,就可能破坏和谐谈判气氛的形成和维持,这在开局目标设定时应特别警惕。

3. 劣势定位法

劣势定位法是商务谈判的一方在开局阶段把先追求平等对话,后创造友好气氛作为己方的开局目标的策略方法。

采用劣势定位法,其条件通常是:商务谈判双方的实力对比悬殊,己方为弱方,对方为强方,对方在经济实力、企业背景、谈判能力等方面均处于优势,己方处于劣势;经常是对方为主场谈判,己方为客场谈判;双方需求不对等,己方需求愿望强烈,对方需求并不急迫;同时,在谈判的开局阶段,对方已表现出企图先发制人,以强凌弱的态势。在这种情形下,作为弱者的己方只能把先追求双方能平等对话,后创造友好谈判气氛作为己方的开局目标。

运用劣势定位法应注意以下事项:

(1) 理智地规范己方开局阶段的行为。由于己方处于劣势,为顺利开局,掌握好言行的分寸感十分重要。在行为方式上,应诚挚友好,坦然平和,不卑不亢,以礼相见;不要低三下四,曲意附和,更不能感情用事。

(2) 情、理、利"三管齐下",追求双方平等对话。情、理、利,即感情、道理、利益或利害关系。在这三者间,情为前提,理为根基,利为关键。在己方处于劣势的情势下,围绕平等互利这一命题,动之以情,晓之以理,明之以利,三管齐下,争取说服对方,使对方从中感觉到却之违情,抗之悖理,背之不利,从而接受己方的开局目标。

(3) 积极主动地调节对方的言行。由于对方处于谈判的有利地位,在言行上表现出傲慢、过分轻狂、自以为是、盛气凌人等较为常见。这时谈判气氛也往往是紧张、冷淡、对立的。

处于这种情况下的己方,应不予计较,以礼相待,以情感化,据理力争,积极影响、调节对方的过分言行,"化干戈为玉帛",变消极因素为积极因素,推动谈判气氛向平等、友好、富于建设性的方向转化。

二、开局目标的实现

所谓商务谈判开局目标是一种与谈判终极目标紧密相连而又有所区别的初级目标。谈判双方人员初次接触,一开始会存在相互提防与戒备的心理,谈判气氛呈现不活跃的消极状态。同理,在整个谈判过程中,谈判人员往往对于表示热情友好与诚恳合作的谈判意愿是欢迎的,而对于那些表现出攻击迹象或对抗态度的谈判意愿非常敏感和警惕,并随时准备自卫和反击。

所以,如果谈判双方人员在开局之初就做出共同的、积极的努力,创造出一种有利于谈判进展的建设性的谈判气氛便能更好地实现谈判目标。因此,通常情况下,谈判者都把力求实现双方坦诚合作、互谅互让,积极创造和维护融洽的谈判气氛作为谈判开局目标去实现。谈判开局目标的实现有如下几个策略方法:

1. 中性话题实施法

所谓中性话题是指与谈判业务话题无关且没有任何利益之争的话题,用中性话题作为商务谈判开场能拉近谈判双方关系,促进双方关系友好融洽,是实现开局目标的策略方法之一。

2. 坦诚实施法

该策略是指商务谈判各方以真诚坦白的态度互相交流,开诚布公地向对方表达己方的谈判意图来赢得对方的信赖与好感,从而创造更大的合作机会,坦诚实施法要求谈判人员抒发真实的谈判意图,是实现开局目标的有效策略之一。

3. 幽默实施法

幽默实施法作为实现开局目标的策略方法,是指商务谈判人员在谈判开局阶段,通过借助形象生动的媒介、运用诙谐风趣的语言方式与对方进行话语沟通,以一定的幽默感消除对方的戒备心理,以期引起对方的好感并有效打开谈判局面实现开局目标。

◆**内容提要**

所谓商谈开局阶段,一般是指双方在讨论具体、实质性交易内容之前彼此熟悉和就本次谈判内容双方分别发表陈述的阶段。它是在双方已做好了充分准备的基础上进行的。通过开局阶段的商谈为以后具体议题的商谈奠定基础。因此,该阶段也称为非实质谈判阶段。

谈判的开局对整个谈判过程起着至关重要的作用,它往往关系到双方谈判的诚意和积极性,关系到谈判的格调和发展趋势。良好的开局将为谈判的成功奠定良好基础。这一阶段的主要目标是对谈判程序和相关问题达成共识;双方人员互相交流,创造友好合作的谈判气氛;分别表明己方的意愿和交易条件,摸清对方情况和态度,为实质性磋商阶段打下基础。

◆**关键词**

开局概念 开局策略 开局气氛 开局目标

◆复习思考题

1. 商务谈判开局阶段的基本原则有哪些?
2. 影响商务谈判开局气氛选择的因素有哪些?
3. 试述商务谈判开局谈判目标设计的意义。
4. 简述商务谈判开局气氛的类型和特征。

◆思考案例

A公司是一家实力雄厚的房地产开发公司,在投资过程中相中了B公司所拥有的一块极具升值潜力的地皮,而B公司正想通过出卖这块地皮获得资金以将其经营范围扩展到国外。A公司到B公司进行洽谈,B公司进行了热情款待。

双方对土地转让问题展开磋商。A公司的代表说:"我们公司的情况你们可能有所了解,我们公司是由X公司、XX公司(均为全国著名的大公司)合资创办的,经济实力雄厚。近年来在房地产开发领域业绩显著。在你们市去年开发的XX花园收益就很不错。听说你们的周总也是我们的买主啊。"

问题:如果你是B公司的代表,你将如何进行开场陈述?

案例分析:B公司代表:"很高兴能与你们有合作机会。我们之间虽然以前没有打过交道,但是,你们的情况我们还是有所了解的,规模名气在业界是一流的。我们确实有出卖这块地皮的意愿,但我们并不急于脱手,因为除了你们公司外,兴华、兴运等一些公司也对这块地皮表示出了浓厚兴趣,正在积极地与我们接洽。当然了,如果你们的条件比较合理,价钱比较优惠,我们还是愿意和你们合作的,可以帮助你们简化有关手续,使你们的工程能早日开工。"

A公司有将自身想法意见强加给B公司的意图,有种以大欺小的感觉,并且表现出对这款地皮势在必得,迫切的态度。为了不使对方在气势上占上风,从而影响后面的实质性谈判,B公司展现出了充满自信、举止沉稳的模样,使对方不能轻视己方,另一方面也展现了友好和积极合作的态度,为后续谈判打下了良好基础。

第六章　商务谈判的磋商

本章结构图

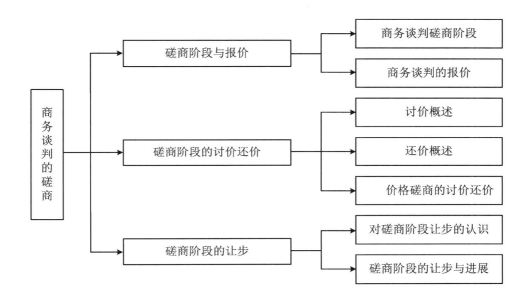

学习目标

本章要求学习者了解商务谈判磋商阶段的过程,并能够高效地按照程序完成商务磋商;明白商务磋商的原则和注意事项,熟悉各方谈判人员的性格类型,判断来自竞争对手的威胁并找到解决谈判僵局的方法;重点掌握磋商阶段各种策略的使用,让步的原则、内容及取得进展的方法等;理解谈判僵局形成的原因,并能够面对不同类型的谈判人员采取相应的讨价还价策略。

导入案例

小贩的"圈套"

一次,荷伯与妻子到墨西哥旅游。当他过马路时看到远处站着一个土著居民,荷伯走近看到,这人在炎热的天气里披着几件披肩毛毯叫卖:"1200比索!""他在和谁说话呢?"荷伯问自己,"绝对不是对我说!"荷伯继续往前走,却听到身后有脚步声,原来是小贩一直跟着他,小贩一次又一次地叫道:"800比索!"荷伯有点生气并开始小跑,但小贩紧追不舍,这时,他已降到600比索了,到了十字路口,荷伯不得不停住脚步,小贩却仍然在叫卖:"600比索,

500比索,好吧,400比索!"荷伯气呼呼地说:"告诉你我不买!别跟着我了!"小贩却回答道"好吧,你胜利了。只对你,200比索!""你说什么?"荷伯叫道,他对小贩说的话吃了一惊,因为他压根没打算买毛毯。"200比索!"小贩又重复了一遍。"给我一件,让我看看。"一番讨价还价后,小贩最终要价170比索。从小贩口中得知,荷伯只花了170比索,在墨西哥历史上创造了买披肩毛毯的新纪录。当荷伯回到旅馆时,他对妻子说"我买了一条披肩毛毯!""多少钱?"妻子问道。荷伯信心十足地说:"一个土著谈判家要价1200比索,而一个国际谈判家,就是我,花170比索就买到了。"妻子笑道:"真有趣,我也买了一件,花了150比索。"

一个墨西哥小贩当然称不上谈判家,却说服了一个国际型谈判家,他成功的秘诀就在高起点、低定势。有句名言说:"如果你的目标定得高,你的成就也就会更大。"将这句话应用到谈判中,我们会发现,其结果就如同那位机智的墨西哥小贩,因为他的起价定得高,所以他说服了荷伯这位国际型的谈判家,让他心甘情愿地掏了腰包,还喜滋滋地以为自己占了大便宜。反之,同样的道理,起价定得低,那么,成交价也就相应会降低。

于是,在谈判进行报盘时,就有了这种高起点、低定势的技巧。其要点是:减价要狠,让步要慢。借着这种做法,谈判者一开始就可削弱对方的自信心,同时,还可以趁机试探对方的实力并确定对方的立场。

(案例来源:刘燕.商务谈判技巧[M].北京:人民邮电出版社,2010.)

第一节 磋商阶段与报价

一、商务谈判磋商阶段

商务谈判磋商阶段,也叫讨价还价阶段。它是继开局阶段后到谈判终局前的实质性协调阶段。磋商阶段在整个谈判过程中费时最长,困难最多,该阶段程序上包括报价、讨价、还价,是直接影响谈判结局的最重要的一个阶段。

(一)商务谈判磋商阶段原则

磋商阶段是商务谈判的实质性阶段,是谈判双方竞智斗脑比实力的阶段。谈判策略的丰富性及复杂性在这个阶段得到充分体现。鉴于此,商务谈判各方在正式磋商阶段应遵循以下几个原则。

1. 把握谈判结构原则

商务谈判各方需留意谈判的结构方向,一般分为横向和纵向两种。横向谈判是双方在确定谈判所涉及的主要问题后,开始逐个讨论预先确定的问题,当在某一问题上出现矛盾或分歧时,就把这一问题放在后面,讨论其他问题,如此周而复始地讨论下去,直到所有内容都谈妥为止。其优点是多项议题同时讨论,有利于寻找变通的解决办法。但其局限性在于多项议题同时讨论,会加剧双方的讨价还价,易陷入磋商阶段僵局。

纵向谈判则是谈判者明确议题后逐个讨论,讨论一个问题,解决一个问题,一直到谈判结束。例如,一项产品交易谈判,双方确定出价格、质量、运输、保险、索赔等几项主要内容后,开始就价格进行磋商。如果价格确定不下来,就不谈其他条款。只有价格谈妥之后,才依次讨论其他问题。其优点在于程序明确,而局限性在于议程死板,当某个问题双方无法达到一致就会陷入磋商阶段僵局。

2. 议题次序逻辑原则

在磋商阶段中双方都面临着许多要谈的议题,需要分清先后次序,讲求磋商进展层次。因此,次序逻辑原则能帮助谈判者理清磋商议题内含的主客观次序逻辑,比如先磋商对后面议题有决定性影响的议题,此议题达成共识后再讨论后面的问题。也可以先对双方容易达成共识的议题进行磋商,将双方认识差距较大、问题比较复杂的议题放到后面。这样方便谈判者确定谈判的先后次序和谈判进展的层次。

谈判议题所涉及的逻辑次序,比如价格问题就涉及成本、回收率、市场供求、比价等多方面内容。谈判者在选择切入点时,就要考虑哪一项内容最容易讲清楚、最有说服力,避免一开始就纠缠在一些不容易说清楚的话题上,影响重要问题的磋商。

3. 掌握谈判节奏原则

谈判节奏,其实质是对时机与条件的掌握。磋商阶段的谈判节奏要稳健,不可过于急促。磋商阶段是解决分歧的关键时期,双方针对有分歧的地方进行多次交流和协商。一般来说,刚开始磋商的节奏要相对慢些,因为双方都需要时间和耐心倾听对方的观点,了解并研究可能存在分歧的条件和解决分歧的途径。对于涉及双方根本利益的关键性议题,对方必然会坚持自己观点,不肯轻易让步,这有可能使谈判陷入僵局,所以磋商时需要花费较多时间。谈判者要善于掌握谈判节奏,不可急躁,稳扎稳打,步步为营。一旦出现转机,就要抓住有利时机不放,加快谈判节奏,争取消除分歧达成一致意见。

4. 善于沟通说服原则

磋商阶段实质上是谈判双方相互沟通、相互说服、自我说服的过程。说服是谈判沟通的目的,没有充分的沟通,没有令人满意的说服,就不会产生积极成果。首先,双方要善于沟通,这种沟通应该是双向和多方面的。既要善于传播己方信息,又要善于倾听对方信息,并积极向对方反馈信息。没有充分的交流沟通,就会在偏见和疑虑中产生对立情绪。沟通内容应该是多方面的,既要沟通交易条件,又要沟通相关的理由、信念、期望,还要交流情感。

其次,双方要善于说服,要充满信心去说服对方,让对方感觉到你非常感谢他的协作,而且你也乐意帮助对方解决困难。让对方了解你并非是"取",而是"给"。说服的准则是从"求同"开始,解决分歧,达到最后的"求同","求同"既是起点又是终点。

5. 良好谈判气氛原则

进入磋商阶段后,谈判双方不免会出现提问和解释、置疑和表白、指责和反击、请求和拒绝、建议和反对、进攻和防守,甚至还会发生激烈的辩论和无声的冷场。因此,在磋商阶段仍然要把握好谈判气氛,在开局阶段可能已经营造出的友好、合作气氛,进入磋商阶段后仍要保持。

如果双方突然收起微笑,面部表情紧张冷峻,语言生硬激烈,使谈判气氛骤然变得紧张对立起来,就会令人怀疑开局阶段友好真诚的态度是装出来的,进而使双方产生不信任。所以尽管磋商阶段会有激烈争论,甚至有尖锐矛盾,仍要保持良好气氛,只有在这种良好的合作气氛中,才能使磋商顺利进行。

(二)磋商过程的威胁与僵局

商务谈判磋商过程中面对谈判对手的各种突发情况,谈判者应保持冷静坚持己方立场,适时调整谈判方案灵活应对挑战。一般情况下,谈判对手在磋商阶段有以下两种情形:① 对方的行为与战术与预计相符,该情况下谈判者只需按照既定的方案无需临时改变;② 对方的战术与预计差距略大,表现在对方让步比预期快且幅度大或者对方让步比预期慢且小。

当遇到对方让步状况不合乎己方预估情况时,需要判断对手是否存在讹诈的可能性,为了降低风险,最保守的方法是在原定的尺度内给对方留有余地。因此,在商务谈判磋商阶段双方在较量的过程中存在很多挑战,如何应对竞争者的威胁,如何处理谈判僵局,需要谈判者掌握各种谈判策略与技巧。

1. 磋商过程的威胁战术

威胁是谈判磋商过程中施加压力的一种手段。这种战术只有在被威胁者认定是一种压力时才有效果。在商务谈判中恰当地使用威胁向对方施加压力,迫使对方让步,可以获得相对多的利益。但若威胁运用不当,会引起对方的报复,不利于长期的合作关系。

常见的威胁方式有:① 直接向对方显示自己力量的威胁;② 利用言语进行威胁,如对方说"除非你这样做,否则我们将取消贵方的特权,停止继续合作";③ 还有人身攻击威胁和时间上的威胁。

因此,为了应对谈判对手的威胁,谈判人员除了要学会正确地使用威胁战术,同时也要学会破解对方威胁的方法,以便谈判获得成功,具体可运用如下方法:

(1) 有针对性地反驳,比试高下。
(2) 尽量回避或赞扬竞争者。
(3) 以褒代贬,对比验证。
(4) 怀柔策略。

在磋商阶段谈判者需要随时关注与对方关系的变化,清楚在谈判中的位置及对方的促销手段,提防对手不道德的竞争,记住保持自己的优势。面对对手的威胁战术,不要轻易主动去攻击对方,"以柔克刚"总好过"以卵击石"。

2. 磋商过程的僵局

僵局是指在商务谈判磋商过程中,谈判双方对利益的期望或对某一问题的立场和观点存在分歧,难以达成共识,而又都不愿意妥协时,谈判进程出现停顿,形成僵持的局面。磋商过程中僵局产生的原因有以下几点:

(1) 双方在立场观点上有争执。
(2) 双方信息沟通不畅。
(3) 对威胁战术反抗的结果。
(4) 磋商过程中偶发因素干扰的结果。
(5) 谈判者行为的失误。

当谈判人员在磋商过程中遇到僵局情况时,要学会采取针对性的措施来打破僵局,相应的解决僵局办法如下:

(1) 回避分歧,转移议题。
(2) 尊重对方,有效退让。
(3) 暂时休会,平稳情绪。
(4) 据理力争,拒绝接受。

(5) 破釜沉舟，背水一战。
(6) 事先在谈判方式上避免，准备多种可选择的方案。

当然，谈判人员也需要学会制造和利用僵局，这样才能进退自如、僵而不死，制造僵局时要考虑以下几点：
(1) 让对方有选择的余地，同时给自己留有余地。
(2) 达成协议而非伤害对方。
(3) 设计好打破僵局的方法。
(4) 敢于利用但不伤害感情。

二、商务谈判的报价

报价也称开价，是指谈判双方各自向对方提出全部交易条件的过程，内容不仅包括价格问题，还包括交货条件、品质规格、数量质量、支付方式、运输费用等条款。这里所说的"价"是指广义而言，而价格是其核心条件。

报价解释，是指卖方就其商品特点及其报价的价值基础、行情依据、计算方式等所做的介绍、说明或解答。报价解释对于买方和卖方都有重要作用。从卖方来看，可以利用价格解释，充分表明所报价格的真实性、合理性，增强其说服力，软化买方的要求，以迫使买方接受报价或缩小买方讨价的期望值；从买方来看，可以通过价格解释，了解卖方报价的实质和可信程度，掌握卖方的薄弱之处，估量讨价还价的余地，进而确定价格评论应针对的要害。

（一）报价的原则及形式

通过反复分析与权衡，报价力求把握己方可能获得的利益和被对方接受的概率之间的最佳结合点。可以说，如果报价的分寸把握得当，就会把对方的期望值限制在一个特定的范围，并有效控制交易双方的盈余分割，从而在之后的价格磋商中占据主动地位。反之，报价不当，就会助长对方的期望值，甚至使对方有机可乘，令自己陷入被动境地。

1. 报价的原则

商务谈判磋商过程中一方在报价时，不仅要以己方可能获得的利益为出发点，更要考虑对方可能的反应和接受程度。因此在磋商阶段中，谈判人员应遵循以下报价原则：

（1）首要原则。对买方而言，开盘价必须是"最低的"，对卖方而言，开盘价必须是"最高的"，这是报价的首要原则。

（2）合乎情理原则。如果报价过高，又不讲出道理，买方必然会认为卖方缺少谈判诚意，以致中止谈判扬长而去，或"漫开杀价"，以彼之道还施彼身，又或不断地提出问题为难对手，迫使对方无条件让步。因此，开盘价必须合情合理避免后续对方的穷追不舍。

（3）底线原则。所谓底线原则是报价的底线价格，谈判人员可以据此避免最差的情况，有利于防止各个谈判者各行其是。

（4）坚定、明确、完整原则。开盘价格要坚定果断地提出，不要有所保留，这样会让对方感受真诚和信任。坚定、明确、完整的报价便于对方了解己方的期望，报价时不需要对所报的价格多做解释、说明和辩解，以免对方找到破绽提出过多问题质询或攻击己方。

报价是整个谈判过程的核心和最实质性的环节。当一方在报价完毕后，另一方通常要求报价方进行报价解释，此时报价方应记住：不问不答，有问必答，避虚就实，能言不书。报价是商务谈判的第一个重要回合，对讨价还价关系重大，而且对整个谈判结果会产生重大影响。

2. 报价形式及特点

（1）口头报价。口头报价指不需要任何书面文件，仅以口头的方式提出交易条件。其特点是非常灵活，有利于发挥个人的谈判艺术特长，但是口头报价容易偏离主题，谈判者可能出现阐述不清甚至出错的情况，尤其在复杂的价格问题上口头表达会比较困难。

（2）书面报价。书面报价也称"单报价"，是谈判一方将本企业愿意承担的义务以书面的形式清楚地表达出来。其优点是对方针对报价有充分的准备时间，磋商过程会更加紧凑；但书面报价较为呆板缺少弹性，会限制企业在后续谈判中的让步和变化。

（3）欧式报价。欧式报价首先给对方一个较大余地的价格，用以稳住对方，往往会有一个不错的结果。然后通过给予各种优惠、数量与价格的折扣，佣金延期支付，优惠信贷等，由高到低的报价，逐步达到成交目的。

（4）日式报价。日式报价与欧式报价相反是把最低价报出，将其他竞争对手挤走，然后变成一对一的商谈再慢慢把价格提上去，即由低到高的报价，如果对方加条件则加价。

（二）报价的先后与策略

"报价"是谈判学中的一门艺术，它是对各种谈判要求的统称。报价的好坏，直接影响到谈判的成败，历来为有经验的谈判者所重视。对于谈判双方而言，报出一个恰当的价格是非常重要的，最终的合同必然是在这个基础上经过协商达成的。

那么到底应该先报价，还是等待对方开价后再还价，这没有一个定论，很大程度上视情况而定，因此，需要谈判者掌握一定的报价策略。

1. 报价先后的利弊

（1）先报价的利弊。先报价的好处在于争取主动权，会对整个谈判起持续的影响作用。但它也有不利之处，即对方得知我方的报价后可以不露声色地对自己的想法进行调整，而使先报价者丧失更为优越的交易机会。

分析案例 6-1

1975年12月，在柏林召开的欧洲共同体各国首脑会议上，进行了削减英国支付欧洲共同体经费的谈判。其他各国首脑原来以为英国政府可能希望削减3亿英镑，从谈判阶段实际出发，撒切尔夫人会首先提出削减3.5亿英镑。因此，他们就在谈判中，提议可以考虑同意削减2.5亿英镑。估计这样讨价还价谈判下来，会在3亿英镑左右的数目上达成协议。可是，完全出乎其他各国首脑的意料，撒切尔夫人狮子大开口，报出了削减10亿英镑的高价，使其他各国首脑们瞠目结舌，一致坚决反对。可撒切尔夫人坚持己见，在谈判桌上，始终表现出不与他国妥协的姿态。欧洲共同体其他各国首脑简直拿这位女士没有任何办法，不得不迁就撒切尔夫人，结果不是在3.5亿英镑，也不是在2.5亿英镑和10亿英镑的中间数——6.25亿英镑，而是在8亿英镑的数目上达成协议，即同意英国对欧洲共同体每年负担的经费削减8亿英镑。撒切尔夫人获得了谈判的巨大成功。

（案例来源：丁建忠. 商务谈判[M]. 北京：中国人民大学出版社，2006.）

思考：撒切尔夫人采取的是何种报价方法？

（2）后报价的利弊。后报价的有利之处在于可以依据对方的报价及时修正，有助于争取最大的利益和最佳的谈判地位。同时，后报价的弊端也十分明显，后报价容易被对方占据主动,并局限在对方划定的价格范围内进行谈判。

分析案例 6-2

某位高级工程师,他的一项发明获得了发明专利权。他所在的公司希望购买他的发明专利。这天,公司总经理找到他,开门见山地说明了自己的来意,并问他愿意以多少钱转让其发明专利。工程师对自己的发明到底值多少钱心中没数,心想要能卖到 5 万美元就应该不错了。不过对方能出多少钱呢?还是让对方先报个价,自己再见机行事吧!于是他没有说出自己的报价,而是说:"我的发明专利在社会上有多大作用,能给公司带来多少价值,您是十分清楚的,还是先请您说一说吧!"总经理见对方把皮球踢给了自己,只好先报价了:"50 万美元,怎么样?"这位工程师简直不敢相信自己的耳朵,直到总经理又说了一遍,他才意识到这是真的,经过一番假模假样的讨价还价,双方最后就以这一价格达成了协议。

(案例来源:姚小远,康善招.商务谈判学[M].上海:华东理工大学出版社,2009.)

思考:该案例给你何种启示?

在商务谈判中谁先报价,应视具体情况而定,谈判者需要掌握报价先后的技巧。按照惯例,发起谈判者与应邀者之间,一般应由发起者先报价;投标者与招标者之间,一般由投标者先报价;卖方与买方之间,一般由卖方先报价,然后买方还价。如果对方不是谈判"行家",而自己是,以先报价为好;如对方是谈判"行家",而自己不是,则让对方先报价较为有利;如双方都不是"行家",则先后报价便无实质性区别。相反,如果己方的谈判实力强于对方,或与对方实力相当,先报价较为有利;如果己方谈判实力明显弱于对手,特别是缺乏谈判经验的情况下,以后报价为好。

2. 报价的策略

(1) 报价时机策略。在实际的谈判磋商过程中应灵活选择时机报价,报价时机策略是先让对方充分了解商品的使用价值和能为对方带来多少收益,待对方产生兴趣后再谈价格。

一般而言,报价最佳时机是对方询问价格时,而如果在谈判开始时对方就询问价格,最好的策略是听而不闻。这时应当首先谈该商品或项目的功能、作用,能为交易者带来哪些好处和利益,待对方对此商品或项目产生兴趣,交易欲望已被调动时再报价则比较合适。当然,若对方坚持即时报价,也不能故意拖延,否则,就会使对方感到不被尊重甚至反感。

(2) 报价对比策略。价格谈判中,使用报价对比策略,往往可以增强报价的可信度和说服力,一般有很好的效果。报价对比可以从多方面进行,通过设立有利于己方的价格参照和相关的优劣势比较,为己方报价提供有力证据。

例如,对男士推销某产品时常用吸烟来比较,如购买此产品只需少吸一包烟;而对女士进行推销时,常用买衣饰、化妆品来比较。再如,把自己的产品价格与另一个价格较高的产品比较,或者将产品价格与消费者日常开销进行比较,相比之下,更显得此产品价格便宜。

(3) 报价分割策略。为了迎合对方的求廉心理,将商品的计量单位细分化,然后按照最小的计量单位来报价。采用这种报价策略,能使买方对商品价格产生心理上的便宜感,容易为买方所接受。

例如,1000 克西洋参 900 元,销售员在报价时则说每克 0.9 元。又如,英国销售员在报咖啡价格时,不说"每磅咖啡两英镑"而说"50 便士可买 1/4 磅"。通过把商品化整为零的报价,使对方不认为商品很贵。

(4) 报价差别策略。根据商品需求的不同,同一商品报价也不同。比如,对老客户和大批量购买的客户,可适当实行价格折扣;对新客户,有时为开拓新市场,也可适当给予让价;对某些需求弹性较小的商品,可适当实行高价策略;对方"等米下锅"时,价格则不宜下降;旺季较淡季,价格自然较高;交货地点远程较近程,应适当加价;支付方式,一次付款较分期付款或延期付款,价格需要给予一定优惠,等等。

无论是卖方的报价还是买方的出价,都应该考虑在不同附加因素条件下,报价和出价应有差别,这就是报价差别策略。

分析案例6-3

李先生酷爱陶瓷花瓶,并认为花瓶时间越久收藏价值越高。某天,他在一家陶瓷店里发现了一个看上去有点久远的花瓶。老板不在,只有一个很年轻的小姑娘在店里。花瓶上没有贴价格标签,他在心里大体定了一个目标:最多500元。他问小姑娘(营业员):"这个花瓶多少钱?"小姑娘愣了一下:"老板说这个花瓶很贵,要1000元。"他说:"太贵了,你看花瓶上还有一层灰,肯定不是好东西,我给你300元吧,卖不卖?"那位营业员连眼睛都没眨一下,说道:"好,成交,这花瓶就卖给你了。"

尽管以比预计更低的价格买到了花瓶,李先生却一直忐忑不安,老是担心这个花瓶有什么问题,自己是不是还价太高了,是不是200元就能买下了。回到家,李先生没有把它摆到博古架上,而是塞在角落里。直到有一天他把花瓶拿到博物馆找人进行鉴定,才知道他当时的判断是正确的,这个花瓶确实是民国时期的物品,现价值两三千元。

(案例来源:刘燕.商务谈判技巧[M].北京:人民邮电出版社,2010.)

思考:李先生为什么会不安呢?营业员懂得商务谈判规则吗?不匆忙接受第一次出价的最好策略是什么?

第二节 磋商阶段的讨价还价

商务谈判磋商过程中,由于谈判双方对谈判的结果期望不同,当交易一方发盘之后,在初期报价上的差异多少带有技术上、策略上的考虑,双方往往不会很快就有关问题达成一致。

事实上,参与谈判的任何一方都既想竭力降低对方的期望值,挑剔对方的报价,不厌其烦地指出报价的不合理,同时又想尽力维护自己的立场,反复阐述自己的理由,说服对方接受自己的"合理"方案。

因此,另一方不会无条件地接受对方的发盘。而会提出"重新报价"或"改善报价"的要求,即"再询盘"俗称"讨价"。发盘方在接到或听到对方的要求后修改了报价或未修改报价,又称对方发盘,如果对方发盘即视为"还盘",俗称"还价"。如果受盘方接受或讨价方降低要求,即"让步"。

显而易见,"讨价还价"有三层意义:一是讨价;二是还价;三是经历多次的反复磋商,一方或双方做出让步,才能促成交易双方达成一致意见。商务谈判技巧离不开讨价还价,商务谈判的艺术性更多地体现在商务谈判中的讨价还价技巧等方面。

一、讨价概述

(一) 讨价的定义

所谓讨价,是在买方对卖方的报价评估之后,认为与自己的期望值差距太大,难以接受,提出重新报价或改变报价的要求,这也称为"再询盘"。在商务谈判中买方提出讨价要求,其目的具有双重性:其一可迫使卖方报价降低,这也体现了讨价要求的实质性;其二可误导对方对己方的判断,改变对方的期望值,并为己方的还价做好准备,这体现了讨价要求的策略性。

如果说,报价后的价格解释和价格评论是价格磋商的序幕,那么,讨价便是价格磋商的正式开始。

(二) 讨价的策略

1. 从讨价阶段分析

不同的阶段采取不同的讨价方式:

(1) 全面讨价策略。第一阶段,由于讨价刚开始,对对方价格的具体情况尚欠了解,因而,讨价的策略是全面讨价,即要求对方从整体上或商业条件的所有方面重新报价。常用于在较复杂交易中价格评论之后的第一次讨价,即对总体价格和交易条件的各个方面要求重新报价。

(2) 具体讨价策略。第二阶段,讨价进入具体内容,这时的讨价方法是针对性讨价,即在对方报价的基础上,找出明显不合理、含水分大的项目,针对这些明显不合理的部分要求把水分挤出去以改善报价。常用于在较复杂交易中对方第一次改善报价之后,由于不便采用全面讨价方式,所以就各分项的价格和具体的报价内容要求对方重新报价。

2. 从具体做法分析

(1) 投石问路策略。投石问路讨价策略是卖方发盘之后,买方不马上还盘,而是提出种种假设条件下的商品售价问题。此策略既能保持"平等信赖"的气氛,又有利于还价前对卖方情况的进一步掌握。

分析案例6-4

某食品加工厂为了购买某种山野菜与某县土产公司进行谈判。在谈判过程中,食品加工厂的报价是每千克山野菜15元。为了试探对方的价格"底牌",土产公司代表采用了投石问路的技巧,开口报价每千克山野菜22元,并摆出一副非此价不谈的架势。急需山野菜的食品加工厂的代表急了:"市场的情况你们都清楚,怎么能指望将山野菜卖到每千克18元呢?"食品加工厂的代表在情急之中暴露了价格"底牌",于是土产公司的代表紧追不放。"那么,你是希望以每千克18元的价格与我们成交啦?"这时,食品加工厂的代表才恍然大悟,只得无奈地应道:"可以考虑。"最后,双方真的以每千克18元的价格成交,这个结果比土产公司原定的成交价格要高出3元钱。

(案例来源:刘燕.商务谈判技巧[M].北京:人民邮电出版社,2010.)

思考:该案例中谈判者运用了何种谈判策略?

(2) 严格要求策略。严格要求策略是买卖双方均可运用的策略。如买方对卖方的商品从各个方面进行严格检查,提出卖方交易中的许多问题并要求卖方改善报价,这就是买方的严格要求策略。买方严格要求的范围,一般是在商品质量、性能等使用价值方面和成本价格,以及运输等方面寻找"弱点"。

(三) 讨价的次数

所谓讨价的次数,是指要求报价方改善报价的有效次数,亦即讨价后对方降价的次数。从报价方的角度讲,当做了两次价格改善后就会停止,要求讨价方尽快还价。这时,只要讨价方觉得报价方的价格没有明显改善,即对报价中含有的水分没有做较大修改,就要继续讨价。

讨价的次数既是客观数字,也是心理数字。但讨价进行的次数,主要根据价格分析的情况和报价方价格改善的状况来定,一般呈现以下规律:

从全面讨价来分析,一般价格谈判的初始报价都包括一个策略性的虚头部分,同时,报价方出于达成交易和与客户维护"良好关系"的心理,在对方讨价时,往往会有"姿态性的改善"。从具体讨价来分析,当交易内容按照价格中的虚头分为三类时,就意味着至少可以讨价三次,其中,虚头大的、虚头中等的又可至少攻击两次,这样算来,按三类分别讨价,实际上可能讨价五次以上。

(四) 讨价的注意事项

(1) 仔细分析卖方报价的全部内容,询问此种报价的依据和理由以及各项交易条件的灵活程度。

(2) 对谈判的情形进行合理判断,弄清双方的分歧所在,评估双方的谈判实力和谈判条件以及谈判的发展方向。

二、还价概述

(一) 还价的定义

在商务谈判磋商阶段还价是针对一方的报价,另一方所做出的反应性报价。具体来说,还价以讨价作为基础。在一方先报价后,另一方不会全盘接受,而是根据对方的报价,在经过一次或几次报价之后,估计其保留价格和策略性虚报部分,推测对方可妥协的价格范围,然后根据己方的既定策略提出自己可接受的价格,反馈给对方。

例如:

卖方:每台1000元。(报价)

买方:该价格与市场行情相差太远,不切实际,请重新报价。(讨价)

卖方:900元,这是最低价。(重新报价)

买方:700元,这是我们出的最高价。(还价)

(二) 还价的方式

按照谈判中还价的依据,还价方式可分为按分析成本还价和按分析比价还价两种。按照谈判还价的项目,还价方式又可分为单项还价、分组还价和总体还价。

1. 按分析成本还价

是指己方能计算出所谈产品的成本,然后以此为基础再加上一定百分比的利润作为依据进行还价。这种还价的关键是所计算成本的准确性,成本计算得越准确,说服力越强。

2. 按分析比价还价

按分析比价还价是指己方不了解所谈商品本身的价值,因此以与其相近的同类商品的价格或竞争者的商品价格作为参考进行还价。这种还价的关键是所选择的用作对比的产品是否具有可比性,只有比价合理才能使对方信服。

3. 单项还价

单项还价是指对商品逐项、逐个进行还价。例如,对成套设备,按主机、辅机、备件等不同的项目进行还价。

4. 分组还价

分组还价是指把谈判对象划分成若干项目,并按每个项目报价中所含水分的多少分成几个档次,然后逐一还价。报价中含水分多的多压价,含水分少的少压价。

5. 总体还价

总体还价即一揽子还价,是指不分报价中各部分所含水分的差异,均按同一百分比还价。一般说来,由于针对性不强,所还的价格相对较高。

(三)还价的起点

在选定了还价的方式后,最关键的问题是以什么条件作为第一次还价。还价的起点是买方第一次公开报出的打算成交的条件,即买方的初始报价,其高低直接关系到自己的经济利益,也影响着价格谈判的进程和成败。

还价起点的总体要求是:① 起点要低,力求使自己的还价给对方造成压力。② 接近目标,还价的起点要低但又不能太低,要接近谈判的成交目标,否则会被认为无诚意,影响谈判的顺利进行。

还价起点的确定,从量来讲有三个参照因素:

(1)与自己目标价格的差距。对方报价与己方准备成交的价格目标的差距越小,其还价起点应当越高;反之,差距越大,其还价起点就应越低。

(2)报价中的含水量。对于所含水分较少的报价,还价起点应当较高,以使对方同样感到交易诚意;对于所含水分较多的报价,还价起点就应较低,以使还价与成交价格的差距同报价中的含水量相适应。

(3)准备还价的次数。在每一次还价的增幅已定的情况下,当己方准备还价的次数较少时,还价起点应当较高;当己方准备还价的次数较多时,还价起点应当较低。

(四)还价的技巧

1. 吹毛求疵法

吹毛求疵法是买方在谈判中采用的虚张声势、虚实结合的办法,再三挑剔对方的缺点,以打乱对方阵脚,从而为自己的讨价还价争得余地。

该讨价技巧一般适用于对方是谈判新手,缺乏谈判经验,或在购买商品的情形下使用。

面对谈判对手采用该还价技巧时的应对措施如下:

第一,冷静、耐心听取对方的意见,尽可能掌握对方的真实意图。一般情况下,"嫌货才是买货人"。

第二,开诚布公地说明自己产品的优缺点,使对方无计可施。

第三，提出一系列解决问题的办法让对方选择。

2. 声东击西法

声东击西法是指利用一些对对方具有吸引力或突发性的话题与对方交谈，或通过所谓的谣言、秘密或有意泄密等手段借以琢磨和探测对方的态度和反应的一种策略。例如："如果我方增加购买数量，你们可否考虑优惠一下价格呢？""如果我们以现金支付或采取分期付款的形式，你方的产品价格有什么差别？"

当使用该技巧时应注意以下问题：

第一，提问题要恰当，避免含有错误或敌意问题。

第二，提问题要有针对性。

第三，尽量避免暴露提问的真实意图。

面对谈判对手采用该还价技巧时的应对措施如下：

（1）向对方提出反问题，或直截了当地向对方询问其交易的真实需要及其期望的交易条件。例如：当对方询问订货数额增加到5000件时的优惠价格，你可以反问"你希望优惠多少？"，或"这么说你准备购买5000件，是吗？"

（2）有些问题拖后回答，效果也许会更好。

（3）分析对方提问的真正意图和目的。

3. 价格诱惑法

价格诱惑法就是卖方利用市场商品价格看涨的有利时机，把买方的注意力吸引到价格上来，以给对方优惠价格诱使对方与己方迅速签订购买协议。

价格诱惑法的具体操作如下：

（1）商品价格看涨，要求对方现在签订合同，三个月或半年以后交货仍按现在的价格结算。

（2）商品价格已经上涨，要求对方立即签订合同，可享受按原价结算的优惠待遇。

当对手采用价格诱惑技巧时的应对措施如下：

（1）严格按照谈判计划进行谈判，该讨价还价的绝不随意迁就。

（2）买方要根据实际需要确定订货单，不要被卖方在价格上的诱惑所迷惑。

（3）买方要反复协商，推敲各种项目合同条款，充分考虑各种利弊关系。

4. 抬价法

抬价策略是指谈判双方已经谈好价款，供方却突然提出提价，需方尽管恼怒，但为了避免谈判破裂或损失，只好再和供方磋商，最后以较高的价格成交。

抬高价往往会有令人意想不到的收获。许多人常在双方已商定好的价格基础上，又反悔变卦，抬高价格，而且往往能如愿以偿。

分析案例 6-5

某钢铁厂采购耐火砖，某耐火材料厂向其报价800元/吨。钢铁厂的谈判人员估计700~750元/吨能成交，10天后双方正式展开谈判，不料耐火材料厂一开始便抢先解释本方先前报价有误，且是10日前报价，现重新报价1000元/吨。当时耐火材料行情已有上涨的先兆。钢铁厂谈判人员开始怀疑自己原先估计有误。最后双方以原先的报价800元/吨成交。

（案例来源：刘燕.商务谈判技巧[M].北京：人民邮电出版社，2010.）

思考:该案例采用的还价技巧有何启示?

三、价格磋商的讨价还价

(一)价格的分类

1. 积极价格与消极价格

商品以及其他条件能满足对方的利益要求或主观愿望,能够获得更多的顾客让渡价值,使对方觉得你的商品价格便宜,这就是积极价格。如果对方对你的商品及有关条件都不满意,那么这个价格就是昂贵的,这就是消极价格。

2. 实际价格与相对价格

商品以及其他条件能满足对方的利益要求或主观愿望,能反映商品使用价值的价格,称为相对价格。在商务谈判中,人们往往比较强调反映商品价值的实际价格,而忽视反映商品使用价值的相对价格。

3. 整体价格与单项价格

一个综合性的技术引进项目,通过单项价格谈判,不仅能使综合项目得到优化,而且综合价格能大幅度降低。总之,当谈判在整体价格上出现僵局时,可以尝试采用单项价格进行谈判,常常会取得意想不到的效果。

4. 主要商品价格与辅助商品价格

对于一些商品,不仅要考虑主要商品的价格,还要考虑其辅助商品的价格。有一些厂商的定价策略采用组合定价,对主要商品定价低,但对辅助商品定价高,并由此增加盈利。

(二)价格的影响因素

在商务谈判中,应当首先了解影响价格的各种决定因素,具体来说,主要包括以下方面:① 商品成本;② 市场行情;③ 利益需求;④ 相关服务;⑤ 交货期要求;⑥ 市场竞争状况。其中上述每一因素,又受到其他许多子因素的影响制约,并处于相互联系、不断变化之中。

(三)价格评论

1. 价格评论的意义

从买方的角度来看,通过价格评论可以针对卖方在价格解释中的不实之词加以抨击,并指出其报价的不合理之处,从而在讨价还价之前先压一压对方报价的"虚头"与"水分",为后面的价格磋商创造有利条件;从卖方的立场来看,价格评论是对己方所作报价及其解释的信息反馈,通过买方的价格评论来了解其需求程度、交易欲望以及其他最为关切的问题,为下一步的价格解释和讨价还价做好准备。

2. 价格评论的技巧

价格评论的原则是:在寸利相争的前提下,动之以情,晓之以理。其具体技巧主要有以下几点:

(1) 内紧外松,张弛有度。

(2) 在严密组织下自由发言。

(3) 动之以情,晓之以理。

(4) 评论与侦查相结合。

(四) 价格磋商注意事项

商务谈判磋商阶段双方就价格上的讨价还价应注意如下几点：
(1) 谈话范围广泛，双方有充分的回旋余地。
(2) 是双方观点的交锋，而不是双方人员的冲突。
(3) 诚心诚意地共同探讨解决问题的途径。

一般而言，双方的初始报价肯定存在着分歧（这也是产生讨价还价过程的原因），如图6.1所示，分歧范围一般在 s2、b2 之间。

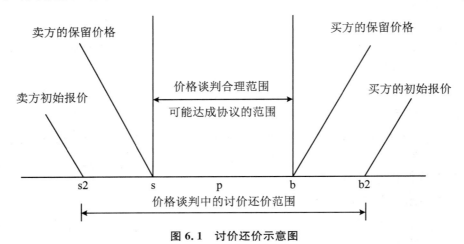

图 6.1　讨价还价示意图

（来源：丁建忠.商务谈判学[M].北京：中国商务出版社，2004.）

从图中得出，第一次报价不值得相信（无论哪方报价），所以必须留出减价空间，一次不能减价太多，否则对方会认为减价空间还很大，减价幅度的变化某种程度上表明了谈判者的底线，若谈判者顽固坚持减价可能失败（谈判破裂），但也有可能瓦解对方的意志。

第三节　磋商阶段的让步

谈判的过程是利益博弈的过程，需要双方都做出某种程度的让步。坦白来讲，谈判就是让步的艺术。如果谈判双方互不让步或一方始终不做一点让步，谈判各方就无法达成任何协议，各方利益也无法得到满足，谈判必定失败。因此，可以说，没有让步就没有合作，也就没有谈判。

实际上，许多商务谈判中，卖方价格的递减和买方价格的递升就是谈判中的让步。这种让步实质上就是双方积极互动，当然，如何在商务谈判磋商阶段正确让步，这是一项策略的问题。

一、对磋商阶段让步的认识

让步是一种策略，通过让步满足对方的需要来换取对方的合作，达到谈判预期目标。让步是一门艺术,让步幅度的大小、让数次数的多少、何时让步、怎么让步、向谁让步等,都必须把握得恰到好处,这样才能起到有效作用,达到既定目标。

（一）让步的方式

让步在谈判中有多种表现方式,在实际运用中,要根据对方的反应灵活运用,切忌一成不变固守一种模式。另外还要综合考虑双方利益的得失。

谈判策略实施的关键在于如何运用让步方式,从而使让步更为有效。以价格谈判中的卖方让步为例,假设一位卖方预定的最大让步值为60个货币单位,并且谈判分四个轮次进行,可以将让步方式概括为以下八种类型,见表6.1。

表6.1　八种常见的让步类型

让步形态	第一轮让步	第二轮让步	第三轮让步	第四轮让步
1. 坚定型	0	0	0	60
2. 平均型	15	15	15	15
3. 递增型	8	13	17	22
4. 波浪型	22	13	17	8
5. 递减型	26	20	12	2
6. 效率型	49	10	0	1
7. 阻击型	50	10	−1	1
8. 诚实型	60	0	0	0

（来源:刘燕.商务谈判技巧[M].北京:人民邮电出版社,2010.）

下面将具体分析这八种类型各自的效果:

第一种让步方式(0/0/0/60),这是一种坚定的让步方式,让对方一直以为妥协的希望很少,若是一位软弱的买主可能早就放弃和卖主的讨价还价了,而若对方是一位强势的买主则会坚守阵地,继续迫使卖主做小的让步。先试探情况,然后争取第四轮的最高让步。当然买主必须冒着形成僵局的风险。

第二种让步方式(15/15/15/15),假如买主肯耐心等待,这种让步方式将会鼓励他继续期待更进一步的让步。而假如卖主能把谈判时间拖长,便能使对方厌烦不堪,不攻自退了。

第三种让步方式(8/13/17/22),这种让步形式往往会造成卖主的重大损失,因为它诱导买主相信"更加令人鼓舞的日子就在前头"。买主的期望随着时间越来越长,要求也越来越多。

第四种让步方式(22/13/17/8),这种让步形式能显示出卖主的立场越来越坚定。表示卖主虽愿意妥协,但是防卫森严,不会轻易让步。

第五种让步方式(26/20/12/2),这种让步形式表示出强烈的妥协意愿,不过同时也告诉买主:所能做的让步非常有限了。在谈判前期,有提高买主期望的危险,但是随着让步幅度的减少,卖主趋向一个坚定的立场后,险情也就逐渐降低了。这时聪明的买主便会领悟到,更进一步的让步已经是不可能了。

第六种让步方式(49/10/0/1),这种让步形式很危险。因为一开始就大让步,将会大幅度地提高买主期望,不过接着而来的第三轮的拒绝让步和最后一轮的小小让步,会很快抵消这个效果。这是一种很有技巧的方法,使对方知道,即使是更进一步的讨论也是徒劳无功的。从卖主的观点来说,危险全在于一开始就做了49元的大让步,他永远不会晓得买主是否愿意付出更高的价钱。

第七种让步方式(50/10/-1/1),这种让步形式是从第六种形式复制出来的。第三轮的轻微涨价(可能是由于刚刚发现到计算错误),表示出更坚定的立场。第四轮又恢复了1元的减价,这会使得买主深感歉意。

第八种让步方式(60/0/0/0),这种让步形式对于买主来说,有着极强烈的影响,一下消减60元,使他把期望大大的升高了。

从上述八种让步形态可以看出:谈判一方所采用的不同让步方式可以传递不同的信息。从实际谈判情况来看,采用较多的是第五种让步方式;第七种方式是对让步失误的一种调整,运用得好可以阻击对手的期望值,迅速达成交易,反之,则容易造成谈判僵局;第二、三、四、六种让步方式实际采用得很少;而第一、八种让步方式基本不被采用。

(二)让步的技巧

谈判策略中有一个著名的"90vs10"法则。说的是如何在规定的谈判时限内,有效分配让步方案。有经验的谈判者往往在90%的时间里只做10%的让步,或者说在临近结束的短暂时间里,高效率地敲定大部分对手最关切的利益。这在双方争夺同一种利益过程中,不失为一种进退谋略。

让步本身需要一定的技巧。让步实质上是谈判者利益的一种割让,是为了达成一致协议而必经的过程。谈判让步的实质决定了让步技巧的实施必须遵循下述一般原则:

(1)让步必须是对等的。
(2)在对方攻势有所减弱时,再做出让步。
(3)如果时间允许,应当在长时间里缓慢让步。
(4)让步的幅度应越来越小,以此向对方传达自己已经接近盘底的信息。

谈判者在价格磋商让步中应注意选择让步的时机。在重要的关键性问题上力争使对方先做出让步,同时不要让对方轻易从你手中获得让步的许诺,不要承诺做出与对方同等幅度的让步。

让步要有明确的导向性和暗示性。要注意使己方的让步同步于对方的让步。一次让步的幅度不宜过大,让步的节奏也不宜过快。让步之后如觉得不妥,可以寻找合理的借口推倒重来。

分析案例6-6

美国一家航空公司要在纽约建立大的航空站,想要求爱迪生电力公司提供优惠电价。这场谈判的主动权掌握在电力公司一方,因为航空公司有求于电力公司。因此电力公司推说如给航空公司提供优惠电价,公共服务委员会不批准,不肯降低电价,谈判相持不下。

这时航空公司突然改变态度,声称若不提供优惠电价,它就撤出这一谈判,自己建厂发电。此言一出,电力公司慌了神,立即请求公共委员会给予这种类型的用户电价优惠,委员会立刻批准了这一要求。但令电力公司惊异的是航空公司仍然坚持自己建厂发电,电力公司不得已再度请求委员会降低价格,到这时,电力公司才和航空公司达成协议。

(案例来源:丁建忠.商务谈判[M].北京:中国人民大学出版社,2006.)

思考：该案例给你何种启示？

二、磋商阶段的让步与进展

谈判本身是一个讨价还价的过程，也是一个理智的取舍过程。如果没有舍，也就不能取。谈判是双方利益相协调的过程，因此在谈判磋商过程中对己方条件做一定的让步是双方必然的行为。

让步，在商务谈判中是指谈判双方向对方妥协，退让己方的理想标准，降低己方的利益要求，向双方期望目标靠拢的谈判过程。任何一个谈判者对即将举行的谈判都要做好心理准备，以适应谈判场上各种变幻莫测的情况。不同的矛盾有不同的让步方式。如何把让步作为谈判中的一种基本技巧、手段加以运用，这是让步策略的基本意义，而了解让步的形态和选择是运用好让步策略的基础。

（一）让步的原则

只有在需要的时候才让步，不要轻易做出让步；要以让步换让步；不要在重大问题上先做让步；每次让步都让对方感觉为最后让步；让步时意图不要表现得太明显，具体原则如下：

第一，有效适度的让步。在商务谈判中一般不要做无谓的让步。有时让步是为了表达一种诚意；有时是为了谋取主动权；而有时是为了迫使对方做相应的让步。

第二，让步要谨慎有序。让步要选择适当的时机，力争做到恰到好处，同时要谨防对方摸出我方的虚实和策略组合。

第三，双方共同做出让步。在商务谈判中让步应该是双方共同的行为，一般应由双方共同努力，才会达到理想效果。任何一方在先行让步后，若对方未做相应的让步，一般不应做继续让步。

第四，每做出一项让步，都必须使对方明白本方的让步是不容易的，而对对方来说这种让步是可以接受的。

第五，对对方的让步要期望得高些。只有保持较高的期望，在让步中才有耐心和勇气。

分析案例 6-7

"双赢"的让步

"水木年华"公司业务员李莉去石材店采购板材，相中了橱窗里陈列的"将军红"大理石板材。她走进商店问价钱，老板心里清楚进价为 180 元/m^2，但没有告诉她售价，只是给她倒了一杯茶。李莉开始为买"将军红"打埋伏，说她想要"黑珍珠"石材。"这里有很漂亮的黑色大理石"，老板边说边请她看样品。李莉又改口，说想要更厚一点的，老板说他也有这样的大理石。

至此，李莉决定为那批"将军红"与老板讨价还价。她再次询问价钱，老板说 300 元。"这太贵了"，李莉开始还价，出价 200 元。"260 元"，老板说。"谢谢！"李莉边说边朝门口走去，老板怕失去这桩生意，终以 210 元/m^2 的价格卖给了李莉一批石材。这笔业务老板赚了近 17%，比预期 15% 的毛利率多了两个百分点。最终皆大欢喜。

（案例来源：刘燕．商务谈判技巧[M]．北京：人民邮电出版社，2010．）

思考：老板有必要让步吗？

(二) 实施让步策略

1. 磋商阶段的僵局处理

在商务谈判磋商过程中难免会出现僵局现象,通常出现在谈判双方对利益的期望或对某一问题的立场和观点存在分歧,很难达成共识,而又都不愿做妥协时,谈判进程就会出现停顿,磋商阶段即进入僵局,其特征见表6.2。

表6.2 谈判磋商阶段僵局特征

特征一	谈判最困难、紧张的阶段
特征二	进入实质性问题的洽谈,明确自己的要求、意图、目标,提出问题,回答问题
特征三	交流更多的信息,核心是明确"报价"
特征四	真正对抗和实力较量,交锋可能会多次,对立是谈判的命脉

(来源:丁健忠. 商务谈判[M]. 北京:中国人民大学出版社,2006.)

磋商阶段僵局会有两种后果:一是打破僵局继续谈判;二是谈判破裂。当然后一种结果是双方都不愿看到的。因此了解谈判僵局出现的原因,运用科学有效的让步策略和技巧打破僵局,重新使谈判顺利进行下去,就成为谈判者必须掌握的内容,具体的处理方式如下:

(1)制订出让步的计划。让步要做到:让步幅度要递减,次数要少,速度要慢。让步前要计划好:哪些问题决不让步,哪些问题可以主动让步,哪些问题可以被动让步,以及可让多少。此外,重大问题一定要先对方提出让步,再考虑,不可主动。

(2)留出让步的谈判空间。谈让步是要花很多时间和精力的,让步实质上也是讨价还价的延伸。在做出让步前,要先给自己最基本的利益寻求一个更充分的回旋余地与时间。

例如:飞机落地晚点,空姐报时飞机将晚一个小时到,但实际只晚了半个小时,客机确实是晚点了,但乘客表现出来的却是满意与庆幸。因为空姐事先给晚点留了一个空间。

2. 磋商阶段的让步策略

在谈判中,双方都是必定要让步的,但是让步的幅度不能过大,次数也不能过于频繁,否则会过早地让对方知道自己的底线。每一个谈判者对即将举行的谈判都要做好心理准备,以适应谈判场上各种变幻莫测的情况。不同的矛盾有不同的让步方式。如何把让步作为谈判中的一种基本技巧、手段加以运用,这是让步策略的基本意义,而了解让步的形态和选择是运用好让步策略的基础。

(1)予远利谋近惠的让步策略。商务谈判磋商过程中客观地存在对谈判需求的两种满足方式,而对于有些谈判人员来说,可以通过给予其期待的满足或未来的满足而避免给予其现实的满足,即为了避免现实的让步而给予对方以远利。

当对方感觉较好时,可能会放弃现实的争取而对未来持有希望,即采取弃近利取远惠的做法,这样也就避免了己方现实的让步。

(2)互利互惠的让步策略。所谓互利互惠的让步策略是指以己方的让步,换取对方在某一问题上的让步的策略。

从理论和实践的综合角度来看,能否争取到这种互利互惠的让步方式,很大程度上取决于商谈的方式:一种是横向铺开式商谈,将几个谈判议题同时加以讨论,也就是每个议题同时取得进展,然后再统一向前推进;另一种是纵向深入式商谈,即先集中谈判重要议题,再开始解决其他议题的纵向前进方式。

很显然,采用纵向商谈方式,比较容易使双方产生对某一问题的纠缠,争执不休,可在经过一番努力后,往往会出现单方面让步的局面。相对应地,如果采取横向商谈方式,因为该种方式把整个谈判的内容、议题集中在一起同时展开,所以双方很容易在各个不同的议题上进行利益交接,从而达到互利互惠的让步策略。

(3) 己方丝毫无损的让步策略。所谓丝毫无损的让步是指在谈判过程中,当谈判对手就其一个交易条件要求我方做出让步时,在我方看来,其要求确实有一定道理,且对方又不愿意在这个问题上做出实质性的让步,这时,可以采取这样一种处理办法,即首先认真倾听对方的诉说,当然,这也是商务谈判中必须做到的一点。在认真倾听的同时,向对方表示这样一个意思,我方已充分地理解了贵方的愿望和要求,也同样认为贵方的要求是具有一定合理性的。但是,依我方目前状况看,因为受到种种原因的限制,实在难以接受贵方的要求,不过我们一定向对方保证:我们给贵方在这个问题上的交易条件一定是最优越的,不会有任何一个其他用户会享受比贵方更好的待遇,这点请贵方放心,同时也请贵方能够谅解我们。通常情况下,如果不是原则性很强的问题,对方往往会通情达理,接受我方的想法进而放弃让步的要求。

◆**内容提要**

谈判是双方不断磋商最终达到价值交换的一个过程。在商务谈判磋商过程中,在准确理解对方利益的前提下,努力寻求双方共同互利的解决方案也是一种达成协议的方式,报价—讨价还价—让步的过程既需要把握时机又需要掌握一些基本技巧。

在商务谈判磋商过程中,为了达成协议,技巧策略是必要的。但是,技巧不是轻率的行动,必须慎重处理遵循基本原则。成功的策略可以起到以局部小利益的牺牲来换取整体利益的作用,甚至有些时候可以达到"四两拨千斤"的效果。

◆**关键词**

磋商阶段　报价　讨价还价　让步

◆**复习思考题**

1. 报价的方式有哪几种?各有什么优缺点?
2. 还价的原则是什么?还价的方法和策略有哪些?
3. 让步的原则是什么?理想的让步方式有哪几种?各有什么优缺点?
4. 磋商阶段出现谈判僵局的特征有哪些?如何处理谈判僵局?

◆**思考案例**

柯泰伦曾是苏联派驻挪威的全权代表。她精明强干,可谓女中豪杰。她的才华多次在外交和商务谈判上得以展示。有一次,她就进口挪威鲱鱼的有关事项与挪威商人谈判。挪威商人精于谈判技巧,狮子大开口,出了个大价钱,想迫使买方把出价抬高后再与卖方讨价还价。而柯泰伦久经商场,一下识破了对方的用意。她坚持出价要低、让步要慢的原则。买卖双方坚持自己的出价,谈判气氛十分紧张。各方都拿出了极大的耐心,不肯调整己方的出价,都希望削弱对方的信心,迫使对方做出让步。谈判进入了僵持状态。

柯泰伦为了打破僵局,决定运用谈判技巧,迂回逼进。她对挪威商人说:"好吧,我只好同意你们的价格啦,但如果我方政府不批准的话,我愿意以自己的工资支付差额,当然还要分期支付,可能要支付一辈子的。"柯泰伦这一番话表面上是接受了对方的价格,但实际上却是以退为进，巧妙地拒绝对方的要求。挪威商人对这样的谈判对手无可奈何。他们怎么能让贸易代表自己出工资支付合同货款呢？他们只好把鲱鱼的价格降了下来。

问题：该案例采用了何种谈判策略技巧？

案例分析：柯泰伦在此次谈判中运用了让步的策略和附加条件法。具体表现为：此刻的谈判处于僵局状态，如果再持续下去，双方将不能达成此次交易，受损的可能还是我方。因此她让步同意了罗威商人的高价出售，但是用了附加条件法，附加条件就是我同意你的条件，但是我的政府不会愿意的，为了做成这次交易，我愿意用我的工资来支付差价（这只是个借口，事实上是不可能的事情）。其意思是，现在我们达成了协议，同意了你的高价，但是我方政府只出相应的价格，差价由我的工资来支付，那么这时罗威商人就无话可说，只好答应柯泰伦的条件，因为用她的工资来支付差价是不可能的。所以罗威商人在此时不得不做出让步。退一步讲，罗威商人做出让步还是有利可图的，对自己并没有什么损失。

第七章　商务谈判的成交

本章结构图

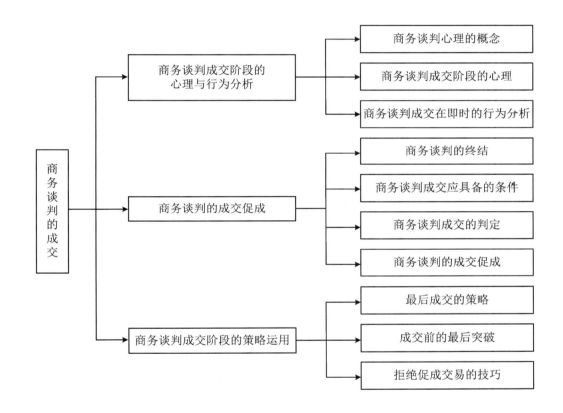

学习目标

理解和运用商务谈判成交阶段的心理特征与行为分析,了解谈判对手的需求和心理特征;准确把握成交的基本条件和有利时机,灵活运用促成成交的相关技巧;掌握成交的基本方法和主要策略。

导入案例

搞定不专一的经销商

某户外运动品牌,在国内市场占据前五位置。东北区域是其重点市场,该区域某经销商由公司扶持发展壮大,从零起步到年销量过千万,逐渐成长为公司的一个重要客户。实力壮

大后,经销商前来跟公司谈条件,提出了三个要求:

1. 对其全面铺货;
2. 加大换货比例;
3. 加大返利等政策支持。

负责东北大区的杨经理在公司总部接到经销商电话,第一时间没有做过多回应,回答说:"我回公司开会,三天内给你答复。"挂完电话后,他先通过关系了解经销商实情,发现经销商准备上另一品牌,且已跟某大商场谈好了门店位置。万事俱备,只等上货了。这次跟公司谈判的目的就是要腾出资源经营另一品牌。了解情况以后,杨经理马上通过市场上的朋友放风,说要在当地另找一个经销商。果然,第二天,经销商打电话来质问杨经理是什么意思。杨经理回答说:"原定今年销量你要增长50%,按现在销售进度,你不但完不成,还要做另一品牌。既然这样,那我就再找一个经销商替你减轻负担。"经销商说:"你给我那三个政策我就能完成任务。"杨经理果断拒绝:"公司不可能有这个政策。我只能给你另外三个政策,第一,加大对你的拜访力度,并深入终端帮助你提升销量;第二,加大品牌的推广力度,组织更多的户外活动;第三,加大你商场促销的支持。这样你完全可以完成任务。"经销商说不可以。大区经理最后回应说:"我不是代表我个人在跟你谈,我是在以公司的名义跟你谈。"接下来三天时间,双方均以沉默对抗。最后,经销商沉不住气,终于妥协了,发了一个简短的短信:"杨经理,谢谢你!"后面,杨经理也兑现了自己的三个承诺,双方共同配合,顺利把今年销售任务完成。

经过这次区域经理的强力阻击后,经销商到现在也没经营第二个同类品牌。

(资料来源:公众号渠道销售培训师马坚行)

第一节 商务谈判成交阶段的心理与行为分析

一、商务谈判心理的概念

商务谈判顺利进入成交阶段是谈判双方都愿意看到的结果,这表明谈判双方都得到了满意的结果,同时也表明谈判过程是成功的,正因如此,这一阶段常常容易被大家忽视,而事实证明,很大一部分谈判破裂是发生在成交阶段。与磋商阶段不同,成交阶段的不确定因素更多。随着谈判进度的推进,会有越来越多计划外议程出现,这时,如果谈判人员想通过之前搜集的信息和资料来控制谈判局势是很困难的。因此,商务谈判成交阶段需要重视心理与行为分析工作。谈判人员如果能较好地把握对方的心理特征进而做出一定的行为分析,将会大大帮助谈判成交阶段朝着有利于己方的方向顺利发展。

商务谈判心理是指在商务谈判活动中谈判者的各种心理活动。它是商务谈判者在谈判活动中对各种情况、条件等客观现实的主观能动的反映。人际交往贯穿商务谈判全过程,从准备工作伊始,谈判队伍的建设,谈判计划的制订到谈判开局甚至到签订协议阶段,人际交往都会影响谈判各方的心理活动和行为举止,直接影响商务谈判的最终结果。正是因为人的心理活动具有复杂性等特点,决定了商务谈判过程无法一蹴而就,往往伴随着各种策略的运用。例如,当谈判人员在商务谈判中第一次与谈判对手会晤时,如果对手表现出真诚有礼貌的态度,那么很容易取得对方的信任和好感,当谈判人员在心理上认可和信任其谈判对手时,会直接影响到整个谈判过程的成败。反之,如果谈判对手态度狂妄、盛气凌人,难以友好相处,谈判人员就会对其留下坏印象,从而对谈判的顺利开展存有忧虑。

我们在商务谈判过程中,了解谈判心理的规律,研究谈判对手的心理活动,目的是希望帮助每个谈判环节顺利进行,最终促成商务谈判的成交。我们在学习商务谈判时,始终不能忽视谈判心理这一关键要素,因为它贯穿整个谈判过程。在正式运用商务谈判心理促进谈判成交前,我们需要了解商务谈判心理的特点和作用。

(一) 商务谈判心理的特点

1. 内隐性

商务谈判的内隐性是指谈判过程中谈判人员的心理活动是隐藏在内心的,别人无法直接观察到。例如,谈判一方人员在见面时表现出友好热情的态度,给人以亲切温和的感觉,但在谈及具体价格、质量、售后服务等方面的协议时,却表现出尤为强硬的态度,分毫不让。由于人的心理会影响人的行为,行为与心理有密切联系,因此,人的心理可以反过来从其外显行为加以推测。

2. 相对稳定性

商务谈判心理的相对稳定性是指,某种商务谈判心理现象产生之后不会很快消失,往往具有一定的时效。例如,在正式谈判开始之前,如果谈判双方因为某些误会而产生矛盾,造成双方谈判人员都心存怨念,那势必会影响后续谈判的进行,这就是为什么我们一直强调谈判开局阶段的重要性,要为谈判营造合适的氛围。

3. 个体差异性

商务谈判的个体差异性是指人的心理表现是附着于每个个体的,由于个体的主客观情况不同,谈判者个体之间的心理状态也存在着一定差异。有的人生性敏感,可能一句无心的话语就能使他的情绪产生波动;而有的人天生不拘小节,性格活泼开朗,比较容易相处。所以,在研究商务谈判心理时,既要注意商务谈判心理的共同特点和规律,又要注意把握不同个体的性格特征。

4. 自调节性

商务谈判心理的自调节性是指,通过培训与学习不断提高谈判人员的心理控制能力,增强谈判信心,调节谈判情绪,以帮助谈判过程顺利进行。例如,在谈判过程中,面对谈判对手在进行开场陈述和报价时,己方谈判人员始终保持淡定、从容和自信的态度,不让对方看出己方的动机和破绽。

(二) 商务谈判心理的作用

1. 营造适当的谈判氛围

谈判氛围通常是在双方谈判之初很短时间内形成的,所以,通过谈判双方见面后的短暂接触形成对谈判结果有利的适宜氛围,对谈判者来说是一项挑战。虽然随着双方接触的时间增加和谈判过程的不断深入,谈判气氛可能会产生一定变化,但它仍主要取决于双方刚见面时的目光接触、走路姿势、手势、简短交谈、说话语调等。在这一阶段,谈判双方往往会注意力高度集中,思维活动明显加快,比平常更积极主动地接受外部所传达的信息,观察较平时也更细致入微,目的是不想错过任何了解谈判对手的机会。在这种状态下,对方人员进场入座时的目光、姿态、表情、谈话内容、谈吐口气、腔调表达等,往往被谈判者尽收眼底。通过对上述信息进行加工、整理,并形成一定的印象,最终通过某种形式表现出来,这个时候,谈判的气氛就形成了。

2. 培养谈判人员自身的心理素质

对于谈判人员应具备何种心理素质,古今中外仁者见仁、智者见智,不同的谈判情形,其要求也会有所不同,但有一些基本要求是共同的。例如,强烈的责任感、坚忍不拔的意志、谈判的诚意、良好的心理调控能力和敏锐的应变能力等,都是谈判人员必不可少的素质要求。学习和了解商务谈判心理,有助于帮助谈判人员树立自信,提高自身的心理素质,从而在谈判过程中从容稳重。

3. 揣摩谈判对手心理以实施心理诱导

谈判的过程是一项心理策略的较量过程,仅仅通过倾听谈判人员的语言特征来把握商务谈判的局面是远远不够的,还需要揣摩谈判对手的心理活动,在恰当的时候实施心理诱导。所谓知己知彼,方能百战不殆,在谈判过程中要充分了解谈判对手的心理特征,根据不同的心理采取不同对策,极力避免触犯谈判对手的禁忌,伤害他们的感情,造成不必要的心理隔阂,阻碍谈判进行。适当的时候,要对谈判对手进行心理暗示和诱导,使谈判结果朝有利于我方的立场上转变。

4. 恰当地表达和掩饰我方心理

在谈判过程中,通过揣摩对手的心理实施诱导,使得谈判结果朝着有利于己方的方向发展,此方法对方谈判人员也会采用。所以,谈判人员不仅要懂得察言观色,还需要具备恰当地表达和掩饰我方心理的能力,切不可因为心理因素而自乱阵脚。

二、商务谈判成交阶段的心理

商务谈判的最高境界是不战而屈人之兵,不谈而高人三分,如果能在心理上做到让客户屈服的程度,那么进行谈判也就非常容易了。既然谈判队伍是由人组成的,人是最根本的因素,那我们就不得不对人的因素进行分析,具体来说,首先人是具有情感的,不管何时他都不能像机器一样按部就班地处理问题;其次,人是具有既定的价值观的,个体呈现多元化特征;最后,不同的人具有不同的文化和教育背景,有不同的观点,从而导致其行为有时会难以把控。

当谈判接近成交阶段,这时主要的谈判条款都已经过了反复磋商,若想有所突破,达成成交,那么对方谈判人员的需求则是一个很好的切入点和关键因素。商务谈判由利益和需求引起,参与谈判的各方都希望各自的利益通过谈判协商得以实现,以此满足各自需求。因此,谈判者若想顺利获得谈判成功,那么就应该在谈判成交阶段仔细观察和研究谈判对手,在尽可能维护自己利益的基础上,顾及和满足谈判对方的直接和间接需求。

在谈判中运用需求理论进行分析、了解谈判对手的需要对谈判成功至关重要。美国心理学家马斯洛认为,人类采取各种行动是为了满足自己各种不同的需求,于是他提出了需求层次理论,将人类多种多样的需求归纳为五大类,并按照它们发生的先后顺序分为五个等级(见图7.1)。

(一)生理需求

生理需求是马斯洛需求层次理论中最低层次的需求,包括对食物、水、空气和住房等的

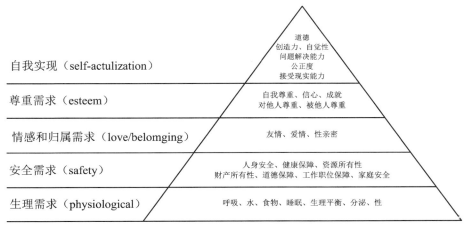

图 7.1 马斯洛需求层次理论

需求,人们在转向较高层次的需求前,总是尽力满足这类需求。例如,当一个人饥饿难耐时,他会想尽办法去寻找食物来满足自己的生理需求,这时他很难对食物以外的事物感兴趣。企业管理人员常利用员工的生理需求来进行激励管理,因为如果员工还在为生理需求而忙碌,那么他们就无法真正将精力放在工作上。基于这种假设,即人们为报酬而工作,主要关心收入、舒适程度等,所以利用增加工资、改善劳动条件、给予更多的业余时间和工司休息、提高福利待遇等方法,能有效激励员工,使员工积极投入工作中。在商务谈判中,谈判人员也要关心谈判对手生理需求的满足情况。

(二)安全需求

在马斯洛需求层次理论中,当人们的生理需求得以满足时,他们会转而追求更高一层次的需求,即对安全的需求,安全需求包括对人身安全、生活稳定以及免遭痛苦、威胁或疾病等的需求。与生理需求一样,在安全需求没有得到满足之前,人们不会去关心其他需求。对于企业的员工来说,安全需求表现为安全而稳定以及有医疗保险、失业保险和退休福利等。在商务谈判中,可以表现为谈判对手对于己方谈判人员和己方所在公司是否完全信任,谈判对手在进行谈判陈述和表达合作意向时是否对己方有所保留,这些都是谈判人员需要关注的地方。如果对方对己方心存芥蒂,有严重的自我保护倾向,则很难推动谈判的进程。

(三)社交需求

当人们的生理需求和安全需求都得到满足时,会继而产生一定的社交需求,社交需求包括对友谊、爱情以及隶属关系的需求。在马斯洛的需求层次理论中,这一层次与前两个层次截然不同。社交需求如果得不到满足,就会影响员工的精神状态,导致高缺勤率、低生产率,对工作不满及情绪低落。在商务谈判中,社交需求的表现也较为明显,谈判双方虽然代表的是各自公司,但双方之前若存在私交关系,则能对谈判的顺利进行起着很大作用。如果谈判人员当中有社交需求的人,他们往往希望在工作中寻找和建立温馨和谐的人际关系,希望建立良好的工作合作关系,为了拉近与这类人的关系,可以私下邀请他们参加一些集体的聚会活动等。

（四）尊重需求

当前三个需求都得到满足时,就会产生尊重需求,这是属于较高层次的需求,我们熟悉的尊重需求有:成就、名声、地位和晋升机会等。尊重需求既包括对成就或自我价值的个人感觉,也包括他人对自己的认可与尊重。有尊重需求的人希望别人按照他们的实际形象来接受他们,并认为他们有能力胜任工作。无法满足尊重需求的人往往会变得很爱面子,或是很积极地用行动来让别人认同自己,也很容易被虚荣所吸引。例如:在商务谈判中,谈判人员极力地为所在公司争取利益,是希望能在公司中提高自己的地位和声望,通过成功地完成谈判任务来取得公司认可。

（五）自我实现需求

自我实现需求是马斯洛需求层次中最高层次的需求,包括对真善美至高人生境界获得的需求,只有在前四项需求都得到满足的情况下方能相继产生,是一种衍生性需求,如自我实现、发挥潜能等。如果一个人物质生活很富有,不缺乏安全感,有着广泛的社交圈并且也得到了相应的尊重需求,但是却缺乏自我实现需求,那么这个人往往会觉得自己的生活充斥着空虚感,急切需求做一些能够实现自我价值的事,让自己感觉更充实,这样他才觉得人生有意义。一些企业家,真心认为自己所经营的事业能为这个社会带来价值,当这样的人作为谈判代表坐在谈判桌前时,会比较重视谈判过程的创新性,试图带来更多的附加价值。

三、商务谈判成交在即时的行为分析

行为学家认为,人的心理活动会通过一定的外在行为表现出来,而我们知道商务谈判是人与人相互交流和利益博弈的动态过程,为此,在商务谈判中运用行为分析的相关知识和理论,仔细观察、收集对方发出的无声语言也是十分重要的。世界著名非语言传播专家伯德维斯泰尔指出,两个人之间一次普通的交谈,语言传播部分还不到35％,而非语言成分则传递了65％以上的信息。作为一名商务谈判者,应该具备丰富的无声语言知识,掌握无声语言技巧,这对于洞察对方的心理状态,捕捉其内心活动的蛛丝马迹,促使谈判朝着有利己方的方向发展具有重要意义。

虽然大多数商务谈判都需要经历一系列过程,甚至反复周旋,但谈判双方都希望在保证自身利益的前提下尽可能高效达成成交意向。因此,在商务谈判过程中,准确把握成交的最佳时机尤为重要,不仅能大大提高商务谈判的效率,有时候甚至能成为谈判成功的关键因素。商务谈判成交的最佳时机是"心理上的适当瞬间",在这些瞬间,谈判各方的思想观点、见解可以协调一致。而这些适当的瞬间,我们可以从语言、行为和表情方面来把握。

商务谈判成交信号是指商务谈判的各方在谈判过程中所传达出来的各种希望成交的暗示。对大多数商务谈判人员而言,如何第一时间识别对方发出的成交信号,以及在对方发出此类信号时如何往成交的方向引导,并最终促成成交,成为所有成功谈判的"必杀技"。而一些经验欠丰富的谈判人员,往往在对方发出成交信号时,仍然南辕北辙不能把握机会,最终导致与成交擦肩而过。

（一）成交的语言信号

在商务谈判中,语言信号是最常见也是最容易被识别的成交信号。为了准确把握商务谈判的成交时机,谈判人员要注意倾听对方人员的语言信息,经验丰富的谈判人员,往往能够通过对对手的密切观察，及时、准确地识别对手通过语言信息发出的成交信号，从而抓住成交的有利时机。例如，当谈判对手开始询问一些比较细致的产品问题、交货时间、付款条件、具体的产品维修和保养方法，或者询问其他老客户的反映、公司在客户服务方面的一些具体细则等时，我们可以判定谈判对手心中已做成交打算。

（二）成交的行为信号

除了直接用语言来传达成交信号，谈判对手的某些行为表现也能传递其成交意向。例如，对方谈判人员对我方的产品表示出浓厚的兴趣，拿出产品说明书反复观看，或者反复阅读我方提供的方案资料。这时，我方谈判人员应该通过相应的推荐方法进一步增加对手对产品的了解，比如适时地针对说明书的内容对相关产品信息进行充分说明，然后再通过语言上的询问进一步确定对手的购买意向，如果对手并不否认自己的购买意向，那么谈判人员就可以借机提出成交要求，促进成交的顺利实现。所以，谈判人员在谈判过程中要留心观察对方的一举一动，不要东张西望、目光游离，这样既能给对方真诚有礼貌的感觉，又能及时捕捉对方的成交信号。

（三）成交的表情信号

面对谈判桌上寡言少语且沉着冷静的谈判对手，我们还可以通过表情信号捕捉其成交意愿。例如，当谈判对手在倾听我方人员发言时，眼神比较集中，或者嘴角微翘，说明他对我们的产品有极大的兴趣且较为认可。如果对方在倾听过程中眉头紧锁、轻咬嘴唇，表明对方心中尚有疑虑，不能完全信任我方。谈判人员需要随时关注这些信号，一旦对手通过自己的表情语言透露出成交信号后，谈判人员就要及时做出恰当的回应。表情信号的捕捉对谈判人员的要求较高，需要具备灵活的察言观色能力，才能在实际谈判过程中轻松应对。

第二节　商务谈判的成交促成

一、商务谈判的终结

（一）商务谈判结束的方式

我们习惯于用成功或失败来评价一次谈判的结果，其实这是不全面的，商务谈判结束的方式一共有三种，分别是成交、中止和破裂。

1. 成交

成交是指谈判双方就所磋商的问题达成一致，交易得以实现。这种商务谈判的结束方式是较为常见的，可以说明商务谈判结果是成功的。一般我们认为谈判双方对交易条件经过多次磋商达成基本共识，且双方对全部或绝大部分问题没有实质上的分歧时，谈判得以成交。成交的标志性动作是双方签订具有高度约束力和可操作性的合同书，为双方的商务交易活动提供操作原则和方式。由于商务谈判内容、形式和地点不尽相同，因此成交的具体做法和流程也有区别。

2. 中止

当谈判双方久久不能达成成交意向时,除了直接放弃本次谈判从而宣告谈判破裂,谈判还可以进行中止。中止谈判是指谈判双方由于某些原因未能达成全部或部分成交协议,而由双方约定或单方要求暂时终结谈判的方式。

一般情况下,按照双方在中止谈判时对恢复谈判的时间是否予以约定,将中止分为有约期中止和无约期中止。若双方在某些条款的让步上超出了预定权限,或者尚需等待上级部门的批准,使得谈判暂时难以达成协议,而双方均有成交的意愿和可能时,通常会进行有约期中止。若由于交易条件差距太大,或者由于特殊困难存在,而双方又有成交的需求而不愿使谈判破裂时,双方会采用冷冻政策暂时中止谈判,即无约期中止。此外,若双方对造成谈判中止的原因无法控制时,也会采用无约期中止的做法。

3. 破裂

谈判破裂也是商务谈判中常见的一种结束方式,当双方经过一系列的磋商和努力后仍然不能达成共识和签订协议,则谈判宣告破裂。谈判破裂无外乎两个情况,或愤然离去,或友好告别。依据谈判双方的态度可将谈判破裂分为可修复型破裂和不可修复型破裂。

(1) 可修复型破裂,是指双方都有合作诚意,但确实有自身不得已的困难而无法做出让步,并且都能得到对方的谅解,在讲明难以逾越的实际障碍后友好地结束谈判的做法。这种情况下虽然本次谈判破裂,但并没有使双方关系破裂,反而通过充分的了解和沟通,产生进一步合作的愿望,为下一次的合作留下机会。

(2) 不可修复型破裂,是指双方在宣布谈判破裂时双方或单方保持着敌对情绪,不但合作未成,而且还留下了不友好的印象。造成不可修复型破裂的原因有很多,可能是因为双方实力不对等,一方以高压方式强迫对手接受己方条件,也可能是谈判过程中造成谈判人员情绪激动,难以友好沟通。不管是何种原因,一旦在谈判中产生对立破裂,会直接影响谈判双方的关系,今后再想重新合作就变得尤为困难了。

(二) 商务谈判结果的各种可能

商务谈判结果可以从两个方面看,一是双方是否达成交易;二是经过谈判双方关系发生何种变化。根据这两个方面的结果联系起来分析,可以得出六种谈判结果:

(1) 达成交易,并改善了关系。
(2) 达成交易,但关系没有变化。
(3) 达成交易,但关系恶化。
(4) 没有成交,但改善了关系。
(5) 没有成交,关系也没有变化。
(6) 没有成交,且关系恶化。

二、商务谈判成交应具备的条件

(一) 对方已完全了解本企业产品及产品价值

保证对方已经完全了解本企业产品及产品价值,是保证商务谈判成交应具备的前提条件之一,只有让谈判对手充分了解和熟悉本企业产品及产品价值,他们才有可能信任己方,从而表现出购买的热情,同时也更容易接受谈判人员的建议。因此,作为谈判人员,应该主动向谈判对手展示自己的商品,主动介绍商品的各种优势、性能、用途等问题,尽可能消除对手的疑虑,保证对方有充足的机会熟悉己方的产品。

(二)充分的信任基础

当谈判对手表现出成交意愿时,表明谈判双方已基本建立信任关系,所以建立信任是商务谈判成交的基础条件,如果对方对你以及你所代表的公司没有足够的信心和信赖,那么即使你的商品质量再好,价格再优惠,对方对成交的意愿也会产生动摇。因此,谈判人员在进行谈判时,首先要做的就是取得对方的信任,这是成功的必要条件,也是我们一直强调谈判人员要表现出诚恳态度的原因所在。

(三)对方对己方产品有强烈的购买欲望

大多数人在商务合作中都会选择风险规避和保守的心态,如果谈判对手对己方的产品持中立态度,并没有强烈的购买欲望,通常情况下,达成成交的可能性较低。这种情形与我们日常生活中逛街购物较为相似,当你试穿了某件衣服后,并没有产生强烈的购买欲望,这时店员问你是否买下这件衣服,你的回答是再考虑考虑,一般来说,经过仔细考虑后,你心中仅存的一点购买动机也会随之消失,最终放弃购买。因此,作为谈判人员,工作重心应放在做好谈判说明上,这样才能影响和带动"顾客"的购买欲望和购买能力的产生。

(四)准确把握时机

有时候谈判人员经过精心的准备和费力的周旋,眼看成交在即就差那临门一脚了,而这时选择合适的时机尤为重要。对于谈判人员来说,不仅要懂得把握住时机,具备等待时机来临的耐心,还要想办法制造合适的时机,以促使成交的达成。下面我们通过一个案例来进一步解释把握时机的重要性。

一办公用品销售人员到某办公室去销售碎纸机。办公室主任在听完产品介绍后摆弄起样机,自言自语道:"东西倒挺合适,只是办公室这些小年轻毛手毛脚,只怕没用两天就给弄坏了。"销售人员一听,马上接着说:"这样好了,明天我把货运来时,顺便把碎纸机的注意事项和使用方法给大家讲讲,这是我的名片,如果使用中出现故障,请随时与我联系,我们负责维修。主任,如果没有其他问题我们就这么定了?"主任听后,觉得可以,于是双方达成了这项交易。可以看出,销售人员在推销中敏锐地把握住了主任购买碎纸机的意愿并消除其顾忌,最终促成交易的达成。

(五)制订全面的安排方案

如果谈判最终能够达成成交,那么这个结果应该处于谈判人员事先预料的范围之内,为了达成这一结果,谈判人员应该提前做好周全的安排方案,根据方案明确自己的工作目标和方向,同时也要明确自己下一步的工作规划和要求。除此之外,针对一些预料之外的状况,也需要提前做好应对预案,不至于在突发状况时手足无措,乱了方寸。另外,在洽谈的最后阶段,要处理好对方提出的意见,使他们自始至终对你的谈判工作及所谈判的商品保持浓厚兴趣,要引导他们积极参与你的工作。

分析案例 7-1

在谈判中利用对方的弱点

在某次谈判中,双方人员在彼此做了简明介绍后,就马上投入了技术性阶段的谈判。在中场休息时,中方商务人员对日方技术人员表示赞赏,夸他技术熟悉,表述清楚。该技术人员很高兴,表明他在公司的地位重要,中方商务人员顺势问道:"贵方主谈人是你的朋友吗?""那还用问,我们常在一起喝酒,这次与他一起来中国,就是为了帮助他。"他回答得很干脆。中方又问:"为什么非要你来帮助他,没有你就不行吗?"日方技术人员迟疑了一下。"那倒也不是,但这次他希望成功,这样他回去就可升为本部部长了"。中方随口跟上:"这么讲,我也得帮助他了,否则,我就不够朋友"。在此番谈话后,中方认为对方主谈为了晋升,一定会全力以赴要求谈判成功,即确保促成成交合同。于是在谈判中巧妙地加大压力,争取到了比预想更多的日方价格让步,成功地实现了目标。

案例中,中方业务员通过与对方谈判团队内部非主谈人员建立关系,从侧面获取了对手更多的信息,当然包括对方主谈的消息,并加以分析利用,找到了一些控制因素和重大事件,从而进一步调整中方的应对策略,还抓住了对方主谈承担不起谈判破裂的风险,为中方争取了更大的让步空间。同时,这也警示我们,一定要严格管理谈判团队。

(本案例来源于百度文库)

三、商务谈判成交的判定

在商务谈判中,每多花一分钟就伴随着成本的增加,所以谈判双方都希望能够快速高效地结束谈判过程。于是,商务谈判何时可以进入成交阶段?是否已经到了签约的时机?这是谈判人员需要重视的问题。是否要等到所有交易条件都达到了己方的期望水平,才可以结束谈判呢?答案是否定的。谈判人员可以从以下三个方面来判定谈判是否可以进入成交阶段。

(一)从谈判涉及的交易条件解决情况来判定

有关交易条件的商谈是商务谈判过程中耗时最长最难达成一致的部分,商务谈判达成成交的一个重要前提就是双方就交易条件达成共识,所以当谈判临近终结阶段时,谈判人员可以通过对交易条件解决情况的考察来判定是否可以成交。具体来说,可以从以下两方面来判定:

1. 双方在交易条件上的一致性

一般我们认为谈判双方在交易条件上基本达成一致,并且对于个别未达成一致的问题也有了处理方法,那么谈判可以进入成交阶段。这里所说的交易条件不仅指价格,同时也包括对其他相关问题所持的观点、态度、做法以及原则都有了共识。毕竟谈判中交易条件数量多,如果力求在每一个项目条款上都达到让双方满意,则是极其困难的。因此,如果谈判双方就交易条件中最关键、最重要的问题达成一致,那么谈判结果基本已是定局。

2. 对方交易条件是否已经进入己方成交线

成交线是指己方可以接受的最低交易条件,是达成协议的下限。谈判双方的目的都是尽可能为己方争取利益,但是这个"尽可能"的范围是多少,需要谈判人员事先设定一个限度,这个限度就是成交线。经过紧张激烈的讨价还价,双方都积极争取也都有所让步,如果对方认同的交易条件已经进入己方成交线范围内,谈判就可以进入成交阶段,如果再持续讨价还价,容易造成对方的不满甚至致使谈判破裂。但是认定谈判可以进入成交阶段并不意味着妥协,谈判人员仍可为己方争取更多利益。

（二）从谈判时间来判定

谈判时间由于具体情况的不同有长有短，但这一过程必须是在一定的时间内终结，无休止的谈判对于双方来说都是一种损耗，当谈判即将结束，谈判也就进入终结阶段。谈判双方对于时间的判定都有各自不同的标准，以下三种是最常用的。

1. 双方约定的谈判时间

在开局阶段，谈判双方已就时间问题进行协商，一起确定了整个谈判所需要的时间，在后续的谈判过程中会遵照事先约定好的时间进行安排，因此，当谈判已接近规定的谈判时间时，谈判自然进入成交阶段。这时，谈判任何一方人员都可做出提示，提醒大家谈判时间所剩不多，应进一步推进谈判进度。如果在约定的时间内不能达成协议，一般也应该遵守约定的时间将谈判告一段落，或者另约时间继续谈判，又或是宣布谈判破裂，双方再重新寻找新的合作伙伴。一般情况下，如果双方实力相当，有较好的合作意愿，且利益差异差距不大，就容易在约定的时间内达成协议，否则就会比较困难。

2. 单方限定的谈判时间

除了按照谈判双方事先协商好的时间安排谈判议程，谈判一方也可按照自身情况限定谈判时间。一般是谈判中占有优势的一方，出于己方利益的考虑需要在一定时间内结束谈判，以免耽误其他重要事情，或者是还有其他可选择的合作伙伴，因此请求或通告对方在己方希望的时限内终结谈判，从而不影响接下来的进程。针对谈判一方的单方限定时间，被限定方可以选择不随从，随从与否要看交易条件是否符合己方的谈判目标。单方限定时间能够按照己方要求推进谈判进度，同时也容易反被谈判对手所利用，利用己方对时间的限定来争取更优惠的条件，以此来换取对方在时间限定上的配合。

3. 形势突变的谈判时间

在谈判过程中不排除会出现突发状况，如市场行情突变、外汇行情大起大落、公司内部发生重大事件等，这些都会改变谈判的原计划，甚至会提前终结谈判。谈判是为了争取双方共同利益的过程，若出现有损双方利益的不可控因素，谈判理应终结，再继续谈下去对双方来说都是一种资源的浪费。

（三）从谈判策略来判定

在谈判的每一个阶段都会有相应的策略，策略的实施同时也保证了谈判朝着预期的方向顺势推进，这其中有一类策略，在实施后决定谈判必然进入终结，我们称之为终结策略。例如我们熟悉的最后立场策略、折中进退策略、总体条件交换策略等，这些策略的实施对谈判终结有特殊的导向作用，能够推动谈判朝着终结的方向发展，最终达成成交。因此，在谈判中，若有一方运用终结策略，我们可以猜测他们急于结束谈判或是已经达到了预期目标。

除了上述所说的三项判断谈判进入成交阶段的标准，谈判人员还可以通过对方人员的非语言信号来判断成交意图，比如对方索取更详尽的资料，或进一步提出售后服务之类的问题等。这时己方人员就应该趁热打铁促成成交，以免夜长梦多、节外生枝。另外，谈判人员还应该密切关注对方谈判人员的面部表情、手势等肢体语言所传递的信号，在综合分析的基础上做出判断。

四、商务谈判的成交促成

在商务谈判中,当谈判双方经过反复磋商后,已显现出成交趋势,这时仍需要一个过渡的程序,一方面使谈判自然地进入成交阶段,另一方面也避免意外事件的干扰,因此需要谈判人员在适当的时机运用相应技巧和手段,用以启发对手做出决策,达成协议,我们称之为成交促成。在生活中我们也会遇到类似的场景,当售货员突然跟你说:"我帮您把这件包起来吧!"通常情况下会比较令你反感,觉得对方太急于求成。因此,在谈判中,熟悉和掌握各种成交促成的技巧对每一个谈判人员来说都是非常重要的。

(一)请求成交法

请求成交法可以理解为单刀直入要求成交,顾名思义,就是谈判人员用简单明了的语言,向谈判对手直截了当地提出成交建议,也叫直接请求成交法或主动请求成交法。这是一种最常用也是最简单有效的方法。

主动请求法的优点显而易见,不但可以有效并高效地促成成交,还可以借要求成交向对方直接提示并略施压力,从而在气势和心理上占据优势。运用主动请求法,应把握成交时机,在出现以下情况时可用此法:

1. 与关系比较好的老客户进行谈判时

在与老客户进行谈判时,销售人员了解客户的需求,而老客户也曾接受过所推销的产品,因此老客户一般不会反感销售人员的直接请求,相反有些时候还会从销售人员身上看到真诚和亲切感。

2. 在对手不提出异议,想购买又不便开口时

若对手对己方产品表示兴趣,也流露出好感和购买意向,但不愿主动提出成交的要求,这时,谈判人员就可以用请求成交法来促成对手达成成交,同时也节约了双方的时间。

3. 在对手已有成交意图,但犹豫不决时

有时谈判对手对己方的产品已有浓厚的兴趣和好感,但思想上还没有意识到成交问题,这时,谈判人员在回答了对方的提问,或详细地介绍了产品之后,就可以提出请求,让对方意识到应该考虑购买问题了。

(二)假定成交法

生活中,你可能会遇到过此类场景,当你去商场购物时看中了一件衣服,问店家是否有折扣,店家一般会说:"这是今年刚上的新款,卖得很好,除了价格之外,您看还有其他不满意的地方吗?"当你表示:"就是贵了点,其他地方都挺满意。"这时店家会接着说:"我们做服装的,讲究一个成人之美,92 折是我能给您的最大优惠了。"然后她会一边说一边给出付款单,让你拿着单子去前台付款。这在心理学上叫作假定成交。先进行心理暗示,然后用代为决策的方法促成成交,让谈判对手来不及也不好意思拒绝。在运用假定成交法时,谈判人员的语言表达是最大的考验,要注意在提出成交假定时,应轻松自然,语言缓和亲切,切不可表现的太突兀,否则会令对方心生反感,甚至觉得这中间另有隐情。当然,谈判人员首先要对对方成交的可能性进行分析,在确认对方表现出明显的成交意向后,才能以谈判人员的假定代替对方的决策。

同样,假定成交法也具备缩短谈判时间从而提高谈判效率的优点,当谈判僵持不下或者谈判人员犹豫不决时,这个时候如果有人代为决策,相当于提供了一个阶梯,大大有利于推动谈判的进程。

(三) 选择成交法

选择成交法是指直接向谈判对手提出两个或两个以上的成交决策方案,并要求对方选择其中一种。例如,我们生活中常会听到这样一类话:"您要红颜色的这件还是灰颜色的这件""您用现金支付还是刷卡支付",这便是最简单的选择成交法。

利用选择成交法可以减轻对方决策的心理压力,为即将到来的成交营造一种良好的氛围,因为选择疑问句在语气上要比一般疑问句委婉,在谈判过程中运用这种方法能够很好地缓解紧张气氛,给人轻松友好的感觉。同时选择成交法也可以使谈判人员很好地发挥顾问的作用,帮助对方顺利完成谈判任务。因此,这种方法在我们实际生活中有着广泛的用途,尤其是在一些采购类项目的谈判中。

运用选择成交法时需要注意的是,所提供的选择事项应该保证让对方从中做出一种肯定的回答,而不是给对方一种拒绝的机会。所提供的决策方案最好是两项,最多不要超过三项,否则就不能够达到尽快成交的目的。谈判人员在运用选择成交法时应自然得体,既要主动热情,又不能操之过急,不能让对方有受人支配的感觉,所以对时机的把握要求较高。比如我们在购物中,被某款产品吸引后,会向服务员咨询一些问题,若此时服务员迫不及待地表现出成交意向,非但不能达成成交结果,反而会给顾客留下不好的印象,造成排斥、反感的心理,因为他们还并未充分了解这款产品,有种受制于人的感觉。

(四) 保证成交法

保证成交法是指谈判人员为了使对方放下顾虑立即成交,而直接向对方提出成交保证的一种方法。例如,"您放心,您这个服务完全由我负责,我在公司已经有 5 年的时间了。我们有很多客户,他们都是接受我的服务,并且都很满意。"让对方感觉你是直接参与的,更能取得对方信任。

这种方法适用于产品的单价过高,缴纳的金额过多,风险较大,客户对此类产品并不是非常了解,对其特征质量也没什么把握,产生心理障碍使得成交犹豫不决时。谈判人员应该看准客户的成交心理障碍,找出客户所担心的主要问题,并直接提示有效的成交保证条件,以解除客户的后顾之忧,增强成交的信心,促使谈判顺利完成。

(五) 从众成交法

从众成交法正是利用了人的从众心理和行为来促成交易的实现,谈判人员可以适当创造一定的众人争相购买的氛围,以促使对方迅速做出决策。例如,在大街上我们经常可以看到这样一种景象:一帮人正围着一摊主抢购某种商品,其实,这些人并不是真正的顾客,而是摊主同伙,他们这样做就是为了营造一种"抢购"的氛围,让大家都来购买。有时我们会将这种现象称为"造人气"。心理学研究表明,从众心理和行为是一种普遍的社会现象。人的行为既是一种个体行为,又是一种社会行为,受社会环境因素的影响和制约。

从众成交法有利于增加谈判过程中交易条件的说服力,从而省去许多谈判环节,简化谈判劝说内容,促成大量的购买。但是它也不利于谈判人员准确地传递谈判信息,缺乏劝说成交的针对性,只适用于从众心理较强的对手,如果遇到个性较强、喜欢表现自我的顾客,会起到相反作用。

（六）配角赞同法

配角赞同法是指谈判人员甘当绿叶把自己放在配角的位置来衬托对方主角的身份，以达到促成交易的目的。人的性格有一个共性，就是不喜欢别人左右自己，尤其是内向型与独立型性格的人更是如此，在处理事情或遇到决策时，他们都处处希望自己的事情由自己做主。商务谈判成交在即，虽然谈判双方对结果都心照不宣，但由谁起这个头将直接影响是否顺利成交，如果谈判一方觉得对方在施压于己方，说话带有逼迫的意味，那么他们可能会想方设法阻碍谈判进程。因此优秀的谈判人员应该尽可能地营造一种促进成交的氛围，让对方自己做出成交决策，而不是去强迫他或明显地左右他，以免引起对方的不愉快。例如："我们认为您非常有眼光，就按您刚才的意思给您拿一件样品好吗？"再如："您先看看合同，看完以后再商量，我们更想听听您的看法。"

换个角度看，配角赞同法实质是为己方争取积极主动的地位，用委婉的方法促使对方做出明确的购买决策，同时也尊重了对方的自尊心，在达成成交的基础上也建立了彼此之间友好的合作关系，为下一次合作奠定基石。在运用配角赞同法时，应当认真倾听对方的意见，始终牢记当好配角的使命，切不可主次颠倒，在倾听的过程中及时发现和捕捉有利时机，并积极创造良好的氛围，促成交易。

（七）小点成交法

在谈判过程中，双方人员通常都希望营造一种轻松舒适的氛围，在遇到有分歧条款的时候能够心平气和地沉着应对，但在实际情况中，当谈判涉及一些关键条款时，双方都会变得紧张起来，不肯做出让步，生怕己方在关键利益上吃亏，这无形中给对方也给己方谈判人员心理上造成很大的压力，恰恰不利于谈判进程的推进。小点成交法就是针对这一问题，避免直接提示重大的和对方比较敏感的成交问题，先通过次要问题的解决再逐步过渡到成交的实现。通常，谈判人员较为重视大的成交问题，不轻易做明确的表态，而往往会忽略一些细微问题。决策时应该果断、明确，先小点成交，再逐步推进，这样达成最后成交的概率就会大大提高。

小点成交法的优点是使谈判进度的推进更为顺利，减少一些由敏感问题带来的阻碍，为谈判留有余地，较为灵活。它的缺点是可能分散对方的注意力，不利于针对主要问题进行劝说，影响对方果断地做出抉择。运用小点成交法时，要根据对方的成交意向，选择适当的小点，同时将小点与大点有机地结合起来，先小点后大点，循序渐进，达到以小点促成大点的成交目的。

（八）最后机会法

最后机会法利用了人们害怕失去即将能得到某种利益的心理，促使他们立即决策的一种成交方法。这种方法的实质是谈判人员通过提示成交机会，限制成交内容和成交条件，利用机会心理效应增强成交。例如，常有售货员告诉顾客："这种商品今天是最后一天降价"，其实就是在运用最后机会法。

最后机会法可以减少许多谈判劝说工作，避免对手在成交时再提出各种异议；可以在对手心理上产生一种"机会效应"，把他们成交时的心理压力变成成交动力，促使他们主动提出成交。运用此种方法，要注意针对对方求利的心理动机，合理地使用优惠条件；要注意不能盲目提供优惠;同时,在给予回扣时,遵守有关的政策和法律法规,不能变相行贿。

在实际的谈判过程中,往往会涉及多种成交技巧的运用,谈判人员要视具体情况而定。除了上述所列的几种技巧,谈判人员还要注意运用感情攻势,当谈判进入最后的收尾阶段,双方已经历了长时间的讨价还价,精神状况可能比较疲劳和紧张,这时若能把谈判桌转移到场外,如酒桌、宴会、娱乐场所等地方,能够缓解针锋相对的情绪,更容易使双方建立一种友好、融洽的气氛。在这样的气氛下,双方不但能加深理解,强化对谈判结果的满意感,还能增进双方友谊,为以后合作奠定良好基础。哪怕谈判最后未达成协议,也不能与对方对立。另外,谈判人员在交谈过程中要注意给予对方真诚的赞美和肯定,并对此次谈判予以高度的肯定和称赞,强化对方谈判人员的成就感,有利于促进以后的进一步交易。总之,要想促成谈判的成交,首先要分析影响成交的主要因素,例如谈判者的因素、商品的因素等,然后在充分掌握谈判局势的基础上选用合适的促成交易的方法,提高谈判能力,促成谈判成交。

第三节　商务谈判成交阶段的策略运用

一、最后成交的策略

最后成交策略对终结谈判具有特殊导向作用,当谈判快结束时,谈判人员通过运用最后成交策略高效地终结谈判,并使成谈判双方在达成交易的同时建立合作关系。

（一）总体交换策略

总体交换策略是指双方在谈判临近结束时间或阶段时,不再逐条谈判,而是将不同条款做好搭配,用交易包的形式来进行捆绑式交易,以求达成协议,又称为一揽子策略。大多数谈判内容会涉及许多细分项目,在时间充裕的情况下,谈判双方会将这些项目分得很细,在每一个分项目上都会进行多次磋商和讨价还价。而经过多个回合谈判后,双方可以将全部条件通盘考虑,做"一揽子交易"。例如,涉及多个内容的成套项目交易谈判、多种技术服务谈判、多种货物买卖谈判,可以统筹全局,一次性进行总体条件交换。

总体交换策略是尽可能平衡双方利益的一项达成交易的策略,从总的项目利益出发所进行的一场全局性磋商,从而使谈判进入成交阶段。在谈判的磋商中,当对方抛出一揽子交易的建议时,通常说明他们希望能以此来结束谈判。

（二）最后立场策略

最后立场策略是指,当谈判双方在多次磋商之后仍不能达成一致时,只能让步到某种条件表明最后的立场,如果对方不接受,谈判即宣布破裂,如果对方接受该条件,那么谈判进入成交阶段。

最后立场策略同样可以作为谈判终结的判定,当一方阐明自己的最后立场,即为宣告谈判即将结束,至于是顺利成交还是谈判破裂,取决于谈判对方是否愿意做出让步接受该条件。如果双方并没有经过充分的磋商,还不具备进入终结阶段的条件时,一方提出最后立场就含有恫吓的意味,表示让对方俯首听从,这样并不能达到预期目标,反而过早地暴露了己方最低限度条件,使己方陷入被动局面,这是不可取的。

（三）折中态度策略

折中态度策略是指将双方的交易条件差距中和，取中间条件作为双方共同前进或妥协的策略，又称为折中进退策略。折中策略一般用于双方分歧较大，且都很难说服对方妥协，但谈判双方都希望完成合作的情况下，在多次磋商后各退一步，以尽快达成一致。在谈判时间所剩不多时，一方可提出一个比较简单易行的方案，即双方都以同样的幅度妥协退让，如果对方接受此建议，即可判定成交。折中态度的目的是解决双方僵持不下的矛盾局面，看似公平地让双方做出同等让步，分别承担相同的义务，避免在某些问题上花费过多时间。

分析案例 7-2

制造短缺效应

一位美国商人看中了印度画商带来的三幅画，标价均为 2500 美元。美国商人不愿出此价钱，双方各执己见，谈判陷入僵局。后来那位印度画商被惹火了，怒气冲冲地跑出去，当着美国人的面把其中的一幅画烧掉。美国商人看到这么好的画被烧掉，十分心痛，赶忙问印度画商剩下的两幅画愿意卖多少价，回答还是 2500 美元，美国商人思来想去，拒绝了这个报价，这位印度画商心一横，又烧掉了其中一幅。美国人只好乞求他千万别再烧掉最后那幅画。当再次询问这位印度商人愿以多少价钱出售仅剩的这幅画时，卖主却说："最后这幅画只能是三幅画的总价钱。"最终，这位印度商人手中的最后一幅画以 7500 美元的价格拍板成交。

此次谈判印度画商的成功在于通过制造短缺效应，增加自己的谈判优势。印度画商之所以烧掉前两幅画，是因为摸准了美国商人真心懂字画，且十分中意这几幅画，所以通过制造短缺效应，增加了第三幅画的价值，刺激那位美国商人的购买欲望。这样的思想应用在实际谈判中，可以通过占据一定时间地域内没有的资源，形成绝对优势，或者兼并其他资源方，形成一家独大的局面。

二、成交前的最后突破

在商务谈判过程中，有时会出现这样一种情况，在经过了紧张激烈且旷日持久的谈判后，眼看就要达成最后的成交了，却因为某一个方面的优势不足，成为对方咬住不放的理由，例如对方会挑剔己方产品价格太高或是卖点不突出，又或是在付款条件方面僵持不下。面对谈判对手的质疑，我们要怎样做最后的突破，顺利取得成交呢？接下来将针对四种常见的情况进行突破。

（一）价格太高的突破

谈判人员都希望在谈判过程中能够快速有效地达成最后的成交，那么，当客人认为价格太高时应该怎么办？关于价格谈判往往会涉及一系列专业知识的培训，但是，大部分企业只是注重员工技巧的训练，因此，在商务谈判过程中涉及价格问题时，往往会无从下手、不知所措。报价的战略和战术技巧要求企业建立完善的情报系统，只有建立起完善的情报系统，才能建立分级报价制度，才能在谈判中取得优势地位。下面举一个选自公众号"Alibaba Top 工作室"关于价格太高的突破案例。

法国有一位专业的空调买家，在与国内某生产厂家联系之前，先跟 TCL 公司和格力公司进行了联系,而且拿到了这两家公司的成本清单,当他来到这家公司以后,要求业务员报价,业务员报出价格后,客户习惯性地说道"太贵了",而这时业务员却回答对方:"我们的产品比 TCL 的产品贵,但是比格力的便宜。"业务员的回答,让客户大吃一惊,马上转身拿出了 TCL 公司和格力公司的清单进行比较,确认了这位业务员的说法。接下来,这位业务员又解释了为什么自己公司的产品比 TCL 的产品贵,原因是冷凝器部分采用的工艺是中频加热工艺,900℃温差正负 10℃,金属铜受热均匀,镜像分子排列均匀,锻压所产生的气温和裂孔少,产品的气密性和防渗漏性非常好,焊接部分采用激光焊接,折弯部分采用数码折弯,而竞争对手是氩弧焊接,模具转折弯,工艺的不同导致产品的使用寿命也有所不同。客户听到业务员如此专业的解释,对业务员非常欣赏,同时也对此产品有了认可,很快就签订了购销合同。

（二）付款条件太苛刻的突破

当商务谈判接近尾声,眼看就能达成成交,但对方却指出付款条件太苛刻,此时己方的谈判人员应该如何面对呢？对于训练有素的销售人员来说,一般这种情况下他们会尽量把责任推到财务部门身上,并且告诉对方,"我们公司已经是一家很规范、很正规的企业,涉及有关付款方式,一般都是由财务部门做决定的,我们也没有权力进行更改。"所以,即使销售人员有权力放款,但也可以假装不能使用,将付款推给财务部门,而一般财务部门都是由集团直接垂直管理,这时候还可以顺势建议对方先做完这一个订单,等他有了业绩纪录之后,再谈以后付款的事情,这样,就可以巧妙地推脱掉付款问题。

在谈判中切忌销售人员随意使用财务方面的权力,尤其是很多中小企业的中层领导,或是急于促成谈判成交,或是害怕在谈判中丢了面子,往往轻易答应对方关于付款方面的要求,做出相关妥协,最后反而为企业收款增加难度。所以,学会"推脱"之术,在谈判中保持谦逊的态度,将问题交给第三方,避免面对苛刻的谈判条件,也是一种非常重要的谈判技巧。

（三）已有同类产品供应商的突破

如果谈判过程中,对方明确表示已经有了同类产品的供应商,这就意味着,我们已经有了确切的竞争对手,如果没有完善的谈判策略,很难取得最终的成交。这时候,我们可以采用四步制胜法。第一步消除对方的警戒心,第二步采用挑拨离间的策略,第三步使用乘虚而入的计谋,第四步给出好处。若是使用这四招之后仍没有效果,则可以暂时放弃该客户,将其作为潜力客户进行跟踪调查,逐步发展。下面通过一则选自公众号"Alibaba Top 工作室"的案例来体会四步制胜法的运用技巧。

某公司竞争对手的客户是法国一家很大的公司,这家公司很想和法国公司合作,但这家法国公司总与其竞争对手合作。于是,这家公司就发信函、邮件和传真给法国公司,征求竞争对手公司的意见,借此打消竞争对手的警戒心。由于竞争对手公司属于国有企业,老板也是国家政府的官员,已经 70 岁了,可能涉及退休换领导班子等问题,于是,这家公司就将竞争对手公司渠道的稳定等方面的传闻大肆宣传,让竞争对手的客户对渠道的稳定产生疑问。接着,这家公司马上与法国客户联系,展示自己公司的实力,达成与法国客户的合作意向。然后,这家公司提出为法国客户提供参观工厂的差旅费用,邀请法国客户来公司实地考察,通过这样一系列的先期工作,法国公司非常认可这家公司的真诚,也对这家公司的实力表示认可,于是这家公司顺利进入了这个客户在整个欧洲的渠道。

(四)产品卖点不突出的突破

随着产品同质化问题的加重,越来越多的产品失去了其独有的特征,导致在谈判过程中没有卖点,最后只能靠价格来拼销售。针对产品卖点不突出的突破方法,应该在产品的研发阶段就考虑产品卖点的设计。下面是一个典型的利用产品卖点抢占市场的案例。

中国有一家汽车制造企业开发了一款面包车,整个底盘和外形都采用金杯车形,但在车前面加了三厘米的"鼻子",在做产品评审、项目评审时,很多人认为这款车设计的不伦不类,可这家企业还是让这种型号的车投入了批量生产,然后,这家企业将金杯汽车历年来所发生的交通事故做了统计,在其宣传册和对经销商的销售过程中加以强调。由于金杯汽车的前部太薄,倾斜度不够,造成在碰撞的时候使驾驶员受伤或者死亡的比例很大,而通过他们的技术改造,在前面加三厘米的"鼻子",正好解决了倾斜度不够导致的撞击死亡的问题,这样一个卖点,满足了顾客追求安全驾驶的要求。这家企业通过产品差异化的设计,抢占了市场和客户。

三、拒绝促成交易的技巧

在商务谈判中,讨价还价是难免的,也是正常操作流程,在面对对方提出的要求或观点与己方相反或相差太远时,就需要予以否定并拒绝成交。但大多数情况下,谈判双方都希望即使最终未能达成交易,也应该通过此次谈判建立双方友好关系,为下一次的合作提供可能。所以,若拒绝合作并且否定的方式较为死板、武断甚至粗鲁,会伤害对方的感情,使谈判出现僵局。训练有素的谈判人员在拒绝和否定对方时应是审时度势、随机应变,有理有节地进行,让双方都有回旋的余地,使双方保持友好关系。

(一)幽默拒绝法

幽默拒绝法是商务谈判中常用的一种方法,创造诙谐幽默的氛围,使对方的情绪不会因为己方的拒绝和否定而变得尴尬没面子。在表达否定意思时,可以通过轻松诙谐的话语描述一个否定的例子,试图让对方听出弦外之音,既避免了对方难堪,又转移了对方被拒绝的不快。例如,谈判人员在否定对方坚持的价格时,可故作轻松地说:"如果贵方坚持这个进价,请为我们准备过冬的衣服和食物,总不忍心让员工饿着肚子瑟瑟发抖地为你们干活吧!"

(二)移花接木法

在谈判中,自己无法满足对方的条件时,可移花接木或委婉地设计双方无法跨越的障碍,既表达了自己拒绝的理由,又能得到对方的谅解。如"很抱歉,这个超出我们的承受能力……""除非我们采用劣质原料使生产成本降低50%才能满足你们的价位"。暗示对方所提的要求是可望而不可即的,促使对方妥协。也可运用社会局限如法律、制度、惯例等无法变通的客观限制,如"如果法律允许的话,我们同意""如果物价部门首肯,我们无异议"。

(三)肯定形式,否定实质

人人都渴望被了解和认同,可利用这一点从对方意见中找出彼此同意的非实质性内容,予以肯定,产生共鸣,造成"英雄所见略同"之感,借机顺势表达不同的看法。如面对客户对产品知名度产生质疑,坦然地说:"正如你所说,我们的品牌不是很知名,可我们将大部分经费运用在产品研发上,生产出样式新颖时尚,质量上乘的产品,面市以来即产销两旺,市场前景看好,有些地方还出现脱销呢……"

(四)迂回补偿法

谈判中有时仅靠以理服人、以情动人是不够的,毕竟双方最关心的是切身利益,断然拒绝会激怒对方,甚至终止交易。假使谈判人员在拒绝的时候,在能力所及的范围内,给予适当优惠条件或补偿,往往会取得曲径通幽的效果。如自动剃须刀生产商对经销商说:"这个价位不能再降了,这样吧,再给你们配上一对电池,既可用于促销,又可另作零售,如何?"房地产开发商对电梯供销商报价较其他同业稍高极为不满,供货商信心十足地说:"我们的产品是国家免检产品,优质原料,进口生产线,相对来说成本稍高,但我们的产品美观耐用,安全节能,况且售后服务完善,一年包换,终身维修,每年还免费两次例行保养维护,解除您的后顾之忧,相信您能做出明智的选择。"

◆ **内容提要**

商务谈判成交标志着商务谈判进入终结阶段,为了更好地促进商务谈判进入成交阶段,提高谈判效率,谈判人员需要掌握一定的策略和技巧。本章在介绍商务谈判成交技巧之前先分析了成交阶段的心理和行为,从马斯洛需求层次的五个方面来研究谈判对手,做到知己知彼,同时需要把握成交的语言信号、行为信号和表情信号。对于商务谈判的成交判定,我们可以从谈判涉及的交易条件解决情况和谈判时间两个方面来判定。针对不同的谈判情况,会有不同的促成成交的技巧,总体来说可以从均势条件、优势条件和劣势条件三个方面来讨论。商务谈判最后成交的策略和技巧主要有总体交换策略、最后立场策略、折中态度策略、主动请求法、假定成交法、选择成交法、保证成交法、从众成交法、配角赞同法、小点成交法和最后机会法。

◆ **关键词**

商务谈判成交　商务谈判成交促成　最后成交策略　最后成交技巧

◆ **复习思考题**

1. 谈判人员在接近成交之时如何促使成交的达成?
2. 谈判人员可以通过哪些方面来捕捉成交信号?
3. 当谈判进入紧张气氛时,该如何缓解气氛压力?
4. 怎样对谈判对手有更深层次的了解?

◆ **思考案例**

江苏某工厂、贵州某工厂、东北某工厂、北京某工厂要引进环形灯生产技术,各家的产量不尽相同,北京某进出口公司是其中某一工厂的代理。知道其他三家的计划后,主动联合这三家,在北京开会,建议联合对外,统一谈判,这三家觉得此建议有意义,同意联合。该公司代表将四家召在一起做谈判准备。根据市场调查,日本有两家环形灯生产厂,欧洲有一家,有的曾来过中国,有的还与其中工厂做过技术交流。进出口公司组织与外商谈了第一轮后,谈判就中止了。外商主动找熟悉的工厂直接谈判,而且,外商给工厂的条件比与公司谈判时给出的条件更灵活,更优惠。有的工厂知道后,觉得自己好处不多,于是提出退伙,有的外商故意不报统一的价格,也与自己欲成交的工厂直接联系,请工厂代表吃饭,单独安排见面等,工厂认为这对自己有好处,来者不拒。进出口公司的代表知道后劝说工厂,工厂不听。于是最终这四家各自为政,联合对外谈判也宣告失败。

讨论：外商的主持谈判成功在哪儿？北京进出口公司的主持失败在哪儿？

◆**应用训练**

有一家纸箱厂，规模不大，一个月的产能估计最多也就100万件，全市大概有60家纸箱厂，毛利25%至40%，基本是透明的。

1. 因为每家工厂都有老供应商，基本不轻易换供应商，除非供应商犯很大的错误，纸箱厂若想取得和工厂的合作，有什么好的切入点吗？

2. 因为利润透明，竞争也就透明，核心竞争力和差异化从哪里可以找出？

第八章 商务谈判的签约

本章结构图

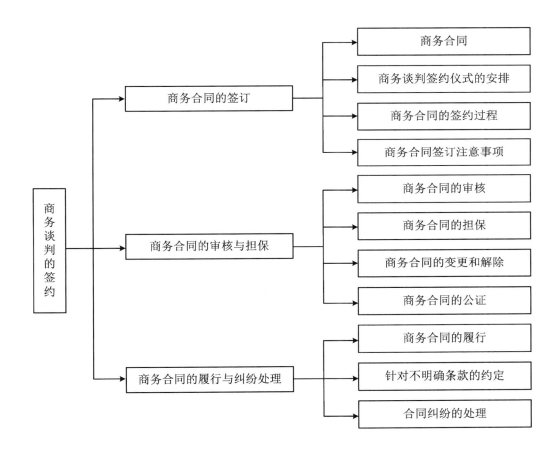

学习目标

熟练掌握商务谈判签约的过程和注意事项；了解商务合同的基本构成和谈判合同的主要条款；掌握在签订合同时应该注意的问题及合同担保的特点和几种形式；最后还要熟悉有关合同纠纷的处理问题。

> **导入案例**
>
> **谈判过程中的决策力**
>
> 　　某市醋酸化工厂从意大利引进生产设备一套,总价值近百万美元。双方已就主机备件条件达成了协议。而在讨论设备安装调试时,意方认为他们可以派人来装机调试,不过要另收5万美元的人员差旅及工时费。中方则认为设备费中应含该费用,不愿另出钱。于是双方僵持不下。
>
> 　　意方为了推销其主机,主动提出安装调试费可优惠10%,中方仍坚持难以接受(原因是预算不够)。意方又强调:"这是为了保证其设备性能和信誉。"中方讲:"总价太贵。"意方说:"现在的价格是我们在海外出售价中最便宜的价格。"中方答道:"贵方设备不错,这正是我们买的原因,但若价格再降些就更好了。"意方说:"服务费再降10%,即4万美元,不能再优惠了。"中方提出需要研究。
>
> 　　中方研究结果是预算一时增加不了,但工程技术人员有能力自己安装调试。为了省去意方的服务费,中方决定自己安装调试。听到中方的决定,意方先是一惊,随即表示赞同。不过,进而提出对中方自行调试的后果不负责任。中方表示只要设备是全新的,各项性能没问题,调试的结果意方可以不负责。于是双方将该结果写进合同中。但实际上设备安装容易,调试设备难。意方将设备交付中方后,收回全部货款。中方工程技术人员投入了紧张的安装调试工作,很快设备也可以运转了,意料之外的是原料的损耗率达不到设计要求的1.9%的水平,而是3.2%。中方人员继续调试,待调到设计水平时,已花费20多万美元。
>
> 　　　　　　　　　　　　　　　　　　　　　　　　　　　　(资料来源:根据网络信息改编)

第一节　商务合同的签订

　　在商务谈判各环节的相继推动下,经过双方或激烈或平和地谈判协商,各项交易条件在双方可接受的范围内基本已达成协议,接下来我们便可以将商务谈判推进到最后的签约阶段。很显然,这一重要阶段既是本次商务谈判的终结,又是商务谈判履约的开始。当然,它对下一次商务谈判的到来也有着至关重要的影响。在上一章节的学习中,我们了解了如何在保护己方利益的同时促进商务谈判的成交,那么在本章中,我们将会认识商务谈判成交之后合同的签订和履行等事宜。

一、商务合同

(一) 合同的概念

　　合同,又称为契约、协议,是平等的当事人之间设立、变更、终止民事权利义务关系的协议。合同作为一种民事法律行为,是当事人协商一致的产物,是两个以上的意思表示相一致的协议。只有当事人所做出的意思是合法的,合同才具有法律约束力。依法成立的合同从成立之日起生效,具有法律约束力。

　　合同是具有法律效力的文件,可以用来衡量谈判成功与否以及结果合法与否,因此谈判双方对于合同条款的准确性要进行反复斟酌,切忌出现漏洞,对于相关法律规定和专业术语,要由法律顾问承担起草和审查修改工作,以防出现偏差。

(二)合同的基本构成

能读懂合同的书面意思并无多少实际意义,只有读懂了合同的本质,听到它的"弦外之音",才能保障企业的利益,所以谈判人员要熟知合同的基本结构、基本功能、基本条款等内容,还要从合同的本质和原理上去参透,做到知其然以及知其所以然。一份完整的合同由合同首部、合同正文、合同尾部三个部分组成,此外,合同还可以增加附件,对一些明细、附加条款进行补充。首部、尾部和合同的其他各项条款一样,也是书面合同的组成部分,同样具有法律或行政约束力。

1. 合同首部

一份合同中,在合同中的第一项条款之前的都称为合同首部,通常情况下包括合同的名称、双方当事人和引言三部分。在比较复杂的合同中还会有合同编号、目录、"鉴于"条款等。比如双方当事人栏,甲方:×××有限责任公司,乙方:×××有限责任公司;在正文之前一般都会有这样一句话:"甲乙双方本着公平、公正、公开的原则,在双方当事人充分协商的基础上就×××事项约定如下:"。

2. 合同正文

从合同正文中的第一条至合同的最后一条,这些条款所包含的内容称为合同正文,主要说明了合同双方当事人之间的权利义务关系。在实践中见到的合同各式各样,但不管何种形式,只要是双务合同,该部分就是在说明一个问题,即合同商方的权利义务内容。根据《合同法》第十二条的规定合同一般包括以下条款:① 当事人的名称或者姓名和住所;② 标的;③ 数量;④ 质量;⑤ 价款或者报酬;⑥ 履行期限、地点和方式;⑦ 违约责任;⑧ 解决争议的方法。所有的合同条款都是这些基本条款的扩充版,只是针对的方面不同,复杂的程度不同而已。比如商品房买卖合同中就需要注重商品房的质量、配套、违约责任等。

3. 合同尾部

在合同正文之后的所有内容称为合同尾部,一般包括附件清单、合同各方的签字栏、声明和承诺等内容,但不包括附件。合同各方的签字栏根据不同需要或多或少的会涉及联系方式、联系地址、电子邮箱、银行账号和合同签订地等。

4. 合同附件

合同附件一般都在合同的尾部之后,但其清单一般在合同尾部或者正文中也会提到,因此合同附件是不用签署的。附件是合同的组成部分,与合同其他条款具有同等的法律效力。合同附件主要有以下两个作用:

第一,用于证明当事人的身份、经营资格,列入身份证复印件、营业执照复印件、车可证复印件、资格证复印件等。

第二,用于说明交易内容的细节,如品牌、规格型号、质量标准、单价、数量、技术指标、附属品规范及数量、服务标准、产品说明、与本合同关系密切的重要文件等。比如一份汽车买卖合同中,在正文中阐述买卖双方的权利义务,而附件就写明汽车的各种零件的质量、型号、规格等。

（三）商务合同核心内容

1. 标的

合同双方当事人权利义务所指向的共同对象，称为合同的标的，合同标的是合同法律关系的客体。标的可以是某种实物或货币，也可以是某项工程或者某项脑力劳动的成果。合同标的与谈判标的一致，如商品、劳务、工程项目等，都是谈判合同必须明确的标的。标的是合同成立的必要条件，合同标的条款是不可补正条款，如果双方当事人没有约定则合同不能成立。

2. 数量和质量

商务合同的数量条款应当是明确具体的，一般不宜采用大约、近似、左右等伸缩性的字眼来说明。商务谈判合同中的数量条款是衡量标的的尺度，没有数量条款的商务合同无法生效，并且极易引起纠纷。对数量的要求是准确、具体，不能含糊笼统，也不能有上下限，以免引起不必要的争议。商务合同中有时会出现质量纠纷的问题，质量是内在素质和外观形态的综合，包括名称、品种、规格、型号、质量指标等。对质量标准的要求也应是明确、具体，不能含糊其辞。我国《合同法》规定，质量要求不明确的，按照国家标准、行业标准履行；没有国家标准、行业标准的，按照通常标准或者符合合同目的的特定标准履行。

3. 价款或酬金

价款或酬金以货币数量表示，是取得标的的当事人一方偿付给对方的作价款。根据标的的不同，其叫法也有所不同，在以货物为标的的合同中，这种支付的代价叫作价款；在以劳务为标的的合同中，叫作酬金。对于价款或酬金，国家有关部门规定有标准的，按标准执行，无标准的则双方协商支付。对价款和酬金应明确规定何种货币单位、结算方式等。在国际商务活动中，作价款的高低受汇率变化的影响很大，因此，必须在合同中明确予以规定。我国《合同法》规定，价款或者报酬不明确的，按照订立合同时履行地的市场价格履行；依法应当执行政府定价或者政府指导价的，按照规定履行。

4. 履行的期限、地点和方式

同样，商务合同中应该有具体、明确的期限规定，不能出现模棱两可的字句。即使双方经过协商后规定可以变通期限，也应在合同中写明。合同中还应明确规定履行的地点，并明确指出相关费用负担的归属。自提产品要确定提货的地点。送货的产品，要对交货的地点、运费负担、运价标准和途中损耗等做出规定。如果履行地点不明确，则按惯例执行，即交付建筑物的，在建筑物所在地履行；付给货币的，在接收方所在地履行；其他义务在履行义务一方的所在地进行。谈判合同履行的方式，因合同的内容不同也有所区别。比如，有的合同是以提供某种商品或劳务的方式履行，有的则需要交付所完成的一定工作成果来履行。

5. 包装和验收方法

在买卖合同中对标的物的包装方式做出约定时，若买受人对标的物的包装具有特殊要求，应当在合同中标明。国家有规定标准的，按国家规定标准包装；没有规定的，双方可以议定包装标准，在没有约定的情况下，应当按照通用的方式包装，没有通用方式的，应当采取足以保护标的物的包装方式。验收是确定合同标的物是否得到完满履行的必要程序。验收分为数量验收、包装验收、质量验收等。验收无异议即认为履行了合同；验收有异议则必须在规定的时间内，由双方协商解决。超过时限才提出异议不予承认。

6. 违约责任

违约责任是指,当事人不履行合同义务或者合同义务不符合合同约定,需要依法应当承担的民事责任。违约责任是合同责任中一种重要的形式,违约责任的成立是以有效的合同存在为前提的。在商务合同中应对违约责任做出明确的规定,并注明违约的后果,以加强双方履行合同的责任心。

二、商务谈判签约仪式的安排

(一)签约概述

商务谈判的签约过程是充满仪式感的一项工作,既加强了谈判双方对合作事宜的重视,同时也表达了对谈判对手的尊重。根据合同的重要程度不同,相应的签字仪式也有所不同,一般合同只需双方主谈人在谈判地点签字即可,签约仪式也可从简。关于重大合同的签订,则由双方领导出面签字,仪式较为隆重,繁简取决于双方的态度,有需要时可专设签字桌,安排高级领导会见对方代表团成员,并请新闻界人士参加等。国际商务谈判的签字活动,若有大使、领事馆的代表参加,联系工作最好由外事部门经办,如果自己与有关使、领馆人员熟悉,也可以直接联系,但亦应向外事部门汇报请求指导,这样做既不失礼,又利于顺利开展工作。

在国际商务谈判中,签约地点的选择不仅影响签约仪式的效果,还决定了采取哪国法律解决合同中的纠纷问题,所以谈判双方在条件允许的情况下应尽量争取在己方所在地举办签约仪式。合同中所列条款毕竟有限,若日后出现了未曾预料的分歧并且合同中未规定适用的法律,则按照国际惯例,双方一旦发生争执,法院或仲裁机构可以根据合同缔结地所在国家的法律来做出判决或裁决。

(二)签约仪式的安排

签约仪式是双方经过紧张激烈的谈判之后的成果展示,是谈判双方合作的见证,同时也是一种庆祝方式,因此签约仪式既要突出氛围,又要注重礼仪。举行正式的签约仪式,应注意以下两个环节:

1. 仪式前的准备

为了保证签约仪式的顺利进行,在签约之前需要做好充足的准备,具体工作包括以下四个方面:

(1)确定参加签约仪式的人员。一般情况下,参加签约仪式的人员都是参加谈判的人员,在事先征得对方同意的情况下,也可让未参加谈判的人员出席签约仪式。出席签约仪式的双方人数应大体相等,主签人员的级别也应相同,有时为了表示对本次谈判的重视,双方更高一级的领导人也可出面参加签约仪式,级别和人数一般是对等的。

(2)做好协议文本的准备。关于协议文本的拟定,亦不能马虎,必须逐字逐句认真考虑,因为成功签约之后,这些协议文本都有可能成为谈判双方履行约定的依据,所涉及的各项条款都需谈判双方承担责任。对于文本内容,一方面要保证其相关条款都合法规范,另一方面,必须符合行文的基本格式。谈判结束后,双方应组织专业人员按谈判达成的协议做好文本的定稿、翻译、印刷、校对、装订等工作。为了提高双方合作的效率,东道主应为文本准备提供方便。

(3) 签约场所的选择。签约场所的选择一般有谈判客方所住的宾馆、东道主的会客厅及洽谈室或者第三方会客场所等。在谈判规模不大的情况下或者为了节约时间,谈判双方可就近选择签约场所,若是考虑到扩大影响、增加签约的重要性,则可以选择在某些新闻发布中心或著名会议、会客场所举行,必要时还可以邀请新闻媒体进行现场采访。无论选择何种场所进行签约,其首要原则应是在征得对方同意的情况下,视参加签约仪式的人员规格、人数多少及协议内容的重要程度等因素来确定。

(4) 签约场所的布置。签约场所的布置一般由东道主进行安排,场所的布置以及设施设备的准备要确保签约过程的每个环节都顺利进行,除了各种琐碎的细节需要注意以外,最关键的一个问题就是位次排列,根据签约方数量的不同,位次安排也有所不同,下面就双方签约和多方签约两种情况分别介绍。

① 双方签约。双方签约在商务谈判中较为常见,由于签约参与方数量较少,只要双方同意,签约仪式可以因人而异。我国及多数国家举行的签约仪式,通常是在签约厅内设置一张长方形桌作为签字桌,一般签字桌是面对着门横放的,桌面上覆盖深色台布,桌后放置两把座椅供双方签字人就座,主左客右,以右为上,座前桌上摆放由各方保存的文本,文本前分别放置签字用的文具。签字桌中间摆一旗架,悬挂双方的国旗。如同系国内企业,则分别摆放座签,并写上企业名称,旗架或座签的摆设方向与座位方向一致。其他参加仪式的人则按照第一排比第二排高、右侧比左侧高、中央比两侧高的规则排列成两排站在主签者对面或后面。

② 多方签约。针对多方签约,可以采用主席式的签约方法进行。所有的签字方的人员都在台下就座,只设一个签字席,签字人员代表按照顺序依次去往签字席进行签约。关于签字顺序的安排,国内一般是按照签字者姓名的汉语拼音字母顺序或者姓名汉字的笔画多少顺序来签,而在国外则是按照签字者姓名的外文字母排列顺序,每次签字的都只有一人。

2. 签约仪式的程序

为了保证签约仪式顺利有序地进行,各方参与人员还需要了解签约仪式的相关步骤,正式的签约仪式,一般按以下程序进行(以双方签约为例):

(1) 谈判双方参加签约仪式的人员有序步入签约厅;

(2) 负责签约的人员入座,其他人员分主客各站一方,并按身份由高到低自里向外依次站于各自的签字人员座位之后;

(3) 助签人员分别站立在各自签字人的外侧,协助翻开文本,指明签字处,由签约人员在所要保存的文本上签字,然后由助签人员将文本递给对方助签人员,再由签约人员分别在对方所保存的文本上签字;

(4) 由双方签约人员互换文本,相互握手祝贺,有时还备有香槟酒,供双方全体人员举杯庆贺,以增添欢庆气氛。合同一经签署,即告生效,双方均应严格遵照执行。

三、商务合同的签约过程

根据《合同法》相关规定,当事人订立合同应该采取要约、承诺的方式。由此,我们认为订立合同一般经过两个阶段,即要约和承诺。

(一) 要约

要约是当事人一方以缔结合同为目的,向对方提出签订经济合同的建议、要求或一种意思的表示。提出要约的一方称要约人；对方称为受约人，又称承诺人。要约人在提出要约时，除表示订立合同的愿望外，依法还必须提出合同的主要条款，以供对方考虑是否同意要约。要约中，一般还要指明等待答复的期限。

要约的方式主要分为书面要约和口头要约。书面要约是通过寄送订货单、书信、发电报、发邮件等方式提出，口头要约可以由一方向另一方当面提出。要约是一种法律行为，在提议到达对方时发生法律效力，对要约人有法律约束力。只要在规定期限内收到了对方表示接受提议的答复，要约人就有与之订立经济合同的义务。在此期间，要约人不得向第三人提出同样提议或与第三人订立此项合同；否则，若给对方造成损失，就要负赔偿责任。但是，在出现以下三种情况时，要约人可以不受要约的约束：

第一，在规定期限内收到对方拒绝接受要约的答复，或者对方做出了改变原要约主要条款的答复；

第二，对方超过期限才做出同意要约的答复；

第三，虽然对方是在规定期限内做出同意要约的答复，但是要约人收到答复时已经过期，并且立即将此情况通知了对方。

（二）承诺

承诺即接受要约，是受约人按照要约所指定的方式，对要约的内容表示完全同意。要约一经承诺，合同即告成立。承诺人就要承担合同规定的义务，承诺也是一种法律行为。若受约人接到要约文件后，对于其中的部分条款提出修改意见，或者做出附有条件的接受，则不能认为是接受承诺，而应当看作拒绝原要约而提出的新要约，因为它改变了原提议的内容，所生成的是一份新的提议。

四、商务合同签订注意事项

（一）注意合同有效的条件

在签约之前，签约人员还需要确保合同的有效性，确保合同有效的条件主要从以下两个方面来把握：

1. 合同签订的主体要有合法资格

合同签订的主体包括一般自然人和法人，一般自然人作为合同主体进行签约，需要其本人亲自签名或者摁手印，必要时可以保存签约人的身份证号或复印件。法人如企业作为主体的，必须是合法存在的法人，一般需要查验对方的营业执照，如果不存在吊销、注销执照的情况，均可作为签约的主体。

2. 合同的法律约束力

合同法律约束力是法律赋予依法成立的，合同的各项内容应根据有关法律法规来确定，以确保合同对当事人的行为具有约束力。对国家法律有专门规定的，还应按这些法律的规定确定合同的条款。合同的签订不仅要经过一定的程序，还要遵守法律和尊重社会公共利益。

（二）要注意明确签约地

在合同中明确地将签约地注明为本地，当合同发生纠纷时，能够迅速确定本地公安机关对涉嫌犯罪案件的管辖权,如果希望由特定地点公安机关管辖,可以将合同签订地注明为特定地点。若合同中缺少签约地,则不利于迅速、准确、合法地解决合同纠纷,不利于确认谈判双方的权利义务、制裁违约行为。

(三) 重要事项的核对

重要事项的核对,目的是确认各条款中所涉及的权益是否与合同的目的相符,重点核对合同数量、质量、价格、规格、交货时间、交货地点、交货方式、验收方式、支付款项方式、时间等。另外,对于对方提出的免责条款要慎重研究,弄清其范围,才能表示是否同意。对己方不利的免责条款切忌接受。合同中的违约责任条款必须明确具体,要针对对方最易违约的问题,如资金到位的时间、数量、产品的外销,以及违约可能给己方造成损失的问题,进行有的放矢的约定,避免引起纠纷。

(四) 仔细拟定适用法律条款和仲裁条款

通常,谈判双方都希望本国法律适用或对己方有利的法律作为合同依据,这类条款将作为合同的主要条款,切勿出现模棱两可的字句。如在合同中出现"如有争议可提请中国对外贸易促进会调解或仲裁,也可由双方同意的国外仲裁机构进行仲裁",这一条款没有明确具体的规定发生争议时是在中国仲裁还是在国外仲裁,模棱两可,形同虚设,一旦发生争议,任何人都难以判定。

(五) 要注意中外文本的一致性

若合同的签订涉及跨国业务,则要求合同的拟定采用中外文两个版本,不能签订只有外文文本而没有中文文本的合同。此外,两个版本的合同要做到文本内容一致,涉及如两种文本含义不同或外方在外文文本中留有伏笔,或使用了一些含义不确切的词语,在发生争议时己方就有可能会吃亏。

第二节 商务合同的审核与担保

一、商务合同的审核

审核合同的完善性和可操作性,保证合同目的正当、内容有效,各方权利与义务关系相对均衡,并且结构合理、体例适用是非常有必要的。首先是合同文本的审核,要做到通读合同,把握合同整体概况,如果文本使用两种文字撰写,则要严格审核两种不同文字的一致性;如果使用同一种文字,则要严格审核合同文本与协议条件的一致性。

其次,是对合同内容进行实质审查,其审查的着重点有:合同的主体、合同的内容、合同的效力,合同的中止、终止、解除,违约责任和争议解决条款等。主要关注合同标的及权利义务的设定是否清晰明确,权利义务及责任的分配是否相对平衡且符合双方在合同中的地位,合同内容是否规范,是否遗漏合同必要事项或操作程序,是否存在法律风险,合同附件是否齐备且可操作,是否存在自相矛盾之处等问题。

最后,在审核中若发现问题,应及时相互通告,并调整签约时间,使双方互相谅解不致因此而造成误会。对于合同文本中的问题,一般指出即可解决,而有的复杂问题需经过双方主谈人再谈判。对此,思想上要有准备,同时要注意礼貌和态度。合同审查的基本方式有增补、删减、批注建议、批注提示等。一般对于明显缺失的必要内容或明显冗余不适用的内容,应当直接进行增补或删减,对于需要进一步明确的内容,则可采取批注的方式予以提示或建议。

二、商务合同的担保

(一)合同担保的特点

(1)担保措施是为债权人的利益设立的,设立担保的目的是保证债权实现。

(2)担保合同是从属于被担保的主合同的从合同,主合同无效,则担保合同也无效。但是,担保合同另有约定的,按照约定。

(3)合同担保关系中的权利人是主合同的债权人,义务人则可以是主合同的债务人或者第三人。在第三人为债务人向债权人提供担保时,可以要求债务人提供反担保。

(二)合同担保的形式

合同担保是指合同双方当事人的一方或第三方以确保合同的切实履行为目的,应另一方要求而采取的保证措施,这是促使合同得以全面履行的法律手段。合同担保是由国家法律规定或由双方当事人协商确定的。

主要形式有以下几种:

1. 保证担保

保证担保是保证人以自己的名义担保被保证人履行合同,当被保证人不履行或不完全履行合同时,由保证人连带承担赔偿损失的责任。在商品贸易谈判中通常是指销售方可以要求买方提供一个经济实力强大、遵循诚实信用的法人作为第三方来担保买方的付款,一旦买方不能按期付款,由该担保方承担付款责任。

保证担保在实际运用中应注意以下问题:

第一,担保方是在自愿的前提下做出担保。保证人应与销售方签订书面保证合同,并写明保证的内容、方式,由双方签字、盖章后方可生效。

第二,保证人所承担的相关责任应在担保合同中明确表示。其中需要注意"代为履行"和"连带责任"的区别。代为履行指只有在原债务人无能力履行债务和赔偿损失时,才可以向保证人要求履行债务和赔偿损失;连带责任是指只要债务人不履行债务,不管其是否具有履行能力,债权人都可以直接要求其代为履行或者赔偿损失。

第三,以原债务变更或修改原债务合同时,必须事先征得保证人的同意,否则保证人不负责担保责任。

第四,合理选定保证人。应注意:不能由国有企业的主管部门或其他行政机关担当保证人,选定的担保人要具备承担相应付款责任的能力,即需要对担保人做资信调查。

第五,签订保证合同时,以下内容不可缺少:被担保的债权种类、数额;保证的方式;保证担保的范围;保证的期限。

2. 定金担保

定金担保是指合同的一方为了证明合同的成立和确保合同的顺利履行,向对方预先支付一定金额的钱币。定金的数额是双方协商交付总金额的一定比例或一定绝对数额的货币。定金的作用一方面在于证明合同的成立,一方当事人在签订合同时,担心对方当事人悔约而付给定金,只要对方当事人接受定金,即为经济合同成立的法律依据;另一方面在于作为一种担保形式保证合同的履行。它是在没有第三人参加的情况下,双方当事人为保证合同的切实履行而协商约定的法律关系。因此,如果接受定金一方不履行合同,应当双倍返还定金;如果给付定金的一方不履行合同,则无权请求返还定金。所以,定金既有担保作用,又可以补偿不履行合同所造成的经济损失。

定金与预付款的区别:定金是一种担保方式,主要用来惩罚违约行为,而预付款从一开始就属货款的一部分,以上二者可以因约定相互转化。定金与违约金的区别:违约金属于损害赔偿性质,其数额认定完全依赖于受损害当事人的损失情况,而定金是一种债权担保,其数额一旦确定,非经双方协商一致不得改变。

3. 留置权担保

留置权是依照合同规定,当事人一方对已经被占有的他方财产,由于他方不履行合同而采取的扣留措施,它是合同担保的一种法律手段。

一般来说,留置的财产并不是双方当事人事先约定的,而是在交易活动中债务人欠债权人一定的债务时债权人为保证其债权的实现,留置处于交易活动中的财产。例如,当车主没有按照合同规定支付修理费时,修理厂有权扣留当事人的车子。留置的财产只能是与逾期不履行的债权债务合同相关联的财产。只有在债务人到期无力偿还债务时,债权人才可以行使留置权,否则属违法行为。此担保形式有很大局限性,只限于与债权债务有关的财产,如加工承揽合同、定作合同。

4. 抵押权担保

是指当事人一方或者第三人为履行合同向对方提供的财产担保。提供抵押的一方当事人或第三人称抵押人,接受抵押财产的当事人称抵押权人。当债务人不履行债务时,债权人有权依法以该财产折扣拍卖、变卖的价款优先受偿。

抵押权担保在实际运用时应注意的问题:

第一,应订立书面抵押合同并在合同中注明:双方当事人的姓名与名称,所担保的债权数额及范围,抵押物的名称,抵押物的占有归属及抵押日期。

第二,弄清抵押物担保的范围:赔偿原债权,赔偿由于债务不履行造成的损失和违约金,实现抵押权所花费的费用(公证、诉讼费)。

第三,在抵押期间,他人不得使用或处置该抵押物。

质押与抵押的区别在于:抵押时,债权人不占有抵押人的抵押物,若抵押物在抵押期间产生利息收入,则抵押人(债务人)收取抵押物产生的本息,债权人只享有处分抵押财产的请求权,不能独立对抵押财产做出决定。在抵押中由于债权人不占有被抵押的财产,因而对抵押财产不产生履行保管的义务。在质押中,债权人则享有出质物的占有权,债权人(质权人)收取出质财产的本息,并且,债权人可以独立对质押财产做出决定,同时具有妥善保管质押财产的义务。

5. 违约金担保

违约金也是一种担保方法,是我国经济合同规定的主要担保形式。违约金就是一方当事人不履行或者不适当履行合同时,按法律或者双方约定向对方支付的金额,以便督促合同当事人信守合同条款,认真、全面地履行合同义务。它的作用有两个方面,一是带有惩罚性质,起经济制裁作用;二是带有补偿性质,起补偿损失的作用。这里需要注意的是,违约一方不履行合同时,不论是否给对方造成损失,都应付给违约金。

三、商务合同的变更和解除

随着客观情况的不断变化,在实际履行合同中可能会出现一些状况使得合同无法履行或者无意义,这就要求变更或者解除合同。变更和解除是两个不同的概念。商务合同的变更是指对原合同的修改和补充,即增删其条款;商务合同的解除是宣布原合同无效。

(一)合同变更的特点

(1) 合同的变更需要当事人协商一致,特殊情况下,当事人还应当履行法定的程序。
(2) 改变合同的内容和标的,表现为对原合同条款的修改,既可以是合同标的的变更,也可以是合同中数量的增加或者减少,还可以是履行地点或履行方式的改变。
(3) 其法律后果是产生新的合同关系。

(二)合同解除的特点

(1) 合同当事人需协商一致。
(2) 如果合同已部分履行,由于合同的解除使合同关系自始失去效力,所以当事人受领的给付也就失去法律根据,因而受领人有恢复原状的义务。
(3) 合同解除后,致使原合同中双方当事人之间所形成的法律关系归于消灭,当事人不必再履行合同所约定的债权债务。

(三)允许变更或解除协议的五种情况

一般来讲,只要具备下列情况之一的,即可变更或解除合同:
(1) 合同中的一方,由于内部原因,出现了一些必须修改合同的因素,在不影响、不损害国家利益和对方利益的前提下,经双方协商同意,并通过一定的法律程序,允许变更合同。
(2) 由于签订合同时的客观条件发生变化,如合同订立所依据的国家计划的修改或取消,相应地,所订合同也可以变更或解除。
(3) 合同一方的企业或公司,由于停产、倒闭等原因无法继续履行协议,也允许协议变更或解除。
(4) 由于不可抗力或一方当事人虽无过失但无法防止的外因致使合同的履行成为不必要,受害的一方可依法律规定,变更或解除合同。
(5) 由于合同一方违约,使得对方受到严重损失。

四、商务合同的公证

所谓合同的公证,是指公证机关对双方在自愿前提下所签订的合同内容、双方代表的资格等进行认真审核后,依法对谈判合同进行审查,证明其真实性、合法性,并予以法律上的证据效力的一种司法监督制度。对谈判合同进行公证,对于保护当事人的合法权益、预防纠纷、防止无效合同、促进合同的履行有着重要作用。

当事人申请合同公证,应当向公证机关提交申请书和合同原本。公证机关受理后,应根

据民法、经济合同法、劳动法等实体法的规定,重点审查:

(1) 合同当事人各方的主体资格。

(2) 当事人签订的合同是否遵守了国家的法律,是否符合国家政策和国家计划的要求,是否贯彻了自愿协商、平等互利、等价有偿的原则等。

(3) 合同的具体内容是否符合实体法的有关规定,合同条款是否齐全,文字表达是否明确、具体。

(4) 签订合同的手续是否完备。公证机关经过审查,认为当事人签订合同的行为既真实又合法的,即可出具公证书。

第三节　商务合同的履行与纠纷处理

一、商务合同的履行

商务合同的履行,是指商务合同生效后,当事人按照商务合同的规定全面完成各自承担的义务。商务合同的履行是商务合同法律约束力的具体表现。合同的成立是合同履行的前提,合同的法律效力既含有合同履行之意,又是合同履行的依据和动力所在。

合同履行的原则是指合同依法成立后,当事人双方在完成合同规定义务的整个过程中所必须遵循的一般准则:

(一) 实际履行原则

实际履行也叫实物履行,是指合同当事人必须严格按照合同所规定的标的来履行自己的义务,不得以其他标的代替履行或者以支付违约金和赔偿金来免除合同规定的义务。事实上,当已经不可能或不必要实际履行时,或法律规定一方违约只赔偿损失的情况下,才能以偿付违约金、赔偿金作为补偿,但这并不能看作代替履行。在下列情况中,可以排除实际履行原则的适用:① 以特定物为标的的合同,当标的物灭失时,实际履行标的已不可能;② 义务人不能按期交付标的,使实际履行对权利人已不必要或还会损害权利人自己的利益;③ 标的质量不符合合同要求,权利人放弃实际履行的请求。

在贯彻实际履行原则时,应该从实际出发。如在购销合同中,某些季节性强的产品如电风扇、雨具等,供方未能按期交货,已过了销货旺季,此时供方的继续履行对需方不仅毫无意义,而且还会造成积压浪费,需方可只要求供方偿付违约金、赔偿金,而不再要求交货。

(二) 适当履行原则

适当履行原则,又称正当履行原则或全面履行原则,是合同法中所规定的合同履行应当遵守的原则之一,是指当事人按照合同规定的标的,按质量、数量、期限、地点、方式、价格和包装要求等,用适当的方法全面完成合同义务。义务人不得以次充好、以假代真,否则权利人有权拒绝接受。适当履行原则与实际履行原则有所不同,实际履行强调按照合同约定交付标的物或提供劳务,至于方式、时间等是否适当则无力顾及;适当履行既要求主体和标的适当,也要求履行期限和履行方式适当。

(三) 经济履行原则

经济履行原则是以保护合同双方经济利益为出发点，避免由于合同履行不当造成的经济损失，在履行合同时，当事人双方在实际履行的基础上要同时兼顾经济效益，贯彻经济合理原则。例如，债务人在履行债务时可以选择合理的运输方式，合理地在规定期限内履行合同义务，避免因时间延误造成不必要的经济损失。当履行原合同的费用超过原合同的价值时，可以适当考虑用其他方法来代替原合同的履行。但是需要注意的是，经济履行的前提条件是全面、实际完成合同义务，不得以经济履行为借口违背适当履行原则。

(四) 诚实信用原则

诚实信用原则也是合同履行中不可忽视的重要部分，要求行为人本着真诚、真实、恪守信用的原则和精神，以善意的主观意识和行为方式正确行使自己的权利，履行自己的义务。诚实信用原则确立的是在市场经济活动中，参与交易的各方当事人所应严格遵守的一种最基本的行为准则和道德观念。一旦有当事人违背了诚实信用原则，不仅会阻碍本次合作的顺利进行，还会影响双方日后的进一步合作事宜。在具体的合同业务操作中，正确理解和适用诚实信用原则，对于合同当事人恰当地履行自己的权利义务，保障己方的合法权益，以及律师处理相关的纠纷案件等都具有重要的实际指导意义。

(五) 情势变更原则

情势变更原则指合同有效成立后，因不可归责于双方当事人的原因导致作为合同基础的客观事实发生根本性变化，若继续维持合同原有效力，将有悖于诚实信用原则和公平原则时，应允许变更合同内容或者解除合同的原则。合同从成立到履行是一个为期较长的过程，这期间的变数往往不可预见。合同的依法成立依赖于当时的客观环境，合同中的约定条款与客观环境是相适应的，在合同成立之后，该客观环境一旦发生变化，原来约定的权利和义务与新形成的客观环境就不再相适应，也就不再具有公平合理性。所以在一定范围内允许变更合同内容是一种合理的做法，谈判各方不仅要在起草和签订合同中考虑这种问题，在合同履行阶段也要正确处理此类问题。

二、针对不明确条款的约定

尽管当事人双方在草拟商务合同时应当尽量避免不明确条款的出现，但是由于在商务合同的签订和履行过程中，影响因素太多，很多客观因素是无法控制的，商务合同条款欠缺或约定不明确的情况往往很难避免。在履行合同过程中遇到不明确条款时，当事人可以达成补充协议；对于不能达成补充协议的，可以按照《合同法》的规定采取一系列补救措施。部分规定如下所示：

(1) 遇到质量要求不明确的情况，可以按照国家标准、行业标准履行；没有国家标准、行业标准的，按照通常标准或者符合合同目的的特定标准履行。

(2) 遇到价款或者报酬不明确的情况，可以按照订立合同时履行地的市场价格履行；依法应当执行政府定价或者政府指导价的，按照规定履行。

(3) 遇到履行地点不明确的情况，给付货币的，在接受货币一方所在地履行；交付不动产的，在不动产所在地履行；其他标的，在履行义务一方所在地履行。

(4) 遇到履行期限不明确的情况，债务人可以随时履行，债权人也可以随时要求履行，但都应当给对方必要的准备时间。

(5) 遇到履行方式不明确的情况,按照有利于实现合同目的的方式履行。

(6) 遇到履行费用不明确的情况,由履行义务一方负担。

三、合同纠纷的处理

商务合同的存在意义是维护当事人双方的合法权益,但是由于市场主体之间的利益总是存在不一致,从而导致各种权益纠纷的产生,即商务合同纠纷。合同纠纷的范围涵盖了一项合同从成立到终止的整个过程,其处理方式要视具体情况而定,主要有协商、调解、仲裁和诉讼四种方式。

(一) 协商

合同纠纷的协商是指合同双方当事人在合同纠纷出现之后,自愿按照《合同法》以及合同条款的有关规定,本着互相谅解的态度,通过协商的方式自行解决合同纠纷。双方当事人在协商解决合同纠纷的过程中,应注意以下问题:

(1) 在协商的过程中,双方要本着与人为善、实事求是的态度去协商解决,不可颠倒黑白、夸大其词,更不可出现语言过激等行为。

(2) 坚决杜绝投机倒把、买空卖空、欺诈行骗等违法行为,通过协商达成的协议,一定要符合国家的法律、政策,绝不允许损害国家和集体的利益,否则,即使达成了协议也是无效的。

(3) 双方当事人在法律地位上都是平等的,在协商解决合同纠纷时要本着公平公正的原则,不可出现以大压小、恃强凌弱、一方享有特权等情况,还要防止拉关系、搞私利等不正之风。

总之,合同双方当事人要在坚持友好、平等、合法原则的前提下,从有利于国家和集体利益、有利于加强团结协作、有利于发展生产经营出发,互谅互让,通过协商来解决合同纠纷。

(二) 调解

合同纠纷的调解是指发生合同纠纷时,当事人双方协商不成,根据一方当事人的申请,在国家规定的合同管理机关的支持下,通过对当事人进行说服教育,促使当事人双方相互让步,并以双方当事人自愿达成协议为先决条件,达到平息争端的目的。调解不同于仲裁的是:调解不能强迫被执行者接受解决办法,它只能通过建议、方案或利用其威信促使被执行人接受某种解决办法。调解人既可以以一个组织身份出现,如企业主管单位或上级单位、工商行政管理部门等,也可以是一个组织中的成员,如法院的工作人员、上级主管部门的负责人、企业的经理人员等。通过调解方法使问题得到解决,是合同管理机关解决合同纠纷的基本方法。

1. 合同纠纷调解的步骤

(1) 提出调解申请。当合同发生纠纷时,由申请要求调解的一方当事人填写合同纠纷调解申请书,向对方所在地合同管理机关申请调解,注意申请书中的原诉单位和被诉单位的名称必须与合同中的名称一致。

(2) 接受调解申请。合同管理机关收到合同纠纷调解申请书之后,要本着对合同双方当事人负责的原则,事先做好调查研究工作,在摸清纠纷产生原因的基础上决定可否受理。

受理后,开出《合同纠纷调解通知书》两份,并随每份附空白《调处合同纠纷代表资格证明书》一份;分送发生纠纷的双方当事人,同时将原诉方的调解申请书抄件一并传送给被申诉方,通知准备答辩。最后,通知双方在指定的时间和地点进行调解。

(3) 进行调解。当事人双方在收到《合同纠纷调解通知书》后,需要按规定时间到指定的地点接受调处,否则视为自动接受调处协议,并即予实行。调解时,管理部门要客观、细致、实事求是地做好当事人的思想工作,弄清纠纷的原因、双方争执的焦点和各自应负的责任,并且记录调解内容和制作调解书。

(4) 制作调解书。调解书是指合同管理机关通过调解方式达成协议后,制作具有法律效力的文书。调解书应写明以下内容:当事人的名称、地址;代理人姓名、职务;纠纷的事实、责任;协议内容和费用的承担等。调解书由仲裁员署名,代理人签字,并加盖合同管理机关的印章,分发给双方。

(5) 产生法律效力。调解书由双方当事人签字,合同管理机关盖章后生效,即具有法律约束力,双方当事人必须执行。如果一方或双方对调解协议反悔,可以在收到调解书之日起15天内,向国家规定的管理机关申请仲裁,也可以直接向人民法院起诉。

2. 合同纠纷调解的方法

关于合同纠纷调解方法的选择,要根据具体情况来定,下面列举几种常用方法:

(1) 当面调解。当面调解是指用开会的形式,请双方当事人当面进行协商,分别提出自己的意见和相关依据,经过反复磋商和让步后以求达成协议,这是一种较为普遍也较为容易实施的调解方法,一般用于工商合同纠纷的调解。

(2) 现场调解。现场调解是指,召集合同双方和有关单位人员汇合,运用对照实物的方法协商调解,例如农副产品合同内容涉及的鲜活品种,或者某些工业品的规格质量验收等,用现场调解的方法更加直观明了,也更具有说服力。

(3) 异地合同,共同调解。出于方便和节约成本,有些商务合同的签订地点并非当事人所在地,或者当事人双方不在同一地方管辖单位,针对这一类异地合同纠纷的调解,可以发公函或派人请双方所在地的工商局会同当地有关主管部门共同配合调解,这样有利于问题的及时解决,同时由于有当地主管部门参加,协议也容易付诸执行。但是在调解的前期安排会较为复杂,所耗时间也更长。

(4) 通过信函进行调解。当双方当事人之间的矛盾和分歧简单明了,比较容易明确是非责任,并且所涉及的金额不大,而将当事人双方召集在一起的成本却很大时,可以通过信函进行调解。合同管理机关有关人员在接到申诉书后要对被诉方进行详细的全面调查,弄清楚责任划分,取得被诉方的解决意见后方可发函协商调解。通过信函进行调解是一种快速高效的解决合同纠纷的方法,同时也节省了申诉方的人力、物力。

(三) 仲裁

若通过调解仍不能解决合同纠纷问题,则可以进行仲裁。仲裁也可称为"公断",是指由无直接利害关系的第三者,做出具有约束力的裁决。有关合同纠纷中的第三者,即当由国家规定的合同管理机关。若采用仲裁的方式解决合同纠纷问题,合同管理机关首先要根据合同当事人的申请调查合同纠纷的事实,分清是非责任,而后依据法律法规做出终裁,并制作仲裁书,交双方执行。

下面所列是我国常用的用来仲裁合同纠纷的完整程序:

1. 提出仲裁申请

采用仲裁的方法解决合同纠纷,首先,当事人需要向仲裁机关提出仲裁申请,并按规定内容填写并递交申请书及其副本,同时抄送被诉单位及其有关单位。这里需要注意的是,一旦发生合同纠纷,当事人应及时通过协商解决,或者请上级主管机关做出调解,协商和调解失败后方可申请仲裁。申请仲裁应从知道或应知道权利被侵害之日起一年内提出,超过期限的,一般不予受理。

2. 接受仲裁申请

这一步是由仲裁机关来处理,在接到申请书后,仲裁机关要审查相关手续是否完备,然后根据具体情况决定是否接受仲裁申请。若认为案情重大或有其他特殊理由需要由高一级仲裁机关处理的,可请求移送,若确认接受仲裁申请了,应将仲裁申请书副本送交被申请仲裁人,告知双方当事人应有的辩护和请求回避的权利。

3. 进行答辩

被诉单位在接到申请书副本的 10 天内提出书面答辩,书面答辩的内容要针对申诉方所提出的问题进行解释和陈述,并提供人证、物证及有关支撑材料。

4. 调查和取证

仲裁人员必须认真审阅申诉和答辩书,在此基础上进行详细的调查研究,搜集一切有用的证据,弄清纠纷发生的时间、地点、原因、经过、结果及争执的焦点等。必要时,可进行现场勘查或对物证进行技术鉴定。

5. 进行调解

仲裁机关在收集了充分的资料和证据后,应当对双方当事人进行调解,调解过程可以是仲裁员一人主持,也可以由仲裁庭主持。调解笔录和达成的协议应由当事人和参加调解的人员签名盖章,对某些重要调解案件,根据协议可由仲裁机关制作调解书,经盖公章后发给当事人,调解书和仲裁书具有同等效力。

6. 组织仲裁

对合同纠纷如经调解无效,可由仲裁机关的该案仲裁小组进行裁决。申请仲裁人和被申请仲裁人均需出席仲裁庭,就合同有关事项进行陈述和辩论,出示有关证据,然后依申诉人、被诉人的顺序征询双方最后意见。若经过辩论后双方仍不能达成一致,则由仲裁庭评议后裁决,并按照规定的内容要求,制作仲裁决定书,加盖公章后通知双方当事人。

(四)诉讼

若经过上述所说的协商、调解、仲裁等一系列方法后,仍不能解决相关合同纠纷,或者合同一方当事人仍有不满,则任何一方当事人都可以向有管辖权的法院起诉,要求通过司法程序来解决双方之间的争议,这种解决合同纠纷的方法称为诉讼。诉讼牵涉国家审判机关,由人民法院行使审判权,按照相关法律规定的程序进行审理。此方法需要经过严格的司法程序,一般耗时较长,并要承担相当的费用。

根据《民事诉讼法》的规定,经济合同纠纷当事人提起诉讼的,必须符合以下条件:

(1)原告是与本案有直接利害关系的公民、法人和其他组织。

(2)有明确的被告。

(3) 有具体的诉讼请求和事实、理由。
(4) 属于人民法院受理民事诉讼的范围和受诉人民法院管辖。

符合上述条件的,原告(当事人)应向人民法院递交起诉状。

根据《民事诉讼法》规定,起诉状应当写明下列事项:

(1) 当事人的姓名、性别、年龄、民族、职业、工作单位和住所,法人或其他组织名称、住所和法定代表人或者主要负责人的姓名、职务。
(2) 诉讼请求和所依据的事实与理由。
(3) 证据和证据来源,证人姓名和住所。

人民法院收到起诉状,经审查,认为符合起诉条件的,应当在七日内立案,并通知当事人;认为不符合起诉条件的,应当在七日内裁定不予受理;原告对裁定不服的可以提起上诉。

◆ 内容提要

有经验的谈判者会在恰当的时机抓住对方隐含的签约意向,趁热打铁,促成交易的达成与实现,因此,成功的签约者应该:灵活把握签约意向,熟记签约的流程,懂得签约的礼仪,掌握适时签约的技巧等。本章首先介绍了合同的概念,合同的基本构成和合同的核心条款,在熟悉了合同的基本内容之后,进入签约仪式的安排。关于签订合同,还有一个重要的部分,便是商务合同的审核和担保,担保形式主要有保证担保、定金担保、留置权担保、抵押权担保和违约金担保。商务合同的履行要遵循实际履行原则、适当履行原则、经济履行原则、诚实信用原则和情势变更原则。商务合同的履行过程中可能会产生一些纠纷,商务合同纠纷的处理方式主要有协商、调节、仲裁和诉讼四种。

◆ 关键词

签约流程　合同的审核　合同的担保　合同履行的原则

◆ 复习思考题

1. 谈判合同担保有哪些主要形式?
2. 商务合同有什么特征?合同签订的原则是什么?
3. 商务合同纠纷的处理有哪些方式?

◆ 思考案例

谈判专家的谈判策略

美国有位谈判专家想在家中建一个游泳池,建筑设计的要求非常简单:长9米,宽4.5米,有水过滤设备,并且在6月1日前做好。谈判专家原本在游泳池的造价及建筑质量方面是个外行,但聪明的他在极短的时间内,不仅使自己从外行变成了内行,而且还找到了质量好、价格便宜的建造者。

谈判专家先在报纸上登了想要建造游泳池的广告,具体写明了建造要求,结果有A、B、C 3位承包商来投标,他们都提交了承包的标单,里面有各项工程的费用及总费用。谈判专家仔细看了这3张标单,发现所提供的温水设备、过滤网、抽水设备、设计和付钱条件都不一样,总费用也有差距。

接下来他便约这3位承包商来他家里谈,第一位约好早上9点,第二位约好早上9点15分,第三位约好早上9点30分。第二天,3位承包商如约而来,他们都没有得到主人的马上接见,只得坐在客厅里彼此交谈、等候。

10点钟的时候,主人出来请第一位承包商A先生到书房去商谈。A先生一进门就宣称他的游泳池一向是造得最好的,好的游泳池的设计标准和建造要求他都符合,顺便还告诉主人B先生通常使用陈旧的过滤网,C先生曾丢下许多未完的工程,而且他现在正处于破产的边缘。接着主人同B先生进行谈话,从他那里了解到其他人提供的水管都是塑胶管,他所提供的才是真正的铜管。C先生告诉主人的是,其他人使用的过滤网都是品质低劣的,并且不能彻底做完,拿到钱以后就不管了,而他则绝对保质保量。

谈判专家通过静静的倾听和旁敲侧击的提问,基本弄清了游泳池的建筑设计要求及3位承包商的基本情况,发现C先生的价格最低,而B先生的建筑设计质量最好。最后他选中了B先生建游泳池,但只给B先生C先生提供的价钱。经过一番讨价还价后,双方谈判终于达成了一致。

讨论:试总结谈判专家先生为什么能谈判成功。

◆应用训练

济南市第一机床厂厂长在美国洛杉矶同美国卡尔曼公司进行推销机床的谈判。双方在价格问题的协商上陷入了僵持的状态,这时我方获得情报:卡尔曼公司原与台商签订的合同不能实现,因为美国对日、韩、台提高了关税的政策使得台商迟迟不肯发货。而卡尔曼公司又与自己的客户签订了供货合同,对方要货甚急,卡尔曼公司陷入了被动的境地。我方根据这个情报,在接下来的谈判中沉着应对,卡尔曼公司终于沉不住气,在订货合同上购买了150台中国机床。请分析:

(1) 中方表现出来的谈判实力。

(2) 双方的谈判能力优劣。

第三篇
商务谈判艺术

商务谈判不仅是一门科学,也是一门艺术。艺术以表演者的洞察力、经验和知识来反映出一个人的个性、气质和魅力,是一个人能力的体现。商务谈判的过程具有深厚的艺术性。为实现预期目的,谈判人员要十分重视语言表达技巧的有机结合与谈判策略的综合运用以及在处理谈判僵局时的应变能力。

商务谈判语言包括有声语言和无声语言。一名优秀的谈判者,要有良好的语言表达技巧以及丰富的商务谈判经验。商务谈判的整个过程就是谈判者进行语言表达和交流以及结合其他无声语言使用的综合过程,也就是通过语言和非语言来表达自己的立场、观点,来与对方讨价还价,从而协调双方的目标和利益,保证谈判的成功。高超的语言艺术,还可以将对己方不利的形势扭转过来,变劣势为主动,从而掌控谈判进程,实现预期目的。

辩证法告诉我们,世界上没有绝对不变的事物,凡事都是相对的。商务谈判始终围绕着利益上的得与失展开交锋,谈判的某一方若失去了其内在平衡,就容易产生负面情绪和行为,使谈判变得更加紧张,甚至造成谈判陷入僵局,还有可能致使谈判走向失败。此时谈判双方要冷静思考,总结彼此的得与失,调整思路,化解分歧重新回到谈判当中。

商务谈判的过程就是"你方唱罢我登场"的连环戏,如何把握谈判节奏、主导谈判进程是双方都要竭尽全力争取的。在这一过程中,谈判策略的正确、有效、适时应用会有化腐朽为神奇、拨云见日的奇效。谈判进程包括开局、报价、磋商、成交等,故而,谈判策略也需要结合谈判的具体进程灵活运用。

随着我国经济实力进一步增强、经济全球化更加深入,国际贸易和对外交往冷日益频繁,各种类型、各种层次的涉外经济合作谈判越来越显示其在社会、政治、经济生活中的重要地位。越来越多的人从事外贸生意,使得商务谈判在对外贸易过程中起着重要作用。因此我们在商务谈判过程中学习语言的艺术和技巧,灵活运用具体情势下的谈判策略是非常重要的。

第九章 商务谈判的语言技巧

本章结构图

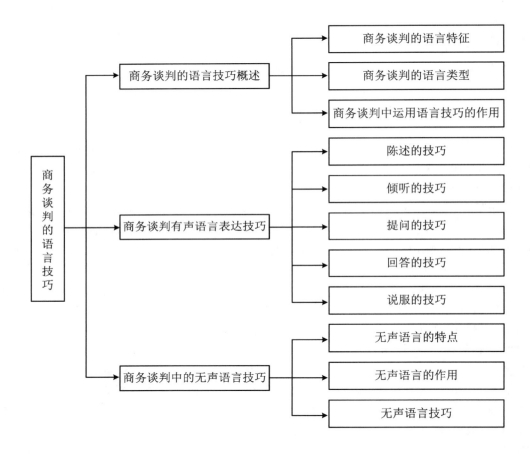

学习目标

掌握商务谈判语言技巧的特征、分类、功能;把握有声语言表达技巧及其使用策略;熟悉商务谈判无声语言表达技巧,力求在谈判实践中避免语言歧义造成误解,助力谈判有效顺利进行。

导入案例

在20世纪80年代的一次中日出口钢材贸易谈判中,我方尽管提出了合理报价,并做出巨大让步,但经过反复磋商仍未达成协议。我方代表虽然感到恼火,但并没有责怪对方,而是用一种委婉谦逊的口气对日方代表说道："你们这次来中国，我们照顾不周，请多包涵。虽然这次谈判没有取得成功，但在这十几天里，我们却建立了深厚的友谊。协议没达成，我们不怪你们，毕竟你们的权限有限。希望你们回去能及时把情况反映给你们的总经理，重开谈判的大门随时向你们敞开。"一席话令日方代表感动不已。后来他们主动向我方发出邀请重开谈判，最终获得圆满成功。

语言是谈判的媒介，商务谈判就是以双方经济利益为中心，通过语言进行沟通和协商，实现利益或价值的过程。研究显示，在国际商务谈判实践中，虽然谈判双方的标的相容、方向一致，但仍不能达成协议，究其根源，谈判沟通中的语言失误或不当是重要原因之一。商务谈判中巧妙运用语言技巧，不仅能准确阐述谈判者的思维结果，也反映谈判者的语言沟通能力，往往起到"事半功倍"的效果。因此，谈判者应掌握良好的语言沟通技巧，全面发挥语言在谈判中的效用，充分交换谈判双方需求的丰富信息，并做出科学评判，准确决策，提高商务谈判的成功率。

第一节　商务谈判的语言技巧概述

商务谈判的整个过程就是谈判者利用语言进行表达和交流以实现谈判目的的过程。如何把谈判者的判断、推理、论证的思维成果、思想感情表达出来，语言的恰当使用就成了谈判成功的关键环节之一。

一、商务谈判的语言特征

人类社会的语言丰富多样，各不相同，世界各民族都有自己的语言，各行各业也有自己的特色语言，商务谈判也不例外，有自己独特鲜明的语言风格。商务谈判的语言技巧体现在谈判进程中的诸多方面，但不管是陈述、提问、答复还是说服等，究其内在本质特征而言，商务谈判语言具有客观性、准确性、针对性、逻辑性及灵活性特征。

（一）客观准确

商务谈判语言的客观准确性是指在谈判中，谈判双方运用语言传递信息时，以事实为依据，客观地进行表述，准确地把己方的立场、观点、要求传递给对方。客观准确性是商务谈判语言的首要特征，是谈判取得成功的语言基础。

语言的客观准确性主要有两个方面作用，一方面，可以避免商务谈判过程中言过其实、夸大其词产生不必要的误会和纠纷，如价格、利率、货物运输、保险等，若事关双方利益，理当使用具体、准确且有确切依据的语言，避免语言的晦涩、含混，否则事后发现，一旦招致利益损失，可能引发纠纷，甚至诉诸法律，悔之晚矣。另一方面，谈判者客观准确地进行语言表述，有利于谈判中掌握谈判的主动权，提高谈判者在对方心目中的地位，在报价及讨价还价过程中有充分理由和依据，有利于实现谈判目的，促进谈判向和谐、协调方向发展。

（二）有的放矢

商务谈判语言有的放矢是指谈判各个阶段始终明确围绕主题，根据不同谈判内容、目的和对手，有指向性地选用适当的谈判语言，对症下药，促进谈判活动成功有效进行。在谈判开始之前,谈判者要充分考虑谈判的内容类型,如代理谈判、贸易谈判、工程谈判、合作谈判等;然后以已经确定的谈判内容为依据,准备合适的语言材料,周详研究谈判对手的年龄、性格、性别、文化程度、兴趣爱好、生活习惯、宗教信仰、文化背景等因素;最后在谈判进程中根据对手的语言接受能力巧妙选用语言。

谈判语言目标和指向性一旦确定,就要有针对性地认真准备相关材料,细致谋划谈判进程中需要使用的相关语言甚至行话。如果语言使用表达偏离主题、词不达意或模糊啰嗦,会降低己方威信,也使对方疑惑、反感,成为谈判的障碍,有悖于实现谈判者的愿望和要求。

(三)逻辑清晰

商务谈判语言逻辑清晰性是指谈判者的语言要符合逻辑规律,推理要严密,判断要准确,论述表达时要口齿清晰、简洁流畅,充分体现语言的连贯性、思辨性和说服力。

语言逻辑清晰性需要谈判者具有缜密的逻辑思辨能力,某种程度上它展现了谈判者的语言论辩艺术。谈判采用的是口语表达形式,所以谈判者应力求语言表达干净利落,给人留下表述明晰、内容完整的印象。反之,吞吞吐吐、反反复复,表达半天雾里雾里、不知所云,可能会错失良机、浪费时间。在谈判中语音要标准清晰,与对方交谈不要用方言、黑话、俗语,注重语言表达的抑扬顿挫、轻重缓急,避免出现断句或口音微弱,防止大呼小叫、感情用事。

(四)灵活适应

商务谈判语言的灵活适应性是指谈判者的话语一定要适应特定的言语环境,随机应变调整语言表达的策略。谈判进程变幻无常,谈判形势的变化往往也难以预测,任何一方都不可能事先设计好谈判中的每句话,这就要求谈判者具有较强的语言临场随机应变能力,能够机智巧妙地摆脱不利局面。

商务谈判中,谈判者要全面考虑谈判各方面因素,善于从对方的语气、眼神、姿态、动作、表情等方面考察对方的反应,及时总结语言信息的输出和对方反馈,利弊权衡,采用与环境最为契合的表达方式组织和使用语言。一般来说,谈判之前谈判者应未雨绸缪,对谈判的主要问题做充分细致的准备,尽力做到有备无患。谈判团队要对对方可能会设置的问题"陷阱"及谈判可能出现的情况大胆预测,精心准备。

在商务谈判实践中,语言的主要特征之间并非相互孤立排斥,而是辩证统一的,只有将它们有机结合才能发挥语言技巧的作用,展示语言的魅力。

二、商务谈判的语言类型

商务谈判中语言的使用多种多样,依照不同的标准或基于不同角度,谈判语言可以分成不同类型。就谈判者说话目的和功能来看,通常划分为五种类型:礼节性的交际语言、专业性的交易语言、留有余地的弹性语言、威胁劝诱性的语言和幽默诙谐性的语言。谈判者若想掌握和驾驭谈判语言的运用技巧,必须了解和熟悉这五种类型语言的特点及其在谈判中发挥的作用和效果。

(一)礼节性的交际语言

在商务谈判中,和谐友好的氛围是商务谈判顺利进行的重要条件,礼节性的交际语言往往影响谈判的成败。礼节性的交际语言不能简单地理解为一般的客套、寒暄,而应聚焦于语言表达的礼貌、温和、中性和圆滑,这类语言具有一定的装饰性,通常不涉及实质性问题。礼节性的交际语言的语用功能在于可以舒缓与消除双方的陌生感和敌对戒备心理,自然联络双方的感情,推进商务谈判在轻松、自然、融洽的气氛中按照既定的议程友好进行。商务谈判实践中常用的礼节性的交际语言有:"您的到来使敝公司蓬荜生辉""欢迎远道而来的朋友""与您共事真是三生有幸""愿我们的工作能为达到双赢做出贡献"等。在运用礼节性的交际语言时,适当地增加一些悦耳动听的文字修饰,往往会有令人意想不到的效果。

(二)专业性的交易语言

专业性的交易语言具有统一性、规范性、严谨性的特征。它是商务谈判的主体语言,该语言表现为:通常涵盖一些特定产业,如贸易、法律、税收、会计、保险等相关专业语言,不同的谈判业务内容,其专业语言、术语有别。例如,外贸谈判中有报盘、还盘、交货期、保险单、凭单付现、不可撤销信用证等专业用语;工程建筑谈判中会涉及开工、竣工、发包方、静态验收、造价等专业术语。

由于商业交易有时在不同的国家、地区之间进行,交易用语用统一的定义和统一的词汇来表达是避免理解偏差的客观需求,只有语言表达形式符号化、规格化,才能使约定俗成的专业交易语言具有通用性和普适性。专业性的交易语言能够简单明了的界定谈判双方的权利、责任和义务,避免产生歧义、纠纷,降低交易风险,有利于谈判双方达成共识,确保交易执行和完成。

(三)留有余地的弹性语言

辩证法告诉我们,世界上不存在绝对不变的事物。留有余地的弹性语言特征在于谈判者用词具有灵活性,留有余地,避开直接的压力,为己方带来主动。弹性语言的作用在于谈判者进退有空间,避免过早暴露己方的真实意愿和实力,避免盲目做出反应而陷入被动不利局面。同时,也可以使谈判对手感到被尊重,有利于双方交流。例如:"我们将尽快给您答复""我们再考虑一下"等。在商务谈判实践中,因为模糊语言具有较强的灵活性、适应性,因此使用留有余地的模糊语言是谈判中经常用来表达授权有限、或由于特定身份无法明确表态,需要变通处理的情景。实际上,谈判者在面对谈判中意料之外或某些复杂的事情时,很难马上做出准确判断,有经验的谈判者往往会做出有弹性的回答,甚至运用模糊语言避其锋芒,以争取时间研究和制定对策。

(四)威胁劝诱性的语言

为赢得更多利益,商务谈判双方经常会改变语言风格,使用威胁、劝诱式语言,目的是实现各自利益。威胁式语言具有自信、干脆、简明、坚定特征,通过强化己方态度和立场,使谈判者掌握主动,从心理上给予对方压力,创造决战氛围,提振谈判团队成员的精神和意志。如:"必须如此签约""最迟必须在×月×日前签约,否则取消谈判。"可见,威胁式语言在谈判中可以鼓舞士气,摒弃犹豫不决,加快结束谈判。

然而,谈判者使用威胁式语言,并没有采取相应的实际措施,会增强谈判双方的敌对意识,有可能直接导致谈判破裂。这时谈判者应该善于使用劝诱式语言,即"软硬兼施"。劝诱式语言具有平和、商量、委婉诱导的特征,使对方在轻松、舒心的心境中,沿着己方的路径去思考问题,逐渐软化立场,进而接受己方观点,最后做出有利于己方的决定。诱导式语言与威胁式语言有异曲同工之妙,两者相得益彰,所以在商务谈判实践中经常会被结合运用。

（五）幽默诙谐性的语言

幽默是一种智慧，更是一种达观态度，幽默是人类生活中"包治百病"的灵丹妙药。幽默性语言可以批驳谬误、明辨是非、说服对手，是个体思想、学识、智慧和灵感在语言运用中的集中展现，具有生动、活泼、睿智、优雅、诙谐等特点。有人称幽默语言是谈判中的高级艺术。在商务谈判中，幽默有时会是谈判成功的催化剂，善用幽默者能在唇枪舌剑的谈判中游刃有余、谈笑风生，在轻松愉快的氛围中缩短相互差距，淡化对立情绪，引起对方强烈共鸣，使紧张对立双方同时意识到彼此之间的共同目标追求，进而放下分歧。幽默诙谐性语言能够改善、润滑人际关系，拉近距离，联络感情，消除谈判中忧虑紧张的情绪，它通过一种令人愉悦的方式让谈判双方获得精神上的快感，使双方对谈判目标的认识更趋于理性，更切合实际。

商务谈判中没有特定的语言技巧可以机械应对一切谈判内容或对手，需要谈判者审时度势、随机应变，综合灵活运用语言技巧。

三、商务谈判中运用语言技巧的作用

古希腊著名演说家德莫斯芬说过："大使没有战舰，没有重兵，没有碉堡，他的武器就是语言和机遇。"法国著名作家雨果先生有一句脍炙人口的名言"语言就是力量"。语言所具有的"武器"功能、"力量"效力在谈判双方围绕谈判目标进行业务洽谈的过程中体现得淋漓尽致。商务谈判中语言技巧的作用主要体现在四个方面：

（一）语言技巧是商务谈判走向成功的桥梁

在商务谈判中，对于同一话题或同一段话巧妙运用语言艺术，可以使对方产生愉悦心理并愿意一直倾听；反之谈判对手会觉得你的表达枯燥无味，完全属于陈词滥调，进而产生厌倦感，甚至焦虑抵触。商务谈判的实践显示：当你的谈判对手属于冷漠或不合作型谈判对手时，善用语言技巧可以唤醒其谈判热情和积极性，让其主动参与完成谈判的议程。

（二）语言技巧是实施商务谈判策略的主要路径

商务谈判工作的内在复杂性和艰巨性要求谈判策略的实施必须注重语言技巧。针对不同的谈判对象，依据其性格、气质和个性制订不同谈判策略，运用语言时要做到有的放矢、因人而异、区别对待。如对待老成稳重、稳健型的谈判者，陈述力求慢而稳，语言表达要求深思熟虑，尽量留有余地，把握发问的时机，稳打稳扎，步步为营；对待夸夸其谈、自以为是的谈判对手，语言陈述应心平气和、洗耳恭听，稍加迎合，表达时不宜外露厌烦情绪，因势利导地说服对方；对待性情急躁、喜怒分明的直率型对手，语言表达避其锋芒，以柔克刚，语气保持平静愉快，为其分析利弊，助其权衡得失，促其当机立断；若碰到长论善辩、八面玲珑的社交型谈判对手，谈判策略应是静观默察、以静制动、悟其意旨，审时度势地抓住提问契机，掌握谈判话语的主动权。在谈判进行中，如果谈判者敏锐地发现行情趋势明显有利于我方，可以抓住对方的焦虑急切心理，陷对方于被动境地，适时控制语言表达节奏，甚至可以答非所问、漫不经心，或是借故提出要向上级领导汇报请示或强调需要团队合议讨论，故意拖延时间，拒不让步，随着时间流逝使对方感到压力越来越大，不得不最终妥协，唯恐夜长梦多，主动要求抓紧签"城下之盟"。

（三）语言技巧是处理商务谈判中人际关系的基础

商务谈判双方应该立足长远、放眼未来，重视建立和维护双方的长期友好合作关系，实现共同的目标价值，努力获得双赢。谈判各方的意愿和要求都会通过语言表达出来，在商务谈判中人际关系的变化，需要谈判双方通过语言交流来实现。如果一方用语言表达的意愿和要求与对方谈判目标不谋而合，就可以促使相互之间维系和发展良性友好的人际关系；否则，可能导致冲突或矛盾，甚至会使谈判陷入僵局或败局。具备适当的语言技巧，即使是说服、否定、反驳对方的观点，也可以克服不利因素，让对方认真倾听或接受；反之，如果语言使用不当或不妥，即使是赞成、同意、支持、接受的语言也会令对方反感或不适。因此，运用语言技巧的价值在于，既可以清晰准确阐述己方的意见和要求，又可以较好巩固和保持谈判双方良好的人际关系。谈判者的语言能力和技巧始终影响谈判进程中人际关系的建立、巩固、发展、改善和调整。

（四）语言技巧直接影响商务谈判的成效

在现实社会交往中，要想拥有良好的人际关系和生活氛围，必须注重使用一些语言技巧和表达方式，力求语言表达在沟通交往中取得最佳效果。商务谈判作为一种特殊形式的人际交往，语言作用更大，要求也会更高。在商务谈判实践中，谈判者的思维和意图都是通过其言谈举止表现出来的，一方面通过己方的言谈举止可以准确表达本方的要求或意图，另一方面通过谈判对手的言谈举止可以探究考察其真实意图或谈判目的，而言谈举止都可以归结为语言（无声语言或有声语言），谈判便是语言的直接或间接交锋，谈判者不管是语言表达还是语言观察，其语言表达能力是谈判能力的基础，其语言水平和语言技巧直接决定了谈判的效果与成败。美国企业管理学家哈里·西蒙曾说："成功的人都是出色的语言表达者。"同理，成功的商务谈判源于谈判双方运用语言技巧讨价还价，最终成功达成双赢的理想结果。

分析案例 9-1

一个农夫在集市上卖玉米。因为他的玉米棒子特别大，所以吸引了一大堆买主。其中一个买主在挑选过程中发现很多玉米棒子上都有虫子，于是他故意大惊小怪地说："伙计，你的玉米棒子倒是不小，只是虫子太多了，你想卖玉米虫呀？可谁爱吃虫肉呢？你还是把玉米挑回家吧，我们到别的地方去买好了。"买主一边说着，一边做出夸张而滑稽的动作，把众人都逗乐了。农夫见状，一把从他手中夺过玉米，面带微笑却又一本正经地说："朋友，我说你是从来没有吃过玉米咋的？我看你连玉米质量的好坏都分不清，玉米上有虫，说明我在种植中没有施用农药，是天然植物，连虫子都爱吃我的玉米棒子，可见你这人不识货！"接着，他又转过脸对其他的人说："各位都是有见识的人，你们评评理，连虫子都不愿意吃的玉米棒子就好么？比这小的棒子就好么？价钱比这高的玉米棒子就好么？你们再仔细瞧瞧，我这些虫子都很懂道理，只是在棒子上打了一个洞而已，棒子还是好棒子呀！"他说完这番话，又把嘴凑在那位故意刁难的买主耳边，故作神秘状，说道："这么大，这么好吃的棒子，我还真舍不得这么便宜就卖了呢！"

农夫的一席话，顺此机会，把他的玉米棒子个大，好吃，虽然有虫但是售价低这些特点表达出来了，众人被他的话说得心服口服，纷纷掏出钱来，不一会儿工夫，农夫的玉米就销售一空。

讨论：请分析本案例中农夫如何充分运用语言的技巧，使问题由不利转向有利？

第二节　商务谈判有声语言表达技巧

在商务谈判中,通常是通过语言表达来实现双方接触、沟通与合作的。有声语言普遍指口头语言,一般通过人的发音器官来表达,需要借助人的听觉传递信息、交流思想。这种能发出声音的口头语言,即人类社会最早形成的自然语言,是人类交际最常用的、最基本的信息传递媒介。就商务谈判这一特定内容的交际活动而言,语言表达讲究艺术与技巧,关于有声语言表达技巧本节聚焦以下五个方面:陈述、倾听、提问、回答和说服。

一、陈述的技巧

商务谈判中陈述是指介绍己方情况或现状,主动阐明自己的观点,目的是使对方了解自己的具体看法、立场和解决方案。陈述通常是谈判者主动阐述,是传递信息、沟通情感的方法之一。陈述的总体原则要求观点鲜明、准确规范、逻辑清晰、态度真诚。在谈判实践中貌似简单的陈述,其实需要谈判者掌握一定的语言技巧。根据商务磋商进程,谈判中的陈述包括"入题"和"阐述"两部分。

(一) 入题技巧

谈判者在刚步入谈判场所时,不可避免地心理上会感到拘谨紧张,在重要谈判中,即使是久经沙场、历练丰富的谈判者也会产生忐忑不安的心理。因此,得当的入题方式,能够舒缓或消除紧张心理,轻松自如地应对谈判。入题技巧一般有四种:

1. 迂回入题

如谈判者从介绍自己熟悉的本企业的生产过程、经营范围、财务状况入题;从介绍己方谈判团队人员入题;甚至可以先从题外话入题或"自谦"入题。迂回入题最大优势在于避免谈判时单刀直入,因为过于直接的陈述有时会影响谈判的友好氛围。

2. 从一般原则入题

大型商务谈判涉及部门、人数众多,内容纷繁复杂,谈判双方的高级管理人员不应该也不可能全程参与或介入,如果先着手谈妥一般原则问题,可为接下来的细节问题磋商提供基本原则和遵循依据。

3. 细节入题

以谈判主题为核心,着手从细节开始洽谈,所有细节内容都谈妥了,原则协议也会迎刃而解,顺理成章自然达成。

4. 具体议题入题

有时为了提高效率,双方可以首先确定谈判议题,然后从具体的议题入手进行洽谈。商务谈判实践中,谈判双方往往会经过数次具体议题谈判,直至达成协议。

(二) 阐述技巧

阐述是谈判中非常重要的环节,谈判入题后,接下来就需要双方阐述各自的态度与观点。阐述要注意以下几个方面:

1. 简单扼要

以坦诚而轻松的方式直截了当明确谈判需要解决的议题。这样可以使对方很快提问交谈，讨价还价，解决实质问题，避免对方被繁琐、冗长的发言所困扰。

2. 让对方先谈

在商务谈判中，如果己方对市场行情和产品定位等信息掌握不全面，或者第一次确定购买对方公司产品或服务，或者己方无权直接决定购买与否的时候，一定要坚持让对方先谈，然后审慎表达意见。让对方先谈是一种后发制人的策略，往往会收到令人意外的结果。

3. 尊重对方

阐述时谈判双方的注意力都应放在自己的利益上，阐述自己的立场和态度，不要总是试图猜测谈判对手的立场，尽量避免引起对方的不悦或不满。

（三）陈述中的注意事项

在陈述过程中应该注意以下几点：

1. 运用语言准确专业

谈判是规范确定双方各自的责任和义务，因此，必须完整无误地陈述观点，防止发生语言前后自相矛盾，给对方找出漏洞和缺口。通常有经验的谈判者都善于发现对手的破绽，为实现谈判目的打下基础。不管谈判局势如何变化，谈判者在阐述观点或态度时都应该以准确为原则，为了准确，要求谈判者在陈述关键内容时尽量使用专业术语，必要时还应对所使用的专业术语进行解释说明，避免对方误解或误会。

2. 运用语言避免伤害对方

在谈判中，维护对方自尊与体面是一个无比敏感而又重要的问题。如果对方感到自己颜面扫地，即使获得可观利益，也会为后续业务开展埋下隐患。因此，在运用语言上要认真推敲，避免用语失当，无意中给对方带来伤害。在谈判中应避免极端性语言或有损对方自尊心的语言如："肯定如此"、"绝对不是那样"、"开价就这些，买不起就明讲"。人性□最深切渴望的就是拥有他人的赞赏，谈判也不例外，主动给对方戴"高帽"，会使对方心情愉悦，有时可能还会收获令人意外的结果。

3. 运用语言语速适当

在陈述过程中，应根据对方的有声语言或无声语言及时调整语速。如果遇到对方出现不理解、不清楚、不确定等情况，应立即放慢语速，或重新复述；在向对方阐述主要议题或介绍己方谈判观点时，说话的速度应适当减慢，由于语速和陈述的节奏对谈判者真实意愿的表达影响很大，因此在关键节点必须重视语速或节奏，适当改变语速，以期引起对方特别注意或加强表达效果。如果对方误解或产生疑问，一定不要急躁反感，要耐心加以解释，释放谈判诚意和善意。

4. 运用语言注入情感因素

表达情感是语言最基本的功能之一，心理语言学发展显示语言与情感建构、情感识别和情感判断息息相关，对于不同的情感，人们在表达时会采取不同的语言加工模式。谈判者应当发挥语言对情感的建构作用，善于通过言辞激发或控制对方情感。俗话说："晓之以理，动之以情。"谈判时完全依靠说理有时很难成功，有经验的谈判者大都是驾驭情感的主人，往往善于赋予语言真正的智慧和力量,从情绪上打动或感染对方。法国20哲学家让·保罗·萨特曾说:"情感是对世界的最不可思议的改造,它是为了应付世界上的诸多困难而特意采取的措施。"商务谈判陈述中,注重语言的感情色彩,往往可以起到以柔克刚,以谐息怒的效果,可以稳定对方情绪、解除窘迫紧张的谈判氛围、减少或消除谈判分歧,提高谈判成功率。

总之,要获得良好的陈述效果,就必须运用正确的陈述策略。谈判者语言陈述既要观点明确、表达专业,又要态度诚恳、保护对方尊严;不仅要语言生动、叙述流畅,同时还要控制语速节奏,富于感情色彩。

分析案例 9-2

照相器材专卖店销售数码相机的场景

销售人员:这台数码相机具有非常特殊的功能,它具有 400 万的像素,4 倍的机械变焦和 20 倍的光学变焦,自带一个 16G 的 Memory Stick 优卡,还有配备有 USB 插口和 4 寸的 LCD 取景器……

顾客:你就不要再啰嗦了,爽快地直接告诉我到底能不能拍出清楚的照片。

……

二、倾听的技巧

倾听是谈判中良好沟通的开始。在商务谈判实践中,谈判者往往会精心筹划发言提纲,字斟句酌,精心打磨,常常陶醉在自我表达的良好感情之中,却忽略了倾听对方的表达,忽视在倾听中捕捉信息、汲取信息。而谈判者认真倾听对方发言很容易赢得对方的好感,拉近距离,促进人际关系和谐发展,为双方达成共识奠定坚实基础。谈判就其本质而言,它是谈判者意愿表达与理解统一的过程,只有说与听有效配合,相互促进,谈判才会按照既定议程有条不紊地持续展开。事实上,许多谈判者并不了解倾听是一种高效沟通的技巧,不善于倾听,从而容易产生误解,有时会破坏对手的信任导致谈判陷入僵局,甚至造成谈判失败。因此,有必要了解倾听的相关知识,它是一名合格谈判者必须具备的基本素质。

(一)倾听的障碍

1. 易受环境的干扰

谈判者受环境因素的干扰,内在情绪波动,易导致注意力分散。注意力不够专注是谈判中非常普遍的倾听障碍。究其原因有三:谈判时间较长,谈判者身心俱疲;无关事务的影响,谈判者胡思乱想;对对方阐述的信息不感兴趣。

2. 受困于知识结构、语言能力

谈判者有时受困于专业素养或是语言水平,尤其是外语水平,无法正确理解对方的表达内容。如果专业知识储备不足,在谈判中一旦遇到专业表达或者专业术语难以理解,会产生歧义或误解。国际商务谈判实践中,许多翻译人员缺乏商务或外贸方面的专业知识,翻译时往往顾名思义,忽视一些精细微小的环节,从而影响谈判进程和成效。

3. 性别或文化差异

国际商务活动既是一种经济活动,也是一种文化活动。随着国际贸易往来的日益频繁,跨文化商务谈判也逐渐增多。谈判者基于不同的文化环境、背景、经历、性别,所形成的价值取向和世界观也会迥然各异。对于相同的外界信息,个体自然而然首先会用自己的世界观与价值取向去评判和甄别,因此,文化差异产生的矛盾和冲突也可能会成为倾听的障碍。跨文化商务谈判中,谈判者不仅要适应国际商务活动之间的经济环境,还要主动适应相互之间的文化环境,只有掌握应对文化差异的策略,才能跨越文化鸿沟,克服文化障碍,规避跨文化用语失误,防止因文化差异产生的矛盾和冲突,使商务谈判顺利进行。

(二)倾听的技巧

对以上倾听障碍,对症下药,提升倾听能力的若干技巧如下:

1. 全身心地专注

倾听时要集中注意力在说话者身上,对他们所提供的完整信息做出独立价值判断。在倾听过程中,倾听者可以有意或无意通过有声或无声语言暗示对方你一直在认真倾听,如倾听者可以适当地点头示意或说"嗯""的确如此""真的吗"等,证明自己确实在听,间接鼓励对方继续说下去。倾听时要面向说话者,同说话者保持目光接触。无论你是站着还是坐着,都要与对方保持最适宜的距离。倾听者应该关注的是说话者提供的信息,而不应过于关注说话者的外表。倾听时注意力能否集中除了受身体状况的影响外,倾听者的态度在一定程度上也是决定性因素。谈判实践中,记笔记是倾听者集中精力的重要手段之一,笔记,不仅可以帮助倾听者回忆和记忆,还有助于在对方提出质询时,有时间作充分地分析准备。另外,倾听时记笔记也是对说话者的一种鼓励和尊重。

2. 眼耳并用,探清各种暗示

人的眼睛往往能传达丰富的情感和思想,耳朵有时只能得到部分信息,因此,倾听过程中除了要善用耳朵外,还要善于用眼睛观察。谈判者往往"言不由衷",都不愿直接说出自己真实的想法和观点,会用一些有声或无声的暗示来表达自己内心的看法或感受。因此,在谈判实践中要多方面综合考察各种信息,想方设法弄清对方要表达的真实意图。

3. 善于管控和约束自己的言行

谈判者在倾听对方表达时,还要善于管控和约束自己的言行,如当对方说话时不轻易打断,不插话,不自作聪明妄加评论。通常,人们都倾向于赞扬肯定,而不希望听到批评消极的评价。因此,当听到不同或反对意见时,不要急于当即反驳,而且如果对对方谈话的全部内容或动机并没有全面掌握就急于辩驳,反而会暴露己方的肤浅,使己方在谈判中可能陷入被动局面。谈判实践中,有的谈判者太过于喜欢表露自己,导致与对方交流时过多地讲话或打断别人,不仅会影响倾听的效果,也有损对方对你的印象。

4. 克服先入为主的倾向

先入为主的倾听是指谈判者按照自己的主观意识或主观判断来听取对方的谈话,武断的忽视或拒绝与自己心愿不符的见解,结果使得大脑中接受的信息经过再加工再处理,扭曲说话者的本意,导致信息缺失、判断不正确,甚至谈判行为选择上失当。因此谈判者应当克服先入为主的做法,抛弃先入为主的观念,做到心胸开阔,听全、听透说话者的意思。只有正确客观地理解对方讲话所传递的信息,准确把握讲话者的重点,才能充分汲取、接受对方的反对意见。

分析案例 9-3

杰尔·厄卡夫是美国自然食品公司的推销冠军。一天,他和往常一样,把芦荟精的功能、效用告诉了一个家庭的女主人,但女主人并没有表示出多大兴趣。杰尔·厄卡夫立刻闭上嘴巴,开动脑筋,并细心观察。突然,他看到阳台上摆着一盆美丽的盆栽植物,便说:"好漂亮的盆栽啊!平常似乎很难见到。""你说得没错,这是很罕见的品种,它叫嘉德里亚,属于兰花的一种。它真的很美,美在那种优雅的风情。""确实如此。但是,它应该不便宜吧?""这个宝贝很昂贵,一盆要花800美元。""什么?我的天呐,800美元?每天都要给它浇水吗?""是的,每天都要很细心地养育它……"女主人开始向杰尔·厄卡夫倾囊相授所有与兰花有关的学问,而他也聚精会神地听着。最后,这位女主人一边打开钱包,一边说道:"就算是我的先生,也不会听我嘀嘀咕咕讲这么多的,而你却愿意听我说这么久,甚至还能理解我的这番话,真的太谢谢你了!希望改天你再来听我谈兰花,好吗?"随后,她爽快地从杰尔·厄卡夫手中接过了芦荟精。

谈判的目的是达成双方满意的协议,了解和满足对方的需要是谋求双赢的主要方法,而聆听是寻求需要的重要技巧。所以在谈判桌上,会听的一方才能知己知彼,比较容易建立良好的关系,赢取对方的信任,并能获得较佳的谈判条件。真诚的聆听需要正确的态度和行为,因此,必须具备"耐心倾听"的聆听技巧。富兰克林曾经说过:"与人交往取得成功的重要秘诀就是多听,永远不要不懂装懂。"用耳朵听、用目光听,学会倾听、善于倾听,创造倾听机会,这是一个优秀谈判者的基本技能。

三、提问的技巧

商务谈判中提问是掌握对方心理、探明对方需要和表达己方观点的手段。商务谈判中善于掌握发问的技巧,可以帮助谈判者获得更丰富、详细的资料信息,帮助谈判者控制谈判的方向。

(一)提问的重要性

在商务谈判中,机智巧妙地向谈判对手提问,其重要性体现如下:

1. 有助于维系良好的谈判关系

谈判中,当谈判人员针对谈判对手的现实状况提出己方的问题或看法时,对方会认为自己是谈判关注的焦点,这种关注其实也是一种重视和尊重,可以促进对方更加积极主动参与谈判各项议程。

2. 有助于把控谈判进程

主动提出问题,有利于谈判人员更好掌控谈判的具体细节,以及未来与谈判对手沟通磋商甚至讨价还价的总体思路或谈判框架。商务谈判实践中,那些经验丰富的谈判人员,通常会针对谈判内容借助提问技巧,有的放矢,步步为营,巧妙实现谈判目的。

3. 有助于减少误会

谈判者在与对手沟通交流中,往往会出现对谈判对手意图的理解出现偏差,造成误会的理由有很多,不管什么原因,其结果都会对谈判进程产生负面影响,而讲究技巧的提问方式可以尽可能避免这种情况的出现。

4. 有助于传达信息、消解沉默

谈判过程中,提问表面上看似是为了获取己方希望得到的信息或反馈,事实上也同时间接传递了己方的感受。例如:"你真有信心保证产品的质量和规格符合标准吗?"谈判者的提问不仅是要对方的回答作为保证质量和规格的依据,从另一个角度也说明提问者对质量和规格有担心和疑虑,如果加重语气强调,则更能体现提问者对此问题的重视。但要注意的是,提问语气不能过于强硬,既不要以法官的态度询问对方,也不要问起问题来接连不断形成威胁冒犯对方。在商务谈判实践中,出现冷场或僵局等尴尬窘迫的情形时,巧妙运用提问技巧可以打破沉默,如:"我们换个话题讨论好吗?"等。

（二）提问的技巧

1. 符合受众的身份和特征

谈判中的提问要符合受众的身份和特征,不同的对手性格、身份、文化背景等各不相同,有的谈判者性格开朗、外向豁达、巧舌如簧、妙语连珠,而有的严肃拘谨、不善言辞、内向含蓄。对前者提问可以开门见山、直抒胸臆、连续提问;对后者要循循善诱、由浅入深,诱导启发对方把真实想法和盘托出。此外,在提问前对对方的知识背景、学识水平、人生阅历也应有所了解,提问要得体适当,不可明显超越对方的能力和视野,使对手感到难堪窘迫,一旦在谈判进程中遇到类似情况,提问者切不可露出鄙夷、嘲弄的神态,而应该及时化解,转换话题,尽快使对方脱离困境,避免不适和尴尬。对于文化水平有限的谈判对手,提问时不宜使用过多高深专业术语;对于职位高、年龄大的谈判对手,提问时不能过于直白,注意语言的婉转含蓄,不可急于求成。另外,切忌提可能涉及对方隐私的问题,如:个人生活、家庭情况、收入、配偶职业等。谈判中避开个人隐私对世界上绝大多数国家与地区的人来讲都是一种习惯。

2. 善于把握提问时机

在对方发言时应该保持沉默,不要急于提出问题,随便发问或打岔、打断别人的发言会显得不礼貌,应该先把问题记录下来,等待对方发言结束,再伺机提问。急于提问,有时反而暴露了己方的真实意愿,对方能够据此及时调整谈判对策,修改和完善后续陈述内容,结果给己方带来损失。有经验的谈判者,通常会事先准备好重要的问题,并预设对方可能给出的答案,针对答案思虑对策和预案,然后再提问。当然,提问时机要恰当,预设再好的问题,如果提问时机不当,也难以达到应有效果。

3. 言简意赅,坦诚相待

谈判者要事先做好充分准备,梳理归纳要提问的内容,提问句式尽量言简意赅,如果谈判者提问的语言比对手回答的内容还冗长,会让对方感到厌烦,甚至忽略关键点,可能导致己方处于不利被动局面。如果谈判者以诚恳坦诚、礼貌友好的态度提问对方,不仅有利于谈判双方情感的沟通交流,也有利于顺利有效地完成谈判议程。

商务谈判的提问是一门艺术,要求谈判者明确提问的目的,针对谈判对象的特点,注意提问的时机,选择恰当的提问方式,争得谈判主动权,控制谈判方向。

四、回答的技巧

商务谈判过程中不仅"问"有艺术,"答"也有相应技巧。谈判者的提问往往经过团队精心设计、反复推敲,可能含有谋略或"陷阱",如果不假思索直接回答,可能会落入对方圈套,处于被动应付的境地,难以实现谈判目的。因此,谈判中回答问题必须掌握一些技巧,并在实践中灵活运用。谈判过程中的回答有三种类型,即正面回答、迂回回答和避而不答。具体

技巧如下:

(一) 充分准备、缜密思考

谈判者在回答问题时,一定要弄清对方的真实意图,回答问题并不是越快越好,有些性格急躁的谈判者急于回答对方问题,就有可能会落入对方的陷阱。有经验的谈判者,会在对方提问后,通过喝水、上洗手间、整理资料文档等方式舒缓一下情绪,或是以手头资料不全或记不得为借口,暂时拖延,让自己有思考和准备问题的时间,避开提问者的锋芒。出色的谈判人员,能够准确把握对方提问的动机,判断对方的意图和目的,巧妙回答对方的问题,当然准备和思考的时间不宜过长。

(二) 随机应变、选择回答

谈判过程中,谈判方为了获得己方所需的信息,摸清对方的底牌,可能会有意识借助一连串连续提问来达到目的,这时谈判者必须提高警惕,不要对其所有问题逐一回答,可以有选择回答,避免对方了解相关情况后,置我方于不利地位。实际上在商务谈判中,谈判者不是必须要回答所有提问的,如果对方是在试探我方的观点、态度和立场,可以只做部分回答,当然应该根据谈判的语境来定,或是缩小回答的范围,只回答问题的某一部分,还可对回答语言的前提加以修饰和说明,以表明我方的态度。

(三) 有理有据、避免盲目

谈判者回答问题必须做到理由充分,回答有事实依据,既回答客观事实,又尊重对方,避免用威胁、轻视语气。如:"我们价格虽然高了点儿,但是我们产品的关键部件使用的是优质进口材料,保证了产品质量和使用寿命。"如果在谈判中遇到一些陌生或不清楚的问题,谈判者不要刻意为维护自己的面子或尊严强作答复,实践经验和教训表明盲目回答不仅有可能损害自己的利益,对面子和尊严也无丝毫帮助。面对此类问题,可以开诚布公地告诉对方暂时无法回答或者需要请示才能回答,因为参与谈判的团队成员不是全能全通的人,可能受限于自己的专业特长或职责范围;还可以坦诚告知对方尚存在如许可证办理、铁路运输、气候等客观因素,但一般不说自己公司方面可能出现的问题。

(四) 灵活巧妙、模糊回答

谈判实践中,对那些难以答复或无法准确回答的问题,可以留有余地,采取模棱两可、弹性较大的回答方式。如当对方问:"你准备购买多少?"你可以回答:"这要视情况而定,看你方的优惠条件是什么?"当谈判中被要求表明态度和观点,但该问题可能超出你的权力范围,此时针对问题的确切回答未必是最好的回答,如果陈述时机未到,就应该采取模糊的回答:"可以,待我向董事长汇报一下情况,稍后我方将以最快速度告知贵方""让我们再研究一下",看似表面应允,而事实上表达了否定意思。运用模糊语言和积极谈判态度相结合的回答方式是谈判中常见策略,避开问题实质,破解对方的进攻,效果更佳。

总之,回答一方面可以确认和反馈己方是否接受了准确的信息,澄清"陈述"和"倾听"过程中可能产生的误解和失真。另一方面,可以提出一些合理、具有参考价值的建设性意见,回答问题的要诀是知道什么该说和什么不该说,而不要仅考虑回答的答案是否针对问题。

五、说服的技巧

商务谈判中,说服谈判对手常常贯穿谈判全过程。说服,就其本质而言,是指综合运用各种语言技巧和语言策略,改变对方的起初想法,使其心悦诚服接受己方的意见。而要使对方接受己方的条件和观点就必须掌握说服对方的技巧。

(一) 化整为零法

在商务谈判实践中,谈判者经常会遇到此类情景:对方部分条件不容易满足,部分条件比较容易满足。对于比较容易办到的事、比较容易满足的要求,通常人们愿意乐于提供帮助或答应条件。而对于难以满足的要求、难以办到的谈判事项,谈判者往往会断然拒绝,或者直接予以否定。谈判中,有经验的谈判者一般不会和盘托出自己的全部要求,而是从比较小的要求着手,讨论容易解决的问题或双方已有共识的问题,强调与对方立场、观点一致,提高对方对己方的接纳程度,争取少部分利益,巧妙而高明地令对方让步,然后持续地一点一点增加砝码,结果最后实现了己方利益的最大化,达到了谈判的最终目的。这种说服对方的语言技巧称为"化整为零法",或者称作"意大利香肠法"。

(二) 找准说服时机

谈判者的心理活动是复杂的,受多种因素影响,谈判对手会有情绪上的高涨和低落,有经验的谈判者往往善于研究分析对方的心理、需求及其特点。利用对方情绪差别,当对方的情绪激动或出现较大波动时,对其进行说服的效果往往不理想;一旦对方情绪比较稳定,可能比较容易接受谈判者提出的要求和观点。基于谈判者行为心理的角度,说服对手都会选择在谈判对手情绪比较稳定时找准时机进行。如果察觉到对方会提出异议甚至反对意见,最好争取主动,抢先解释,在时机上做到先发制人,避免纠纷。某些时候当正面说服的时机不成熟时,可以尝试用提问的方法来说服对方,使对方在连续回答相关问题的过程中,不知不觉自己说服了自己,从而接受己方的谈判要求。用提问实现说服对手的技巧,需要谈判者具备一定的智慧和语言能力,既要善于分解谈判的问题目标构思好问题内容,又要恰如其分把握好说服时机,所提问题的答案必须是说服对方的理由。

(三) 运用经验和事实说服对方

善于运用经验和例证进行劝说的谈判者都深知,个人的生活经历、人生经验毫无疑问会潜移默化地影响人们做事、处理问题,研究说服的语言艺术,运用已有历史经验或具体实例去说服打动对方,肯定比空洞的说教和讲大道理更行之有效。举例萨克斯说服罗斯福总统接受制造原子弹的建议:

分析案例 9-4

第二次世界大战期间,一些美国科学家试图说服罗斯福总统重视原子弹的研制,以遏制法西斯德国的全球扩张战略。他们委托总统的私人顾问、经济学家萨克斯出面说服总统。但不论是科学家爱因斯坦的长信,还是萨克斯的陈述,总统一概不感兴趣。为了表示歉意,总统邀请萨克斯次日共进早餐。第二天早上,一见面,罗斯福就以攻为守地说:"今天不许再谈爱因斯坦的信,一句也不谈,明白吗?"萨克斯说:"英法战争期间,在欧洲大陆上不可一世的拿破仑在海上屡战屡败。这时,一位年轻的美国发明家富尔顿来到了这位法国皇帝面前,建议把法国战船的桅杆砍掉,撤去风帆,装上蒸汽机,把木板换成钢板。拿破仑却想:船没有帆就不能行走,木板换成钢板就会沉没。于是,他二话没说,就把富尔顿轰了出去。历史学家们在评论这段历史时认为,如果拿破仑采纳了富尔顿的建议,19世纪的欧洲史就得重写。"萨克斯说完,目光深沉地望着总统。罗斯福总统默默沉思了几分钟,然后取出一瓶拿破仑时代的法国白兰地,斟满了一杯,递给萨克斯,轻缓地说:"你胜利了。"萨克斯顿时热泪盈眶,他终于成功地运用实例说服总统做出了美国历史上最重要的决定。

(四)善于使用委婉语言

在谈判实践中,说服遣词造句一定要仔细推敲和斟酌,语言尽量做到亲切、简练、婉转,有一定的感召力,不宜过多讲空洞的大道理,谈判者的态度应和蔼可亲、诚恳友好、平等相待,积极寻求双方共同点,吸引和打动对方,增强双方的情感交流,引起对方的情感共鸣,相互信任、相互尊重,尽可能从积极、主动的角度去启发对方、鼓励对方,从而帮助对方提高自信心,并接受己方的意见。此方法实质上就是使对方对你产生一种"自己人"的感觉,消除对方的戒心、成见,从而达到有效说服对方的目的,使谈判在友好和谐的氛围中顺利进行。

(五)精准切中要害

商务谈判中,有些谈判者误认为谈判拖延的时间越长对自己越有利,事实上谈判未必就是耐力和意志的比拼,除非谈判者确信利用时间优势能够取得谈判的成功。有时商务谈判也要本着"稳、准、狠"的原则进行,因为双方时间观念的差异,会产生一些不可预料的情况,可能谈判者还没来得及讨价还价、长篇大论,谈判就已经结束,这就要求谈判者要有的放矢、精准切中要害,尽量在有限的时间内说服对手。要想在谈判中抓住要害,必须要在谈判之前进行充分的信息收集与筛选,甄别有效关键信息,才能在谈判中掌握主动权直指要害,从而将对方拉入己方的谈判预设轨道。

因此,说服是谈判中最重要的语言技巧,也是谈判的基本手段。说服的艺术在于用理性的智慧和情感的力量,使对方心甘情愿接受己方的观点和建议。

第三节 商务谈判中的无声语言技巧

无声语言又称体态语言或行为语言,是指通过人的形体、姿态等非发音器官来表达的语言。一般也理解为肢体语言,是有声语言(口语)的重要补充。它通过身姿、手势、表情、目光等配合有声语言来传递信息、表示态度、交流思想,也称体态语。

人们运用无声语言一般目的有二,一是通过无声语言判断对方的心理状态,以采取相应的措施;二是通过使用无声语言技巧,作用于对方的视觉,促使对方认为其看到、听到和想到的一切正按照事先预设的轨迹前行,从而坚定对方达成协议的信心,使结果接近己方的愿望。无声语言为了增强语言传送的效果,有时会对口语信息起补充、强化作用,毋庸置疑,无声语言是加强沟通、交流情感的重要方式,有时可以代替有声语言更准确地传达某种意图或情绪。

一、无声语言的特点

(一)丰富准确性

世界著名的非语言传播大师伯德维斯泰尔指出:人与人之间一次普通的交谈,口头语言传播的信息量不足35%,而行为语言传播的信息量高达65%以上。无声语言传递的信息内涵通常比有声语言更加丰富、准确,无意识自然流露的表情、符号等无声语言,往往来自其内心深处的真实感受和态度,这种情绪谈判者有时难以完全掩饰和控制。

(二)连续持久性

在商务谈判中,有声语言传递的信息往往是独立的、间断性的,但无声语言必须有一定的连续性才能表达比较完整的意义,单独的一个动作、表情、符号等难以传递复杂、完整的含义,往往需要通过丰富的、具有内在联系的动作和体态协调不间断的完成。

(三)语境依赖性

无声语言符号传递信息依赖语言环境,语言符号的理解要与特定的表达背景和表达环境联系起来,如果脱离了语境,无声语言符号传送的信息则变得难以捉摸、不知所云。语言依赖语境而存在,在不同的语境中,语言符号表达的含义往往大相径庭,差之毫厘、谬之千里,这就需要谈判者有一双慧眼,善于洞察、善于分析。

二、无声语言的作用

在谈判中无声语言主要起辅助作用。所谓的"此时无声胜有声"是指无声语言常常含有较为强烈的暗示作用,其信息表达的内涵比具体语言表达更为丰富,就商务谈判而言,无声语言在谈判中有时起到补充、代替、调节甚至暗示作用。

(一)补充作用

无声语言可以拓展语言的表达路径,丰富语言的表述内容。事实证明,无声语言在某种程度上起辅助表达、加重语气和增强力量的作用。例如,倾听时手摸桌子、背后仰,通常表示对方感兴趣,如果对方在说话时缓缓握紧拳头,表示即将打定主意,等等。

(二)代替作用

在谈判中无声语言可以代替有声语言实现表达的意图或呈现某种情绪。特别当语言表达不便或传递信息不畅,对方无法领会己方的看法或见解时,运用无声语言有时可以取得意想不到的效果。如:谈判双方见面时做抱拳动作,表示友好礼貌的问候;当对方陈述某一建议时竖起大拇指,代表着称赞。

(三)调节作用

由于商务谈判时间、地点、对手等外部环境条件可能截然不同,或谈判没有按照预设进展而出人预料的陷入僵局,谈判主体有时会产生倦怠、无聊、焦躁等负面心理情绪,这时可发挥无声语言的调节作用,通过点烟、清嗓子、揉摸太阳穴、扶眼镜等动作,调节情绪以尽快恢复到正常的谈判状态。

（四）暗示作用

无声语言具有较强的暗示作用，在商务谈判实践中被谈判者广泛运用，如谈判者希望从某一态度转向另一态度，可以借助说话的音量、语调、面部表情、眼神或者身体姿势等给予对方一定的暗示，对方会基于强烈的无声语言暗示做出判断和实时回应，运用亲切、自然的无声语言变化，暗示传递信息也易于被对方接受，有助于谈判顺利进行。

三、无声语言技巧

商务谈判的无声语言技巧是相对于有声语言而言的，如果能够运用巧妙得当，往往会产生意想不到的效果，无声语言技巧主要通过眼睛、表情、手势和语调等表现出来，具体阐述如下。

（一）眼睛语言

"眼睛是心灵的窗户"，表明眼睛拥有反映个体内心活动的功能，不一样的眼睛语言反映了不同的心理变化和内心情感。在商务谈判中，运用目光可以加强自己的意见或表达无法用语言表示出来的意思。而运用眼睛语言需视具体情况，恰当得体。首先，眼睛语言具有文化差异性。不同国家和文化对目光的理解迥然不同。如：美国人认为直视一个人表明诚实，不可以信任那些不直视对方眼睛的人；而对日本人来说，直视却是一种非常粗鲁的行为。因此，在谈判桌上，可能会出现美国人认为日本人不直视对方是不诚实的，而日本人认为美国人直视他是不礼貌的误解。其次，不同眼神代表含义也有差别。如环视：表示与听众交流；点视：针对性和提示；正视：庄重、诚恳、关注；虚视：消除紧张心理；俯视：关心或忧伤；斜视：轻蔑；漠视：冷漠；仰视：崇敬和傲慢。最后，使用眼神语言应注意对象和分寸。在寒暄交往中，一直盯着对方看是失礼的行为，特别当对方是异性时更是如此。但如果对方是你多年不见的熟人，那一直盯着看就有"老友重逢"的意味。友好地对视可以表示自己胸怀坦荡，以诚待人。对视的时间不宜过长，与谈判对手偶然对视时，互相微笑一下，用来表示没有其他的含义。商务谈判中需要注意的不良习惯：眼神不交流；目光侵犯；眼珠乱转；手到眼不到；挤眉弄眼；眼神暗淡无光等。

（二）面部表情语言

面部表情在商务谈判中起传递信息的重要作用，无声语言中，人们认识最趋于一致的就是面部表情。如脸红可能表示尴尬，面无血色可能意味震惊，撇嘴可能说明不满，皱眉可能表明不赞同，笑容可能传达愉悦、同意和欢迎。

透过面部表情谈判者可以阅读对方的心理，也可以表达己方意图。如：① 表示感兴趣：注视亲密（视线停留在双目与胸部的三角区域）；眉毛轻扬或持平；微笑或嘴角向上。② 表示严肃：注视严肃状（视线停留在前额的一个假设的三角区域）。③ 暗示疑虑、批评甚至敌意：眼神凝重；眉头紧皱；嘴角向下。④ 示意无所谓、不置可否：目光平视；眉毛持平；微笑。⑤ 显示愉快、高兴：眼睛瞳孔增大；嘴张开；上扬眉毛。⑥ 表示距离或冷静观察：眼睛平视，或视角向下；眉毛平平；面带微笑。⑦ 流露发怒、生气或气愤：睁大眼睛；倒竖眉毛；嘴角两边拉开。

（三）肢体语言

一般性的交叉跷腿的坐姿，俗称"二郎腿"。当谈判双方并排而坐时，对方如果架着"二郎腿"，其上身姿态呈现向前向你倾斜，表示合作态度；反之则暗示着拒绝、轻视、傲慢或展现高人一等的优越感。当谈判双方相对而坐时，对方虽架着"二郎腿"，却正襟危坐，说明谈判者可能是有点拘谨、欠灵活的人，对谈判达成协议期望值很高；倘若再辅以一定的消极表情，则显露其紧张、缄默或持有戒心的情绪。

双膝分开、上身后仰者，显示对方是自我感觉良好、自信满满的人，但如果要期望对方做出很大让步是相当不容易的。双膝分开、上身向前者表明对方在仔细听取你的见解，并认真思考，有充分合作的意愿。双腿合拢、双手前合，或上体微前俯、头微低、目视对方，表示其谦恭有礼，并愿意倾听对方的主张。

谈判时，假如对方头部保持中立，时而会轻轻点头，则表示对方对你的讲话不是特别感兴趣，但也不厌烦；倘若对方将头侧向一边，尤其是倾向讲话人一边，则表明其对所陈述的问题可能没有兴趣；如果对方把头垂下，暗示一种消极信号，说明对方对表达内容索然无味，应该就此打住。

两臂交叉于胸前，或暗示防卫或保守；两臂交叉于胸前并握拳，则流露怀有敌意；伸出并敞开双臂，说明对方言行一致、忠厚坦诚。一般领奖者、待被介绍的嘉宾经常手与手连接放在胸腹部的位置，这种姿势表示矜持、谦虚甚至有点局促不安。

身体呈笔直姿势表示对谈话很重视，反之则表明不感兴趣；倘若坐在人群中弯腰驼背，则可能显示缺少信心。

握手。握手不仅是见面问候和交际礼仪，同样可以传递信息。在谈判实践中，握手时，对方手掌心出汗，表明其处于紧张、兴奋或者情绪激动的状态；如果握手用力，表明谈判者热情、主动，做事认真投入；握手时手掌向下，表示谈判者希望处于一种优势或支配地位，凡事以己方为中心，反之，表明性格不够强势，易处于不利地位或受人支配；如果用双手握住对方一只手并小幅上下摆动，往往暗示特别感谢，甚至有求于人或表示谈判者性格开朗热情真诚。

（四）类语言技巧

语调、语速、重音和笑声属于有声但无固定语义的类语言。恰当自然地使用类语言有益于谈判顺利进行和取得成功。不同的语调、语速、重音和笑声，能改变同一句话的含义，如果类语言运用不当，可能会激怒对方。就语调而言，谈判者在激动紧张时，语调可能会颤抖或起伏，低沉的语调显示出没兴趣或者表示同情，柔和的语调往往表示友善或真诚。如果能够恰如其分拿捏语调的节奏和音量，谈判者往往可以打动另一方。对方表达时逻辑清晰，语调柔和，语气高低起伏不大，阐述时个人主观情绪色彩较淡，语句结尾少有"语言零碎儿"现象，如"啊""嗯""是不是"等，这类谈判者大多是知识水准和文化素质较高、谈判经验丰富的谈判者；而表达时语调较快、声调起伏不定、语气变化中个人主观情绪色彩很浓的谈判者，主要是一些初出茅庐的年轻新手，缺乏经验和耐心，对打"持久战"没有足够准备。就语速来说，商务谈判中，谈判者应该密切关注对方的领悟理解程度，根据内容来控制和调整表达的语速。假如向对方陈述谈判主要议题或阐述己方的观点，需要对方注意和关注，语速要放慢节奏，以便对方听清楚或者及时记录。就重音来看，谈判者有时会根据表达需要，有意识把某句话、某个词说得比较重，以起到强调作用，有经验的谈判者也会借助重音表达不满、气愤等情绪。就笑声来说，不同的笑声表示不同的寓意。开怀大笑可能表示高兴、同意甚至赞许，突然大笑可能表示无奈或讽刺。总之，笑声基于不同的语境，可以传递正能量，也可以释放负面信息。

语言行为提供的是谈判方希望对方能领会的信息，然而谈判方非言语行为传递的信息通常更能让对方知晓其真实目的。探究商务谈判中的非言语交际行为，有利于增强跨文化谈判者在国际商务谈判中的文化意识，规避在谈判中由非言语交际引起的误解，增加国际商务谈判签约的成功率。人们对无声语言的充分认知，是谈判中观察和运用无声语言的基础，对无声语言的认知需要一个过程，它要求谈判者在实践中积累经验和不断领悟。

总而言之，无声言语交际行为在国际商务谈判中起着独特、无可替代的作用。由于不同国家的文化风俗千差万别，无声语言交际的体现形式也会迥然不同，因此，当前的商务谈判教学不仅要注重学生的商务知识汲取，以提升谈判者的语言能力，还要注重非语言交流意识的培养，不断提高学生跨文化交际的语言运用能力，培养出适应新时代国际商务发展的复合型谈判人才。

◆ **内容提要**

本章重点研究了商务谈判的语言技巧。语言沟通和信息交流贯穿商务谈判的整个过程，语言沟通起的是方向作用，而非语言沟通能反映说话者的真正思想和情感。二者相辅相成、同时发力、同向发力，共同推动谈判进行。因此，谈判者应视对象、话题、时机、气氛等不同因素，善于抓住时机，运用商务谈判中的陈述与发问技巧、倾听技巧、回答和说服技巧，促使谈判顺利进行。无声语言是一个人向外界传递信息的途径，在谈判桌上，还可以通过观察对方的无声语言，综合理解和分析对方。谈判者必须精通这两类语言技巧，才能在谈判过程中做到成竹在胸，以小变应万变，退守自如、游刃有余，牢牢掌控谈判的主动权。

◆ **关键词**

语言特征　语言类型　语言技巧　有声语言　无声语言

◆ **复习思考题**

1. 商务谈判语言特征和类型有哪些？
2. 在商务谈判中运用语言技巧的作用是什么？
3. 试论倾听的障碍和提升策略。
4. 简述问与答的技巧。
5. 简述无声语言技巧的特点和作用。

◆ **思考案例**

某推销员向一家商品包装企业的厂长推销新型打包机，他的目的是让这家企业全换上这种机器，下面是他与厂长的对话。

推销员：王厂长，您好，我这次带来了一种新型打包机，您一定会感兴趣的。

厂长：我们不缺打包机。

推销员：王厂长，我知道您在打包机方面是个行家。是这样的，这种机器刚刚研制出来，时间不长，性能相当好，可用户往往不愿用，我来是想请您帮着分析一下，看问题出在哪里，占不了您多长时间，您看，这是样品。

厂长：哦，样子倒挺新的。

推销员：用法也很简单，咱们可以试一试（接通电源，演示操作）。

厂长：这机器还真不错。

推销员：您真有眼力，不愧是行家。您看，它确实很好。这样，我把这台留下您先试用一下，明天我来听取您的意见。

厂长：好吧。

推销员：您这么大的厂子，留一台太少了，要是一个车间试一台，效果就更明显了。您看，我一共带来五台样机，都先留在这吧。如果您用了不满意，明天我一起取走。

厂长：全留下？也行。

推销员：让我们算一下，一台新机器800多元，而它比旧机器可以提高工效30%，这样每台一天能多创利20多元，40天就可收回成本了，如果您要得多，价格还可以便宜一些。

厂长：便宜多少？

推销员：如果把旧机器全部换掉，大概至少要300台吧？

厂长：310台。

推销员：那可以按最优价，每台便宜30元，310台就是1万多元了。这有协议书，您看一下。

厂长：好，让我们仔细商量一下。

讨论：推销员的语言运用采取了什么技巧？

（案件来源：鲁晓慧．商务谈判[M]．北京：中国财政经济出版社，2016．）

◆ **应用训练**

一家日本公司要购买美国公司的机器设备，他们先派了一个谈判小组到美国去。谈判小组成员只是提问题，边听美方代表解释边做记录，然后还是提问题。在谈判中，一直是美方代表滔滔不绝地讲，日方代表认真倾听和记录。当美方代表讲完后，征求日方代表的意见，日方代表却迷惘地表示"听不明白"，要求"回去研究一下"。

数星期后，第一个谈判小组回国后，日方又派出了第二个谈判小组，又是提问题，做记录，美方代表照讲不误。然后又派了第三个谈判小组，还是故伎重演，美国人已讲得不耐烦了，但也搞不清日本人要什么花招。等到美国人几乎对达成协议不抱什么希望时，日本人又派出了前几个小组联合组成的谈判代表团来同美国人谈判，弄得美国人不知所措。最后，日本人大获全胜。

讨论：请运用商务谈判语言技巧的相关知识，分析本案例。

第十章　商务谈判的僵局处理

本章结构图

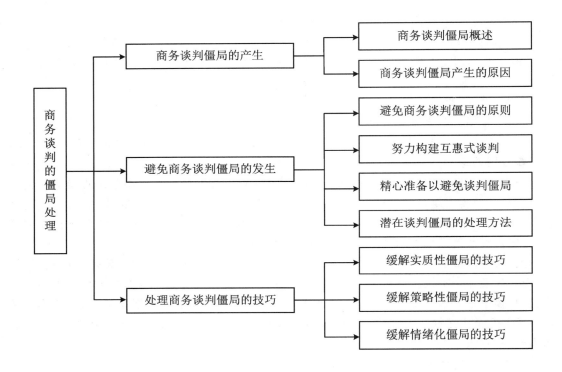

学习目标

通过对本章内容的学习,要求大家掌握商务谈判僵局的含义、分类以及造成商务谈判陷入僵局的主要原因;熟悉如何有效避免商务谈判陷入僵局;能够理论联系实际灵活运用解决商务谈判僵局的各种技巧。

导入案例

中海油某公司与澳洲公司的技术转让谈判

中海油某公司欲从澳大利亚 C 研发公司(以下简称 C 公司)引进"地层测试仪",双方就该技术交易在 2000 至 2002 年期间举行了多次谈判。地层测试仪是石油勘探开发领域的一项核心技术,掌控在国外少数几个石油巨头公司手中,如斯伦贝谢、哈利伯顿等。他们对中国实行严格的技术封锁,不出售技术和设备,只提供服务,以此来占领中国的广阔市场,赚取高额垄断利润。澳大利亚C公司因缺乏后续研究和开发资金,曾在2000年前主动苔着他们独立开发的、处于国际领先水平的该设备来中国寻求合作者,并先后在中国的渤海和南海进行现场作业,效果很好。

中方于2000年初到澳方C公司进行全面考察,对该公司的技术设备很满意,并就技术引进事宜进行正式谈判。考虑到这项技术的重要性以及公司未来发展的需要,中方谈判的目标是出高价买断该技术。但C公司坚持只给中方技术使用权,允许中方制造该设备,但技术专利仍掌控在自己手中。他们不同意将公司赖以生存的核心技术卖掉,委身变成中方的海外子公司或研发机构。双方巨大的原则立场分歧使谈判在一开始就陷入僵局。

中方向C公司表明了立场之后,对谈判进行"冷处理",回国等待。迫于资金短缺的巨大压力,C公司无法拖延谈判时间,在2000~2002期间,就交易条件多次找中方磋商,试图打破僵局。由于种种原因,中澳双方最终没能达成协议,谈判以失败告终。

(案例来源:仰书纲.商务谈判理论与实务[M].北京:北京师范大学出版社,2007.)

在商务谈判进行到实质性事项的磋商时,来自国内外不同企业的谈判人员,怀着对各自谈判的预期目标或对某一事项的预设立场,一时难以达成共识,而双方又不愿互相让步,就很容易陷入商务谈判僵局。当商务谈判僵局形成以后,必须迅速进行处理,否则就会对谈判的进程产生消极影响。

在商务谈判出现僵局时,要想妥善处理好僵局,首先要分析原因,然后弄清分歧的所在环节及其具体内容,如是价格条款问题、法律合同问题还是责任分担问题等。在弄清楚这些问题的基础上,进一步评估目前谈判所面临的形势以及己方所处的位置,检查一下己方曾经做出的许诺是否存在不当之处,并进而认真分析对方在这些问题上不愿意做出让步的原因以及困难所在等,特别是要想方设法找出造成商务谈判僵局的关键问题和关键人物,然后认真分析谈判受哪些因素制约,并积极主动做好有关方面的疏通工作,寻求理解、帮助和支持。通过内部协调,就可对自己的进退方针、分寸做出大致的选择。最后,要认真研究突破商务谈判僵局的具体技巧,以便确定整体行动方案,最终妥善处理好商务谈判的僵局。

第一节　商务谈判僵局的产生

在商务谈判中,谈判双方各自对利益的期望或对某一问题的立场和观点存在分歧,很难达成共识,而又都不愿向对方做出妥协让步时,商务谈判进程就会出现停顿,谈判即进入僵持状态。

一、商务谈判僵局概述

(一) 含义

所谓商务谈判僵局,是指在商务谈判过程中,由于双方原则、观点、立场差异较大,利益冲突难以协调,同时各方又都不肯再做出让步妥协,形成暂时的一种对峙僵持局面。商务谈判僵局出现后对谈判双方的利益和情绪都会产生不良影响,会产生两种后果:一是打破僵局继续谈判,二是谈判破裂甚至终结,当然后一种结果是双方都不愿看到的。

(二) 分类

根据造成商务谈判陷入僵局的原因,可以把商务谈判僵局分为以下三类:

1. 策略性僵局

策略性僵局又称人为僵局,即谈判的一方有意制造僵局,给对方施加压力,为己方争取时间和创造优势的一种策略。其一般方法是向对方提出较高的要求,要对方全面接受自己的条件。通常对方可能只接受己方的部分条件,即做出少量让步后便要求己方做出让步,己方此时如果坚持自己的条件,而对方又不能再进一步做出更大让步时,谈判便陷入僵局。

2. 情绪化僵局

情绪化僵局指在谈判过程中,由于谈判双方情绪上的问题,一方的讲话引起对方的反感,表现为情绪性的对立,从而使谈判无法进行下去,形成对立局面。面对这种明显的谈判僵局,如何妥善处理,是直接关系到谈判效果的重要问题。妥善处理这类僵局,关键是设法缓和对立情绪,弥合分歧,使谈判出现转机,推动谈判继续进行下去。

3. 实质性僵局

实质性僵局指双方在谈判过程中涉及商务交易的核心方面的经济利益时,意见分歧差异较大,难以达成一致意见,而双方又固守己见,互不相让,就会导致实质性僵局。实质性僵局的产生是基于在双方的谈判目标之间无法找到一个重合的值点,从而使谈判无法继续。对于实质性僵局,应该从理解的角度出发,按照原则谈判法排解矛盾,消除分歧,拉近距离,恢复正常的谈判。

二、商务谈判僵局产生的原因

了解商务谈判僵局出现的原因,避免僵局出现,在出现僵局时能够运用科学有效的策略和技巧打破僵局,使谈判重新顺利进行下去,是谈判人员必须掌握的重要技能。在实践中,造成商务谈判出现僵局的原因通常有以下几个方面:

(一) 双方立场、观点、利益的争执

纵观众多商务谈判实践,其产生僵局的首要原因在于双方所持立场观点不同。商务谈判过程中,如果双方对某一问题各持己见,并且谁也不愿做出让步时,往往容易产生分歧,争执不下,形成僵持局面。

具体表现在,商务谈判中,谈判人员出于对己方立场观点的维护心理往往会产生偏见,不能冷静尊重对方观点和客观事实。双方都固执己见排斥对方,把利益忘在脑后,非但不愿做出让步,反而会用顽强的意志来迫使对方改变立场,甚至为了"捍卫"立场观点的正确而以退出谈判相要挟,增加了达成协议的困难。于是,商务谈判变成了一种意志力的较量。此外,拖延了谈判时间,也容易致使谈判一方或双方丧失信心与兴趣,最终使谈判以破裂而告终。立场观点的争执所导致的谈判僵局,是比较常见的,因为人们最容易在谈判中犯立场观点性争执的错误,这也是形成僵局的主要原因。

这种僵局处理不好就会破坏谈判的合作气氛,浪费谈判时间,甚至伤害双方感情,最终使谈判走向破裂结局。

分析案例 10-1

2011年美国男篮职业联赛停摆谈判僵局的始末

美国男篮职业联赛的简称是NBA。"NBA停摆"是NBA的特有名词,指因为各种原因造成体育联赛暂停的局面。2011年7月1日,NBA旧劳资协议已正式到期。在经历近3个小时的终极谈判之后,球员工会代表和资方代表仍然没有就新的劳资协议谈判达成一致。于是NBA总裁宣布停摆开始。

造成停摆的主要原因是,NBA劳资双方在"硬工资帽"制度、"利益分配"等重大问题上有巨大分歧。球员方面愿意同意一份5年内减少薪金总额5亿美元的提案,但他们拒绝接受资方提出的6200万美元硬工资帽。资方则希望同时达成一份10年协议,确保每年的薪金支出不超过20亿美元,而10年的劳资协议长约是球员方面无法接受的。在旧劳资协议仍然有效的最后一天,劳资双方进行了最后一次谈判,这次双方仍然存在巨大分歧,没能达成任何协议。

(1)立场观点的争执。谈判过程中,如果对某一问题各持自己的看法和主张,并且谁也不愿意做出让步时,往往容易产生分歧,争执不下。当双方越是坚持自己的立场,双方之间的分歧就会越大。在这次谈判当中,NBA联盟跟球员工会代表针对新的劳务协议有很多的分歧点,联盟的态度很强硬,坚持使用收益五五分成的方案和实行硬工资帽,这样一来球员的收入将会大幅度减少,因此球员工会代表拒绝了这份协议。

(2)双方利益的差异。从谈判双方各自的角度出发,双方各有自己的利益追求。在这次谈判当中,老板和球员之间的收入分配比例是劳资双方最大的分歧所在。NBA的收入主要是和篮球相关的收入,在旧的劳资协议下,球员们获得57%的收入,而老板们得到另外的43%。在过去的一年中,老板们提出了很多他们的收入分配比例应该增加的理由,比如球馆建设维护的费用、额外开销的增加、差旅费的上涨等。据NBA官方表示,上赛季联盟30支球队中有22支亏损。对于老板们的这些问题,最容易的解决办法就是大幅削减和球员有关的费用,言下之意就是大幅削减球员薪水,显然,这是球员无法接受的。

(案例来源:刘宏等. 国际商务谈判[M]. 大连:东北财经大学出版社,2019.)

(二)面对强势对手的胁迫而做出的反抗

在商务谈判中,通常存在着一些不合理的要求甚至赤裸裸的威胁,被强迫一方越是受到逼迫,就越不会退让,从而形成僵局。具体表现在:一方占有一定的优势,他们以优势者自居向对方提出不合理的交易条件,强迫对方接受,否则就威胁对方。被强迫一方出于维护自身利益或是维护尊严的需要,拒绝接受对方强加于己方的不合理条件,反抗对方强迫。这样双方僵持不下,使商务谈判陷入僵局之中。

(三)信息沟通的障碍

商务谈判本身就是依靠"讲"和"听"来进行沟通的。事实上,即便一方完全听清了另一方的讲话内容并予以了正确的理解,而且也能够接受这种理解,但这仍不意味着接受方就完全把握了对方所要表达的思想内涵。恰恰相反,谈判双方信息沟通过程中的失真现象是时有发生的。由于双方信息传递失真而使双方之间产生误解出现争执,并因此使谈判陷入僵局的情况是屡见不鲜。

信息沟通本身,不仅要求真实、准确,还要求及时、迅速。但谈判实践中却往往由于未能达到这一要求而使信息沟通产生障碍,从而导致僵局。所谓信息沟通障碍,是指双方在交流信息过程中由于主客观原因所造成的理解障碍。其主要表现为:由于双方文化背景差异所造成的观念障碍、习俗障碍、语言障碍;由于知识结构、教育程度的差异所造成的问题理解差异;由于心理、性格差异所造成的情感障碍;由于表达能力、表达方式的差异所造成的传播障碍等。此外,信息在传播过程中,从一个人传到另一个人的过程中会越来越失真,一般每经过一个中间环节,就要丢失 30% 的信息。

商务谈判过程也就是一个信息沟通与协调的过程,只有双方信息实现正确、全面、顺畅的沟通,才能互相深入了解,才能正确把握和理解对方的利益和条件。

分析案例 10-2

信息沟通障碍造成的误判

2011 年,两位美国客户到中山欧曼科技照明有限公司参观工厂和展厅。因为这两位美国客户是大客户,所以副总经理、外贸部经理、主管还有一位业务员,一共 4 人,都亲自出来迎接他们。两位美国客户刚到公司时正值午饭时间,中方的副总经理就有礼貌地问了句:"是中午饭时间了,请问你们想先进午餐吗?"在事前,双方都了解一下对方国家文化,中方知道美方比较直接,所以就直接问了要不要先吃午饭。而美方的回答却说:"不是很饿,随便。"其实美方客户已经很饿了,因为知道中国人的间接表达方式,所以就委婉地说"随便"。最后就是美国客户饿着肚子跟着充满热情的中方人员参观了工厂。

在参观工厂的时候,其中一位美国客户看到了一张贴错英文字母的海报,当场就指着那张海报说:"喂,你看,那张海报的英文写错了。"当时除了陪同的副总经理之外还有几个车间工人,美国客户的行为让副总经理很不满意,觉得美方客户不给他面子,不给他台阶下。此时,有位业务员就说:"本来想换掉的,由于时间匆忙,于是先过来接待你们了。"

(案例来源:刘宏,等. 国际商务谈判[M]. 大连:东北财经大学出版社,2019.)

(四)谈判人员素质经验的缺乏

俗话说"事在人为",人的素质因素永远是引发事由的重要因素。商务谈判也是如此,谈判人员素质不仅是谈判能否成功的重要因素,而且当双方合作的客观条件良好、共同利益较一致时,谈判人员素质高低往往是起决定性作用的因素。

事实上,仅就导致谈判僵局的因素而言,不论是何种原因,在某种程度上都可归结为谈判人员素质方面。如谈判人员知识经验欠缺,在运用策略技巧时使用不当、失误或是没有掌握好时机,这些都会导致商务谈判过程受阻及僵局的出现。

此外,参与商务谈判的企业并非都是实力相当的,经常存在着洽谈双方一方强、一方弱,一方大、一方小等差别,这种情况往往容易使双方在进入谈判角色定位时产生偏差,从而造成谈判人员言行出现失误。而谈判人员言行的失误常常会引起对方的不满,使其产生抵触情绪和强烈的对抗,使谈判陷入僵局。例如,个别谈判人员工作作风、礼节礼貌、言谈举止、谈判方法等方面出现严重失误,触犯了对方的尊严或利益,就会使对方产生对立情绪,造成难堪局面,阻碍谈判顺利进行。比如,20 世纪 90 年代,我国一谈判小组赴中东某国进行一项工程承包谈判。在闲聊中,中方负责商务条款的成员无意中评论了中东盛行的伊斯兰教,引起对方成员的不悦。后来当谈及实质性问题时,对方较为激进的商务谈判人员丝毫不让步,并一再流露撤出谈判的意图。由此可知,谈判人员素质的高低在很大程度上影响着商务谈判的进程和结果。

（五）合理要求的差距

从商务谈判双方各自的角度出发,双方都有自己的利益诉求。若出现双方各自坚持的成交条件相去甚远,但所坚持的条件都是合理的情况,这时只要双方都迫切希望从这桩交易中获得所期望的利益而不肯做进一步的让步,那么谈判就很难前行,交易也没有成功的希望,谈判僵局也就不可避免了。这种谈判僵局出现的原因就在于双方合理要求差距太大,不能达成共识。在商务谈判实践中,即使双方都表现出十分友好、真诚与积极的态度,但如果双方对各自所期望的收益存在很大差距,依然难免谈判僵局的出现。

（六）偶发因素的干扰

在商务谈判过程中,随时都有可能出现一些偶然发生的情况。当这些情况涉及谈判某一方的利益得失时,谈判就会由于这些偶发因素的干扰而陷入僵局。例如,在谈判期间外部环境发生突变,某一谈判方如果按原有条件谈判就会蒙受利益损失,于是他便推翻已经做出的让步,而这会引起对方的不满,使谈判陷入僵局。偶发性因素往往是谈判双方事先无法预料与预防的,其结果又往往会偏向于某一方。由于谈判不可能处于真空地带,谈判者随时都要根据外部环境的变化而调整自己的谈判策略和交易条件,因此这种僵局的出现也就不可避免了。

以上是造成谈判僵局的几种因素。谈判实践中,很多谈判人员害怕僵局的出现,担心由于僵局而导致谈判暂停乃至最终破裂。其实大可不必如此,谈判经验告诉我们,这种暂停乃至破裂并不绝对是坏事。因为,谈判暂停,可以使双方都有机会重新审慎地回顾各自谈判的出发点,既能维护各自的合理利益又能使双方更进一步地注意挖掘双方的共同利益。

如果双方都逐渐认识到弥补现存的差距是值得的,并愿采取相应措施,包括做出必要的进一步妥协,那么这样的谈判结果也符合谈判原本的目的。即使出现了谈判破裂,也可以避免非理性的合作,即便不能同时给双方都带来利益上的满足。有些时候就算谈判形成了一胜一负的结局,实际上,失败的一方往往会以各种各样的方式来弥补自己的损失,甚至以各种隐蔽方式挖对方墙脚,结果导致双方都得不偿失。而如果双方通过谈判,即使没有成交,但彼此之间加深了了解,增进了信任,并为日后的有效合作打下了良好基础,从这种意义看来,倒可以说谈判破裂在某种程度上是一件有意义的好事。

因此,僵局的出现并不可怕,更重要的是要正确地对待和认识它,并且能够认真分析导致僵局的原因,以便对症下药,打破僵局,使谈判得以顺利进行。

第二节　避免商务谈判僵局的发生

商务谈判的最终目的是双方达成协议,使交易成功。而如何有效避免商务谈判中出现僵局,一方面需要商务谈判双方在谈判过程中坚持一些基本的原则,另一方面也需要商务谈判双方做好细致的准备工作,以及在商务谈判面临僵局时需要双方采取一些行之有效的方法。

一、避免商务谈判僵局的原则

商务谈判过程中,陷入谈判僵局有时是不可避免的。如何才能尽量避免谈判僵局?如果谈判陷入僵局,该如何解决呢?以下是在避免和处理商务谈判僵局时需要遵循的几大原则。

(一)谈判双方需要理性和冷静地思考谈判结果及其利弊

将人的问题与实质利益相区分,这是处理利益冲突的基本原则。当商务谈判陷入僵局后,谈判气氛会随之紧张,这时双方都不可失去理智,更不能冲动。谈判双方必须明确冲突的实质是双方利益的矛盾,而不是谈判者个人之间的矛盾,因此要把人与事严格区分开来,不可夹杂个人情绪的对立,以致影响谈判气氛。

(二)谈判双方需要协调好彼此的利益

当谈判双方在同一问题上尖锐对立,并且各自理由充足,均无法说服对方,又不能接受对方条件时,就会使谈判陷入僵局。这时应认真分析双方的利益所在,只有平衡好双方的利益才有可能打破僵局。可以让双方从各自的当前利益和长远利益两个方面来考虑,对双方的当前利益、长远利益做出调整,寻找各自都能接受的平衡点,最终达成谈判协议。因为如果都追求当前利益,就可能会失去长远利益,这对双方都是不利的。只有双方都做出让步,协调双方的利益关系,才能保证双方的利益都得到实现。

(三)谈判双方能够虚心听取彼此的不同意见

不同意见,既是谈判顺利进行的障碍,也是一种信号,它表明实质性的谈判已经开始。如果谈判双方就不同意见互相沟通,最终达成一致,谈判就会成功在望。因此,作为一名谈判人员,不应对不同意见持拒绝和反对的态度,而应欢迎和尊重。这种态度会使我们更加平心静气地倾听对方的意见,掌握更多的信息和资料,也体现了一名谈判者应有的宽广胸怀。互相尊重,不伤感情,在双方达成最终结果时顾全对方面子,才能使谈判顺利进行。

(四)谈判双方要加强沟通,避免争吵

在谈判陷入僵局时,人的情绪难免会因受到干扰而失去理智,甚至产生言语上的相互攻击。争吵无助于解决矛盾,只能激化矛盾。如果谈判双方出现争吵就会使双方对立情绪加重,从而更难以打破僵局、达成协议。即使一方在争吵中获胜,另一方无论从感情上还是心理上都很难接受这种结果,谈判仍有重重障碍。所以谈判高手是通过据理力争,而不是和别人大吵大嚷来解决问题的。

(五)谈判双方要抛弃传统观念,正确认识谈判的僵局

许多谈判人员把僵局视为谈判失败,企图竭力避免它。在这种思想指导下,谈判人员不是采取积极的措施加以缓和,而是消极躲避。在谈判开始前,就祈求能顺利地与对方达成协议完成交易,别出意外,别出麻烦。特别是当他负有与对方签约的使命时,这种心情就更为迫切。这样一来,为避免出现僵局,就会时时处处迁就对方,一旦陷入僵局,就会很快失去信心和耐心,甚至怀疑自己的判断力,对预先制订的计划也产生动摇。这种思想阻碍了谈判人员更好地运用谈判策略,结果可能会达成一个对己不利的协议。因此,谈判人员应正确认识

僵局,恰当处理,变不利为有利。我们不赞成把僵局视为一种策略,运用它胁迫对手妥协的办法;但也不能一味地妥协退让。这样,不但避免不了僵局,还会使自己十分被动。只要具备勇气和耐心,在保全对方面子的前提下,灵活运用各种策略和技巧,僵局就不会是攻克不了的堡垒。

(六)谈判双方语言要适度

语言适度指谈判者要向对方传递一些必要的信息,但又不透露己方的一些重要信息,同时积极倾听。这样不但和谈判对方进行了必要的沟通,而且可以探听出对方的动机和目的,形成对等的谈判氛围。

二、努力构建互惠式谈判

(一)互惠式谈判的提出

互惠式谈判也称价值型谈判。这种谈判,最早由美国哈佛大学谈判研究中心正式提出,故又称哈佛谈判术。

提出该谈判的主要代表人是荣格·费舍尔。他有丰富的谈判阅历,曾长期担任美国热门电视栏目《辩护士》的特约嘉宾,同时参与和咨询了许多著名的国际纠纷和冲突问题,包括埃以首脑戴维营和谈、第二次埃斯基普拉斯中美洲国家首脑会谈等。与通常那些旷日持久的马拉松式的政治谈判不同,以上谈判事件都取得了较圆满的结局,堪称奇迹。也三因为这些不同寻常的经历,费舍尔曾经担任美国、伊朗、危地马拉等国家和政府的高级谈判顾问。在费舍尔的倡导下,1979年哈佛大学法学院、商学院的一批学者成立了一个关于谈判的研究兴趣小组,定期聚会讨论谈判与冲突的问题,这就是著名的哈佛谈判项目的雏形。在哈佛谈判项目所提出的众多理论中,其中最著名的就是费舍尔在《赢得协议》一书里所总结的互惠式谈判。以往,人们通常将谈判划分为软式谈判和硬式谈判两种风格。其中,软式谈判又称友好型谈判,谈判人员可以为达成协议而让步,尽量避免冲突,总是希望通过谈判签订一个皆大欢喜的协议,或者至少能够签订一个满足彼此基本利益的协议而不至于空手而归。硬式谈判又称为立场型谈判,谈判者将谈判看作一场意志力的竞争,认为在这场竞争中,立场越强硬的一方最后获得的收益也会越多。硬式风格的谈判者往往更多地关注如何维护自身的立场,抬高和加强自己的地位,总是处心积虑地要压倒对方。

根据荣格·费舍尔的观点,这两种谈判风格都是错误的,正确的应该是所谓的互惠式谈判风格。与软式谈判相比,互惠式谈判也注意与对方保持良好的关系,但并不像软式谈判那样只强调双方的关系而忽视利益的公平;而与硬式谈判相比,互惠式谈判主张注重调和双方的利益,而不是在立场上纠缠不清。因此,互惠式谈判既不是软式谈判,也不是硬式谈判,而是介于两者之间。

(二)互惠式谈判的含义、特点与要求

1. 含义

所谓互惠式谈判,也称为原则式谈判,它是以公平价值为标准,以谈判目的为核心,在互相信任和尊重的基础上寻求双方各有所获的谈判方法。它综合软、硬式两种谈判方法的长处而避免其极端的弊病,从而形成一种应用更加广泛、更便于操作的方法。

具体来说,就是谈判双方首先都要冷静分析自身的需要和对手的需要,寻找双方利益的结合点,然后共同探讨满足双方需要的一切有效途径与办法,即谈判人员要视对方为解决问题者,而不是敌人。谈判人员对于谈判对手所提供的资料要采取审慎的态度,不要无理由地不信任对手。在谈判中要态度温和,谈判关注点要放在利益目标上而非立场上,寻求彼此共同利益而不是单纯从自身利益考虑。

为了使互惠式谈判能够有效开展,可以采用多头并进的谈判方法。多头并进,就是同时讨论有待解决的各个项目,如价格、付款条件、交货条件及售后服务等,由于各个具体项目之间有较大的伸缩性可以调整,当其中的一项遇到难题时,可以暂时搁放,移到下一项,或是当某一项不得不作退让时,也可以设法从其他项目得到补偿。这种谈判方法,又叫"横向谈判",其做法尽管进展缓慢,但可以减轻谈判人员的压力,有利于避免僵局。如果采用单项深入式的谈判,每次只集中谈论一个项目,待这个项目双方认定达成协议之后再转到另一个项目,这种谈判方法虽然进度快,但是各个项目之间缺乏呼应,易使谈判双方承受较大的压力,导致谈判陷入僵局。

综上,互惠式谈判的核心就是谈判双方既要考虑自己的利益,也要兼顾对方的利益,是平等合作式的谈判。

2. 特点

互惠式谈判,吸取了软式谈判和硬式谈判之所长而避其极端,强调公正原则和公平价值,主要有以下特征:

(1) 谈判中对人温和、对事强硬,把人与事分开。谈判是一场人为活动,人都有理性和感性的两面,而感性有时会主导人的行为,所以一定要照顾好对方的情绪,才能让谈判事半功倍。正所谓影响沟通结果的70%是情绪,30%是内容。

(2) 主张按照共同接受的具有客观公正性的原则和公平价值来取得协议,而非简单依靠具体问题的讨价还价。

(3) 谈判中开诚布公而不施诡计,追求利益而不失风度。

(4) 努力寻找共同点、消除分歧,争取共同满意的谈判结果。互惠式谈判是一种既理性又富有人情味的谈判态度与方法。

3. 要求

运用互惠式谈判,需要满足下列几个要求:

(1) 当事各方要从大局着眼,相互尊重,平等协商。

(2) 处理问题要坚持公正的客观标准,提出相互受益的谈判方案。

(3) 以诚相待,采取建设性态度,立足于解决问题。

(4) 求同存异,争取双赢。

(三) 互惠式谈判的三个阶段

1. 分析阶段

这一阶段是谈判人员在尽可能多地收集有效信息的基础上对谈判双方的情况进行分析,对信息进行组织、思考,达到知己知彼的阶段,进而对整个谈判进程和形势有整体的掌控。信息的收集和分析主要集中在四个方面:谈判双方的人员构成、谈判双方的利益诉求、谈判双方的各种方案以及基于互惠互利的谈判标准。

2. 策划阶段

这一阶段是谈判人员在收集信息、分析谈判形势以及对各种可能结果进行预判的基础上进行更进一步的周密策划。同理,这同样需要在前述四个方面进行深入的分析和研判,要针对各种有可能出现的意外提前准备对策,并探寻能够达成协议的权益区间。

3. 讨论阶段

这一阶段是谈判双方充分交换意见、讨论各项交易条件,在相互妥协和让步的基础上达成最终的协议。同理,这也是基于前述四个方面来进行的。为达成最终的协议,需要谈判双方秉持互惠互利的原则相向而行,努力消除彼此的各种分歧。

分析案例 10-3

互惠式谈判达成协议

日本某公司向中国某公司购买电石。此次,是他们之间交易的第五个年头,去年谈价时,日方压了中方 30 美元/吨,今年又要压 20 美元/吨,即从 410 美元/吨压到 390 美元/吨。据日方讲,他已拿到多家报价,有 430 美元/吨,有 390 美元/吨,也有 370 美元/吨,考虑到双方之间有长期合作,要求中方让步。据中方了解,370 美元/吨是个体户报的价,430 美元/是生产能力较小的工厂供的货,供货厂的厂长与中方公司的代表共 4 人组成了谈判小组,由中方公司代表为主谈。谈判前,工厂厂长与中方公司代表达成了统一的价格意见,工厂可以在 390 美元/吨成交,因为工厂需订单连续生产。公司代表讲:"对外不能说,价格水平我会掌握。"公司代表又向其主管领导汇报,分析价格形势。主管领导认为价格不取最低,因为我们是大公司,讲质量,讲服务。谈判中可以灵活,态度温和,但利益最重要,步子要小,若在 400 美元/吨以上拿下则可成交,拿不下时把价格定在 405~410 美元/吨之间,然后主管领导再出面谈,请工厂配合。中方公司代表将此意见向工厂厂长转达,并达成共识和工厂厂长一起在谈判桌上争取该条件,中方公司代表为主谈。经过交锋,价格仅降了 10 美元/吨,在 400 美元/吨成交,比工厂厂长的成交价高了 10 美元/吨。工厂代表十分满意,日方也满意。

此次谈判中中方组织基本成功,主要原因:市场调查较好——有量有性;分工明确——价格由公司代表谈;准备方案到位——有线,有审,有防。基于此,有效避免了谈判僵局的出现。

(案例来源:陈文汉,等.商业谈判实务[M].北京:电子工业出版社,2009.)

三、精心准备以避免谈判僵局

(一) 充分了解各国商人的特点是国际商务谈判必备的常识

在国际商务谈判中,谈判者要面对的谈判对象来自不同的国家或地区。由于世界各国的政治经济制度不同,各民族间有着迥然不同的历史、文化传统,使得各国客商的文化背景和价值观念也存在着明显差异,因此,他们在商务谈判中的风格也各不相同。在国际商务谈判中,如果不了解这些不同的谈判风格,就容易产生误解,既失礼于人,又可能因此而失去许多谈判成功的契机,所以要想在商务谈判中不辱使命、稳操胜券,就必须熟悉世界各国商人不同的谈判风格,采取灵活的谈判方式。

（二）做好谈判前的准备工作是预防冲突激化的有效手段

谈判桌上风云变幻，谈判人员要想在复杂的局势中左右谈判的发展，必须做好充分的准备。只有做好了充分准备，才能在谈判中随机应变，灵活处理，从而避免谈判中利益冲突的激化。

由于国际商务谈判涉及面广，因而要准备的工作也很多，一般包括谈判人员自身的分析和谈判对手的分析，谈判班子的组成，精心拟定谈判目标与策略，必要时还要进行事先模拟谈判等。

1. 知己知彼，不打无准备之战

在谈判准备过程中，谈判人员要在对自身情况作全面分析的同时，设法全面了解谈判对手的情况。自身分析主要是指进行项目的可行性研究。对对手情况的了解主要包括对手的实力（如资信情况），对手所在国家（地区）的政策、法规、商务习俗、风土人情以及谈判对手的谈判人员状况等。目前中外合资项目中出现了许多合作误区与投资漏洞，乃至少数外商的欺诈行为，很大程度上是由中方人员对谈判对手了解不够导致的。

分析案例 10-4

不打无准备之仗，方可立于不败之地

我国某冶金公司要向美国购买一套先进的组合炉，派一名高级工程师与美商谈判，为了不负使命，这位工程师做了充分的准备工作，他查找了大量有关冶炼组合炉的资料，花了很大精力对国际市场上组合炉的行情及美国这家公司的历史、现状、经营情况等了解得一清二楚。谈判开始，美商一开口要价150万美元。中方工程师列举各国成交价格，使美商目瞪口呆，最终以80万美元达成协议。当谈判购买冶炼自动设备时，美商报价230万美元，经过讨价还价压到130万美元，中方仍然不同意，坚持出价100万美元。美商表示不愿继续谈下去了，把合同往中方工程师面前一扔，说："我们已经作了这么大的让步，贵公司仍不能合作，看来你们没有诚意，这笔生意就算了，明天我们回国了。"中方工程师闻言轻轻一笑，把手一伸，做了一个优雅的请的动作。美商真的走了，冶金公司的其他人有些着急，甚至埋怨工程师不该抠得这么紧。工程师说："放心吧，他们会回来的。同样的设备，去年他们卖给法国只有95万美元，国际市场上这种设备的价格100万美元是正常的。"果然不出所料，一个星期后美方又回来继续谈判了。工程师向美商点明了他们与法国的成交价格，美商又愣住了，没有想到眼前这位中国商人如此精明，于是不敢再报虚价，只得说："现在物价上涨的厉害，比不了去年。"工程师说："每年物价上涨指数没有超过6%。一年时间，你们算算，该涨多少？"美商被问得哑口无言，在事实面前，不得不让步，最终以101万美元达成了这笔交易。

（案例来源：陈文汉，等. 商业谈判实务[M]. 北京：电子工业出版社，2009.）

2. 选择高素质的谈判人员

商务谈判需要对参与人员的知识方面和心理方面有较高的综合要求。由于国际商务谈判所涉及的因素广泛而又复杂，因此，通晓相关知识十分重要。通常，除了国际贸易、国际金融、国际市场营销、国际商法这些必备的专业知识外，谈判者还应涉猎心理学、经济学、管理学、财务知识、外语、有关国家的商务习俗与风土人情以及与谈判项目相关的工程技术等方面的知识。较为全面的知识结构有助于构筑谈判者的自信心，提高谈判的成功率。

此外，作为一名国际商务谈判人员，还应具备一种充满自信心、具有果断力、富于冒险精神的心理状态，只有这样才能在困难面前不低头，在风险面前不回头，才能正视挫折与失败，拥抱成功与胜利。

除了对单个谈判个体素质有较高要求外，对组成人员的选择也有较高要求。因为国际商务谈判是一场群体间的交锋，单凭谈判人员个人的丰富知识和熟练技能，并不一定就能达到圆满结局，所以要选择合适的人选组成谈判班子与对手谈判。谈判班子成员各自的知识结构要具有互补性，从而在解决各种专业问题时能驾轻就熟，并有助于提高谈判效率，在一定程度上也能减轻主谈人员的压力。

3. 拟订谈判目标，明确谈判最终目的

准备工作的一个重要部分就是设定己方让步的限度。商务谈判中经常遇到的问题就是价格问题，这一般也是谈判利益冲突的焦点问题。如对于出口商，要事先确定目标商品的最低报价；反之，对于进口商，要确定目标商品的最高价。在谈判前，双方都要确定一个底线，超越这个底线，谈判将无法进行。这个底线的确定必须有一定的合理性和科学性，要建立在调查研究和实际情况的基础上，如果出口商把目标确定得过高或进口商把价格确定得过低，都会导致谈判中出现激烈冲突，甚至谈判失败。

以出口商为例，对所出售商品的报价应在能接受的最低价和认为对方能接受的最高价之间，重要的是报价要符合实际、合情合理，具有可信性，能促使对方做出回应。确定报价时，应综合考虑市场条件、商业管理、对方的文化背景和利益需求，不能只考虑己方的利益，一个十分有利于自己的开价不一定是最合适的，它可能向对方传递了消极的信息，使其难以相信，而采取更具进攻性的策略。在某些情况下，可以在开价后迅速做些让步，以使谈判顺利进行，但在让步时应谨慎对待，不要随意为之，因为很多时候这种作风会显得己方对建立良好的商业关系不够认真。总之开价须慎重，而且要留有一个足够的选择余地。

4. 制定有效的谈判策略

每一次谈判都有其特点，要求有特定的策略和相应战术。在某些情况下首先让步的谈判人员可能被认为处于弱势地位，致使对方施加压力以得到更多的让步；然而另一种环境下，同样的举动可能被看作一种要求回报的合作信号。在国际贸易中，采取合作的策略，可以使双方在交易中建立融洽的商业关系，使谈判成功，各方都能受益。但一个纯粹的合作关系也是不切实际的。当对方寻求最大利益时，会采取某些竞争策略。因此，在谈判中采取合作与竞争相结合的策略会促使谈判顺利结束。有关商务谈判的主要策略，将在第十一章详细介绍。

四、潜在谈判僵局的处理方法

（一）潜在僵局的间接处理法

所谓间接处理法，就是指谈判人员借助有关事项和理由委婉否定对方的意见。其具体办法有以下几种：

1. 先肯定局部，后全盘否定

谈判人员对对方的意见和观点持不同看法，或发生分歧时，在发言中首先要就对方的观点和意见中的一部分略加肯定，然后以充分的根据和理由间接委婉地全盘否定。例如，买方说:"用这种包装的商品,我们不能要!"卖方经过全盘分析,了解到对方这是故意借包装问题来讨价还价,于是回答道:"是啊!许多人都认为这种包装的商品不好卖,但如果真正认识到这种包装的好处,自然会改变看法的。已经有很多顾客专门挑选这类包装的商品了。"又如,买方说:"我们不需要送货,只要价格优惠!"卖方不直接答复,却说:"您的意见似乎有道理,可您是否算过这样一笔账,价格优惠的总额与送货的好处相比,还是送货对您更有利。"即供方先肯定对方的一部分意见,然后进行核算比较,最后间接否定了需方的意见。

2. 先重复对方的意见,然后再进行削弱

这种做法是谈判人员先用比较婉转的口气,把对方的反对意见重复一遍,如有必要在某些关键处可以进行着重强调,然后再做回答。重复时原意不能改变,但语言顺序可以变动,这样做可以缓和谈判气氛,显得比较温和。原因在于复述对方的意见可以使对方感到你是充分尊重他的意见的,使其心理压力相对减轻,从而缓解潜在的对立情绪,避免洽谈气氛因观点不同而形成僵局,实际上也就意味着削弱了反对意见。

运用这种方法时,要注意研究对方的心理活动、承受能力,要因时、因人、因事而异,不能生搬硬套,以免有东施效颦之嫌。

3. 用对方的意见去说服对方

这是指谈判人员直接或间接地利用对方的意见去说服对方,促使其改变观点,也即以彼之道还施彼身。例如,卖方对买方说:"贵方要货数量虽大,但是要求价格的折扣幅度太大了,服务项目要求也过多,这样的生意实在是难做。"买方便可以这样去说服对方:"您说的这些问题都很实际,但正像您刚才说的那样,我们要货数量大,这是其他企业根本无法与我们相比的,因此我们要求价格折扣幅度大于其他企业也是可以理解的,是正常合理的。再说,以后我们会成为您的主要长期合作伙伴,而且您还可以减少对许多小企业的优惠费用。因此从长远看,咱们还是互惠互利的。"

4. 以提问的方式促使对方自我否定

这种做法是谈判人员不直接回答问题,而是提出问题,使对方来回答自己的反对意见,从而达到否定原来意见的目的。例如:卖方为争取一份销售合同,派一名业务员甲前往买方企业与谈判人员乙洽谈。乙说:"我们目前还不需要你们的商品,某企业的货倒是很适合我们的需要。"此时,业务员甲必须使对方意识到购买他的货有何好处,便说:"请问你们那么好的营业场所,柜台都摆满了吗?"乙说:"摆满说不上,但够卖的了。"甲说:"你们经营的商品,着重的是花色、利润,还是商品质量?"乙方:"首要的是商品的销路,看利润干啥?"甲说:"我们的商品销路不错,无须我多说了!我们的价格及各种优惠条件也是其他企业无法相比的。"乙说:"你的优惠条件确实相当不错,但我还要看看质量。"甲说:"你们的营业面积有多大?经营品种有多少?"乙说:"营业厅面积足有5000多平方米,经营品种倒不多。"甲说:"看来,你们柜台商品陈列并不是很丰富,我的这种商品可以摆得下吧?"乙说:"摆是没有问题的……"甲说:"怎么样?对我的商品有什么想法?"乙说:"让我考虑一下……"乙方企业经过分析,认为购进这种商品有利可图,于是达成交易。整个洽谈过程中,卖方业务员通过提问的方式,促使零售方否定了自己原来的观点,进而达成了协议。

以上所述对谈判中潜在僵局间接处理的各种方法都有一定的局限性,实践中能否行得通,还得取决于谈判者的灵活运用。

（二）潜在僵局的直接处理法

1. 站在对方立场上说服对方

所谓说服，就是以充分的理由和事实使对方认可。但在商务谈判中，仅有充分的理由和事实并不一定能使对方信服。为此，当谈判中一方坚持固有意见不变时，要使说服有实效，除了无可辩驳的证据和严密的推理外，还必须使对方的需求得到一定的满足。也就是要站在对方的立场上去讲清道理，使对手确实感到他原来所坚持的意见必须改变才行，从而扭转谈判的僵局。

2. 归纳概括法

归纳概括法是指在商务谈判中将对方的各种反对意见进行归纳整理、集中概括，然后有针对性地加以解释和说明，从而起到削弱对方观点与意见的效果。例如：买方代表对卖方提供的商品提出诸如商品外观不新颖、包装有问题、质价不相称、顾客不欢迎等一连串的反对意见时，无非是在为讨价还价做准备，若卖方逐一回答，不但啰嗦，买方也未必听得过去。对此，卖方代表可将买方一连串的反对意见进行归纳整理，概括为商品的质量问题，进而抓住质量问题去进行解释和说服买方。这样做不仅有针对性，而且说服力强，可避免僵局的出现。

3. 反问劝导法

商务谈判中，常常会出现莫名其妙的压抑氛围，这就是陷入僵局的苗头。究其原因，比较复杂，可能是谈判人员个人心理变化所致，或是一方虽有反对意见但尚未表露所致等。这时谈判人员可以适当运用反问法，以对方的意见来反问对方，不仅可以防止陷入僵局，还能够有效地劝说对方。例如，买方说："你提供的商品，无论是质量还是价格都可以，只是目前我不打算进。"卖方在摸不清买方的真实意图时，可以巧妙地说："向您提供的这些商品，正像您说的那样，一切都不错，看来，您是真识货。目前这种商品的销路看好，举手之劳，何乐而不为呢？"待买方进一步解释或回答后，卖方便可知买方的真实意图，然后有针对性地进行劝导工作，可以避免谈判陷入僵局。

4. 幽默法

恩格斯曾经说过，"幽默是具有智慧、教养和道德上优越感的表现"。幽默是紧张情境中的缓冲剂。在商务谈判中，当出现沉闷的征兆时，恰当地运用幽默，信手拈来几句诙谐话语，使谈判人员在紧张中会心一笑，心理上得到放松，精神为之一振，可以调节气氛，达到意想不到的效果。例如：中外双方就某个问题已讨论了两个星期，仍不见结果。这时，中方人员幽默地说："瞧，我们双方至今还没有谈出结果。如果奥运会设立拔河比赛项目的话，我想我们肯定是并列冠军，还有可能载入《吉尼斯世界纪录大全》。我敢保证，谁也打不破这一纪录。"听到这话，所有谈判者都开怀大笑，气氛顿时松弛下来。

采用幽默的方法，需要谈判人员具有较高的文化素养和较强的驾驭语言的能力，而且只有双方的谈判人员都具备相当的素质，才能使幽默起到有效作用，从而促使良好氛围形成。

5. 适当馈赠

谈判人员在相互交往的过程中，适当地互赠些礼品，是普通的社交礼仪，也会对增进双方友谊、沟通双方感情起到一定的作用。西方学者幽默地称之为"润滑策略"。每一位精明的谈判人员都知道，给予对方热情的接待、良好的照顾和服务，会对谈判产生重大的影响。

这就等于直接明确地向对手表示"友情第一",对于防止谈判出现僵局是一个行之有效的途径。

所谓适当馈赠,就是说馈赠要讲究艺术,一是注意对方的习俗,二是防止贿赂之嫌。有些企业为了达到自身的利益乃至企业领导人、业务人员自己的利益,在谈判中改变了送礼这一社交礼仪的性质,使之等同于贿赂,不惜触犯法律,这是错误的。所以,馈赠礼物应该是在社交范围之内的普通礼物,突出"礼轻情义重"即可。如谈判时,招待对方吃一顿地方风味的午餐,陪对方度过一个美好的夜晚,赠送一些小小的礼物等。如果对方馈赠的礼品比较贵重,通常意味着对方要在谈判中"索取"较大的利益,对此,要婉转地暗示对方礼物"过重",予以推辞,并要传达出自己不会因礼物的价值而改变谈判态度的信息。

6. 场外沟通

谈判场外沟通亦称场外交易、会下交易等,它是一种非正式谈判,双方可以无拘无束地交换意见,达到沟通交流、消除障碍、避免出现僵局的目的。对于正式谈判出现的僵局,同样可以用场外沟通的途径直接进行解释,消除隔阂。

(1) 采用场外沟通策略的时机。当商务谈判过程中出现以下情形时,可以采取场外沟通的方式:

① 谈判双方在正式会谈中,相持不下,即将陷入僵局,彼此虽有求和之心,但在谈判桌上碍于面子,难以启齿。

② 当谈判陷入僵局时,谈判双方或一方的幕后主持人希望借助非正式的场合进行私下商谈,从而缓解僵局。

③ 谈判双方的代表因为身份问题,不宜在谈判桌上让步,但是可以借助私下交谈打破僵局,这样又可不牵扯到身份问题。例如:谈判的领导者不是专家,但实际作决定的却是专家。这样,在非正式场合,专家就可不受限于身份问题而出面从容商谈,打破僵局。

④ 谈判对手在正式场合有严肃、固执、傲慢、自负、喜好奉承的表现。这样,在非正式场合给予其恰当的恭维(因为恭维别人不宜在谈判桌上进行),就有可能使其作较大的让步,以打破僵局。

⑤ 谈判对手喜好郊游、娱乐。这样,在谈判桌上达不成的交易,在郊游和娱乐的场合就有可能谈成,从而打破僵局,签订有利于己方的协议。

(2) 运用场外沟通应注意的问题。在合理运用场外沟通方法处理谈判过程中出现的僵持不下的争执时,要注意以下问题:

① 谈判者必须明确,在一场谈判中用于正式谈判的时间是有限的,而大部分时间都是在场外度过,因此必须把场外活动看作谈判的一部分,场外谈判往往能得到正式谈判得不到的东西。

② 不要把所有的事情都放在谈判桌上讨论,而要通过一连串的社交活动来讨论和研究问题的细节。

③ 当谈判陷入僵局时,就应该离开谈判桌,举办各种娱乐活动,使双方无拘无束地交谈,促进相互了解,沟通感情,建立友谊。

④ 借助社交场合,主动和非谈判代表的有关人员(如工程师、会计师、工作人员等)交谈,借以了解对方更多情况,往往会得到意想不到的收获。

⑤ 在非正式场合,可由非正式代表提出建议、发表意见,以促使对方思考,因为即使这些建议和意见不利于对方,对方也不会追究,毕竟说话者不是谈判代表。

(三)处理谈判僵局的时机

在谈判实践中,选择最佳时机去处理僵局,往往会取得意想不到的效果。在时机选择方面应注意以下几方面:

1. 及时答复对方的反对意见

谈判中双方都希望自己的意见得到对方尊重和重视,若对方不能给予明确的答复,往往会造成心理障碍,形成谈判中的潜在僵局。为此,只要对方提出明确的反对意见,都应及时给予答复,若一时无法答复的,亦应解释清楚,这样可以使对方感到你的诚意,有利于消除僵局。

2. 适当推延答复

谈判中会碰到很多棘手的问题,使谈判人员不能即刻答复,此时可以往后拖延时间再作答复,以取得更好效果。但是,拖延答复的时间不宜过长,而且应当向对方说清楚。若出现下列情况,则可以推延答复:

(1) 对方提出的反对意见,使你感到不能做出满意的答复时。
(2) 反驳对方意见缺乏足够的证据时。
(3) 即刻回答会使己方陷入被动时。
(4) 确实有把握控制谈判局势,使对方的反对意见随着谈判的深入会逐渐削弱时。
(5) 对方的反对意见明显偏离议题时。
(6) 对方由于心理原因而提出"发泄性"的反对意见时。

3. 争取主动,先发制人

若谈判人员事先发现对方会提出某种反对意见,未等对方提出,抢先把问题作为自己的论点提出来,劝导对方重新认识问题,以有效地避免和消除僵局。这种作法要求谈判者必须善于察言观色,随时注意对方的态度,掌握好时机。值得注意的是,"先发制人"不是"强加于人"。

第三节 处理商务谈判僵局的技巧

商务谈判中,尽管双方都尽可能避免谈判陷入僵局,但由于双方都想获得自身利益的最大化,从而使得利益的冲突是难以避免的。此时,只有采取有效措施才能使谈判顺利完成,取得成功。在商务谈判过程中,需要结合己方所处的具体情形来考虑具体的应对僵局的技巧。

一、缓解实质性僵局的技巧

如前所述,实质性僵局的出现是由于谈判双方在谈判过程中涉及商务交易的核心经济利益,彼此又不愿轻易让步,从而难以达成一致意见。对于实质性僵局,应该从理解的角度按照互惠式谈判法排解矛盾,适时采取有效的谈判技巧来消除分歧,拉近距离,恢复正常的谈判。

(一)回避分歧,转移议题

当双方对某一议题产生严重分歧都不愿意让步而陷入僵局时,一味地争辩并不能解决问题,此时可以先回避有分歧的议题,换一个新的议题与对方谈判。这样做有两点好处:① 可以争取时间先进行其他问题的谈判,避免长时间争辩耽误宝贵时间;② 当其他议题经过谈判达成一致后,会对有分歧的问题产生正面影响,再回过头来谈陷入僵局的议题时,气氛会有所好转,思路会变得开阔,问题的解决便会比以前容易得多。例如双方在价格上互不相让、僵持不下,可以把这问题搁置一边,洽谈交货日期、付款方式等问题,如果一方特别满意,很可能对价格条款做出适当让步,从而打破谈判僵局。

(二)尊重客观,关注利益

由于谈判双方各自坚持己方的立场观点,受主观认识的差异而使谈判陷入僵局。这时处于激烈争辩中的谈判者容易脱离客观实际,忘掉双方的共同利益。所以,当谈判者陷入僵局时,首先要克服主观偏见,从尊重客观的角度看问题,关注企业的整体利益和长远目标,而不要一味追求论辩的胜负。如果是由于某些枝节问题争辩不休而导致僵局,那么这种争辩的意义不大。即使争辩的是关键性问题,也要客观评价双方的立场和条件,充分考虑对方的利益要求和实际情况,认真冷静思索己方如何才能实现比较理想的目标,要理智地克服一味地希望通过坚守自己的阵地来"赢"得谈判的做法。这样才能静下心来面对客观实际,为实现双方共同利益而设法打破僵局。

(三)商定多种方案,多中选优

如果双方仅采用一种方案进行谈判,当这种方案不能为双方同时接受时,就会形成僵局。实际上谈判中往往存在多种满足双方利益的方案。在谈判准备期间就应该准备出多种可供选择的方案,一旦某种方案遇到障碍,就可以提供其他的备用方案供对方选择,使"山重水复疑无路"的局面转变成"柳暗花明又一村"的好形势。谁能够创造性提供可选择的方案,谁就能掌握谈判的主动权。当然这种替代方案要既能维护己方切身利益,又能兼顾对方的需求,这样才能使对方对替代方案感兴趣,进而从新的方案中寻找双方的共识。

(四)尊重对方,有效退让

当谈判双方各持己见互不相让而陷入僵局时,谈判人员应该明白,坐到谈判桌上是为了达成协议实现双方共同利益,如果促使合作成功所带来的利益要大于固守己方立场导致谈判破裂的收获,那么退让就是聪明有效的做法。

采取有效退让的方法打破僵局基于三点认识:第一,己方用辨证的思考方法,明智地认识到在某些问题上稍做让步,能在其他问题上争取更好的条件;在眼前利益上做一点牺牲,能换取长远利益;在局部利益上稍做让步,能保证整体利益。第二,己方多站在对方的角度看问题,消除偏见和误解,对己方一些要求过高的条件做出一些让步。第三,这种主动退让姿态向对方传递了己方的合作诚意和尊重对方的态度,促使对方在某些条件上做出相应的让步。如果对方仍然坚持原有的条件寸步不让,则证明对方没有诚意,己方就可以变换新的策略,调整谈判方针。

分析案例 10-5

精心准备、有效退让,实现双赢

云南省小龙潭发电厂,就 6 号机组脱硫改造项目于 2002 年跟丹麦史密斯穆勒公司签订了一系列脱硫改造合同,改造后检测结果,烟囱排放气体并未达到合同所承诺的技术指标。该电厂于 2004 年又与史密斯穆勒公司为此事进行交涉,要求对方进行经济赔偿。

索赔谈判前,我方在确认对方的责任方面进行了大量调研和数据收集工作。首先,咨询清华大学、北京理工大学等国内该领域的知名专家,在理论上对这一问题有了清楚的认识。其次,对改造后烟囱排放气体进行采样分析以及数据计算。另外,对比分析对方提供的石灰品质以及脱硫效率。根据调研结果,对照 2002 年原合同中的条款和参数,我方最终认定是史密斯穆勒公司的责任。

在索赔正式谈判中,双方在责任问题上各执一词,谈判出现了僵局。史密斯穆勒公司采取了"打擦边球"的策略,试图推脱责任,把赔偿金额压到最低。合同要求脱硫率为 90%,实际脱硫率瞬间值达到了这一指标,甚至还高于 90% 但平均值仅有 80% 左右,远远没有达到合同要求。我方要求的是长期值而不是瞬间值,对方试图以瞬间值逃脱一定责任,而我方则以平均值说明问题。在脱硫剂石灰上,丹麦的国家制度规定石灰原料由国家提供,而我国则由企业自己提供。史密斯穆勒公司认为,脱硫效率低是我方未提供合适的石灰造成的,我方应负一定责任。

双方最终达成协议:一方面,史密斯穆勒公司派遣相关人员继续进行技术改造,另一方面,对方就无法实现的合同技术指标部分进行赔偿。

(案例来源:申纲领.谈判与推销[M].北京:电子工业出版社,2010.)

二、缓解策略性僵局的技巧

如前所述,策略性僵局是由谈判的一方有意制造僵局,给对方施加压力,为己方争取时间和创造优势的延迟性之道的一种策略。针对这种情形,需要谈判人员冷静分析,沉着应对,不能被对方的策略束缚了手脚,通过适当采取相关的谈判技巧来打破这种僵局。

(一)以硬碰硬,据理力争

当对方企图通过提出不合理条件制造僵局给己方施加压力时,特别是在一些原则问题上表现得蛮横无理时,己方要以坚决的态度据理力争。因为这时如果做出损害原则的退让和妥协,不仅损害己方利益和尊严,还会助长对方的气焰。所以,己方要明确表示拒绝接受对方的不合理要求,揭露对方故意制造僵局的不友好行为,使对方收敛起蛮横无理的态度,自动放弃不合理的要求。

采用这种方法首先要体现出己方的自信和尊严,不惧怕任何压力,追求平等合作的原则;其次要注意表达的技巧性,用绵里藏针、软中有硬的方法回击对方,使其自知没趣,主动退让。

(二)孤注一掷,背水一战

当谈判陷入僵局时,若己方认为自己的条件是合理的,无法再做让步,而且又没有其他可以选择的方案,可以采用孤注一掷、背水一战的策略。将己方条件摆在谈判桌上,明确表示自己已无退路,希望对方能做出让步,否则情愿接受谈判破裂的结局。当谈判陷入僵局而又没有其他方法解决的情况下,这个技巧往往是最后一个可供选择的技巧。

在做出这一选择时,己方必须做好最坏的打算,做好承受谈判破裂的心理准备。因为一旦对方不能接受己方条件,就有可能导致谈判破裂。在己方没有做好充分的准备,或己方还没有多次努力尝试其他方法打破僵局时,不能贸然采用这一方法。

这种技巧使用的前提条件是己方的要求是合理的,而且也没有退让的余地,因为再退让就会损害己方根本利益。另一前提条件是己方不怕谈判破裂,不会用牺牲企业利益的手段去防止谈判破裂。如果对方珍惜这次谈判和合作机会,在己方做出最后摊牌之后,就有可能选择退让的方案,使僵局被打破,达成一致的协议。

三、缓解情绪化僵局的技巧

如前所述,情绪化僵局是在谈判过程中,由于谈判双方情绪上的问题,一方的讲话引起对方的反感,表现为情绪性的对立,从而使谈判无法进行下去,形成对立局面。面对这种局面,需要双方都冷静下来,正视问题,淡化情绪因素在谈判中的消极影响,着眼大局,从而走出谈判僵局的困境。

(一)冷调处理,暂时休会

当谈判出现僵局一时无法用其他方法打破时,可以采用冷调处理的方法,即暂时休会,也可以说是暂时休战。由于双方争执不下,情绪对立,很难冷静下来进行周密的思考。

休会可以使双方情绪平稳下来,冷静思考问题,如双方的差距在哪,僵局会给己方带来什么利益损害,环境因素有哪些发展变化,谈判的紧迫性如何等,还可对前一阶段谈判进行总结。另外也可以在休会期间向上级领导做汇报,请示一下高层领导对处理僵局的指导意见,对某些让步策略的实施授权给谈判者,以便谈判者采取下一步的行动。

再有,可以在休会期间让双方高层领导进行接触,缓和下双方僵持对立的关系;或者组织双方谈判人员参观游览,参加宴会、舞会和其他娱乐活动,使双方在轻松愉快的气氛中进行无拘无束的交流,进一步交换意见,重新营造友好合作、积极进取的谈判气氛。经过一段时间的休会,当大家再一次坐到谈判桌上时,原来僵持对立的问题会比较容易沟通和解决,僵局也就随之被打破了。

(二)临时换将

若商务谈判中出现的僵局是由某一谈判人员自身的原因造成的,虽经多方努力仍无效果时,可以征得对方同意,及时更换谈判人员,想方设法找出造成僵局的关键问题和关键人物,或请地位较高的人出面,协商谈判问题,以消除不和谐因素,缓和气氛,打破僵局,保持与对方的友好合作关系。

(三)改善谈判环境

避开正式的谈判场所,把谈判转到轻松的环境中,建议暂时停止会谈或双方人员去游览、观光,观看文艺节目,通过在这些活动过程中的私下交流,双方可进一步增进了解,清除彼此隔阂,增进友谊。

第三篇 商务谈判艺术

第十章 商务谈判的僵局处理

◆**内容提要**

商务谈判中因为双方都希望获得利益的最大化,常常面临利益的冲突,有时谈判陷入僵局不可避免。若想避免僵局,首先要准确把握商务谈判僵局产生的原因,通过充分了解各国商人的特点,做好谈判前的准备工作,这些细致的工作可以在一定程度上预防冲突的激化;灵活运用商务谈判中的一些谈判技巧也可以在一定程度上避免冲突。当冲突出现时,要将人的问题与实质利益相区分,创造双赢的解决方案,借助客观标准解决谈判利益冲突问题。

◆**关键词**

信息沟通障碍　回避分歧　多中选优　有效退让　暂时休会　以硬碰硬　孤注一掷　临时换将

◆**复习思考题**

1. 造成商务谈判陷入僵局的原因有哪些?
2. 如何有效避免商务谈判僵局的发生?
3. 商务谈判僵局的破解原则有哪些?
4. 破解商务谈判僵局的技巧有哪些?

第四篇
国际商务谈判

国际商务谈判是指在国际商务活动中,处于不同国家或地区的商务活动当事人为满足各自需要,彼此通过交流与磋商来争取达到意见一致的过程。

国际商务谈判是国际经济与贸易活动中不可或缺的一个重要环节,是调整和解决不同国家、地区政府及商业机构之间不可避免的经济利益冲突的必不可少的一种手段。在各种各样的国际经贸活动中,如何通过谈判达到目的以及如何提高谈判效率已成为一门学问,引起了人们的普遍关注。在现代国际社会中,许多交易的达成往往需要经过艰难而漫长的谈判,尽管有不少人认为交易的成败取决于商品是否优质、技术是否先进或价格是否低廉,但实际上,谈判的能力与技巧在很大程度上决定了交易成功与否。

在国际商务谈判的特殊性当中,其跨文化性表现得尤为突出,这使得国际商务谈判的难度要远远高于国内商务谈判。因此,国际商务谈判人员不仅要在知识结构、语言表达、谈判策略及技巧的实际运用能力等方面具备更高水准,还要对文化差异具有系统的、理性的把握能力,熟悉文化差异在各方面对国际商务谈判所产生的影响,掌握应对国际商务谈判中文化差异的基本策略,并具备娴熟的跨文化交流能力。与此同时,国际商务谈判中的风险是不可避免的,国际商务谈判人员要对风险也有正确的认识,预见风险可能会造成的损失,并灵活运用规避风险的手段,有针对性地采取有效措施进行控制,使风险降到最低程度,最大程度获取利益。

第十一章　国际商务谈判中的文化差异

本章结构图

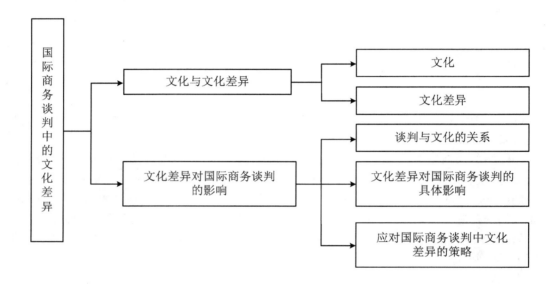

学习目标

了解文化与文化差异,以及谈判与文化的关系,熟悉文化差异在各方面对国际商务谈判所产生的具体影响,掌握应对国际商务谈判中文化差异的一些基本策略。

导入案例

中美在谈判前接待安排上的差异

美国的肯沃公司(Converge)是全球最大的独立电子元件经销商,该公司在早期刚刚做对外贸易的时候,曾与我国苏州的一家公司就设备购买的问题进行了商务谈判。在谈判环节,首先是中方代表到美方公司参观考察,然后是美方代表到中方公司考察谈判。当中方公司的考察团队初到美国的时候,只有肯沃公司的生产管理经理和销售管理经理陪同,中方代表没有见到公司高管。然而当美方公司的谈判团队来中国时,中方公司的总经理亲自到机场迎接,甚至还举行了欢迎晚宴,晚宴上有市政府领导参加。毫无疑问,美方代表对中方公司所安排的一切感到满意,非常急切地想要进行购买谈判,以尽快完成交易合同。可是第二天,中方公司并没有正式谈判的意思,而是带领美方公司代表逛了市区景点。第三天,中方公司终于安排正式谈判,会上,没有激烈的讨论,而是中方公司先对公司的文化背景和经营理念等做了详细介绍,美方代表终于不再忍耐,站起来说道:"为什么不讨论问题,一直介绍无关紧要的东西,我们希望直接讨论正题,真是太没有效率了,再这样继续,我们就要考虑是否进行交易了。"

第一节 文化与文化差异

一、文化

(一) 文化的定义

文化是一个使用范围广、使用频率高的词汇,但是,给文化下一个精准的定义却是一件难事。到目前为止,人们对文化这个概念都还没有统一的解读。各国学者对文化的定义繁多,有的从描述角度解释文化,认为文化是传统的风俗习惯、典章制度、哲学思想等;有的从结构角度解释文化,认为文化是世代相传的社会组织或模式;有的则从文化的产生和起源方面对其进行定义。本书主要选取了人类学和跨文化交际学中对文化进行的相关定义。

人类学鼻祖泰勒于1871年在《原始文化》一书中最早提出了人类学意义上的文化定义:文化是一个社会的成员所获得的知识、信仰、艺术、法律、道德、习俗及其他能力的综合体。这也被认为是关于文化涵盖面最广、最精确的定义之一。其后,人类学家巴诺又提出了一个综合性的定义:文化是一群人的生活方式,即所有习惯性的行为和类型化的模式,这些行为模式通过语言和模仿一代一代的传承下来。这一定义指出了文化与生活方式的关系,强调了文化的后天习得性以及文化传递的主要方式是语言和模仿。

跨文化交际学的奠基人霍尔在其《无声的语言》一书中指出:文化即交流,交流即文化;文化不是单一事物,而是多种事物;文化是人与人联系的纽带,是人与人互动的媒介。长期从事跨文化交际学研究的胡文仲先生对文化的解释是:文化既包括信念、价值观念、习俗、知识,也包括实物和器具;文化中最深层的部分是价值观念,价值观念是文化的核心,可以根据不同的价值观念区分不同的文化;文化是人们的行动指南,文化支配着人的行动,一个人的一言一行都是文化所规定的;文化不是生而知之、先天所有的,而是通过后天习得的。

综上所述,我们可以看到文化包罗万象,涉及了人类生活的方方面面,人们平时的一言一行、一举一动,无不体现着文化的内涵。本书从广义的角度将文化定义为:文化是指在一定社会区域内进行交际的社会成员所习得的语言、知识、思想、信仰、习俗、准则、体制、艺术、法律、道德、能力以及其他有关的内容。

(二) 文化的构成

如果仅从表象上观察各国文化,会使人感到纷繁复杂、漫无头绪。但如果将文化分解为若干个小的组成部分,将会帮助我们解开谜团,更好地认识和理解文化。文化由许多因素构成,其中与商务谈判活动有关的最重要的几个组成部分包括符号、语言、价值观、宗教、礼节和社会组织等。

1. 符号

符号是指能够传递特定信息的一种标志。文字、图画、颜色以及姿态、手势等肢体语言都是一种符号。符号在生活中蕴含着一定的信息或代表着一定的意义。例如,不同国家的国旗、十字路口的红绿灯、教堂里的十字架、紧握的拳头等。

2. 语言

语言是由语音、词汇和语法所构成的复杂的符号系统,它是文化的一个重要组成部分,也是区分不同文化的最有效工具。人们常常通过语言和发音就可以立刻判断出一个人的来处,以及与该地区相联系的其他文化因素。在异国他乡,人们常常通过语言取得相互的认知和认同,甚至获得归属感。任何特定的语言都有其自己的一套范畴来解释事实。例如,欧洲的很多语言都会把光分成六种基本的颜色,而新几内亚岛上的一些语言当中光只有两种颜色:冷色和暖色;阿拉伯语中有六千多个与骆驼有关的词语,而爱斯基摩语中关于雪的词汇数量则远超其他语言。

3. 价值观

价值观是基于人的一定思维感官之上而做出的认知、理解、判断或抉择,也就是人认定事物、辩定是非的一种思维或取向。不同的文化在价值取向上存在着很大差异,不了解这些价值观差异的人在商务谈判中相当于交易的杀手。例如,在中国文化中年龄常常是一种资本,因此就有了论资排辈、按年龄判断身份、按工龄确定待遇等习惯做法;但是在很多西方国家说别人年龄大则会被认为有"瞧不起、轻视"的意思。

4. 宗教

宗教是人类社会发展到一定历史阶段出现的一种文化现象。尽管宗教是无国界的,但世界上主要的几个宗教都有其特定的地域和国别。例如,基督教在欧美一些国家占主要地位;伊斯兰教在中亚、西亚、北非一些国家是主要宗教;佛教则主要在东南亚等地盛行。在国际谈判中,一国文化中的宗教对谈判者的影响要比人们所想象的大的多。例如,在阿拉伯国家,"真主的意愿"这个短语会经常出现在谈话当中。

5. 礼节

礼节是人与人交往的礼仪规矩。礼节最基本的体现是人与人之间需要留有多少的空间,身体接触在多大程度上可以被接受,正式打招呼的方式该如何等。在谈判者准备登机去他国进行谈判前就应该开始了解一些基本礼节,避免在第一次与对方接触时出现尴尬场景。例如,在中国,与人握手特别是与女性握手时不要太用力,打招呼时一定要记住对方的职务和职称头衔,这表明你对对方的尊重和重视。

6. 社会组织

社会组织是人们为了有效达到特定目标而按照一定的宗旨、制度、系统建立起来的共同活动集体,如政党、政府、企业、学校等。政府的办事程序、企业的结构框架以及这些组织是如何被领导的等,都能反映出某一文化的决策过程。因此,了解这些情况能使己方清楚对方在谈判中有多大的自主性并明白该如何去对待一项商务决策的落实。例如,在崇尚集体主义的社会中,谈判者个人拥有较少的自主性并通常需要更长的决策时间。

(三)文化的特征

关于文化的特征,不同学者有着不同的论述。胡文仲认为,文化有传承的一面,也有变化的一面,文化的形态与一定的历史时期相联系。文化一旦形成就具有一定的稳定性,但同时又是动态的、不断变化的。林大津、谢朝群指出文化具有独特的民族性,影响、规约该民族的价值观、生活态度和行为方式等,不同民族使用不同的语言、运用不同的交流方式和交际规则,每一种文化都具有独特或独立的价值取向;文化多元化是人类文明的追求目标,不同文化间应采取对话方式,做到兼容而不是兼并。蒋晓萍等指出各种文化之间的频繁交往,必然会产生互相作用和影响,各种文化之间相互渗透和兼容,在保持差异的同时也在寻找一个可以沟通理解交流的契合点;民族文化也是全球文化,而全球文化也体现为林林总总文化的拼贴和交融。综合不同学者的论述,本书将文化的显著特征概括为以下六个方面:文化的稳定性,文化的发展性,文化的民族性,文化的共享性,文化的习得性以及文化的影响性。

1. 文化的稳定性

文化一旦形成就具有相对的稳定性,特别是在某一个特定的历史阶段,一个国家或地区的文化不可能突然发生翻天覆地的变化。

2. 文化的发展性

文化的发展性是指文化在社会变革中不断发展变化。实际上,相当多的因素,诸如经济发展、技术创新、资源短缺、战争爆发以及人口变化等都会导致社会文化发生改变。

3. 文化的民族性

文化与民族具有不可分割性,每个民族都有自己的文化,而且文化是在民族的繁衍和发展中逐渐形成的。诸如民族的文字、语言、思维方式、生活方式、风俗习惯、宗教信仰和价值观念等都是民族文化的有机组成部分,它们对该民族成员的行为具有很大的影响,给所属成员的行为模式打上了特定的烙印。例如,英国人保守、重视经验,美国人务实、注重自我,德国人严谨,日本人重视团队关系,中国人注重血缘关系等。

4. 文化的共享性

文化并非是某个成员所独有的,而是一个社会中大多数成员所共有的,即文化不是一种个体特征,而是一种群体特征。因此,文化通常被认为是把所属社会成员联系在一起的团体习俗。文化是民族的,也是世界的,各民族文化没有高低贵贱之分,跨文化对话有利于不同文化间相互学习、取长补短,最终实现文化多元化。以动态发展的眼光、以包容尊重的态度看待文化,是全球化背景下实现跨文化沟通和理解的前提。

5. 文化的习得性

文化不是人们先天所有的,而是后天习得的,并通过世世代代的社会化过程而得以不断传承。人类文化学认为,人类的进化过程既是生物遗传过程,也是文化传承过程。

6. 文化的影响性

文化对人们的影响是不自觉的、无意识的和潜移默化的。文化影响到人们的方方面面,而且不同文化在交流过程中也会互相影响,这种文化的影响性也称之文化的交融。

二、文化差异

文化是一个包罗万象的概念,涉及了人类生活的各个方面,也体现了一个特定社会范围内成员的特性。世界各民族由于特定的历史和地域而逐渐形成了自己独有的文化传统和文化模式,不同民族文化在传统习惯、价值观念、宗教信仰、思维方式等方面表现出诸多差异。本书将基于霍夫斯坦德的文化维度理论和霍尔的高低语境理论对文化差异进行阐述。

（一）霍夫斯坦德的文化维度理论

从1967年到1973年，霍夫斯坦德在著名的跨国公司IBM进行了一项有关员工价值观的大规模调查。他在72个国家发放了116000多份调查问卷并建立了数据库，调查的重点是分析国家层面上的价值观差异，而不是个体差异，最终确定了国家层面上的文化取向五维度：个人主义/集体主义、不确定性规避、权力距离、男性气质/女性气质、长期取向/短期取向，他认为正是这五个维度上的差异造成了来自不同文化背景的人在生活方式、思维方式等方面的不同。霍夫斯坦德的文化维度理论为人们应对文化差异、开展跨文化交流提供了一种崭新视角，是社会科学文献类引用最多的理论之一。

1. 个人主义/集体主义（individualism/collectivism）

霍夫斯坦德以个人主义/集体主义的文化价值尺度来衡量个体保持个人独立或融入集体的程度。在个人主义文化中，个体之间联系松散，人们优先考虑自身的喜好，强调个人的利益，追求个体自由与多样性。在集体主义文化中，群体内部联系紧密，人们优先考虑群体的需要，强调集体的利益，更加注重集体的荣誉感和幸福感。西方文化比如美国文化属于典型的推崇个人价值至上的个人主义文化，文化行为表现为个人取向，强调"我"而不是"我们"。中国文化则属于典型的集体价值至上的集体主义文化，文化行为表现为他人取向，强调"我们"，例如，"团结就是力量""二人同心，其利断金""天时不如地利，地利不如人和"。在寒暄问候语方面，中国人受到集体主义价值取向的影响，说话时总是从对方的角度出发，倾向于他人取向。例如，在接待远道而来、刚刚抵达机场的美国外宾时，中国人会关切地询问："经过长途飞行，您一定很累吧？"但这不但起不到问候作用，反而会使美国客人感到沮丧，认为自己一定看起来状态很差。原因在于美国人受到个人主义价值取向的影响，比较注重个人隐私，非常在意个人在公众场合的表现，因此会产生上述误会。在家庭关系方面，中国人喜聚不喜散，"四世同堂"被认为是一大乐事，全家几代人同住在一个屋檐下，就像一个大集体，互相照应、互相扶持，家庭成员依赖大家庭的照顾，同时也贡献自己的一份力量。而美国人不喜欢跟他人过于亲密，以免丧失其独立性，孩子不依赖父母，从小学习独立，成年后就独自在外创业、打拼，以体现个人尊严和价值。

2. 不确定性规避（uncertainty avoidance）

不确定性规避是指特定文化中的成员对于不确定或未知情况感到受威胁的程度或是愿意承担风险的程度。不同国家的文化在这一维度上有程度高低之分。不确定性规避程度高的文化偏好结构化的情景，追求稳定，对于不确定或未知情况的容忍程度较低。而不确定性规避程度低的文化偏好非结构化情景，乐于冒险，对不确定或未知情况具有较高的容忍度及适应力。调查发现，中国、日本等传统型国家不确定性规避程度较高，美国等西方国家不确定性规避程度较低。建立在小农生产个体经济上的封建文化，使中国人缺乏宽阔的视野和开拓的精神。中国人讲究"外圆内方"，信奉"沉默是金""言多必失"，人际交往中含蓄表达话语意思，不喜冒险，不适应经常变换居住地及工作。做事不走极端，求大同存小异，保持人际关系和谐，是中国人普遍的行为准则。与中国农耕文化不同，西方文化属于海洋商业文化，表现为开拓进取、向外发展、征服自然、改造世界的"外在超越"精神。西方人的做事方式为"外方内方"，说话直截了当，不绕圈子，喜欢制定从未被他人设想过的计划和方案，也愿意去尝试从未从事过的工作。他们更欢迎变化和新事物的出现，愿意面对来自未知领域的风险和挑战。但需要指出的是，一种文化的不确定性规避程度的高低不是绝对的。在某些方面，美国等西方国家文化的不确定性规避程度也会比较高。例如,西方文化在描述任务和职责时比较精确,尤其是对于任务的截止时间,绝不含糊,而且非常重视结果,而中国在这方面的不确定性规避程度反而较低。

3. 权力距离(power distance)

权力距离是指特定文化中处于弱势地位的成员对权力分布不平等的预期度和接受度,即对社会等级结构的看法。不同国家的文化在这一维度上有高低之分。高权力距离通常意味着在该社会权力分配的集中程度较高,人们认为社会等级结构的存在很自然。而低权力距离则意味着该社会中权力分配比较分散,人们力求打破权力分布的不平等,更强调地位和机会的平等。中国是高权力距离文化的代表,侧重弱势关系,而美国是低权力距离文化的代表,侧重平等关系。中国传统文化中倡导天地人伦、上下尊卑、卑己尊人的宇宙秩序,个人的成长是一个反复被教导如何服从长辈和上级并尊重他人的过程。在中国,人们对于由权力引起的层级差异有较高的认同度,人际关系以等级取向为主,自下而上的交流受到限制。相比较而言,英语国家文化受基督教的影响,崇尚人人平等,没有森严的等级观念。这种差异在师生关系中有所体现。如在校园里遇见老师,中国学生一定要先开口说"老师好",向老师打招呼,原因在于中国传统文化强调尊师重教,"一日为师,终身为父",尊师是做学生的本分,师生之间存在等级关系;而美国的现代教育理念强调师生的平等关系,学生可以与老师探讨,甚至争论,学生对老师可直呼其名,两者之间没有尊卑之分,只是角色、分工和职责不同而已。此外,这种差异常在称呼语以及敬谦语中体现出来。例如,中国人在称呼别人时通常会加上对方的职位头衔,如某某经理、某某主任等,而英语中最常用到的称呼方式则是某某先生、某某女士等。

4. 男性气质/女性气质(masculinity/femininity)

男性气质/女性气质这一维度是指性别间情感角色的分布,即人们对男性和女性社会角色如何分配的认识。在男性气质社会中,性别扮演着截然不同的角色,而在女性气质社会中性别角色有所重叠。决断力和物质上的成功是男性文化的价值取向,女性文化则更注重感性和人际关系的和谐。在这个文化维度上,中国文化和英美文化都具有一定的男性化倾向,双方文化都追求事业成功,一直对通过自身努力奋斗取得事业成功的形象大加赞赏。但相比而言,中国文化的男性化倾向指数要高于西方国家。自古我们文化中就有"三从四德"和"夫为妻纲"的论述,随着时代的进步,女性地位的提高,男性化倾向已不是那么明显,但在现实生活中,女性依然处于弱势地位,工作角色与家庭角色常会发生摩擦和冲突。与此同时,由于科技革命的影响,欧美等发达国家女性最早意识到自己的权利被剥夺,因此最早发起妇女解放运动。进入20世纪60年代随着世界争取女权运动的兴起,美国妇女又刮起了一股新的为妇女争取解放获得权利的运动。西方女权主义提出"妇女解放、男女平等"的口号,从此女性文化在西方文化中也占有一席之地。总的来看,在男性气质占主导的中国传统社会中,性别角色区别明显,推崇男子气概,男性占支配地位,凡事拥有决定权,一般认为工作责任比其他责任(如家庭责任)更重要,看重进步、成功和金钱。因此,中国人认为"男主外、女主内""夫唱妇随"都是天经地义的,丈夫的任务是养家糊口,妻子的角色是照顾后代、扶持家务。而在女性气质占主导的美国社会中,性别角色没有非常明显的区别,人们信奉男女平等,女性和男性"同工同酬",夫妻双方的事业都很重要,丈夫和妻子共同承担家庭的责任和义务。

5. 长期取向/短期取向(long-term orientation/short-term orientation)

长期取向/短期取向这一维度主要考量处于某一种社会文化环境中的人们对未来的关注程度和为未来储蓄的意愿强弱程度。这一维度是关于时间的取向问题,即对时间的态度以及如何运用时间。有着长期取向的文化着眼于未来,期望未来比当前更美好,讲求节俭与毅力。短期取向的文化则更关注当下,关心眼前利益,认为当前至关重要,具有低储蓄率、快速结果导向等特质。霍夫斯坦德的研究成果表明中国是典型的长期取向文化,而美国则是短期取向文化。中国文化推崇节俭和持久力,倾向于做长期规划和投入,强调长期性的承诺,有建立长期关系的趋势,关注未来的最终成果。中国人相信"好戏在后头""来日方长",对中国人来说从长远角度来看待事情是很正常的。美国文化则看重当前形势,追求立竿见影的成效,对于他们来说,未来是未知和模糊不清的,最真实的事物存在于此时此地,因此人们倾向于迅速做决定,快速得结果,所以习惯于短期关系。美国人珍惜时间、重视时效,具有时间紧缺意识,"时间就是金钱"已成为美国人生活的信条。美国人精于计划,并注重计划能在较短时间内见效,即使是重大计划,他们也期望在一两年内就能获得初步成果。例如在金钱观方面,中国等亚洲文化国家储蓄意识比较强,通常是存钱买房买车,金钱观比较保守,为了实现目标,以坚强的毅力恒久忍耐,拼搏到底。相反,美国等西方国家储蓄意识薄弱,一般是花明天的钱圆今天的梦,即所谓的提前消费,贷款买车买房,关注当下的生活质量。此外,中西方信件中日期的书写顺序也能体现其文化行为的差异。中国人写信按年、月、日顺序,美国人写信按日、月、年顺序,前者侧重将来取向,后者则侧重现在取向。

分析案例 11-1

"中国梦"

2012年11月29日,中共中央总书记习近平在参观中国国家博物馆《复兴之路》展览时,将"中国梦"定义为"实现伟大复兴就是中华民族近代以来最伟大梦想",并表示这个梦一定能实现。"中国梦"的核心目标也可以概括为"两个一百年"的目标,也就是:到2021年中国共产党成立100周年和2049年中华人民共和国成立100周年时,逐步并最终顺利实现中华民族的伟大复兴,具体表现为国家富强、民族振兴、人民幸福,实现途径是走中国特色的社会主义道路、坚持中国特色社会主义理论体系、弘扬民族精神、凝聚中国力量,实施手段是政治、经济、文化、社会、生态文明五位一体建设。

(二)霍尔的高低语境理论

1. 语境(context)

语境就是指语言输出的背景环境。波兰人类语言学家马林诺夫斯基首先提出了语境这一理论,他认为语言和环境是密不可分的,环境对于理解语言的真实含义至关重要。英国语言学家弗斯延续并发展了这一观点,他指出语境不仅包括语言环境,还包括语言输出的情景环境,即语言和社会的关系。以韩礼德为代表的功能语言学家对影响语境的因素进行了分析,并结合社会历史环境和文化背景在语言中所起的作用提出了"语域"这一概念。他认为口语和书面语的内容与形式是会随着社会文化环境的变化而变化的,影响语境的情景因素包括:语场、语旨和语式。语场是指语言发生的环境,包括场景和话题;语旨是指参与者之间的关系,包括参与者的社会地位以及他们之间的角色关系;语式是指语言表达的方式,包括交际渠道和修辞方式。语域三要素中每个要素都是必不可少的，任何一个因素发生变化，都会引起语言输出意义的变化，从而造成沟通障碍甚至是产生误解。

很多学者都对语境这一概念进行过深入研究，根据不同的标准，语境可以被分为不同的类别，例如：情景和文化语境，局部和整体语境，静态和动态语境。结合以上所述，本书将语境分为三类：(1) 语篇语境，即上下文；(2) 情景语境，即交际的时间、地点、参与者、内容和方式等；(3) 文化语境，即历史文化背景，诸如社会群体的语言与风俗习惯等。美国的人类学家和跨文化交际学奠基人霍尔从感知和交流方面推导出了文化差异的另一种体现形式，即根据交际中对语境的依赖程度分为高、低语境，从而衍生出了高、低语境文化。

2. 高语境文化与低语境文化（high context culture and low context culture）

霍尔在《超越文化》一书中曾指出，语境特性存在于所有文化中，语境可分为高语境和低语境，因此所有文化都可分为高语境文化和低语境文化。高语境文化的互动特征是字面信息少，隐含信息多。低语境文化的互动特征是字面信息多，隐含信息少。也就是说，高语境文化中的人们在交流时，大部分信息隐藏于所处的环境和交际背景中，语言所传递的信息很少。而低语境文化中的人们在交流时，大部分信息则是直接通过语言来传达的。从中我们可以看到，在高语境文化中，语义的承载不仅仅是通过语言，还包括语境。而在低语境文化中，语言表述含义的作用十分突出，即语言一直是人们交流的中心。在高语境文化中要理解信息的真实含义更多地需要依赖于双方所共有的文化背景和交流情景，因此，交际时人们对交际语境要有高度敏感性，学会挖掘和理解这些隐含信息的真实意思。在低语境文化中，对信息的理解则主要依靠言语的字面意思，对文化背景和交流情景依赖性较小。

根据高低语境理论的相关定义，中国属于典型的高语境文化，交际风格比较委婉含蓄，追求整体的和谐统一，而美国和大多数西方文化都倾向于低语境文化，交际风格比较直接，喜欢直言不讳。由于高语境文化重视隐含信息的交流，要求接受者有较高的对隐含意义的理解能力，因此中国人注重提高对话语内在含义的敏感度，而在西方，人们注重通过正式的辩论以及公共演讲等训练来提高交流的效率。此外，霍尔关于高低语境文化的概念还表明，不同文化中的人们在第一次接触时对于不确定性的解决方式会有所不同。例如，在高语境文化中，人们会通过寻求更多的背景信息（如对方的职业、宗教信仰等）来减少不确定性。高语境文化通常也被称为"非直接接触"文化，这种文化与低语境的"接触"文化相比，较少直接进行接触，而是间接地进行观察和推测。

高语境文化和低语境文化在表达时存在巨大的差异，其主要原因在于高语境文化中信息来源过多的依赖于人们所共同经历的社会背景和相似的风俗习惯。由于一些历史原因和传统社会因素，高语境文化并没有随着时间推移而发生太大的变化，因此在很多时候不需要进行清楚的解释对方就能明白意思。通过高语境文化交流特点的形成原因分析，我们可以推断出低语境文化交流特点的形成原因：由于地理和社会历史的原因，人们缺少共同生活背景和生活经验，每次交流的过程中需要彼此提供较为详细的背景资料，为了沟通顺畅，节省时间，在交流时双方需要大量语言信息的输出。例如，中国和日本都是较为典型的高语境文化的国家；美国、加拿大、英国、瑞典、德国等国家属于典型的低语境文化；而法国、意大利、西班牙比较接近高语境文化的范畴，但并不是完全意义上的高语境文化。

分析案例 11-2

高低语境文化的碰撞

一位在美国参加商务谈判的中国某公司谈判代表,在和美方讨论完合作方案后,想利用等待合同签署的时间去纽约逛逛。中方代表想让美方派人陪同,但因为之前没有提出,只是临时想法,所以碍于面子不好意思直接说,而美方代表受低语境文化的影响,不善于听出对方话语中的"弦外之音",结果事与愿违。以下是他们的对话:

中方代表:这个周末我想去纽约玩一玩。

美方代表:好呀!合同大概下周出来,可以放松一下。

中方代表:(想让对方主动提出陪同)纽约好大。

美方代表:(没说让我陪同,看来是不需要)是的,祝你玩得开心!

中方代表:(看来是没打算陪同)好的,谢谢。

第二节 文化差异对国际商务谈判的影响

一、谈判与文化的关系

国际商务谈判是指处于不同国家或地区的商务活动当事人,为满足各自需要,通过信息交流与磋商争取达到意见一致而进行的行为。由此可见,国际商务谈判的主体来自两个或两个以上的国家或地区,因此各方谈判者有着不同的文化背景。根据上述对文化及文化差异的分析,这些来自不同文化背景的谈判者在风俗习惯、价值观念、宗教信仰、道德规范、思维方式等方面都存在一定差异。

具体来说,在国际商务谈判中,一个国家或地区的文化将反映在商务谈判人员的行为之中,影响他们如何谈判、如何议定合同、如何处理商务关系等,这些文化因素会增加商务谈判的难度,如果处理不当将会阻碍商务谈判的顺利进行。因此,在国际商务谈判中,了解各国不同文化,熟悉商务活动中的文化差异是必不可少的。国际商务谈判与文化密不可分,深入研究国际商务谈判中的文化因素,不仅可以为我国企业如何更加有效进行国际商务谈判提供借鉴,也可以为我国企业进一步融入经济全球化的进程中并获得最大利益提供一定的指导,所以,对国际商务谈判中的文化因素进行分析对国际商务谈判的理论和实践发展具有重要意义。

与国内商务谈判相比,国际商务谈判的特殊性主要表现在其具有跨国性、较强的政策性以及跨文化性等方面。其中,跨国性是国际商务谈判的最大特点,也是其他特点的基础。国际商务谈判的主体分别来自不同国家或地区,代表了不同国家、地区或个人的利益,此外,跨国性还体现在贸易、金融、支付、法律等方面,因为谈判结果必然会导致资产的跨国流动。而国际商务谈判的跨国性必然决定了它是政策性较强的谈判。国际商务谈判的跨文化性主要是参与谈判的各方处在不同的文化环境中造成的。在国际商务谈判特殊性中,其跨文化性表现得尤为突出。正是由于国际商务谈判的难度要远远高于国内商务谈判,因此不仅要求国际商务谈判人员在知识结构、语言表达能力、谈判策略及技巧的实际运用能力等方面具备更高的水准,而且要求各参与方在尊重文化差异的基础上,具有娴熟的跨文化交流能力,从而协调好参与方的经济利益关系。而这一切取决于国际商务谈判人员对文化差异具备系统的、理性的把握能力,熟悉文化差异在各方面对国际商务谈判所产生的一些具体影响,并能掌握应对国际商务谈判中文化差异的基本策略。

二、文化差异对国际商务谈判的具体影响

(一)文化差异对谈判组织的影响

文化是影响谈判组织的重要因素,不同国家在确定谈判人员的条件、人数和分工等方面时,由于所考虑的因素不同,选择的谈判代表也不同。例如,美国企业在选择谈判代表时通常注重专业水平和逻辑推理,而不是谈判者的企业地位。而在日本等级观念非常强,地位是非常重要的,因此日本企业选择的谈判代表除了需要具备一定的社交能力、专业水平外,还得在企业中有一定的地位和职务。所以,在同日本人谈判时就必须要注意,选择谈判代表时一定要遵循对等的原则,即我方派出的谈判代表的身份和地位必须要和对方相同或者相当,否则会被对方看作不礼貌,认为我方不重视谈判。此外,在日本妇女地位较低,在正式谈判时,最好不要让妇女参加,否则他们会对对方的能力和诚意表示怀疑。美国人有着天生的自信和优越感,他们在谈判人员的数量方面体现了精简原则,认为人多表示能力不足,缺乏自信,而且组织结构冗繁,因此谈判代表通常只有几个。而日本的谈判代表通常人数较多,分工较为细致,表示他们对谈判的重视,如果对方人数少,日方会认为不够重视,缺乏诚意。另外,美国是一个法制观念极强的国家,律师在商务谈判中是非常重要的,尤其是国际商务谈判中,特别是谈判地点在外国的,他们一定会带上自己的律师。而在日本人看来,律师的参与就是在考虑日后的法律纠纷,这样的谈判是不值得信赖、不友好的。中国的谈判团队在组成和模式上与日本有相似之处。中国人在选择商务谈判代表时,一般要求层次清晰、分工明确。所谓层次清晰,就是第一层人员是首席代表,负责监督谈判程序、掌握进程、协调意见以及决定重要事项等;第二层人员是专家、技术人员和翻译人员;第三层人员是工作人员,负责记录谈判内容。在谈判之前对己方和彼方的谈判团队的组成习惯和方式都有很好了解,并能够在面对不同对手时注意随时调整我方的谈判成员才是确保谈判顺利开始的关键。

(二)文化差异对谈判过程的影响

谈判的过程就是双方进行交际和沟通的过程。交际主要可分为言语交际和非言语交际两大类。文化差异对于谈判过程的影响,首先体现在双方的言语交际过程中,尤其是在国际商务谈判中,语言的差异是显而易见的。从各地不同的文化来看,日本人在谈判时是最有礼貌的,他们经常会使用正面的承诺和保证,较少使用威胁以及警告性话语。交谈中他们很少直接使用"不",因为日语中关于"不"的表示方法非常多,适合他们在多种情况下进行婉拒,这也体现了他们表述的含蓄之处。他们也很少会用到"你",因为这样是很不礼貌的,而巴西人在交谈中则会经常使用到"不"和"你"。

其次,在非言语交际过程中,不同国家和地区的谈判代表在手势等肢体动作以及眼神和肢体接触等方面的表现有着巨大差异,也会给谈判中的沟通设置障碍。例如,大多数国家都是用点头表示同意,但在印度和尼泊尔的部分地区则是用摇头表示赞成,也就是说,如果表示同意某事,他们会一边微笑,一边摇头以表示赞成,或是一边说"You are right!",一边不

停地摇头，这常常会让对方搞不清楚到底是怎么回事。再如，日本人在谈判过程中不会与对方有过多的眼神和肢体接触，但是巴西人在谈判过程中会与对方有非常直接的眼神接触并喜欢触碰对方。甚至是沉默，在不同的文化以及不同的语境下都会有不同含义，比如沉默可以表示赞同，可以表示反对，还可以表示正在思考等。只有搞清楚不同文化的差别，才能在国际商务谈判中避免误解，最终取得谈判成功。

（三）文化差异对谈判风格的影响

国际商务谈判既是不同文化的碰撞，也是一种国际文化的交流方式。谈判风格是谈判者在谈判活动中所表现出的主要气度和作风，体现在谈判者在谈判过程中的行为、举止和控制谈判进程的方法、手段上。谈判者的谈判风格带有深深的文化烙印，文化不仅决定着谈判者的伦理道德规范，还影响着谈判者的思维方式和个性行为，从而使得不同文化背景的谈判者的谈判风格截然不同。以中西方文化基础上的谈判风格为例，谈判中，中国人喜欢在处理细节问题前先就双方关系的一般原则取得一致意见，把具体问题安排到之后的谈判中去解决，即"先谈原则，后谈细节"。而西方人，如美国人则往往是"先谈细节，避免讨论原则"。西方人认为细节是问题的本质，细节不清楚，问题实际上就没有得到解决，原则只不过是一些仪式性的声明而已，所以他们比较愿意在细节上多动脑筋，对于原则性的讨论比较松懈。这种差异常常导致中西方交流中的困难。另外，中国人比较强调个体的权力，即"集权"，强调集体的责任，而西方人比较强调集体的权力，即"分权"，强调个体的责任。中国人比较重立场，而西方人比较重利益。中国人由于自己的国民性，把面子看得极重，在谈判中对于立场特别敏感，立场争执往往会使谈判陷入僵局，导致彼此的尖锐对立。而随着当今世界经济的一体化和通讯的高速发展以及各国商人之间频繁的往来接触，各种谈判风格相互影响，取长补短，有些商人的国别风格已不是十分明显了。因此，我们既应了解和熟悉不同国家和地区商人之间谈判风格的差异，更应根据具体情况在实际商务谈判中随机应变，适当地调整自己的谈判方式以达到预期目的。

（四）文化差异对谈判人员思维方式的影响

在一切谈判活动中，人的思维始终在发挥作用，可以说思维是谈判的原动力。但是，各个国家的谈判人员由于受不同文化的影响，其思维方式也各不相同。例如，以东方文化和英美文化为例，东方文化偏好形象思维和综合思维，习惯将对象的各个部分连合为整体，将它的属性、方面、联系等结合起来考虑。英美文化偏好抽象和分析思维，美国学者斯图亚特曾指出美国人具有抽象分析和实用的思维取向，他们的思维过程是从具体事实出发，进行归纳概括，从中得出结论性的事物。欧洲人则是看重思想和理论，他们的演绎型思维方式侧重的是感知世界，喜欢运用逻辑手段从一个概念推导出另一个概念，依赖思想的力量。由于谈判人员思维方式的差异，不同文化的谈判者在解决问题的方法上有所不同，形成通盘决策方法和顺序决策方法间的冲突。当面临一项复杂的谈判任务时，采用通盘决策方法的东方文化注重对所有问题整体讨论，不存在明显的次序之分，通常要到谈判的最后，才会在所有问题上做出让步和承诺，从而达成一揽子协议。采用顺序决策方法的西方文化特别是英美人则通常将大任务分解为一系列的小任务，将价格、交货、担保和服务合同等问题分次解决，每次解决一个问题，从头至尾都有让步和承诺，最后的协议就是一连串小协议的总和。例如，在美国如果一半的问题定下来了，那么谈判就算完成了一半，但在日本，可能此时并没有定下某事，然后，突然间一切就全都定下来了，结果导致美国商人常常在日本人宣布协议之前做出了不必要的让步,美国商人所犯的这种错误就反映出双方思维方式上的差异导致决策方式上的差异。

（五）文化差异对谈判决策的影响

谈判最终成功与否是由决策决定的。谈判代表所属的文化是影响个人甚至是团队决策的一个重要因素。文化背景不同会影响谈判代表的判断,使得他们的决策产生差异化。日本文化所塑造的日本人的价值观念与精神取向都是集体主义的,以集体为核心。正因为如此,日本人的谈判决策非常有特点,绝大部分美国人和欧洲人都认为日本人的决策时间很长,究其原因,就是群体意识的影响。相反,德国人、法国人很看重个人的作用,而很少考虑集体的力量,这是由于他们组织机构简单,实行个人负责制,个人权力很大,在商务体制中也正是由于个人负责决策,所以谈判的效率也很高,即使是专业性很强的谈判,他们也能一人独挡几面。美国人的群体观念也不强,他们的谈判小组是个松散的联合体,因此在谈判中发生争执时,日方谈判小组成员会全力支持首席代表一人发言以小组的整体性与对方抗衡,表现出强烈的群体观念,而美方谈判小组中的每个成员则竞相发言,比较松散。此外,风俗习惯上的小细节也是很重要的。在国际商务谈判中,经常会有一些正式或非正式的社交活动,如喝茶、喝咖啡、宴请等。这些活动受文化因素的影响很大,看似是简单的聊天或娱乐,其实这些活动可能对商务谈判的最终决策起着至关重要的作用。例如,阿拉伯人在社交活动中常邀请对方喝咖啡,按他们的习惯,客人不喝咖啡是很失礼的行为,拒绝一杯咖啡可能就会造成麻烦。曾经有一位美国商人拒绝了沙特阿拉伯人请他喝咖啡的友好提议,这种拒绝在阿拉伯世界被认为是对邀请人的侮辱,结果这位美国商人因此丧失了一次有利可图的商机。

三、应对国际商务谈判中文化差异的策略

（一）树立跨文化的谈判意识

法国的一位文化研究专家曾指出"我们自己的文化已经成为我们自身的一部分,以至于我们看不见我们自己的文化,这就使得我们总是认为别人的文化与我们的文化相类似。当看到受其他文化影响的人们的行为与我们的行为不一致时,我们经常会表现出吃惊甚至沮丧的情绪。"这句话深刻地揭示了国际商务谈判者们常常意识不到自己的行为方式是如何受文化影响的,因而在国际商务谈判中会有意无意地用自己的标准去解释和判断其他民族的文化,假定其他人的行为方式和自己的相同,这种"文化近视症"容易误导谈判者做出错误的举动。

任何一种文化都是人类物质和精神活动的产物,是人类文明的一个方面。文化习俗的差异,反映了不同文化中的民族与自然、地理环境等斗争的历史。在国际商务谈判中,文化差异是客观存在的,所以谈判者要学着去适应文化差异,正视文化差异,学会与不同文化、价值观、思维方式相融合。谈判者必须树立跨文化谈判意识,认识到不同文化类型背景下的谈判者在需求、动机、信念上的不同,学会了解、接受、尊重对方文化,要善于从对方的角度看问题,善于理解对方看问题的思维方式和逻辑判断方式,要灵活多变,使自己的谈判风格适用于不同文化类型的谈判。在谈判中,必须具有宽广的胸怀和包容的态度,不能对他国的文化差异流露出惊讶、厌烦甚至蔑视的表情,而要表现出理解和尊重。求同存异,承认文化的不同,超越排斥原则,对它采取积极、真挚的接受态度而不是简单地容忍或漠视,要尊重各国、

各民族的礼节、习俗、禁忌,接纳不同的思想意识和民族习惯。

(二) 谈判前做好准备工作

谈判的成功之路是"准备,准备,再准备"。人们只有在对手出招之前就做好准备,才能最大限度地躲过攻击。谈判准备工作包括了解谈判背景,对人和形势的评估,谈判过程中需要核实的事实、议事日程、最佳备选方案和让步策略等。其中谈判背景又包括谈判地点,场地布置,谈判单位,参谈人数,听众,交流渠道和谈判时限。所有这些准备必须考虑可能的文化差异。例如,场地布置方面的文化差异对合作可能会有消极影响。在等级观念较重的文化中,如果房间安排不当,比较随便,则可能会引起对方的不安甚至恼怒。另外,谈判方式也因文化而异。美国文化倾向于众人一起来敲定一个协议;日本文化喜欢先与每个人单独谈,如果每个人都同意的话,再安排范围更广的会谈;俄罗斯人喜欢累计的方法,和一方先谈,达成一项协议,然后前面的两方再邀请第三方,如此进行下去。谈判时限的控制也很重要。不同文化具有不同的时间观念,如北美文化的时间观念很强,对美国人来说时间就是金钱,而中东和拉丁美洲文化的时间观念则较弱,在他们看来,时间应当是被享用的。因此,在国际商务谈判中,对时间观念的差异也应有所准备。

(三) 谈判中克服沟通障碍

在跨文化谈判中,有时双方虽已进行了很长时间的会谈,却没有实质性进展,甚至陷入僵局,而当双方冷静回顾争论的各个方面时,却发现彼此争论的根本不是一回事,甚至观点是一致的,只是沟通障碍的问题。一般来说,在跨文化谈判中,我们应着重克服下列三种沟通障碍:一是一方不能理解或是误解另一方所要表达的真正含义,这种沟通障碍可能产生于不同语言的不同表述习惯,也可能是由于翻译的原因造成的。例如,在一次中外商务谈判中,一开始中方负责人就自豪地向外方介绍道"我公司是中国二级企业……",结果被翻译人员译成了"second-class enterprise",外方一听,原本很高的兴致顿时冷了下来,因为翻译使得他们把"二级企业"误解成了"二流企业"。所以,翻译人员应力争做出最准确地翻译,以免双方之间由此有了沟通障碍。二是一方虽已知悉却未准确理解另一方所提供的信息内容。这是因为信息接受者对信息的理解会受其教育程度、职业习惯以及某些领域内的专业知识所制约。有时表面上看来,信息接受者好像已完全理解了,但实际上这种理解却常常是主观片面的,甚至往往与信息内容的实际情况完全相反。三是一方虽已理解,但却不愿意接受这种理解。谈判者是否能够接受现实,往往受其心理因素的影响,包括本人的认知、成见以及与对方打交道的经历等。在谈判中,尤其是在跨文化谈判中,一定要注意克服上述三种沟通障碍,避免由于这些沟通障碍的存在给谈判带来不必要的麻烦。在遇到障碍时,要掌握克服障碍的方法并善加利用。

分析案例 11-3

谈判中需增进了解,消除文化偏见

我国曾获得一笔世界银行某国际金融组织贷款用以建造一条二级公路。按理说,这对于我国现有筑路技术和管理水平来说是一件比较简单的事情,然而负责这个项目的某国际金融组织官员却坚持要求我方聘请外国专家参与管理,这一方面表明他对我方的水平不信任,另一方面也意味着我方要大大增加在这个项目上的开支。于是,我方代表在谈判中向该官员详细介绍了我国的筑路水平,并提供了有关资料,这位官员虽然对此提不出疑义,但由于缺乏对中国的了解,特别是受个人偏见影响,就是不愿放弃原来的要求,这时谈判似乎陷入了僵局。为此,我方代表邀请他参观了我国自行设计建造的几条高水准的公路,并由有关专家陪同做了详细的介绍和说明,以此证明我方的筑路水平,这才使这位国际金融组织官员彻底信服并转变了观点。

(四)谈判后注重后续交流

国际商务活动是一个连续的过程,在谈判结束后,双方进入合同的拟订阶段,在这个阶段文化的差异同样会给合同的拟以及后续的执行带来麻烦。其实谈判后的管理和执行才是真正触及彼此利益的重点。就合同拟订而言,在中国这种注重人际关系的国家,合同往往只涉及谈判双方的权利和责任义务,内容很短,争端的解决更倾向于依赖彼此之间长期建立的关系而非法律体制。然而西方国家,例如美国,签订的合同往往篇幅很长,除了涉及彼此的权利和责任外,还有细节事项,法律、时间、场所,能预想到的矛盾处理方法都考虑在协议里。在后续的合同执行阶段,美国人倾向于按合同条款执行,把人和事分开,不讲关系,彼此处理问题多用邮件沟通。而在东方文化国家,例如日本,保持与大多数外国客户的后续交流被视作国际商务谈判的重要部分。他们在合同签订很久以后,仍然会进行信件、图片和互访等交流。在国际商务活动中,除了交易合作外,还有一种并购情况。跨国之间企业的并购非常复杂,从前期工作到签订协议就已经耗费大量心力,但事实上,并购之后的很多调整才是难题,尤其是涉及文化整合。两个国家之间的文化不同,有时经常会带有偏见,并购后对市场的不熟悉或人才流失等问题的处理稍有不当就会损失惨重,满盘皆输。因此,谈判后应根据实际情况继续做好交流工作,在处理由文化引起的矛盾时,应学会换位思考,站在对方角度考虑问题,避免不必要的争端造成利益损失。

(五)善于变通

在我国改革开放的过程中,一些体制还存在着问题,一些政策规定还不太符合国际惯例,一些法律也还不健全,这使得我国企业与国外企业之间的跨文化谈判更为复杂和困难。我方谈判代表需要认准最终目标,创造性地积极开展工作,在具体问题上采取灵活的态度、变通的方法,使谈判中遇到的问题迎刃而解,顺利达到谈判目标。20世纪末,美国的一家大型企业来华投资,兴办合资企业。在完成技术、商务等许多细节的磋商后,中外双方开始起草合同,此时,发生了严重的意见分歧。美方坚持要求在合同中写明,该合同的适用法为美国某州某法,中方代表则认为这是无视我国涉外经济法规的存在,坚决不予考虑,为此双方陷入僵持状态。这时,中方代表向一位通晓中外双方经济法的专家咨询,从中了解到美方的要求是出于对当时中国在知识产权保护方面的法律体系不健全、不完备的担忧。对此情况,中方代表十分理解并意识到我们的法律确实有待完善。于是,中方代表一方面直接与美方公司总部的法律部主任联系,解释我国法律建设的情况及保护技术的积极态度;另一方面向美方提供了一个建设性方案,即在合同中明确表达该合同适用法为中国法律,在中国法律个别不完备之处,补充几个专门的保护条款。这一方案提出后,美方代表非常同意,僵局随之化解。

总之,跨文化的国际商务谈判不同于一般的国内商务谈判,需要参与人员树立跨文化的谈判意识,在谈判前要做好充分的准备工作,做到知己知彼,在谈判中运用各种方法、技巧克服沟通中的障碍,并在谈判后继续做好交流工作,才能使谈判取得圆满成功。

◆ **内容提要**

文化包罗万象,涉及人类生活的方方面面,因此不可避免的会对国际商务谈判产生重要影响。霍夫斯坦德提出的文化取向五维度:个人主义/集体主义、不确定性规避、权力距离、男性气质/女性气质、长期取向/短期取向为人们应对文化差异、开展跨文化交流提供了一种崭新视角。而霍尔则将所有文化划分为高语境和低语境文化。文化差异对国际商务谈判的影响主要体现在谈判组织、谈判过程、谈判风格、谈判人员思维方式和谈判决策这几个方面。这就要求从事国际商务谈判的人员要树立跨文化意识,在谈判前、谈判中和谈判后做好各项工作以促进谈判的顺利开展。

◆ **关键词**

文化　文化差异　文化维度　高低语境　跨文化谈判意识

◆ **复习思考题**

1. 文化的组成部分和特征主要有哪些?
2. 霍夫斯坦德提出的文化维度包括哪些?
3. 简述高语境文化与低语境文化的不同之处。
4. 文化差异对国际商务谈判的影响主要体现在哪些方面?
5. 如何应对国际商务谈判中的文化差异?

◆ **思考案例**

中美经贸磋商中的小细节

2019年2月21日,习近平主席特使、中共中央政治局委员、国务院副总理、中美全面经济对话中方牵头人刘鹤与美国贸易代表莱特希泽、财政部长姆努钦,在美国白宫艾森豪威尔行政办公楼共同主持第七轮中美经贸高级别磋商开幕式。3月9日,商务部副部长兼国际贸易谈判副代表王受文在回答彭博社记者提问时,谈到中美磋商的一个小细节:"磋商过程中,大家中午吃盒饭的时候,刘鹤副总理和莱特希泽吃的都是从外面买来的盒饭,刘副总理吃的是牛肉汉堡,莱特希泽吃的是茄子鸡丁。磋商过程中有咖啡,有茶,但他们两位都选择喝白开水,这就是要找共同点。"

试分析:中美谈判代表在餐饮的选择上有什么讲究?

◆ **应用训练**

有两位美国客户到一家中国的服装公司进行参观,中方的副总经理全程陪同。在参观一个车间时,其中一位美国客户看到了一张英文字母拼写有错误的宣传海报,于是当场就毫无顾忌地说:"那张海报的英文都写错了。"中方的副总经理听后很尴尬,觉得美方客户不给他面子,内心很不满意。参观之后,到了价格谈判的阶段。美国客户秉承一贯的谈判风格,直接问中方的订单能够给多少折扣。中方谈判者发现了美方的这种直接风格和缺乏耐心的性格特征,故意提出一堆影响价格的因素,而没有直接给出最低价格,也没有直接回答美方提出的折扣问题。谈判持续了大概40分钟后,其中一位美国客户已经很不耐烦,起身说:"如果贵方不能给出最低折扣,我们就去其他公司了。"于是,中方打算用缓兵之计,决定先和美方客户去吃饭。在吃饭时中方的几位谈判者故意敬了那两位美国客户很多酒,虽然期间美国客户一直在问产品的最低价格,但中方始终没有给出正面回答,只是一直敬酒和吃饭,直到双方都醉了才回到宾馆。第二天,美国客户准备出发之前,收到了来自中方的有关价格折扣的邮件。美方客户虽然不明其故,但还是很高兴地签约了。

试分析:案例中体现的文化差异有哪些?这些文化差异是如何影响谈判的?

第十二章　国际商务谈判的风险管理

本章结构图

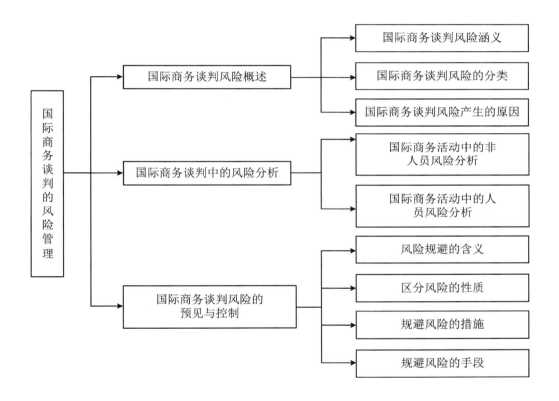

学习目标

通过本章的学习,了解国际商务谈判风险涵义、分类及产生原因;建立国际商务谈判的风险意识,理解国际商务谈判中可能存在的各类风险;掌握预见和控制风险的相关知识。

导入案例

20世纪末,在上海地铁二号线修建之初,由于地铁一号线的良好合作,德国成为上海地铁二号线提供政府贷款的首选国家,贷款总额高达7.8亿马克,但当时最后是否确定还要看德方提供的地铁设备的价格是否合理。结果初次报价时,德方就比中方可接受的价格高出了7500万美元。中方代表据掌握的地铁设备的国际行情,知道即使按照中方的报价,德国公司也是有利可图的。然而,德方依仗提供政府贷款就漫天要价,企图把贷款的优惠,通过地铁车辆的卖价再拿回去,于是代表到处制造舆论,扬言要撤回贷款,甚至在谈判桌上威胁中方代表:再不签约,一切后果由中方负责。中方代表非常冷静地说:"请你不要这样激动,也不要用这种威胁的态度。本人是美国哥伦比亚大学的博士,上海××大学管理学院的院长。对于国际融资的常识和规则懂得并不比在下少。我们现在不是企求你们贷款,请你用平等的态度对待我们的分歧。"中方代表接着说:在国际融资中,贷款者和借款者应该是一种平等互利关系,成功的融资谈判应该双方都是"赢家",并十分明确地告诉对方代表,如果不把车辆的价格降下来,他将向上级汇报,中方会谋求其他国家的贷款,而谈判破裂的后果将由德方负责。由于中方代表拒绝在协议上签字,原定科尔访华期间签署的上海地铁二号线贷款协议,不仅未能在北京如期签约,而且在上海也未能签署。德方代表在之后的谈判中不得不缓和自己的态度,后来经过一轮又一轮的艰苦谈判,德方代表终于同意把车辆的价格降低 7500 万美元,整个地铁项目的报价也比原来降低了 1.07 亿美元。谈判取得了最后成功。

(资料来源:http://zhidao.baidu.com/question/183191953)

第一节　国际商务谈判风险概述

一、国际商务谈判风险涵义

国际商务谈判风险是指在国际商务谈判过程中,由于谈判双方观点、利益和行为上的差异,导致谈判中出现了矛盾和冲突,这些矛盾和冲突被称为风险。这些风险既包括商务活动进行中存在的风险,也包括由谈判活动所带来的风险。风险一旦出现,就会给谈判双方或某一方造成损失和严重后果。因此,国际商务谈判者必须清楚在谈判中可能造成直接和间接经济损失的原因及应采取怎样的对策来避免或减少这种损失。

二、国际商务谈判风险的分类

国际商务谈判风险大致分为两个方面:一是人员风险,包括人员素质风险、合作伙伴风险、强迫性风险及技术风险。二是非人员风险,包括自然风险、政治性风险、市场风险等。

三、国际商务谈判风险产生的原因

国际商务谈判的目的是通过互相合作,达到各自的目标并实现双赢。但为什么在实际谈判过程中会出现各种各样的风险呢?针对此问题,以下从四个方面加以探讨:

(一)谈判竞争过程存在对抗性

在国际商务谈判中,当双方各执己见时,往往都是按照自己的思维定势考虑问题,固执地以自己为基准,这时谈判常会出现僵局。谈判者在谈判过程中常有意或无意地表现出"我赢—你输"或"我输—你赢"的倾向,都有试图制服对方,设法采取多种策略来影响和改变对方的意向,此目的在于想掌握谈判桌上的主动权,希望按自己的需要达成协议。因此,在谈判过程中有意无意的对抗是导致国际商务谈判风险产生的原因之一。

(二) 信息沟通存在障碍

众所周知,谈判是双方的活动。而国际商务谈判过程中因涉及不同语言,使得信息的交流和正确处理显得尤为重要。交流一般是需要通过积极的聆听,以及对可用信息本身的利用和反应等方式获得的。国际商务谈判一般都使用英语,而谈判双方的母语往往不一定都是英语,这就增加了交流的难度,虽然不同的语言可以相互翻译但是并不可能完整无缺地表达出原本意思,不可避免的会引起一些歧义和误解,这就成为一个沟通障碍,进而有可能成为产生谈判风险的原因。

(三) 谈判人员素质不适

国际商务谈判作为一种实用的理论与实务,在发达国家早已经历了长期的研究和实践并得到广泛应用。而且外方都是经常参加商务谈判的企业人员,多是能娴熟运用商务谈判技巧的专家。相比而言,我国相关人员则多经验不足,对涉及国际商务谈判的相关理论与实务不熟悉,对涉外谈判礼仪、程序、策略和技巧等知之不多,这使得我国商务谈判人员与国际商务谈判人员的从业素质要求有较大差距。

(四) 谈判过程存在文化差异

国际商务谈判中的双方来自不同国家,生活在不同地域,使用不同语言,在气质、性格等心理因素上的差别,使得谈判各方在价值观、传统文化、宗教信仰、语言、思维方式、行为准则、习惯等方面的文化差异是客观存在的。

第二节 国际商务谈判中的风险分析

一、国际商务活动中的非人员风险分析

非人员风险一般是指国际商务谈判中所处的外部环境带来的风险,不仅指经济因素,还包括政治、自然灾害、军事等方面。谈判人员往往无法预料与控制这类风险,只能对这类风险做出被动的、滞后的反应。

(一) 政治性风险分析

在国际商务谈判中,政治风险首先是指由于政治局势的变化或国际冲突给有关商务活动的参与者带来可能的危害和损失;其次也包括由于商务合作上的不当或者误会,给国家间的政治关系蒙上阴影。与其他风险相比,政治风险事发突然,原因复杂,影响深远,一般难以事先研判,也难以事后处理。

(二) 经济风险分析

1. 汇率风险

汇率风险是指在较长的付款期内,由于汇率变动造成结汇损失的风险;或指一个组织、经济实体或个人的以外币计价的资产与负债,由于汇率变化而引起的价值上涨或下降的可能。国际商务活动中的汇率风险主要有交易结算风险、外汇买卖风险和会计风险。

(1) 交易结算风险。交易结算风险是国际企业最主要的一种外汇风险。在进出口贸易中常常存在以外币计价结算的问题，如国际商务合同签订时的汇率与实际交易结算时的汇率不一致，此时就有可能产生外汇风险的损失。

(2) 外汇买卖风险。银行在买卖外汇时面临着本国货币与外币的兑换而产生的一类外汇风险。此外，银行与企业在以外币进行借款和贷款，以及伴随外币贷款、借款而进行外汇交易时，也会发生同样的风险。

(3) 会计风险。企业进行会计处理和进行外币债权、债务决算的时候，如何以本国货币进行评价的问题。比如在办理决算时，评价债权、债务，因所适用的汇率不同，会产生账面上损益的差异，因此也称为"评价风险"或"外汇折算风险"。

分析案例 12-1

利用期权交易套期保值操作

某贸易企业在 6 个月后需要支付 100 万美元的原材料费用，为了规避未来汇率波动风险，企业与银行签约，买入 6 个月 100 万美元，执行价格为 6.8 的美元看涨期权，期权费为 200 点。若 6 个月后，期权到期日时，若美元兑人民币为 6.9（大于执行价格），企业可以以 6.8 的价格在银行购汇；若美元兑人民币汇率为 6.7（小于执行价格），企业可以以即期汇率 6.6 购汇，或放弃购汇，不做任何操作。

2. 利率风险

利率是资金的时间价值，是资本这一特殊生产要素的价格。利率的高低对于宏观经济和微观经济都具有重要影响。利率的变化会给商务谈判参与者带来风险。利率风险，是指国际金融市场上由于各种商业贷款利率的变动而可能给当事人带来损益的风险。巴塞尔银行监管委员会将利率风险分为重新定价风险、基差风险、收益率曲线风险和期权风险四类。

(1) 重新定价风险（repricing risk）。重新定价风险是最主要的利率风险，它产生于银行资产、负债和表外项目头寸重新定价时间（对浮动利率而言）和到期日（对固定利率而言）的不匹配。通常把某一时间段内对利率敏感的资产和对利率敏感的负债之间的差额称为"重新定价缺口"。只要该缺口不为零，则利率变动时，会使银行面临利率风险。20 世纪 70 年代末和 80 年代初，美国储贷协会危机主要就是由于利率大幅上升而带来重新定价风险。该风险是普遍存在的，中国商业银行也面临着重新定价风险。

(2) 基差风险（basis risk）。基差风险在国内也称为基准风险，是指当一般利率水平的变化引起不同种类的金融工具的利率发生程度不等的变动时，银行就会面临基差风险。即使银行资产和负债的重新定价时间相同，但只要存款利率与贷款利率的调整幅度不完全一致，银行就会面临风险。中国商业银行贷款所依据的基准利率一般都是中央银行所公布的利率，因此，基差风险比较小，但随着利率市场化的推进，特别是与国际接轨后，中国商业银行因业务需要，可能会以 LIBOR 为参考，到时产生的基差风险也将相应增加。

(3) 收益率曲线风险（risk of yield curve）。收益率曲线是将各种期限债券的收益率连接起来而得到的一条曲线，当银行的存贷款利率都以国库券收益率为基准来制定时，由于收益率曲线的意外位移或斜率的突然变化而对银行净利差收入和资产内在价值造成的不利影响就是收益率曲线风险。收益率曲线的斜率会随着经济周期的不同阶段而发生变化，使收益率曲线呈现出不同的形状。正收益率曲线一般表示长期债券的收益率高于短期债券的收益率,这时没有收益率曲线风险;而负收益率曲线则表示长期债券的收益率低于短期债券的收益率,这时有收益率曲线风险。

(4) 期权风险(option risk)。期权风险在国内也称为选择权风险,选择权风险是指利率变化时,银行客户行使隐含在银行资产负债表内业务中的期权给银行造成损失的可能性。即在客户提前归还贷款本息和提前支取存款的潜在选择中产生的利率风险。

3. 价格风险

价格风险是指撇开了作为外汇价格的汇率和作为资金价格的利率的风险问题,而且其产生是对于筹资规模较大、延续时间较长的项目而言的。企业商品价格风险可分为直接商品价格风险和间接商品价格风险。当企业的资产、负债中存在物质商品形态时,这些商品的市场价格的任何变动直接对企业的资产价值产生影响,由此产生的商品价格风险称为直接商品价格风险。但是,有相当部分企业并不直接生产和消费风险性商品,甚至并不拥有风险性商品资产和负债,但它们同样因商品价格的非确定性波动而对企业形成风险收益或损失。这种对特定范围的企业形成间接影响的价格风险称为间接商品价格风险。

(三) 自然风险

因自然力的不规则变化产生的现象所导致危害经济活动、物质生产或生命安全的风险。如地震、水灾、火灾、风灾、雹灾、冻灾、旱灾、虫灾以及各种瘟疫等自然现象,在现实生活中是大量发生的。在各类风险中,自然风险是保险人承保最多的风险。自然风险的特征是:自然风险形成的不可控性;自然风险形成的周期性;自然风险事故引起后果的共沾性,即自然风险事故一旦发生,其涉及的对象往往很广。

(四) 跨文化风险

跨文化商务谈判融入了文化因素,商务谈判是在具有不同文化背景的人员之间发生的,而这些人既可能来自不同国家,也可能来自同一国度,使得谈判具有不确定性,充满了挑战。例如,中国和马来西亚拥有不同的文化背景、社会环境、风俗习惯和政治制度,导致其在价值观、行为方式、交往模式、思维方式等方面不尽相同。这种不同地域所带来的文化差异必然给双方谈判带来语言沟通及交流上的障碍,而跨文化谈判成败的关键在于谈判双方是否了解彼此文化,是否意识到文化差异对商务谈判的影响与作用。俗话说:"知己知彼,百战不殆",要想在跨文化商务谈判中取得预期效果,除了要了解商务谈判的专业知识和技能以及灵活运用谈判策略外,还应加深对对方国家文化的了解,提高跨文化意识,这也是促进国际商务谈判取得成功必不可少的前提和基础。

二、国际商务活动中的人员风险分析

除了外部环境会给谈判带来风险外,参与人员的素质、技术、行为表现等人为因素也会给谈判带来风险。

(一) 谈判人员素质性风险分析

除了受环境因素决定的风险以外,从根本意义上讲,各种状况的风险均可视为由于人员素质欠佳造成的。比如在谈判过程中谈判人员情绪不稳定、没有担当、自我表现欲过强、知识储备不足、谈判能力欠佳等。在国际商务活动中,人员风险主要有素质性风险、技术性风险等。在开展国际商务活动时,参与者的素质不够会给谈判造成不必要的损失。从根本上讲,各种状况的技术风险都是因为人员素质欠佳造成的。这些现象反映了一些国际商务活动参与者经验不足,管理水平、谈判水平有待提高的事实。

分析案例 12-2

谈判人员素质对谈判结果的影响

上海某机械厂拟引进一批先进设备,经有关部门牵线搭桥和多方比较,最终选定某国 F 公司的产品。F 公司在商务谈判中报出了非常优惠的价格。然而中方主谈者是一位新上任的副厂长,为了表现自己,把谈判看成一场胜负赛,不顾实际情况,一而再、再而三地向对方压价,并要求 F 公司货到上海十天内必须安装调试完毕等。最终该厂丧失一个良好的合作机会。

(二)技术性风险分析

工程技术人员、谈判人员在谈判过程中提出相关要求时,应考虑其要求既要符合己方的需要,又要符合对方的技术规范,力求"技术上可行,经济上合理"。在国际商务合作项目中,除考虑合作伙伴的技术状况之外,考察其资信条件、管理经验等方面的情况也是一个非常重要的问题,力求"信誉良好、经验丰富、实力较强"。

(三)强迫性风险

强迫性风险是指商务谈判中,谈判一方因为仗强欺弱、强人所难的态度和做法而给谈判带来的风险。即由国际商务合作项目中的双方不同地位而引起的强迫、压制对方行为造成的风险。强迫性风险的典型表现是一方占有一定的优势,他们以优势者自居向对方提出不合理的交易条件,强迫对方同意协议的全部或部分条款。值得注意的是,在国际商务谈判中,发展中国家的企业更容易受到来自发达国家企业的强迫性风险。

(四)合同风险分析

1. 质量数量风险

在国际商务活动中,由于签订合同和实际交付货物往往间隔一段较长的时间,由此而存在的潜在风险。因此,在签订合同时,要明确、具体地规订货物品质、数量和服务条款等。

分析案例 12-3

商品数量不符引起的纠纷案

中国 A 公司向孟加拉国 B 公司出口一批货物,合同价值约 20000 美元,货物为汽车配件,共有 10 个型号,其中有 4 个型号要求根据客户样品制造。付款方式为,客户先支付定金 1000 美金,剩余部分 30% 和 70% 分别以 L/C 和 T/T 支付(在货物生产完毕后通知客户支付)。客人随即开来信用证,A 公司按合同和 L/C 要求开始生产货物,但发现其中按客人样品要求定做的货物不能完成,由于客人订货的数量比较少,开发该产品十分不合算,因此打算从其他厂家购进该产品。但遗憾的是,一直无法找到生产该产品的厂商。而此时已接近装船期了,其他货物亦相继生产完毕。A 公司只好告诉 B 公司上述问题。B 公司要求取消所有的货物并退还定金和样品,他的理由是,他要求定做的货物是十分重要的,不能缺少,因

A公司没有按时完成货物,错过他的商业机会。A公司也感到无可奈何,确实理亏,只好答应客户的要求,承担一切货物积压的损失。

2. 交货风险

交货风险,是指安全发货和收货所面临的风险,主要包括国际货物运输和保险两方面。

第三节 国际商务谈判风险的预见与控制

一、风险规避的含义

风险规避是指规避风险可能造成的损失,而不是指要完全消灭风险。即一是要降低这种损失发生的概率,这主要是指采取事先控制措施;二是要降低损失程度,包括事先预控,事后补救两个方面。

二、区分风险的性质

风险既有纯风险,又有投机风险。通常情况下,纯风险和投机风险是同时存在的。在国际商务谈判中,善于区别这两种风险并采取不同的应对策略具有重要意义。一般而言,评价风险主要在于两个方面:一是对损失程度的估计,二是对事件发生概率大小的估计。

三、规避风险的措施

(一)完全回避风险

完全回避风险是谈判者有意识地放弃风险行为,完全避免特定的损失风险,即通过放弃或拒绝合作、停止业务活动来回避风险源。在出现以下情况时才会采用这种方法:

(1) 谈判人员对风险极端厌恶;
(2) 存在可实现同样目标的其他方案,其风险更低;
(3) 谈判人员无能力消除或转移风险;
(4) 谈判人员无能力承担该风险,或承担风险得不到足够的补偿。

(二)风险损失的控制

风险损失的控制是通过减少损失发生的机会,降低损失发生的严重性来对付风险。损失控制不是放弃风险,而是制订计划和采取措施降低损失的可能性或者是减少实际损失。控制的阶段包括事前、事中和事后三个阶段。事前控制的目的主要是降低损失的概率,事中和事后的控制主要是为了减少实际发生的损失。

(三)转移风险

转移风险是指通过契约,将自身可能要承受的潜在损失以一定的方式转移给第三者,即将让渡人的风险转移给受让人承担的行为。通过风险转移过程有时可大大降低经济主体的风险程度。风险转移的主要形式是合同和保险。

1. 合同转移

通过谈判签订合同,可以将部分或全部风险转移给一个或多个其他参与者。例如,为降低汇率变动对公司出口收益的影响,可以采用相应的套期管理办法;对某些重大的加工或制造业务可以采用分包经营策略;与其他厂商成立合资公司共同经营或建立战略合作关系等。

2. 保险转移

保险是使用最为广泛的风险转移方式。例如,公司的某种关键设备,可以通过购买相应的财产险等来减少风险。

分析案例 12-4

船舶拖航南海海域沉没理赔案

中交航道局下属某企业在执行南海岛礁填海建岛任务时遭遇持续大风浪使得船体进水沉没,太保产险作为首席承保人,当即通知国内其他共保公司平安产险、大地保险、阳光保险及国外再保人,多家机构联合派出专业人员第一时间在船员到达的第一港口海南进行事故调查,查明事实后,当即预付 50% 赔款 7727 万元;海事主管机关赔付余款 7727 万元,助力了国家海洋战略的发展。

(四)自留风险

自留风险即风险承担,也就是说如果损失发生,经济主体将以当时可利用的任何资金进行支付。自留风险可以是被动的,也可以是主动的;可以是无意识的,也可以是有意识的。

1. 被动、无计划自留风险

当经济主体没有意识到风险并认为损失不会发生时,或将意识到的与风险有关的最大可能损失显著低估时,就会采用无计划保留方式承担风险。这指风险损失发生后从收入中支付,而不是在损失前做出资金安排。一般来说,无资金保留应当谨慎使用,因为如果实际总损失远远大于预计损失,将引起资金周转困难。这种自留风险的方式比较常见,而且在一定程度上不可避免。

2. 主动或有计划的自留风险

这种自留风险是指可能的损失发生前,通过做出各种资金安排以确保损失出现后能及时获得资金以补偿损失。针对这种风险,通常是采取建立一笔风险预留基金的做法,来弥补可能遭遇的不测事件所带来的损失。

四、规避风险的手段

(一)咨询专家法

即使一个商务谈判人员知识面再全,整个商务谈判小组知识面再合理,总难免会有缺漏,特别是对于某些专业方面问题,难免会缺乏全面的把握与深刻的了解。请教专家,聘请专家顾问,也是商务谈判取得成功必不可少的条件。在选择合作伙伴时主动征询专家的意见,有助于我们避免因伙伴选择不当而造成的风险损失。可选择的方向有国内有关专业外贸公司、同行业企业、项目所涉及的有关国家政府部门、行业机构、国内外金融机构、各领事馆、国际政治问题专家等。

（二）利用保险市场和信贷担保工具避险法

在项目合作过程中,风险的承担并不是简单的非此即彼,常常合作双方要共同面对一些风险。因此,如何分担这些风险成了谈判的一个重要内容。不测事件发生后,如何处置共同的风险损失,构成了合作双方需要磋商的内容。在这样的谈判过程中,坚持公平负担原则,是带来合理结局的唯一出路。

1. 保险市场

在国际商务活动中,向保险商投保已成为一种相当普遍的转移风险方式。与价格浮动、汇率风险这些投机风险不同,保险一般仅适用于纯风险。从风险管理角度看,保险是一种风险转移机制。通过这一机制众多的经济单位结合在一起,建立保险基金,共同对付国际商务谈判风险。面临风险的经济单位,通过购买保险,将风险转移给保险公司,以财务上确定的小额支出代替商务谈判过程中产生的风险。而保险公司则是借助概率论中的大数法则,将面临同样风险的众多经济单位组织起来,按照损失分摊原则,建立保险基金,使整个社会的经济生活得以稳定。

2. 信贷担保

信贷担保不仅是一种支付手段,在某种意义上还具有规避风险的作用。如在大型工程项目中,为了预防承包商出现差错,延误工程进度,业主出于保护自己利益的考虑,可以要求承包商或供应商在签订合同时提供银行担保。信贷担保主要以银行担保为主,分为三种：

（1）投标保证书。为了防止投标者在中标后不依照投标报价签订合同,要求投标者在投标的同时提供银行的投标保证书。开标后如投标者未中标,或已正式签订合同后,银行的担保责任即告解除。

（2）履约保证书。为了防止供应商或承包商不履行合同,业主可以要求供应商提供银行担保,一旦发生不履约情况,业主就可以从银行得到补偿。

（3）预付款担保。在业主向供应商按合同规定支付预付款时,可向供应商等索取银行担保,以保证自身利益。

（三）利用各种技术手段避险法

对于市场风险中所涉及的外汇风险、利率风险、价格风险,是可以通过一定的财务手段加以调节和转化的。作为商品交换的高级形式,期货和期权交易在这方面充当了主要角色。目前期货、期权交易主要分为三大类：

1. 商品期货交易

商品期货交易是指标的物为实物商品的期货合约。商品期货历史悠久、种类繁多,主要包括农副产品、金属产品、能源产品等几大类。是关于买卖双方在未来某个约定的日期以签约时约定的价格买卖某一数量的实物商品的标准化协议。商品期货交易,是在期货交易所内买卖特定商品的标准化合同的交易方式。其主要特点如下：

（1）以小博大。期货交易只需交纳 $5\%\sim10\%$ 的履约保证金就能完成数倍乃至数十倍的合约交易。由于期货交易保证金制度的杠杆效应,使之具有"以小博大"的特点,交易者可以用少量的资金进行大宗的买卖,节省大量的流动资金。

（2）双向交易。期货市场中可以先买后卖,也可以先卖后买,投资方式灵活。

（3）不必担心履约问题。所有期货交易都通过期货交易所进行结算,且交易所成为任何一个买者或卖者的交易对方,为每笔交易做担保。所以交易者不必担心交易的履约问题。

(4) 市场透明。交易信息完全公开,且交易采取公开竞价方式进行,使交易者可在平等的条件下公开竞争。

(5) 组织严密,效率高。期货交易是一种规范化的交易,有固定的交易程序和规则,一环扣一环,环环高效运作,一笔交易通常在几秒钟内即可完成。

2. 金融工具期货交易

金融工具期货交易是指买卖或转让金融期货合约的行为,是期货交易的一种。金融期货交易必须在交易所内进行,买卖双方均须委托经纪人在期货交易所大厅内借助现代电子通信系统进行交易。通过金融期货交易可以有效转移价格风险,起到保值的作用。保值主要采取套期保值的办法,亦即在买进或卖出实际的现货黄金或现货金融工具的同时,在期货市场上卖出或买进相同数量的期货合同,在合同到期后,因价格变动而在现货买卖上所造成的盈亏可由期货合同交易上的亏盈得到弥补或抵消。同时金融期货交易也为投机者提供了机会,刺激他们进行倒卖证券的投机活动。虽然他们会对市场稳定和经济发展造成不良影响,但期货交易的上述两种作用是相互联系的,没有投机者利用自己的资本进入市场并承担一定的风险,投资者便无法转移价格风险。

3. 外汇期货交易

外汇期货交易是外汇交易的方式之一,外汇买卖成交后,买卖双方均未提供现货,而仅提供若干的保证金,并订立契约,约定在未来某时间依据约定的汇率办理实际收付的外汇业务。这是一种避免汇率风险的主要措施之一。交割期一般为1个月、3个月或6个月。在对外贸易中,出口商为了扩大出口、增强出口商品的国际竞争力,进口商为了资金融通的便利,往往签订远期支付合同。在实现收付之前若干期内,货币汇率的波动以及会对双方造成的损失是难以预料的。进口商为避免汇率风险需提前买进到期支付的外汇期货;出口商为避免汇率风险也需提前卖出到期收进的外汇期货;外汇银行为保障本身业务的进行和资金安全,也需通过买进或卖出远期外汇期货平衡头寸。

(四) 具体应对风险手段

1. 应对外汇风险的技术手段

国际经贸协议,通常以外币的计量合同为签约币种。执行外币合同,企业必然要面临汇率的变动及其带来的风险。目前国际汇率行情复杂多变,呈现出很大的不确定性,给参加国际商务谈判的企业带来了很大的风险和挑战。有风险自然就要有应对措施,一定要通过商务谈判,争取在合同建立的过程中,锁定汇率或锁定汇率波动的范围。特别是合同双方要共同研究确定公平、合理的分摊风险。外汇风险防范措施,通常包括使风险消失、使风险分担、获取风险收益三类。

(1) 使外汇风险消失的方法:

① 单项平衡法:将某一项具体交易的货币平衡的方法。即通过借用一致或借还一致的原则来选用货币,避免外汇风险的方法。

② 综合平衡法:将公司一系列交易或整个对外经济活动中的货币平衡的方法。

③ 人民币计价法:在国际商务活动的结算中,通过以人民币作为计价货币,直接收付人民币,就排除了与外币兑换折算问题,这样一来,不论国际上汇率如何波动,都无任何风险。

④ 易货交易法：如交易双方达成协议，在一定的时间内对等地从对方购买相同金额的货物或劳务，并用同一种货币进行清算，就可以完全消除外汇风险。

（2）分担外汇风险的方法——签订货币保值条款。

选择交易时的硬货币作为保值货币，如计价货币对美元的汇率变动超过规定的某一幅度，就对其价格作相应的调整，由卖方或买方来支付差额或由双方按约定的比例分摊。

（3）获取风险收益的方法：

① 应用结汇的时间差：当交易的一方判定汇率将发生某种变化时，将结汇的日期提前或推迟，以避免汇率变动的风险而获取汇价上的好处。

② 应用不同的计价货币：如在谈判过程中能对各种货币的汇率走势做出正确的判断，那么对出口的一方来说，应选择汇率趋于上涨的硬货币计价；作为进口的一方，则选择汇率趋于下跌的软货币计价。

针对外汇风险的防范，还要求谈判人员必须在整个谈判过程中去具体分析、把握和争取。争取选择用人民币计价和支付；争取订立货币保值条款。结合即期的市场形势和竞争的状况综合考虑。若己方实力较强、优势明显，应争取出口时选用硬货币计价，而在进口时用软货币计价。若己方稍强于对方，应争取提前或推迟收付，以及以人民币计价。若双方实力均等、地位相当，应采用对等易货贸易法、平衡法。若己方实力较弱，则签订货币保值条款。

2. 应对利率风险的技术手段

利率是资金的时间价值，是资本这一特殊生产要素的价格。利率的高低对于宏观经济与微观经济都具有重要影响。利率的变化会给商务谈判参与者带来风险。应采取的防范措施是长短期配合，分散债券的期限。若利率上升，短期投资可以迅速地找到高收益投资机会；若利率下降，长期债券却能保持高收益。虽然这种利率风险对于每种债券来说都存在，采用这种方法不能完全消除利率风险，但它对每种债券的影响程度是不同的，所以采用这种长短期搭配的方法至少能使损失减少到最小。可以利用利率期货市场、远期交易和期权交易等交易手段减少国际商务谈判过程中出现的各种风险。

3. 应对价格风险的技术手段

第一，选择浮动价格形式。市场价格波动也是一件令人头疼的事。对大型项目的一些后期供应的设备，可以选择浮动价格形式。这既考虑了若干年限内原材料、工资等价格上涨因素，又避免了供应商片面夸大这些不确定因素而使用户承受过高固定价格的风险。对于交易双方来讲，这样彼此都合理承担了各自应负的风险责任。第二，利用商品远期合约交易、期货合约对冲交易和期权套期保值交易来规避风险。

分析案例 12-5

看墨西哥如何玩转原油对冲

据统计，墨西哥正在从其原油对冲中获利数十亿美元，这也是该国首次连续两年从原油对冲中获利。在 2015 年时，墨西哥就已从石油的对冲中获取了创纪录的 64 亿美元。墨西哥政府通过在仲夏时节，与摩根大通、高盛、花旗等银行达成协议，锁定原油销售，对冲油价下跌风险。墨西哥政府通过在 2015 年购买看跌期权，将 2016 年的油价锁定在了 49 美元/桶。这意味着当 2016 年的油价低于 49 美元/桶时，墨西哥政府有权以 49 美元/桶的价格交易。若价格高于49美元/桶,墨西哥政府则可以以现价交易,无需以49美元/桶的价格交易。作为仅次于巴西的第二大拉美经济体,墨西哥的财政收入因油价下跌而缩减。该国也是美洲第三大产油国,国家财政有1/3来自石油部门。总统涅托(Enrique Pena Nieto)领导的政府一直试图通过消减政府开支来维持投资者的信心。而这一笔巨大的意外之财无疑给了墨西哥喘息的空间。根据政府文件显示,墨西哥政府的对冲是从2015年12月1日至2016年11月30日,涵盖了2.12亿桶原油。而在去年12月1日时,墨西哥的"一揽子"原油的均价为32.4美元/桶。"一揽子"原油中包含有不同品级的原油,例如玛雅原油、奥美加原油及Isthmus原油。

尽管墨西哥财政部在一封电邮回复中表示,在11月原油对冲交割前,财政部不会就可能产生的对冲利润置评。但彭博估算,除非墨西哥的"一揽子"原油从现在到11月末能够涨至80美元/桶,不然该国就是获利的。即使在未来四个月,"一揽子"原油涨至50美元/桶,墨西哥政府仍能获得23亿美元的收入。如果"一揽子"原油仍维持在36美元/桶左右,墨西哥政府将会获得33亿美元的收入。而墨西哥政府为锁定今年油价,在2015年缴付了10.9亿美元的成本。尽管石油对冲可以帮助缓解墨西哥公共财政面临的困境,但是分析师不认为该国政府可以一直依赖于石油对冲。美国银行驻墨西哥的首席经济学家卡皮斯特拉诺(Carlos Capistran)称:"原油对冲带来的巨额利润也只是为墨西哥政府提供了更多的时间,以商讨削减开支的最佳方式。"自从1990年墨西哥政府开始每年都通过华尔街对原油价格进行对冲以来,还从未出现过连续两年获利。去年墨西哥从原油对冲中获取的利润打破了2009年创下的纪录。2009年,油价受金融危机影响暴跌,墨西哥政府获得了51亿美元的收入。该国也曾在1991年从对冲中获利,原因是第一次海湾战争导致油价暴跌。除了墨西哥,其他资源丰富的国家鲜有进行类似对冲的。厄瓜多尔曾在1993年时锁定了油价,但该项对冲造成的损失引发了政治风暴。自此厄瓜多尔就再未进行过此类交易了。哥伦比亚、阿尔及利亚及美国的德克萨斯州都曾尝试过锁定油价。而最近,包括摩洛哥、乌拉圭和牙买加在内的原油进口国开始尝试类似的保护措施,以应对油价上升风险。

(资料来源:中国财经信息网)

◆ 内容提要

国际商务活动中的风险是不可避免的。产生风险的原因与情况较复杂,种类也较多,关键是对风险要有正确的认识,对风险产生的原因能正确分析,预见风险可能会造成的损失,从而针对性地采取有效措施进行控制。商务谈判中,规避风险的手段和方法较多,商务谈判者要学会从主客观方面掌握并灵活运用规避风险的手段,使风险降到最低,最大限度地获取利益。

◆ 关键词

国际商务风险　风险规避　汇率风险　政治性风险　文化差异

◆ 思考题

1. 简述商务谈判风险。
2. 简述如何对商务谈判风险进行预测。
3. 简述商务谈判风险控制的不同类型。
4. 简述规避商务谈判风险的手段。
5. 简述人员素质风险对国际商务谈判成功的影响。

6. 简述应对利率、价格风险的技术手段。

◆**思考案例**

A公司为生产电视的厂家，B公司为其客户。A公司与B公司通过谈判已签订合同，合同款项为20万元。但后来物价上涨，导致成本升高，A公司需将合同总价提高到25万元才能保证不亏本。

要求：将学生分为两组，一组为A公司，另一组为B公司，选出合适的人选作为两个公司的经理，进行此次谈判。

◆**应用训练**

2018年1月，中华集团公司与美国某公司签订出口订单1000万美元，当时美元/人民币汇率为7.20，6个月后交货时，人民币已经大大升值，美元/人民币汇率为7.00，由于人民币汇率的变动，该公司损失了200万元人民币。这一事件发生后，该公司为了加强外汇风险管理，切实提升公司外汇风险防范水平，于2018年3月召开了关于公司强化外汇风险管理的高层会议，总结本次损失发生的经验教训，制定公司外汇风险管理对策。有关人员的发言要点如下：

总经理陈某：我先讲两点意见：① 加强外汇风险管理工作十分重要，对于这一问题必须引起高度重视。② 外汇风险管理应当抓住重点，尤其是对于交易风险和折算风险的管理，必须制定切实的措施，防止汇率变化对于公司利润的侵蚀。

常务副总经理吴某：我完全赞同总经理的意见，在人民币汇率比较稳定的背景下，我们只要抓好生产、完成订单，利润就能够实现，而目前我国人民币汇率的形成机制发生了变化，我们不能再固守以往的管理方式，漠视汇率风险，必须对所有的外汇资产和外汇负责采取必要的保值措施。另外，总经理提出的加强折算风险管理的观点也十分重要，我们建立的海外子公司即将投入运营，应当采取必要的措施对于折算风险进行套期保值，避免出现账面损失。

总会计师李某：加强外汇管理的确十分重要。我最近对外汇风险管理的相关问题进行了初步研究，发现进行外汇风险管理的金融工具还是比较多的，而采取任何一种金融工具进行避险的同时，也就失去了汇率向有利方面变动带来的收益，外汇的损失和收益主要取决于汇率变动的时间和幅度，因此强化外汇风险管理，首先必须重视对于汇率变动趋势的研究，根据汇率的不同变动趋势，采取不同的对策。

董事长张某：以上各位的发言我都赞同，最后提两点意见：① 思想认识要到位。自2005年7月21日起，我国开始实行以市场供求为基础、参考一篮子货币进行调节、有管理的浮动汇率制度。人民币汇率不再盯住单一美元，形成了更富弹性的人民币汇率机制。在此宏观背景下，采取措施加强外汇风险管理十分必要。② 建议财务部成立外汇风险管理的小组，由财务部经理担任组长，具体负责外汇风险管理的日常工作。

讨论：

1. 题目中给出的汇率是采用直接标价法还是间接标价法？
2. 题目中的举例体现的是哪一种风险？
3. 从外汇风险管理基本原理的角度，指出总经理陈某、常务副总经理吴某、总会计师李某以及董事长张某在会议发言中的观点有何不当之处，并分别简要说明理由。

第十三章　国际商务谈判经典案例

[案例一]　万达集团并购美国 AMC

随着中国在全球经济舞台上的戏码越来越重,企业间永续进行的并购大戏融入了越来越多的中国元素。2010~2014 年中国最大的民营地产商王健林就书写了一段跨国逆袭并购传奇:万达全面收购美国第二大院线 AMC,并在短短两年时间里达成了从债务重组到完成收购再到成功上市的三级跳,成为收购经典之战,被称为"金融工程运用的典范"。

2010 年初,一位国内银行界人士收到商业情报,美国和欧洲几家院线公司都在等待出售,他很快将这个消息告诉了好友王健林。这个消息来得非常及时。王健林一直希望万达在海外院线收购方面有大动作。以万达投资管理中心总经理刘朝晖为首的调查小组随后被派到美国和欧洲。很快,尽职调查小组的报告送到了王健林的办公桌上。在这份报告中,AMC 似乎特别显眼:其规模在收购目标中最大;不是上市公司,有利于并购操作;AMC 院线位于大中城市核心地段,与万达院线的定位类似。

可收购 AMC 并不是一件易事,万达要面对的是杠杆收购江湖一流玩家——阿波罗投资基金、摩根大通投资基金、贝恩资本、凯雷、光谱投资基金。五家私募股权基金公司共同持有 AMC,且股份均等。五家顶级私募股权基金企图通过杠杆化收购 AMC,收回股权投资之后,借 AMC 上市再赚一把。

2010 年的一天上午,王健林飞往美国,敲开了 AMC 的股东办公室大门。彼时,私募股权基金股东正在为 AMC 上市奔波,对于此时敲门的王健林,自然也就狮子大开口,要价 15 亿美元。这 15 亿美元仅是股权并购价格,此外,AMC 还有负债 18.9 亿美元。在一开始万达出价 10 亿美元时,AMC 不卖,谈判一直拖了一年多。

2010 财年,AMC 的业绩很不错,当年实现了 7991 万美元的净盈利。私募股权基金股东信心十足,他们相信,2011 年的财报表现会更抢眼,IPO 应该水到渠成。在大规模的杠杆收购战中,速度就是一切。但是,AMC 的私募股权基金股东却不紧不慢,除了 AMC 有漂亮的经营业绩、静候上市佳音因素外,他们手中还有持续获利的法宝——股息资本重组。五大私募股权公司手握 AMC 上市这张牌,从容地进行债务重组,跟王健林的谈判自然也是不急。"这是一个比较艰难的选择,既要谈个好价钱,又不要它 IPO。"王健林说。

转眼间,一年的时间过去了。而彼时 AMC 的私募股权基金股东面临两个危机:一是 2012 年是基金的退出期;二是有巨额到期债务需要再融资。无论从哪个角度分析,这两个问题都十分棘手。

原来,在杠杆收购中,私募股权基金仅仅动用很少的自有资金,绝大多数资金都来自债务性融资,其中包括债券市场和银行,还有少量的夹层债务。私募股权基金公司偏好借钱,动用杠杆来收购企业的原因在于,根据美国税法的规定,只有利息支出才能从企业税前利润中抵扣,而股利不能税前抵扣。美国的所得税法点燃了杠杆收购的星星之火,而让杠杆收购呈燎原之势则归功于高收益债券。华尔街曾经的高收益债券皇帝迈克尔·米尔肯就多次在杠杆收购中瞬间筹集巨额资金。这些债券资金为杠杆收购提供了极大的便利，好比优质燃料，将大众的甲壳虫汽车瞬间变成了风驰电掣的法拉利。

AMC 上市并不顺利，但仍在努力。2012 年，双方又回到了谈判桌上。但这次万达显然占据优势。AMC 的选择余地并不多，限于债券条款约束，只能在旧债主身上借新钱。债主们自然永远有无法满足的胃口——利息越高越好，还款越安全越好。当然，债主们更知道，这个买家不仅要有足够的钱，还要有足够的经营水平，只有这样，还款才会更安全。因此，在他们眼里，万达就是不错的买家之一。当然，如果 AMC 能够上市，再好不过。股市的收益要远高于债市。私募基金股东的算盘是：AMC 能上市更好，上不成就卖，两条腿走路。然而私募基金股东的如意算盘，万达并不接受。谈判的前提条件是，AMC 撤销上市申请。在达成 AMC 撤销上市申请的约定后，万达再次开出谈判的又一个前提，要拿下 AMC 10% 股权，这一条件不满足，整个收购交易就自动停止。AMC 的私募基金股东自然不愿接受此条件，但万达这样的大买家并不多，收购交易一旦取消，不仅会吓退其他买家，短期内拿到巨额现金的愿望也将会破灭。

除了 AMC 的股权问题，巨额债务也是横亘在双方谈判桌上的一堵墙。并购 AMC，其股权价格和债务是一揽子买卖。AMC 的债务问题解决了，股权交易价格就好谈得多。无论是股权还是债权，万达都有两条底线：在并购 AMC 完成前，一是自己尽量少掏现金，也希望 AMC 的现金尽可能少流出；二是私募基金股东要尽可能将 AMC 的短期融资还掉，同时要有足够能力覆盖远期融资。摆在万达和私募股权基金股东面前的就有两笔短期债务，一笔是 2014 年到期的债券，一笔是 2013 年到期的定期贷款。将这两笔短期债务重组就成为了双方重启谈判的重要内容。提前偿还这两笔资金，AMC 不仅要支付违约损失，接下来还要支付使用成本更高的资金。

最终经过艰苦的谈判，2012 年 5 月 21 日，万达与 AMC 的基金股东们签署了并购协议，万达宣布总交易金额为 26 亿美元，用于购买 AMC 100% 的股权及承担其全部债务，其中 7 亿多美元为购买股权的资金，万达同时承诺，并购后投入运营资金不超过 5 亿美元。万达集团总共需为此次交易支付 31 亿美元。

万达集团在收购 AMC 公司后，将同时拥有全球排名第二的 AMC 院线和亚洲排名第一的万达院线，成为全球规模最大的电影院线运营商。

(案例来源：肖频，王艳萍，郭琳．国际商务谈判[M]．青岛：中国海洋大学出版社，2017．)

讨论：此案例给你的启示是什么？

[案例二] 吉利汽车成功收购沃尔沃

2010 年 3 月 28 日，吉利控股集团宣布在沃尔沃所在地瑞典哥德堡与福特汽车公司签署股权收购协议，以 18 亿美元的代价获得了沃尔沃轿车公司 100% 的股权以及相关资产。作为中国汽车业最大规模的海外收购案，吉利上演了一出中国车企"蛇吞象"的完美大戏。

2007 年年初，穆拉利从波音来到福特担任 CEO，随即提出了 "One Ford" 的战略，决定出售旗下包括沃尔沃在内的多个品牌。密切关注沃尔沃的吉利立刻出手。2007 年 9 月福特美国总部收到一封挂号信，吉利集团董事长李书福通过公关公司向福特阐明了收购沃尔沃的想法。此时洛希尔并没有介入，而吉利因为名不见经传，收购意向也没有引起福特的重视。

收购的第一个困难是让洛希尔总部相信，吉利有能力收购。洛希尔大中华区总裁俞丽萍与李书福初次见面时,吉利汽车股价为0.8元,市值10.8亿美元,这个盘子不到沃尔沃的十分之一。随着金融危机的来临,吉利汽车股价跌到了0.2元附近,盘子缩水至3亿美元,对俞丽萍来说,向总部推荐这样一家企业是个冒险行为。洛希尔算是在汽车产业界最具声望的一家投行,根据汤森路透的数据,在吉利并购沃尔沃交易之前的12个月里,由洛希尔提供咨询的汽车并购案总价值高达892.5亿美元。

在吉利提出收购申请后,一家欧洲汽车公司也明确邀请洛希尔帮助其竞购沃尔沃。按照洛希尔的规定,只能代表一家公司参与竞标,俞丽萍需要说服同事放弃这家欧洲车企,而这家公司的销售规模差不多是吉利的10倍。在俞丽萍的不懈努力下,最终董事会决定放弃代理前述欧洲公司,选择吉利。

随后,收购团队搭建了起来。按照分工:富尔德律师事务所负责收购项目的所有法律事务;德勤负责收购项目的财务咨询,包括成本节约计划和分离运营分析、信息技术、养老金、资金管理和汽车金融尽职调查;洛希尔银行负责项目对卖方的总体协调,并对沃尔沃资产进行估值分析。

从2008年初洛希尔开始参与吉利收购沃尔沃,交易中的险情就屡屡发生,如人才储备不够,不断有竞争对手来"搅局",融资频频出现困难,以及知识产权问题遇到障碍等。但吉利总是逢凶化吉,绝处逢生。

2009年1月,在底特律车展,李书福有备而来。李书福对穆拉利说:"我准备得很充分,顾问团队都请好了。"在业内,一家知名投行已经介入,证明这件事是"认真"的。李书福符合游戏规则的拜访,给福特高层留下了深刻印象。穆拉利表示,一旦出售沃尔沃,将第一时间通知吉利。

在吉利与福特方面建立良好关系的同时,吉利在国内也进行了项目的政府沟通。2009年3月,吉利获得了发改委的支持函。在此之前,国内多家企业也爆出希望收购沃尔沃的消息,包括长安、北汽、奇瑞等,但手握国家发改委的支持函后,吉利在国内实际上已经没有竞争对手了。

这两件事在时间上衔接得天衣无缝。当年4月,福特首次开放数据库,吉利收购团队阅读了6473份文件,通过十多次专家会议、2次现场考察、3次管理层陈述,开始真正了解沃尔沃的状况,并针对福特起草的2000多页合同,进行了1.5万处修改标注。

到了2009年5月,沃尔沃方面出现了问题。瑞典一些官员公开在报纸上撰文,反对中国企业收购沃尔沃,称由于在文化和企业管理理念上存在巨大差异,中国人并不是最佳选择。

而到了7月,最后一次竞标时,又有两个竞标者加入进来,一家名为皇冠(CROWN)的美国公司和一家瑞典财团突然杀出,报价一度攀升至28亿美元,这两家财团的组织者分别曾在福特和沃尔沃担任高管。突如其来的竞争者,使吉利和洛希尔团队紧张起来,他们意识到自己并不是沃尔沃的唯一选择,对这两个敌人必须引起重视。更高的报价以及"自己人"接盘,对于福特来说都是相当有吸引力的。

吉利的并购团队经过冷静分析,认为对方报价更高,但仓促开价并不符合福特的口味。作为一项全球瞩目的并购交易,福特并不只是想卖个好价钱,它需要成为"有责任"的卖家,不会为了这点钱把沃尔沃这个品牌砸掉。

(案例来源:张晓艳,李秀菊,连玲丽. 商务谈判[M]. 沈阳:东北大学出版社,2017.)

讨论:吉利在此次并购中成功的因素有哪些?你如何看待良好互信在谈判中的重要性?

[案例三] 中国出版业最大跨国并购——凤凰传媒收购 PIL

2014年5月14日,中国出版业最大跨国并购案圆满收官——凤凰传媒以8000万美元收购了美国出版国际公司(简称PIL公司)童书业务及其位于德国、法国、英国、澳大利亚、墨西哥等海外子公司的全部股权和资产,实现了对电子有声童书全球市场的崭新布局。

而这桩中国出版业最大跨国并购是如何"炼"成的?其中又经历了怎样的波折?

一、机会留给有准备的人

PIL公司,由韦伯于1967年创立,公司总部设在芝加哥北郊,主要从事儿童图书、烹饪图书和大众图书的出版和销售。PIL构建了成熟的海外运营网络,能够以多种语言出版儿童读物,年销售童书2300万册,年销售收入为1.1亿美元。2008年,韦伯曾与美国某玩具商达成出售协议,但突如其来的金融危机,使得转让计划搁浅。PIL公司出售童书业务的信息,得到了凤凰集团暨凤凰传媒的高度重视。

商机稍纵即逝。凤凰传媒总经理周斌决定由副总经理孙真福牵头成立并购项目小组,明确以江苏教育出版社为收购主体。凤凰收购童书业务的意向反馈到PIL公司总部,引起了韦伯的极大关注。他要求高管团队迅速开展对凤凰传媒的研究并与之接洽,并委派授权代表进行联络。凤凰传媒明确的战略定位和谈判诚意,改变了韦伯在资本市场上挂牌询价的主意,最终锁定凤凰团队。2013年10月下旬,双方首次面谈,签署了排他性保密协议,保证了项目的顺利推进。

二、跨国收购难在哪里

尽管凤凰传媒经历过许多并购,但PIL项目难度最大、挑战性最强,原因在于,此次并购有几大难点:① 产业链长。公司业务贯通从创意研发、全球化生产、跨国物流到国际化销售渠道等全产业链环节。② 涉及主体多。包括迪斯尼等全球著名授权商以及沃尔玛等全球经销商和20多家生产供应商。③ 业务资产分布广。除美国之外,PIL公司还涉及英、德、法等五个国家的公司及资产,业务遍及20多个国家和地区。④ 交易难度大。此次并购属于资产业务的剥离收购,而非对原公司的整体股权收购,中国的文化、法律都与美国存在差异,这对于双方都是全新挑战。⑤ 标的规模大。此项目对价8000万美元以上,相对版权、文化产品贸易和项目合作而言,是创纪录的并购交易。

并购业务千头万绪,怎样着手去组织实施?交割工作小组与德勤会计师事务所共同设计了全新的投资架构:利用上海自贸区平台的有利政策,由江苏教育出版社在上海自贸区设立菲尼科斯创艺国际贸易(上海)有限公司。公司下设凤凰国际出版公司和菲尼科斯创艺国际贸易(香港)有限公司,前者收购PIL美国总部的资产,后者通过股权转让或资产交易的方式收购PIL位于英国、法国、德国、澳大利亚、墨西哥的资产。

交割意味着财务、人力资源、办公区等资源均需转移或切分到位,特别是童书业务与PIL保留的烹饪及汽车类图书仍需共享物流服务,双方签署了过渡期服务协议,同时明确在交割以后的18个月内,PIL继续按照原来的费用分摊标准提供物流服务,保证公司高效运转,不因为资方的变更而使生产、销售、服务等环节脱节。

三、完成交割只是并购成功的第一步

为了适应新媒体的迅猛发展,凤凰传媒上市以来一直致力于通过引进新技术、整合内部资源、并购优质企业等多种方式实施传统业务的转型升级。从2012年开始,公司陆续并购了凤凰创壹、慕和网络等一批新媒体企业。积极布局新媒体业务仍是公司业务发展的重点。

(案例来源:刘园,李捷嵩,陈浩宇.国际商务谈判[M].3版.北京:中国人民大学出版社,2015.)

讨论:凤凰传媒公司的成功有哪些主要因素?此案例对跨国并购有怎样的启示?

[案例四] 美国瓦那公司与日本夏山株式会社的谈判

瓦那食品公司是美国《幸福》月刊推选出的世界500家大型企业之一,该公司负责海外事务的董事马莱在对日本市场进行了缜密的调查以后,为寻求合作对象开始与日本大型食品企业接触。日本五大食品企业之一的夏山株式会社对与瓦那进行长期合作表现出极大的兴趣,当时负责海外事务的董事、后成为夏山株式会社社长的山下二郎与马莱于1982年进行了详细协议,其后两企业之间交换了协议备忘录,签署了一份为期12年的开设垄断代销店的合同。

这样,瓦那食品公司将在日本生产瓦那公司产品的许可证转给了夏山株式会社。此合同1982年9月初签订,同年11月,初级产品由瓦那发送至夏山株式会社。1984年1月,夏山株式会社开始在日本国内生产和销售瓦那塑料盒装的奶酪甜食点心。与此同时,夏山株式会社继续进口瓦那生产的奶酪甜食点心(瓦那产品为铅罐装,夏山将此进口产品和获得许可证生产的产品在同一渠道向喜好外国产品的日本顾客销售)。

1984年年终,夏山株式会社在日本国内生产的奶酪甜食点心销售额远不能达到合同签订时所期待的水平,于是根据许可证合同专利权使用条款,夏山必须向瓦那支付有关国内生产瓦那奶酪甜食点心的最小值专利使用费。但是,夏山株式会社对许可证合同条款所应支付的最小值专利使用费一事的"正当性"表示了异议。他们认为,夏山方面在生产瓦那的奶酪甜食点心方面损失较大,瓦那方面在收取二重利益(在日本国内生产的专利使用费及出口收益)。

夏山方面回信马莱,表示对马莱要求支付最小值专利使用费一事的"正当性"提出抗议。于是双方谈判开始。夏山方面特别主张,只有将塑料盒装全部换成金属罐装,才能真正说国内生产已经开始了。他们强调,既然1984年度在日本销售额的五分之四属进口产品,就很难说已经开始了国内生产,因此最小值专利使用费支付条款根本无法适用。夏山株式会社认为自己是受骗了。

很显然,罐装进口产品影响了盒装国内产品的销路。夏山一些干部甚至猜疑瓦那公司是以最小值专利使用费为借口,试图从夏山株式会社勒索二重利益。社长山下二郎也认为,马莱是诓骗夏山、勒索资金的罪魁祸首,对马莱特别恼火。后来山下因某些原因需离开一段时间,他将谈判事宜交给了部下,而其部下在会见瓦那负责人时却同意全额支付最小值专利使用费的余款。得知此事的山下气急败坏,与律师商量以后,给瓦那公司会长马斯塔滋写了一封英文信,信中申明了夏山株式会社的立场,大意为夏山其他职员未经任何讨论就同意付款,他对此一无所知,同时要求对方考虑退还夏山年轻职员三周前寄出的最小专利使用费款项。信中还谈及了其他一些对瓦那公司的要求。这就使瓦那在谈判过程中对夏山株式会社越来越警惕,对它的真实意图越来越存有疑虑。

山下寄出的书信令马斯塔滋及其成员困惑不解。山下显然对瓦那公司负责海外事务的马莱董事存有不信任感,进而要求与马斯塔滋会长本人谈判。这对青睐于马莱的马斯塔滋来说实为一件憾事。事后给山下回信的仍是马莱,开头他首先申明这是秉承马斯塔滋会长的旨意寄发的,但不幸的是,这封信全是马莱的格调。该信写得又长又细,形式主义色彩浓厚,山下更为恼火。此后,瓦那方面再也没有接到夏山方面的任何回复。

在这段时间里,马莱给夏山销售负责人写了一封信,在信中,他提出为了重新定义许可证合同上的暧昧条款,重新计算专利费的建议,同时又要求再次开始那拖而不决的协议,以讨论如何在日本销售已经在其他国家取得成功的瓦那食品公司的新产品。1985年8月,双方在东京举行了会议,瓦那方面的谈判小组由马莱和三名成员组成,夏山方面出席的是山下、岸和其他四名成员。

马莱为成功举行此次会议做了许多细致的准备,同时又带了三名成员来东京,花费不少钱。但会议结局简直是灾难性的。不管瓦那方面提出什么建议,山下一律加以阻止、责难和拒绝。在会议初始阶段,山下批评了瓦那方面有关专利使用费一事的要求,他满脸通红,愤愤不平地说:"你们简直像一帮装模作样、戴着善良假面具的吸血鬼、守财奴。"马莱及其同事开始以为这不过是种稍带幽默的俏皮话,只是笑了笑。而在之后长达三个小时的会议上,山下不时怒气冲冲地重复一句:"你们瓦那一帮子人想糊弄、欺骗、诈取我们夏山株式会社。"这下瓦那方面感到不对劲了。事后马莱指出:"这是一种野蛮、非理性的语言,在历次商业谈判中我从没听过这种语言,也没想到在日本会听到这种措辞。因此对山下的措辞我们感到莫大震惊和困惑,一时无言以对。"那时的关系简直濒临破灭的境地。

尽管瓦那方面捉摸不清山下发火的原因,但确已感到两社关系岌岌可危。他们曾侧面向夏山的年轻职员打听过使事态恶化到如此地步的原因,结果一无所获。丧失了信心的瓦那在两个方案之间摇摆:一是为促进相互理解,寻求打破僵局的良策,寻找一位中间人;二是痛苦地明告对方解除两社关系。

会议过去三个月了,瓦那方面仍未找到从僵局中解脱的良策,他们既无明确战略,又没法弄清产生误解的原因。又过了两周,他们要在没有一张王牌的情形下与夏山进行谈判,这时唯一的希望就是山下给马斯塔滋的信。从信的格调上可明显察觉到夏山希望与瓦那保持关系。尽管如此,在这个阶段,它还是无助于解开存在于两社间的疙瘩。

这时,瓦那公司派人到设在日本的国际谈判研究所商量对策。他们向欧美谈判顾问请教了有关下一轮谈判的问题,再对有关此事的所有书信进行研究,并用电话详细询问关于马莱的一些细节。国际谈判研究所的咨询顾问给出了一系列建议,他特别强调在与夏山进行下一轮谈判时,首先应按顺序对以前的谈判背景和状态做出有计划的充分说明:

第一,说明有关当今国际形势以及日美关系对国际通商关系的影响。

第二,叙述事件原委、瓦那的目标以及自己所理解的夏山的目标,说明在现阶段哪些目标已经达到,如何看待存在的问题,同时坦率承认自己可能弄错的地方及对夏山方面误解的地方。

第三,坦率表明可取得统一意见和仍存在分歧的问题,特别是就销售、说明义务、专利使用费、两社关系及有关瓦那在日发展的全盘经营方式等提出建议。

这些工作与签订合同时临时性的解释相比,是今后建立和维持与夏山关系的一个新的良策。咨询顾问补充说:"要考虑到这次谈判或许是瓦那方面全盘表明自己立场的最后一次机会。如果匆忙进入细节讨论,那么将来合作的可能性不可避免地会丧失殆尽,或者丢其一半。"

谈判定于同年的12月4日。马莱及其三名同事提前抵达东京,但对与夏山的下一轮谈判尚属心中无数。到达第二天,他们会同国际谈判研究所的咨询顾问和翻译,讨论了谈判采取的方式,并进行了必要的排练。

谈判前的碰头会上,咨询顾问就像一位舞台监督,指挥着谈判小组的编排以及每个人所应采取的态度。咨询顾问强调了以下几点:

(1)在谈判开始前,瓦那方面首先要决定所希望的议事日程和讨论顺序,并派一位与夏山方面关系最好的人员将此方案送去,以期得到对方同意。

(2)开场白必须通俗易懂,富有公理。

(3)开始时,将各要点印制在卡片簿上,按照上面所写的内容进行。首席谈判(马莱)指出各要点并加以说明,随后翻译将之译出。另外还要留一点提问的时间。切忌过分夸张和即兴陈词,切记遵守要点。

(4)大家各司其职,一人作首席谈判的助手,记录一切发言,将此整理后递呈首席谈判参考,这样,首席谈判就可以将全部精力倾注于谈判中;其余二人观察在首席谈判提出新建议后对方成员的反应。

(5)全体成员必须努力使对方感到整个小组在默默支持着首席谈判所列的要点。在首席谈判提出要点时,其他成员应先看一下首席谈判,接着再观察对方反应,然后再点点头,以示首席谈判所言极是。

12月3日下午,瓦那驻日本的工作人员为使有关事项获得对方同意,会见了日方有关人员。结果在所有项目上几乎都得到了对方的同意,只是"新产品销售"一事遇到了困难。日方解释他们的老板绝对反对在这次讨论中议及此事。这样,瓦那方面只得被迫退一步。

第二天谈判按期进行。在互道客套话之后,马莱要求准许总结一下到目前为止的双方关系。二十分钟以后,夏山方面对马莱提出的要求表示出极大的兴趣,并流露出赞许、亲切的神情。特别是当马莱检讨自己作为首席谈判言行有误时,日方的上述表现更为突出。马莱在开场白接近尾声时,提出希望能讨论有关新产品的销售问题。这时夏山方面表示接受这本不愿接受的事实。当马莱还想继续发言时,山下打断了他的话,用近乎谢罪的语调开始说明他为何不愿讨论这一议题的原因。他谈到夏山内部存在问题、财政的制约以及优先顺序等,他解释说,将优先考虑夏山和瓦那之间已开展的合作。具有讽刺意义的是,山下的说明向马莱提供了他本想通过"新产品销售"的讨论来获得的所有情报。

双方的坦率和诚实使两者之间的个人感情发生了惊人的变化。马莱两眼生辉,他使山下放下了高傲的架子。山下的部下也露出了笑容。欧美人理解事物一般需要一定时间,但他们很快便感觉到了这一点。瓦那公司的一位董事事后谈及此事时感慨地说,谈判终于成功了,终于打破了偏见和越积越深的误解形成的僵局。

当然,夏山和瓦那之间后来的合作并非毫无龃龉、畅通无阻。但是,通过这次谈判,他们之间恢复了对彼此的尊敬,他们明确表明了自己的观点,并互为对方所接受,他们之间能够相互尊重对方立场的相异之处。夏山在反复研究瓦那有关新产品的设想后,决定生产这种最有希望的新产品。

(案例来源:张晓艳,李秀菊,连玲丽. 商务谈判[M]. 沈阳:东北大学出版社,2017.)

讨论:双方在谈判沟通中存在什么问题?结合案例分析商务谈判沟通的技巧。

[案例五] "三一"如何抢来"大象"普茨迈斯特?

中国最大的工程机械制造商三一重工于2012年1月31日宣布斥资3.24亿欧元(折合人民币26.54亿元)收购其最大竞争对手——有着"大象"之称的德国混凝土泵制造商普茨迈斯特。

第十三章 国际商务谈判经典案例

三一重工收购外号"大象"的德国老牌混凝土机械制造商普茨迈斯特，从接触到收购不过一个月。普茨迈斯特曾同时向五家中国机械企业发出要约，为什么与三一重工在二十余天内就火速签署了排他协议呢？下面将细细说来。

2011年1月20日，普茨迈斯特向包括三一重工在内的五家中国工程类企业发出了出售要约，21日在收到反馈的同意意向书之后，22日就需要签署"向包括中国政府主管部门在内"的、对所有非谈判双方保密的协议。

据三一重工的高层透露，拿到要约的第二天，三一重工就和普茨迈斯特商量是否可以报备给中国监管部门，得到的回答是"NO"，也就并未有所行动。但有一家企业没有遵守普茨迈斯特的规定，在拿到要约的第三天就向湖南省发改委提交了文件，并于2011年1月30日收到了国家发改委关于收购普茨迈斯特的批复，即所谓的"小路条"。这家企业的行为在业内看来有"抢跑"之嫌。因为涉及海外并购，中国政府不希望国内企业相互抬价，所以审批往往只给一家企业。然而，这提前拿到的"小路条"并没能帮其获得"大象"，相反，该企业因为没有遵守契约而失去了收购资格。对于国际并购，遵守契约精神和诚信尤为重要。

但在要约初期，得知上述抢跑的竞争对手已经拿到批复，三一重工颇为震惊，决定赶往德国与普茨迈斯特商谈。与普茨迈斯特会面后，三一重工陈述了情况，并且表明三一重工不愿意与其他中国企业进行价格竞争，而且中国政府也规定一家中国企业海外收购形成合同后，其他企业不能来竞价。三一重工谈到那家竞争对手已经收购了该行业另一家意大利的企业CIFA，在反垄断审查方面可能会有一些障碍。当时普茨迈斯特急于出售，又与三一重工在企业文化上一拍即合，因此答应了将三一重工作为独家谈判对象。

在谈判开始前，三一重工董事会商量了收购的底价问题。用总裁向文波的话说，想到三一重工在中国的混凝土机械市场份额已经第一，利润70%来自混凝土机械，如果"大象"被别家收购，必定会引起一场"血流成河"的战争。因此，商量的结果是，只要在100亿元人民币以内，前去谈判的董事长梁稳根和总裁向文波就可以决定。

而上一年三一重工并表的利润只有60多亿元。向文波说，要选择有战略价值的企业，而非财务价值。

所以当普茨迈斯特第一次估价5亿欧元的时候，梁稳根和向文波借故商量拖延时间，灵活巧妙地运用谈判策略，最终以3.6亿欧元（其中三一重工出资3.24亿欧元，折合人民币26.54亿元）将"大象"吞下。

令竞争对手难以想象的是，三一重工签署合同之前根本没有去做详尽的尽职调查，也没有邀请一大堆中介机构来评估。

梁稳根曾问向文波要不要做尽职调查，向文波说："不用，有问题我个人来赔。"甚至当最后签署时因为律师说资产有一个瑕疵，梁稳根和向文波都已经放弃签署了，但到了返程机场，向文波还是折回去把合同签了。

向文波之所以敢这样做，一是三一重工已经关注普茨迈斯特多年，还把对方作为自己的财务对标标杆，对其非常熟悉；二是管理层互相信任，他也认为以欧盟的法律和德国人的作风，信用风险比较低；三是约定了附加条款，即之后审计财务报表有多大误差，三一重工就保留多大的偿债权利。

风险还是相当大的，好在财务总监对梁稳根和向文波做了一个"0"的手势，意思是财务报表没有误差。向文波说，在当时保密和速度是最重要的，因此选择在没有做尽职调查的情况下签了合同，否则不知又会生出什么变故。

三一重工收购普茨迈斯特后,虽然出现了罢工风波,但毕竟没有发生道德问题。这个成功多少有些不具可复制性,尤其是关于尽职调查的部分。很多中国企业的海外并购,都因某种原因最后不了了之。例如中信泰富、中冶收购西澳矿最终发现并不划算。又如,中国黄金拟收购巴克莱黄金,最终因详细调查后发现有若干风险而放弃。但如果尽职调查时间拖得过长,形势逆转又会错失良机,如中铝收购力拓。在这方面,民营企业的灵活性发挥得淋漓尽致,而很多国企领导在谈到国际并购或发展业务时,大多都会因束手束脚而叹息。

不过,对于并购案例来说,这仍是一着险棋。尽职调查在收购中是一个必不可少的环节,进行尽职调查的第三方机构一般要比交易双方更加熟悉情况,态度也更加中立。俗语说"当局者迷,旁观者清",但作为收购方首先要具备收购目标选择的合理性、判断的独立性,既不能瞎子摸象般发起收购,也不能无原则地盲从尽职调查。

(案例来源:https://www.docin.com/p-1695232239.html。)

讨论:你如何看待三一重工在此次收购中未做尽职调查一事?

[案例六] 中海油151亿美元成功收购尼克森

中国海洋石油有限公司(下称中海油)2013年2月26日宣布,中海油完成了收购加拿大尼克森公司的交易。收购尼克森的普通股和优先股的总对价约为151亿美元。

加拿大尼克森能源公司成立于1971年,总部位于加拿大卡尔加里市,同时在多伦多和纽约两地上市。尼克森是一家上游油气勘探开发公司,其资产主要分布在加拿大西部、英国北海、墨西哥湾和尼日利亚海上等全球主要产区,资源包括常规油气、油砂以及页岩气等。

该笔收购历时七个月,期间一波三折,在经历了内幕交易案和两次延后审批后,中海油收购加拿大能源公司一事,最终顺利通过加拿大、中国和美国等政府及相关审批机构的批准。

加拿大有关中海油收购尼克森案的讨论使决策者和公众发生了两极分化,就像加拿大总理哈珀所说的,引起了一些"政策难题"。对哈珀来说,在审议中海油的收购提案时,除了要抵挡反对党的猛烈抨击外,还要面对党内的广泛质疑。哈珀面临的挑战是:在不得罪自己的支持者与不对中国关上大门之间,找到一个平衡点。

2012年2月,哈珀在访问中国时表示,加拿大有意扩大与中国的商贸往来,特别要扩大自然资源方面的商贸。当时就有传闻说,中海油打算并购尼克森石油公司。5月,中海油并购尼克森的谈判进入一个高潮。据英国《金融时报》描述,在温哥华的一次会议上,中海油方面向尼克森提出过收购建议,被尼克森董事会以价格过低为由拒绝。《金融时报》透露,此后,中海油总经理杨华花了大量时间向收购目标表达诚意。为争取加拿大的支持,中海油决定将其北美地区的总部迁到加拿大卡尔加里,保留尼克森全部员工,甚至承诺在多伦多证券交易所二次上市。杨华说:"从一开始,中海油就把了解(法律)规定、了解政府及行业的要求作为一项优先要务。"值得一提的是,在收购尼克森交易的消息于7月宣布前,中海油还非正式地接触了尼克森资产所在地(包括加拿大、美国、英国和尼日利亚)的一些官员,以便让他们有个准备。

7月的一个雨天,杨华走进了伦敦西区的一家酒店,与尼克森董事长巴里·杰克逊会面。杰克逊和杨华达成了一项协议,该协议为中海油展开收购尼克森的行动铺垫了道路。7月23日,中海油宣布准备以151亿美元现金总对价收购尼克森100%的流通普通股和优先股,其中普通股每股收购价为27.5美元,比7月20日的收盘价溢价61%,优先股的对价为每股 26.0 加元。此外,中海油还将承担尼克森的 43 亿美元债务。中海油以如此高的溢价收购尼克森,却一直未得到对方的批复。8 月 29 日,加拿大工业部启动对收购案的审批,并两次延长审批期限,审批最后截止日期为 12 月 10 日。

在这段等待的日子里,中海油收购案成为加拿大朝野各党派、媒体、智库、民众广泛热议的焦点,这其中,质疑反对的声音与理智支持的声音针锋相对。例如,保守党籍国会议员贝赞(James Bezan)在给自己选区选民的一封信中说:"我特别反对中国国有公司并购加拿大公司。"其他反对人士则是基于加拿大联邦保守党的原则,公开对此并购案提出反对意见。

面对这种政治压力,整整 100 天,总理哈珀给出的回应是,批准此次收购,但"下不为例"。加拿大政府于当地时间 7 日宣布,决定批准中海油以 151 亿美元收购加拿大尼克森公司的申请。至此,这标志着中海油乃至中国企业完成迄今在海外的最大宗收购案。

(案例来源:刘园,李捷嵩,陈浩宇. 国际商务谈判[M]. 3 版. 北京:中国人民大学出版社,2015.)

讨论:影响中海油此次收购成功的前期准备有哪些?

[案例七] 卡内基与摩根的合作谈判

1898 年,美西战争的爆发,使得匹兹堡的钢铁需求猛涨。由于看到了钢铁工业的前途无量,华尔街的龙头大哥摩根也想从钢铁生意上做出成就,并把安插高级管理人员作为融资条件,送入伊利钢铁公司和明尼苏达钢铁公司,从而控制了这两家钢铁公司的实权。但这两家钢铁公司与钢铁大王卡内基的钢铁公司相比只能算是小巫见大巫。由于美西之战导致钢铁价格猛烈上涨,摩根对钢铁的兴趣更深厚了,决定向卡内基发起进攻。

他首先答应了号称百万赌徒的茨茨的融资请求,合并了美国中西部的一系列中小型钢铁公司,成立了联邦钢铁公司,同时拉拢了国家钢管公司和美国钢网公司。接着,摩根又操纵联邦钢铁公司的关系企业和自己所属的全部铁路,取消了对卡内基的订货。摩根认为卡内基这次肯定会做出巨大反应。但事情恰恰相反,卡内基不但没有反应,还出奇的平静。作为玩股票起家的卡内基,他比任何人更明白一点:冷静是最好的对策,特别是在这种关键时刻,自己面临的对手是能够在美国呼风唤雨的金融巨头,如果此时匆忙应阵,最后吃亏的人肯定是自己。

摩根很快就意识到自己碰钉子了,于是他马上采取第二个步骤。他扬言:美国钢铁业必须合作,是否合并贝斯拉赫姆,尚在考虑之中。但合并卡内基公司,那是迟早的事情。这等于摩根向卡内基发出了挑战,他还威胁道:如果卡内基拒绝的话,我将找贝斯拉赫姆。别人挑战也算不了什么,但如果摩根真的与贝斯拉赫姆联手,那么卡内基就会被困在不利之地。在分析了局势后,卡内基终于做出了反应:这种合并真的有趣,参加一下也没什么不好。至于条件,我只要合并后新公司的公司债,不要股票。至于新公司的公司债方面,对卡内基钢铁资产的时价额以 1 美元比 1.5 美元计算。1 美元比 1.5 美元,这个条件对摩根来说太苛刻了,但他经过考虑,最终还是答应了。摩根到底是怎么想的,我们无人知道,可能他此时已骑虎难下,而更大的原因可能是,垄断后摩根将得到诱人的高额利润。谈判很快达成了协议,卡内基的钢铁归到了摩根的名下。按照合约,卡内基钢铁公司的价额以合并后新组建的联邦钢铁公司的公司债还清。

卡内基看准了摩根的心理,同时也抓住了摩根的弱点。明面上摩根是合并了钢铁公司,但实际上,以 1 美元比 1.5 美元的比率兑换了卡内基钢铁公司资产的时价额后,卡内基的资产一下子从当时的2亿多美元上升至4亿美元,几乎翻了1倍。

莎士比亚说过:"人们满意时,就会付出高价。"满意是人们的一种心理表现,让步就意味着提高了对方的满意程度。退让的幅度有多大,对方的满意程度就有多大。让步的幅度要有上限和下限,如果能在这中间谈判成功,就达到了以退为进的目的。

(案例来源:张晓艳,李秀菊,连玲丽. 商务谈判[M]. 沈阳:东北大学出版社,2017.)

讨论:你认为这场谈判真正的赢家是谁?

[案例八] 双汇71亿美元收购美国最大猪肉商

2013年5月29日,双汇国际控股有限公司和美国史密斯菲尔德公司联合公告:双方达成一份最终并购协议,价值约为71亿美元(按当时汇率约合人民币437亿元),其中包括双汇集团承担史密斯菲尔德的净债务。

双汇国际控股的双汇发展是中国最大的肉类加工企业,是中国肉类品牌的开创者,创造了巨大的经济效益和社会效益。史密斯菲尔德(以下简称SFD)是全球规模最大的生猪生产商及猪肉供应商、美国最大的猪肉制品供应商,具有优质的资产、健全的管理制度、专业的管理团队和完善的食品安全控制体系。

双汇国际是中国最大的猪肉供应商,SFD是美国最大的猪肉供应商,两家公司均是全球的行业领袖。作为一次标准的强强联合,这项"强强联手"的并购之所以能够达成,离不开背后"超豪华"的中介团队。国际豪华版阵容,成为120天内达成交易的关键之一。

6月中旬,SFD的第一大股东、持有5.7%股份的对冲基金Starboard Value LP(以下简称Starboard)希望公司进行资产分拆,拆分成美国猪肉加工、生猪养殖以及国际肉类销售三大类别分别销售,而非接受原定双汇国际收购的计划。Starboard认为,本次并购显著低估了SFD公司加总后的各部分估值,如果分拆,该加总后估值可以达到税后90亿美元到108亿美元,或每股价值可以接近44美元到55美元。

双汇对此持完全相反的看法,认为史密斯菲尔德一旦分拆就不值钱了,因为它的一大优势就是产业链完整,包括养殖业、饲料业、屠宰业、肉制品加工业,这使它保证了产品的安全性以及结构调整的可行性。另外,随着今后的发展,产业之间能够联动。

6月是焦灼之月,双汇国际向美国海外投资委员会(CFIUS)提交了收购案。该机构由美国财政部、国家安全部、司法部、国防部、国务院和情报机构委派代表组成,负责审查外国投资是否会对美国国家安全构成威胁。正常情况下交易在30天内的初步审查中就可获批,但在7月,并无收购审批权的美国参议院农业委员会主席要求CFIUS将"中国和双汇在食品安全方面的不良记录"纳入收购审批重要参考依据。7月24日,CFIUS决定对交易展开为期45天的第二轮审查。有意去美国收购的中国公司,都有与CFIUS交手的经历。华为、三一重工在美投资受挫,都与其审核有关。但也不乏成功案例,如华大基因收购完整基因,万向收购A123,汉能控股收购Miasole,虽几经波折,也都通过了这一关。

到了摩根士丹利等中介机构作为说客大显身手的时间了,双汇国际内部也早已通过沙盘推演考虑到各种变数。"真正的关键时刻是考量你的机构和对方客户的关系如何,人家是不是告诉你心里话,你是不是对他有个准确判断。例如,当地的规矩你必须完全了解,在美国有fiduciary duty,中国叫作信托责任。"双汇国际副董事长焦震认为一些细节特别重要,比如在美国给一个上市公司CEO写一封信,要知道什么样的信他必须拿到股东会上讨论,信应该怎么措辞,如何表述,这封信是周五发还是周六发,这些问题看似很简单但非常关键。

"例如在关键时刻,你提价一块钱,还是五毛钱?可能一块钱不一定成,但五毛钱就能成。这些都需要有丰富经验的人去判断。甚至包括这个会到底是5点开还是3点半开?你说有区别吗?美国的收市时间是4点,如果在3点58分开就有问题了。所以打电话、通知都得在4点1分以后进行。为什么呢?如果是那个时候打电话,一旦美国证监会调查起来,他就会询问你。1分钟的事给你弄个底朝天。"焦震感叹执行过程中有无数细节需要留意,当时有上百个律师帮忙做这件事。

经过中介团队和双汇国际各方的最终努力,于美国当地时间9月10日,双汇国际宣布收购取得CFIUS的审批许可。美国当地时间9月20日,Starboard向美国证券交易委员会(SEC)递交文件,表示由于没有替代性收购交易,将投票支持双汇国际收购美国最大猪肉生产商SFD的计划,除非另有收购提议出现。4天后,SFD召开临时股东大会,由股东投票决定是否最终同意出售全数资产给双汇国际,最终获得了96.3%的通过率。

(案例来源:刘园,李捷嵩,陈浩宇. 国际商务谈判[M]. 3版. 北京:中国人民大学出版社,2015.)

讨论:请结合本案例谈谈细节在谈判中的重要性。

[案例九] 该拒绝而不拒绝的代价

罗杰·汤普勒的资本总额不足14万美元,在长岛开了一家小小的家电公司,经营日本的电视机、收录机。20世纪80年代初,他见放音机好销、大陆从事"三来一补"业务的劲头正旺,于是动起不花本钱的念头。经向江苏某外贸公司征询,他与常州一家无线电厂挂上了钩,于是三方就来件装配贸易进行谈判。

"我有1万台立体声放音机原件,每台的价格是30美元,每台我可以出2美元装配费,要求在两个月内拿到全部成品。"汤普勒首先开盘。

"按我国组装费的平均价格,每台放音机装配费应在3美元左右。我们希望在这个水准上达成交易。"厂方代表当即还盘。

"这一笔生意应该是长期合作的良好开端,希望双方不要有太多的计较,做一些让步,以每台2.4美元达成协议如何?"外贸公司代表不偏不倚地开出中间价。双方都表示"同意",在价格上算是意见基本一致了。

接着谈判付款方式,三方立刻出现分歧:"我方在加工价格上首先做了让步,作为对等条件,你们在支付方式上也要有所变通,先付汇后收汇。"汤普勒坚定地提出要求。

"你是说我方先付原件费用,你在装配完毕之后再付整机费,其中的差价就是加工费?"外贸公司代表问。

"是这样的。"汤普勒答。

"按国际惯例,加工方是不能动用外汇的,通常对来件不计价或者计价而不结算,待加工完毕后一并结算。"外贸公司代表拒绝了对方要求。

"我并没有要求你们动用外汇,只是要你们先付后收,在交易完成以后你们不仅没有动用外汇,反而增加了外汇。因此,我的要求并不过分,更何况我们是第一次合作,对你们能否准时加工完毕、加工质量如何心中都没有底,总不能先让资金停滞在原件上吧?"汤普勒颇似坦诚地说道。

"请放心,我们保证准时交货,保证整机质量可靠。"厂方代表插言道。

"如果真是这样,履行合同就没有任何问题了。既然不存在问题,你们为什么不能在收到原件时付汇,在完成装配后收汇呢？假如你们对我有所担心,可以不用托收方式,只以国际贸易最可靠的信用证方式,由你们开信用证收原件,我开回头信用证收件,贷款由双方的开证银行保障支付,这还能出现什么差错吗？"汤普勒头头是道地说。

"道理上是这样的,但两份信用证之间有个衔接问题。就是说,在我方信用证的有效期内,您应及时开出回头信用证,使我方付出的外汇不致脱空。"外贸公司代表说道。

"请不要介意,我只是想说明国际间贸易中防止付汇脱空的通常做法,也相信您不会违反这些做法的。"外贸公司代表解释道。

"希望我们按常规做成来件加工生意。"厂方代表认为外贸公司代表有些过分,于是打圆场。

"您既然会及时开回头信用证取货,完成交易就不至于出现意外,我方因此可以先付后收。按照惯例,这笔生意的原件进口和成品出口方都将是我们公司。无线电厂为加工方,您是元件出口和成品进口方。我方将委托银行开出远期信用证,请您委托银行开即期回头信用证给我公司,您若要取出我方远期信用证所载 30 万美元款额,必须在开出 32.4 万美元即期信用证后。请您见谅,这种约束性条款是外贸合同中必不可少的。"外贸公司代表慎重地说道。

"这样做实在太烦琐!"汤普勒颇为不屑地说道。

"补充这一限制性条款只是例行公事,请汤普勒先生别介意。我们双方会合作得很愉快的!"厂方代表赶紧缓和谈判气氛。

合同签毕,我外贸公司一星期后开出有效期 90 天的信用证,汤普勒接到通知之后,立即背靠背地转开信用证给日本厂商,购进 1 万套原件运往常州。他等于用中方的外汇额转手做这笔来件加工生意。常州某无线电厂提前 10 天,保质保量地完成了装配任务。货到长岛销售一空,汤普勒轻松地赚进 20 万美元。他与日方结算完毕,补上 2.4 万美元的加工费,才向中方开出回头信用证,完成了加工业务。

合同履行顺利,汤普勒二次来华,提出续订 10 万台立体声放音机装配的新合同。我方外贸公司见生意扩大 10 倍很是高兴,无线电厂更是欣喜异常,都没有想过其中有什么蹊跷,于是三方立即举行第二次谈判。

外贸公司代表坚持一切不变,按照前次合同条款续订,汤普勒强调:"首次合同履行得很好,证明双方都有成交的诚意,没必要把前次的限制性条款写进新合同。"外贸公司代表指出:"生意就是生意,合同条款必须完备,写进限制性条款不影响彼此友好往来,与双方相互信任也没有关系。"

本次交易货与款分三批流通。合同开始履行,第一批货与款的交付颇为顺利,双方准时交接货物,及时开出信用证,结算得一清二楚,谁知正在此时日本立体声放音机的原件大幅降价,每台跌至 20 美元,汤普勒却依然要中方外贸公司按 30 美元一台开远期信用证,我方没有及时了解市场变化,依照合同开了 104 万美元的远期信用证,汤普勒收到后,以 20 美元一台背靠背地向日本厂商开信用证,暗中扣下 34 万美元的原料差价,但由于我方信用证载明的限制条款使得这笔差价不得动用,汤普勒垂涎这笔巨资,决定要把障碍扫除,于是三次来华谈判。

"你们在信用证上写明附加条款的内容,长岛银行看了就不肯给予资金融通,使我大笔资金压在原件进口上,经营生意非常困难,为了合同的后续执行,我要求取消信用证上的附加条款。"汤普勒欲施偷梁换柱之计,如此这般地说道。

"您提出此项要求,等于修改合同。"外贸公司代表当即指出对方的真意。

"是的,如果不能修改,只能中止合同,对于后面的装配业务,我将另找对象。"汤普勒语气坚定地说。

"取消限制性条款,有可能使我方的收汇脱空。"外贸公司代表说明拒绝的理由。

"你的担心实际上是不存在的。首先,我的原件握在你们手里,用你们的话说叫'跑得了和尚跑不了庙',有货物在手,你们还担心什么?其次,我收到成品就能获得利润,我是绝不会放弃这种唾手可得的好处的。"汤普勒振振有词地说道。

"附有限制性条款是国际加工合同的惯例,也是我国的通常做法,这一点是不允许改变的。"外贸公司代表据理力争。

"我知道这些道理,仅仅是要求一点点灵活性,其实取消限制条款对你方并无妨碍,但我可以从长岛银行获得资金融通,这有利于合同的履行,它的结果是对双方都有好处的!很遗憾,你们不肯谅解我的经营困难,对不起,我们之间只能就此结束,我将通知长岛银行退回你方的信用证。"汤普勒态度十分坚决地发出最后通牒。

眼看谈判即将破裂,常州某无线电厂代表赶紧要求:"休谈半天,明天再作最后答复。"送走汤普勒,无线电厂代表与外贸公司代表紧急磋商。外贸公司强调不宜取消限制,而且银行方面也认为风险太大。无线电厂则要求给外商适度的松动,理由是第一笔合同完满履行,第二笔合同的首批业务也顺利兑现,已证明外商有一定的可信度,不应再有过多顾虑。对此,外贸公司代表说不出反对的充分理由,于是在厂方急于获利的促动下,中方一致同意汤普勒修改合同的请求。

此后,我方认真履行修改后的合同,准时开出不附限制条款的104万美元远期信用证。汤普勒立即从长岛银行取走34万美元的原件差额。不久,立体声单放机在国际市场上大幅降价,汤普勒的3.4万台立体声放音机卖不出去了,他居心叵测地不再开回头信用证。伪称"在美国运输有困难,请暂缓发货,等第三批装配完毕再一起发出"。我方不知其中有弊,依然按时开出第三批的远期信用证140万美元,汤普勒又取走40万美元的差价,从日本买进原件后发往中国,携带两批原件差价84万美元溜之大吉。

(案例来源:https://www.docin.com/p-300069250.html.)

讨论:中方在谈判过程中犯的关键性错误是什么?从中可以得出什么经验教训?

[案例十] 中日索赔谈判中的议价沟通与说服

我国从日本 S 汽车公司进口了大批 FP-148 货车,使用时普遍发生严重质量问题,致使我国蒙受巨大的经济损失。为此,我国向日方提出索赔。

谈判一开始,中方简明扼要地介绍了 FP-148 货车在中国各地的损坏情况以及用户的反映。中方在此虽然只字未提索赔问题,但已为索赔说明了理由和事实根据,展示了中方的谈判威势,恰到好处地拉开了谈判序幕,日方对中方的这一招早有预料,因为货车的质量问题是一个无法回避的事实,日方无心在这一不利的问题上纠缠。日方为避免劣势,便不动声色地说:"是的,有的车子轮胎炸裂,挡风玻璃炸碎,电路有故障,铆钉震断,有的车架偶有裂纹。"中方觉察到对方的用意,便反驳道:"贵公司代表都到现场看过,经商检和专家小组鉴定,铆钉非属震断,而是剪断,车架出现的不仅仅是裂纹,而是裂缝、断裂!而车架断裂不能用'有的'或'偶有',最好还是用比例数据表达,这样更科学、更准确……"日方淡然一笑说:"请原谅,比例数据尚未准确统计。""那么对货车质量问题贵公司能否取得一致意见?"中方对这一关键问题紧追不舍,"中国的道路是有问题的。"日方转了话题,答非所问,中方立即反驳:"诸位已去过现场,这种说法是缺乏事实根据的。""当然,我们对贵国实际情况考虑不够……""不,在设计时就应该考虑到中国的实际情况,因为这批车是专门为中国生产的。"中方步步紧逼,日方步步为营,谈判气氛渐趋紧张。中日双方在谈判开始不久,就在如何认订货车质量问题上陷入僵局。日方坚持说中方有意夸大货车的质量问题:"货车的质量问题不至于到如此严重的程度吧?这对我们公司来说,是从未发生过的,也是不可理解的。"此时,中方觉得该是举证的时候了,并将有关材料向对方一推说:"这里有商检、公证机关的公证结论,还有商检拍摄的录像,如果……""不!不!对商检、公证机关的结论,我们是相信的,我们是说贵国是否能够做出适当让步。否则,我们无法向公司交代。"日方在中方所提质量问题攻势下,及时调整了谈判方案,采用以柔克刚的方法向中方踢皮球,但不管怎么说,日方在质量问题上设下的防线已被攻克了。这就为中方进一步提出索赔价格要求打开了缺口。随后,对FP148货车损坏归属问题上取得了一致的意见。日方一位部长不得不承认,这属于设计和制作上的质量问题。初战告捷,但是我方代表意识到更艰巨的较量还在后头,毕竟索赔金额的谈判才是根本性的。

随即,双方谈判的问题升级到索赔的具体金额上——报价、还价、提价、压价、比价,一场毅力和技巧较量的谈判竞争展开了。中方主谈代表擅长经济管理和统计,精通测算,根据多年的经验,他不紧不慢地提出:"贵公司对每辆车支付加工费是多少?这项总额又是多少?""每辆车10万日元,计4.84亿日元。"日方接着反问道:"贵国报价是多少?"中方立即回答:"每辆16万日元,此项共计9.4亿日元。"精明强干的日方主谈人淡然一笑,与其副手耳语了一阵,问:"贵国报价的依据是什么?"中方主谈人将车辆损坏后各部件需如何修理、加固、花费多少工时等逐一报价。"我们提出的这笔加工费并不高。"接着中方代表又用了欲擒故纵一招:"如果贵公司感到不合算,派人员来维修也可以。但这样一来,贵公司的耗费恐怕是这个数的好几倍。"这招很奏效,顿时把对方将住了。日方被中方如此精确的计算所折服,自知理亏,转而以恳切的态度征询:"贵国能否再压低一点。"此刻,中方意识到,就具体数目的实质性讨价还价开始了。中方答道:"为了表示我们的诚意,可以考虑贵方的要求,那么,贵公司每辆出价多少呢?""12万日元。"日方回答。"13.4万日元怎么样?"中方问。"可以接受。"日方深知,中方在这一问题上已做出了让步。于是双方很快就此项索赔达成了协议,日方在此项目费用上共支付7.76亿日元。

然而,中日双方争论索赔的最大数额的项目却不在此,而在于高达几十亿日元的间接经济损失赔偿金。在这一巨大数目的索赔谈判中,日方率先发言,他们也采用了逐项报价的做法,报完一项就停一下,看看中方代表的反应,但他们的口气却好似报出的每一个数据都是不容打折扣的。最后,日方统计可以给中方支付赔偿金30亿日元。中方对日方的报价一直沉默不语,用心揣摩日方所报数据中的漏洞,把所有的"大概""大约""预计"等含糊不清的字眼都挑了出来,有力抵制了对方所采用的浑水摸鱼的谈判手段。

在此之前,中方谈判班子昼夜奋战,已计算出了具体金额。在谈判桌上,我方报完每个项目的金额后,就讲明这个数字测算的依据,最后我方提出间接经济损失费70亿日元!

日方代表听了这个数字后,惊得目瞪口呆,连连说:"差额太大,差额太大!"于是,进行无休止的报价、压价。

"贵国提的索赔额过高,若不压半,我们会被解雇的,我们是有妻儿老小的……"日方代表哀求着。老谋深算的日方主谈人使用了哀兵制胜的谈判策略。"贵公司生产如此低劣的产品,给我国造成了多么大的经济损失啊!"中方主谈接过日方的话头,顺水推舟地使用了欲擒故纵的一招:"我们不愿为难诸位代表,如果你们做不了主,就请贵方决策人来与我们谈判。"双方各不相让,只好暂时休会,这种拉锯式的讨价还价,对双方来说都是一种毅力和耐心的较量。因为谈判桌上,率先让步的一方就可能被动。

随后,日方代表急用电话与日本S汽车公司的决策人密谈了数小时。接着谈判重新开始,此轮谈判一开始就进入了高潮,双方舌战了几个回合,又沉默下来。此时,中方意识到,己方毕竟是实际经济损失的承受者,如果谈判破裂,会使己方获得的谈判成果付诸东流;而要诉诸法律,麻烦就更大。为了使谈判已获得的成果得到巩固,并争取有新的突破,适当的让步是打开成功大门的钥匙。中方主谈人与助手们交换了一下眼色,率先打破沉默说:"如果贵公司真有诚意的话,彼此均可适当让步。"中方主谈为了防止由于己方率先让步所带来的不利局面,建议双方采用"计分法",即双方等量让步,"我公司愿意付40亿日元。"日方退了一步,并声称:"这是最高突破数了。""我们希望贵公司最低限度必须支付60亿日元。"中方坚持说。这样一来,中日双方各自从己方的立场上退让了10万日元,双方比分相等。谈判又出现了转机,双方界守点之间仍有20亿日元的逆差(但一个界守点对双方来说,都是虚设的,更准确地说,这不过是双方的一道最后的争取线。该如何解决这"百米赛路"最后冲刺阶段的难题呢?双方谈判专家都是精明的,谁也不愿看到一个前功尽弃的局面)。几经周折,双方共同接受了由双方最后报价金额相加除以2,即50亿日元的最终谈判方案。除此之外,日方愿意承担下列三项责任:第一,确认出售给中国的全部FP-148型货车为不合格品,同意全部退货,更换新车;第二,新车必须重新设计试验,精工细作,制作优良,并请中方专家检查验收;第三,在新车未到之前,对旧车进行应急加固后继续使用,日方提供加固件和加固工具等。

一场罕见的特大索赔案终于公正地交涉成功了!

(案例来源:https://www.docin.com/p-1901207712.html.)

讨论:中方在谈判过程中运用了什么谈判策略?试述中方谈判的成功之处。

参 考 文 献

[1]   白远.国际商务谈判[M].5版.北京:中国人民大学出版社,2019.
[2]   李晓娜,周原,周言姣.商务谈判实务[M].山东:山东大学出版社,2018.
[3]   徐文,谷泓,陈洁.商务谈判[M].3版.北京:中国人民大学出版社,2018.
[4]   王军旗.商务谈判:理论、技巧与案例[M].5版.北京:中国人民大学出版社,2018.
[5]   潘瑞艳.商务谈判项目化教程[M].北京:中国人民大学出版社,2017.
[6]   白远.国际商务谈判:理论、案例分析与实践[M].北京:中国人民大学出版社,2017.
[7]   王军华.商务谈判与推销实务[M].北京:中国人民大学出版社,2016.
[8]   黄卫平,丁凯,宋洋.国际商务谈判[M].北京:中国人民大学出版社,2016.
[9]   罗伊·列维奇,布鲁斯·巴里,戴维·桑德斯.商务谈判[M].6版.王健,等译.北京:中国人民大学出版社,2015.
[10] 利·L.汤普森.商务谈判[M].5版.王健,译.北京:中国人民大学出版社,2013.
[11] 张强,杨明娜,傅剑波.商务谈判[M].北京:中国人民大学出版社,2012.
[12] 段淑梅.商务谈判[M].北京:机械工业出版社,2010.
[13] 鲁小慧.商务谈判[M].北京:中国财政经济出版社,2016.
[14] 宋莉萍.商务谈判理论、策略与技巧[M].上海:上海财经大学出版社,2012.
[15] 田玉来.商务谈判[M].北京:人民邮电出版社,2011.
[16] 尤凤翔.商务谈判策略[M].北京:北京大学出版社,2016.
[17] 陈文汉.商务谈判实务[M].北京:人民邮电出版社,2017.
[18] 毕思勇.商务谈判技巧[M].北京:高等教育出版社,2017.
[19] 孙绍年.商务谈判理论与实务[M].北京:北京交通大学出版社,2017.
[20] 贾蕾.浅析商务谈判各阶段的策略[J].商场现代化,2015(3):34-38.
[21] 汪华林.商务谈判"双赢"成因浅析[J].经济问题探索,2016(7):105-108.
[22] 曹琪.商务谈判中存在的问题及对策研究[J].南京大学学报,2017(3):45-50.
[23] 周海涛.商务谈判成功技巧[M].北京:中国纺织出版社,2016.
[24] 左显兰.现代商务谈判理论与实务[M].北京:中国经济出版社,2016.
[25] 袁庆峰.谈判高招[M].武汉:华中科技大学出版社,2017.
[26] 吴翠萍.商务谈判中的说话之道[J].企业导报,2017(9):87-90.
[27] 李晓莹.商务谈判僵局应对策略研究[J].市场营销策略,2018(5):34-39.
[28] 王军旗.商务谈判:理论、技巧与案例[M].北京:中国人民大学出版社,2014.
[29] 汤海滨.商务谈判[M].北京:清华大学出版社,2015.

[30] 徐斌,王军旗.商务谈判实务[M].北京:中国人民大学出版社,2016.

[31] 樊建廷,干勤.商务谈判[M].大连:东北财经大学出版社,2012.

[32] 杜航,党辉,宋宝瑞.商务谈判[M].汕头:汕头大学出版社,2018.

[33] 杨淑琴,肖谦.商务谈判[M].上海:上海交通大学出版社,2014.

[34] 李志军.商务谈判与礼仪[M].北京:中国纺织出版社,2018.

[35] 龚荒.商务谈判与沟通:理论、技巧、实务[M].北京:人民邮电出版社,2018.

[36] 张强,钟峥,杨明娜,等.商务谈判[M].北京:中国人民大学出版社,2018.

[37] 黄卫平,丁凯,宋洋.国际商务谈判[M].北京:中国人民大学出版社,2016.

[38] 白远.国际商务谈判:理论、案例分析与实践[M].北京:中国人民大学出版社,2017.

[39] 李晓娜,周原,周言姣.商务谈判实务[M].济南:山东大学出版社,2018.

[40] 纳敏,肖溢,胡俊杰.商务谈判[M].武汉:武汉大学出版社,2016.

[41] 陈文汉.商务谈判实务[M].北京:电子工业出版社,2008.

[42] 胡海.商务谈判实务[M].北京:北京邮电大学出版社,2016.

[43] 易开刚.现代商务谈判实务[M].上海:上海财经大学出版社,2013.

[44] 汤秀莲.国际商务谈判[M].北京:清华大学出版社,2009.

[45] 王君,廉国恩.商务谈判[M].北京:中国商务出版社,2014.

[46] 周忠兴.商务谈判原理与实务[M].南京:东南大学出版社,2017.

[47] 李爽.商务谈判[M].北京:清华大学出版社,2011.

[48] 陈文汉.商务谈判与沟通技巧[M].大连:东北财经大学出版社,2016.

[49] 王军旗.商务谈判:理论、技巧与案例[M].北京:中国人民大学出版社,2014.

[50] 哈佛公开研究会.哈佛谈判课[M].北京:中国铁道出版社,2017.

[51] 安贺新.商务谈判策略[M].北京:中央广播电视大学出版社,2011.

[52] 潘肖珏,谢承志.商务谈判与沟通技巧[M].上海:复旦大学出版社,2015.

[53] 爱德华·霍尔.无声的语言[M].何道宽,译.北京:北京大学出版,2010.

[54] 爱德华·霍尔.跨越文化[M].何道宽,译.北京:北京大学出版社,2010.

[55] 胡敏.文化差异对国际商务谈判的影响和对策研究[D].合肥:安徽大学,2012.

[56] 胡文仲.跨文化交际学概论[M].北京:外语教学与研究出版社,1999.

[57] 胡文仲.跨越文化的屏障:胡文仲比较文化论集[M].北京:外语教学与研究出版社,2004.

[58] 姜艳.从霍氏文化维度理论看中西文化行为的差异[J].文史天地,2013(8):75-78.

[59] 林聪.跨文化之国际商务谈判中的风俗习惯差异[J].现代交际,2019(8):86-88.

[60] 刘刚.国际商务谈判中文化差异的影响及应对策略[D].青岛:青岛大学,2008.

[61] 刘铭.中西方商务礼仪行为差异的研究:基于高低语境理论[D].哈尔滨:黑龙江大学,2018.

[62] 田欣.中西方文化差异对国际商务谈判的影响分析[J].中国商论,2018(24):68-69.

[63] 王便芳.国际商务谈判中的文化因素研究[D].上海:华东师范大学,2006.

[64] 王丽娜.中外文化差异对国际商务谈判的影响及策略分析[D].长春:吉林大学,2014.

[65] 白元.国际商务谈判:理论、案例分析与实践[M].北京:中国人民大学出版社,2019.

[66] 罗伊·J.列维奇.国际商务谈判[M].方萍,谭敏,译.北京:中国人民大学出版社,2018.

[67] 姜波克.国际金融新编[M].6版.上海:复旦大学出版社,2018.

[68] 希尔.国际商务[M].王蔷,译.9版.北京:中国人民大学出版社,2014.

[69] 张晓芬.国际商务谈判中利益冲突产生原因及对策[J].现代商业,2015(3):34-38.

[70] 王扬眉,李爱君.商务谈判[M].郑州:郑州大学出版社,2016.

[71] 吴湘频.商务谈判[M].北京:北京大学出版社,2019.